丛书编写委员会

主　　任　张金清

编　　委（按姓名笔画排序）

陈　钊　程大中　陈冬梅　陈学彬　杜　莉

封　进　黄亚钧　李心丹　刘红忠　刘莉亚

束金龙　沈国兵　杨　青　张晖明

Professional
Degree
经管类专业学位

经管类专业学位研究生
主 干 课 程 系 列 教 材

复旦大学
中国反洗钱研究中心

国际认证反洗钱师协会（AICAMLS）
认证培训指定用书

Anti-Money Laundering：
Theory and Practice

反洗钱理论与实务

严立新　编著

复旦大學 出版社

内容提要

本书以"全球视野，侧重中国，兼及国际，理论与实务并重"为指针，共分四篇十章，从基础到高阶，由理论到实务，先后就洗钱的概念与反洗钱的提出、洗钱犯罪之上位罪、洗钱路径与手法、反洗钱法律法规解读、反洗钱内控制度、反洗钱国际合作、反洗钱的三大手段——KYC、大额及可疑交易的识别、分析和报送、客户身份资料与交易信息保存、反洗钱检查与调查等内容做了比较全面的阐述与介绍，尤其是洗钱的类型分类及洗钱手法示例简析，可使阅读者和研究者对洗钱和反洗钱获得全景式、框架性、系统化的基础认知。

本书适合各大专院校金融、经济、法律、风险管理等专业师生，金融机构从业人员以及专业从事风控、合规与反洗钱、反恐融资工作的人士学习参考，以及培训机构、国际认证机构对学员进行反洗钱培训时使用。

总　序

社会经济的发展对应用型专业人才的需求呈现出大批量、多层次、高规格的特点。为了适应这种变化,积极调整人才培养目标和培养模式,大力提高人才培养的适应性和竞争力,教育部于2009年推出系列专业学位硕士项目,实现硕士研究生教育从以培养学术型人才为主向以培养应用型人才为主的历史性转型和战略性调整。复旦大学经济学院于2010年首批获得金融硕士专业学位培养资格,经济学院专业学位项目依托强大的学科支持,设置了系统性模块化实务型课程,采用理论与实践结合的双导师制度(校内和校外导师),为学生提供从理论指导、专业实践到未来职业生涯设计的全面指导。目前,已经形成了金融硕士、国际商务硕士、保险硕士、税务硕士、资产评估硕士五大专业学位硕士体系,招生数量与规模也逐年增长。

专业学位(Professional Degree)相对于学术型学位(Academic Degree)而言,更强调理论联系实际,广泛采用案例教学等教学模式。因此,迫切需要编写一套具有案例特色的专业学位核心课程系列教材。本套教材根据专业学位培养目标的要求,注重理论和实践的结合。在教材特色上,先讲述前沿的理论框架,再介绍理论在实务中的运用,最后进行案例讨论。我们相信,这样的教材能够使理论和实务不断融合,提高专业学位的教学与培养质量。

复旦大学经济学院非常重视专业学位教材的编写,2012年就组织出版了金融硕士专业学位核心课程系列教材。经过五年的探索和发展,一方面是学院的专业学位硕士由金融硕士扩展到了五大专业硕士学位体系;另一方面,对如何进行学位培养和教材建设的想法也进一步成熟,因此有必要重新对教材的框架、内容和特色进行修订。2015年4月,我院组织专家审议并通过了专业学位研究生课程教材建设方案。2015 年 12 月,完成了专业学位核心课程的分类,初步设定建设《程序化交易中级教程》《投资学》《公司金融》《财务分析与估值》《金融风险管理实务》等核心课程教材。2016 年 10 月,组织校内外专家制定了《复旦大学经济学院专业学位核心课程教材编写体例与指南》,2016 年 11 月,组织教师申报教材建设并召开我院专业学位研究生教指委会议,针对书稿大纲进行讨论和修订,删除了目前教材之间的知识点重复现象,提高了教材理论的前沿性,修改和增加了教材中每章的案例,突出教材知识点的实务性。教材初稿完成以后,邀请校外专家进行匿名评审,提出修改意见和建议;再要求作者根据校外专家的匿名评审意见进行修改;最后,提交给我院专业学位研究生教指委进行评议并投票通过后,才予以正式出版。

最后,感谢复旦大学研究生院、经济学院以及学院专业学位研究生教指委提供的全方位支持和指导,感谢上海市高峰学科建设项目的资助,感谢校外专家对书稿的评审和宝贵意见,感谢复旦大学出版社的大力支持。本套教材是复旦大学经济学院专业学位教材建设的创新工程,我们将根据新形势的发展和教学效果定期修正。

经管类专业学位硕士核心课程系列教材编委会

2017 年 6 月

目　录

第二篇 法律——规制篇

图目录

表目录

第一篇
概论——基础篇

第一章

洗钱的概念和反洗钱的提出

学习目标

通过本章学习,重点掌握以下内容:

1. 洗钱的基本含义
2. 洗钱的基本特征
3. 洗钱的基本过程
4. 反洗钱的提出
5. 反洗钱的社会意义
6. 反洗钱的重点
7. 反洗钱主要手段

第一节　洗钱的基本含义

"洗钱"一词的原始含义就是把弄脏的钱洗干净,即把脏污的金属货币清洗干净。此时的洗钱概念并无贬义。在以铸币为主要支付手段的年代,金银铸币为主要货币形式,金属铸币流通的时间久了,表面会脏,这些被弄脏的货币再兑给他人时,有时对方不愿意接受。于是,商人们就想出了一个办法:他们戴上白手套,把这些被弄脏的货币倒入一个大缸内,再加上一些具有腐蚀性的化学药剂进行清洗。这是"洗钱"一词最早的由来。

现在"洗钱"一词的含义是对其原始含义的假借,是指将货币资金或财产来源和性质的"不干净"进行清洗。这里讲的"不干净"是说从非法渠道获得的利益,然后通过"清洗"而使非法利益,即所谓的黑钱、赃钱和犯罪收入合法化。这种"清洗"不是通过化学药剂进行除污,而是通过各种交易来完成清洗过程,通过这种"清洗"后,隐瞒和掩盖了犯罪收入的来源和性质,达到表面合法化,从而使非法财产的拥有者能够安然享受不法财物或利益。一个广为流传的经典案例是:早在20世纪20年代,美国芝加哥的一个以阿里·卡彭和鲁西亚诺为主要头目的黑帮组织通过贩毒走私、敲诈勒索等不法手段赚了不少黑钱。

为了将黑钱漂白,他们购买了投币式洗衣机,开了多家洗衣店;然后,在每天晚上计算当天的洗衣收入时,他们就把那些通过赌博、走私、勒索获得的非法所得即赃款混入其中,再向税务部门申报纳税。税务部门扣除其应缴的税款之外,剩下的钱财就成了他们"表面合法"的收入。于是,人们就渐渐把这种行为叫作"洗钱"。

洗钱,英文名称为 money laundering,法律定义是指隐瞒或掩饰犯罪收益的真实来源和性质,使其在形式上合法化的行为。通俗地讲,洗钱就是将犯罪所得的"不干净"的非法收入变成"干净"的钱。例如,厦门远华集团逃避海关监管,从事大量走私活动,获得巨额非法利益,为使其变成公司的"合法"收入,通过各种方式进行洗钱,使国家遭受了巨大的损失。通常犯罪收益被称为"黑钱"或"脏钱",对犯罪收益进行清洗使之披上合法外衣的活动就被人们形象地称为"洗钱"。洗钱的真正目的在于掩饰、隐瞒犯罪收益的真实来源和性质,把通过非法手段获得的犯罪收益通过混合,例如投资、存入银行、购买贵重物品等方式,达到表面合法化。

最早受到关注的洗钱活动是在毒品犯罪所得方面,后来人们发现除贩毒之外,走私、贪污、受贿、诈骗和黑社会犯罪中普遍存在洗钱行为。这些犯罪的一个共同特点就是掩饰、隐瞒违法收入,使违法收入看起来有合法的性质和来源,从而达到占有违法收入、逃避法律制裁的目的。从世界各国洗钱的发展变化来看,与财产有关的刑事犯罪和洗钱都有着千丝万缕的关系。洗钱的交易媒介则包括现金、有价证券、不动产、黄金、宝石及艺术品等贵重资产。很多文章论述洗钱和反洗钱时,常常涉及上位犯罪、下位或下游犯罪概念。由于洗钱是将通过非法途径如贩毒、走私、抢劫、贪污、诈骗等得来的钱,通过复杂的交易手法变为表面合法的财产,因此,有的学者形象地把洗钱称为依附于贩毒、走私等犯罪的"下游犯罪",把诸如贩毒、走私、抢劫、贪污、受贿、诈骗等称为"上位犯罪"。在上述上位犯罪中,犯罪收益往往十分巨大,犯罪分子通过简单窝藏或者销赃等活动将犯罪收益消化掉是非常困难的。因此,犯罪分子往往通过银行或其他金融机构的金融交易以及其他媒介来隐匿犯罪收益。

清洗何种刑事犯罪违法所得和收益才构成洗钱犯罪呢?世界各国的看法不尽相同。泰国把贩毒、卖淫、赌博犯罪的收益作为洗钱罪的对象。新西兰法律规定洗钱罪的对象包括贩毒、抢劫、盗窃和诈骗罪的收益。美国法律规定的洗钱罪的对象则包括毒品罪、欺诈罪(金融欺诈和破产欺诈)、贿赂罪、敲诈勒索罪、赌博罪、盗窃罪、抢劫罪、绑架罪、暴力罪、纵火罪、伪造罪、走私罪等 100 余种。马来西亚法律规定的洗钱罪的对象有 113 种,包括所有比较严重的刑事犯罪。目前我国只把清洗毒品犯罪、恐怖活动犯罪、黑社会性质的组织犯罪、贪污贿赂、破坏金融管理秩序、金融诈骗、走私犯罪 7 种刑事犯罪违法所得和收益定为洗钱犯罪。2003 年 6 月,国际反洗钱组织金融行动特别工作组在柏林召开会议,对洗钱犯罪的上位犯罪作了明确的规定,范围包括有组织犯罪集团和敲诈勒索、恐怖主义犯罪、贩卖人口及偷渡、性剥削、非法贩卖麻醉品和精神性药物、腐败和贿赂、诈骗、伪造货币、产品的伪造和盗版、环境方面犯罪、谋杀和重伤害绑架与非法监禁和扣押人质、抢劫和盗窃、走私以及内幕交易或市场操纵等 20 种以上的严重刑事犯罪。

第二节 洗钱的基本特征

洗钱犯罪具有多样化、专业化、智能化和复杂化等特征。洗钱的方式和手段具有较强的隐蔽性和技术性特征。因为洗钱的目的在于掩盖犯罪收益的真正来源,使犯罪收益合法化,所以洗钱活动必然带有隐蔽性特征。它总是通过设置种种假象,掩盖资金的真正面目。归纳起来,洗钱通常具有以下特征:

1. 独立的刑事犯罪。洗钱犯罪逐步与原来依附的犯罪行为相分离,与经济尤其是金融因素结合,发展成为一种独立的犯罪行为。洗钱犯罪的手段日趋隐蔽。方便、快捷的虚拟信用卡、网上银行服务、网上取款等金融工具被化作洗钱手段,对金融秩序构成威胁,同时也增加了调查难度。

2. 方式和手段呈多样性。犯罪收益来源的多样性,使得洗钱者会通过不同的方式进行处理。长期的洗钱活动衍生出了多种多样的洗钱工具,例如,借用金融机构提供的金融服务、利用空壳公司、伪造商业票据等。经济方式的创新也使洗钱方式不断翻新,更为隐蔽。专业的洗钱组织更是越来越熟练地对各种洗钱手段和方式加以组合运用。其中,实施复杂的金融交易、通过金融衍生工具进行洗钱尤为突出。

3. 专业化、智能化。与传统的洗钱活动相比,利用计算机等高新技术,进行隐瞒或掩饰犯罪收益的活动已成为现代洗钱活动的重要特征。这些在本书的有关章节将做重点介绍。洗钱活动逐渐演变成一个行业,并趋于网络化、智能化。一部分犯罪者专职从事洗钱犯罪,形成固定的洗钱通道。一家曾注册于卢森堡的国际信贷和商业银行被洗钱者控制,在100万普通客户的合法业务掩护下,专门从事洗钱活动。

4. 过程具有复杂性。要实现洗钱的目的,就要改变犯罪收益的原有形式,消除可能成为证据的痕迹,为犯罪收益设置假象,使犯罪收益与合法收益融为一体。这就迫使洗钱者采取复杂的手法,经过种种中间形态,在处置、离析和融合三个基本过程中采取多种资金、多渠道、多架构、国际化等运作方式,从而达到使之表面合法化的目的。

5. 洗钱的对象是特定性质的货币资金和财产。通常,这种货币资金和财产无一例外与刑事犯罪相关,例如,贩毒、走私、诈骗、贪污、偷漏税等,系犯罪所得或用于犯罪目的。狭义而言,只有赃钱、黑钱才有清洗的必要。

6. 将非法收益表面合法化。也就是为非法资金或财产披上合法的外衣,消灭犯罪线索和证据,逃避法律追究和制裁,并实现黑钱、赃钱或其他犯罪收益的安全循环使用。

而随着国际毒品犯罪、跨国有组织犯罪及跨国经济犯罪(跨国逃税、跨国贿赂、跨国诈骗、跨国走私)迅速增加,跨国洗钱愈演愈烈。

就利用国际金融系统洗钱而言,跨国洗钱的历史可以追溯到20世纪30年代。1932年,美国人梅耶·兰斯基(Meyer Lansky)通过在瑞士银行开立账户贿赂路易斯安那州州长休伊·郎(Huey Long),他以所谓贷款方式,将他存入银行的贿赂资金转移到休伊·郎的账户中。通过这种方式,休伊·郎可以自由使用这笔贿赂资金并逃避法律制裁。"洗钱"作为一个术语,在20世纪70年代才适用于法律领域。2002年6月25日,加拿大皇家骑警在温哥华第一次审讯听证会上,控告赖昌星自逃到加拿大后通过"哈瓦拉"(Hawala)地下钱庄进行洗钱。赖通过在加拿大的关系网替他在加拿大开立银行账户,然后取钱。

随着社会经济、科技的飞速发展,世界各国人员的往来、商品的运送、资金的流动、信息的传播、服务的提供日益国际化,同样带来犯罪国际化的趋势。在追逐非法经济利益的跨国犯罪活动中,犯罪收益的转移成为一个关键点,与之相适应,原来在一国范围内的洗钱活动就逐步发展为超越一国国境的跨国洗钱活动。1957年,被称为"现代有组织犯罪之父"的黑手党头目鲁西亚诺(Luciano)、洗钱者米歇尔(Michele)及有金融专业背景的MS等人开始专业洗钱活动。此后,跨国洗钱从分散的无组织的隐瞒犯罪收益的行为逐步演变成具有专业分工的、有组织隐瞒犯罪收益并使之合法化的运作机制。也就是说,洗钱犯罪活动逐步摆脱了其犯罪后道地位,成为一种专门的、相对独立的犯罪环节。

根据金融行动特别工作组的专家估计,每年有数千亿美元进入洗钱系统。与此同时,跨国洗钱专业化和行业化的趋势更为明显。许多具有专门知识和技能的专业人员,例如律师、会计师、金融顾问等加入到洗钱行列。据国际货币基金组织估测,全球每年洗钱的总额相当于全世界生产总值(GDP)的2%—5%。洗钱犯罪是目前国际社会普遍关注的焦点和热点问题。

20世纪80年代以来,随着国际毒品犯罪和其他有组织跨国犯罪活动的日益猖獗,跨国洗钱问题逐渐引起国际社会的关注。跨国洗钱的法律控制问题提上了有关国际组织和国家的议事日程。各国及联合国和欧盟等主要国际组织纷纷进行了反洗钱国内立法和国际立法,并且采取措施,加强反洗钱国际合作。金融行动特别工作组这一专门的反洗钱政府间国际组织也通过G7峰会而于1989年成立,目前成员已经有36个国家和地区,2个国际组织以及20多个观察员国家,包括北美、欧洲、亚洲和南美等主要金融中心。

第三节 洗钱的基本过程

洗钱活动的过程相当复杂,其模式也不固定。通常,洗钱的过程一般有四个子目的:第一,洗钱者首先考虑的是隐藏有关犯罪收益的真正所有权和来源;第二,改变有关资产的形态,例如,将现金变成金融票据;第三,洗钱过程中尽量避免留下明显的痕迹;第四,洗钱者能够控制洗钱的全过程。

典型的洗钱过程通常被分为三个阶段,即处置阶段(Placement)、离析阶段(Layering)和融合阶段(Integration)。每个阶段都各有其目的及运行模式,洗钱者有时交错运用,以达到最终的清洗目的。

一、处置阶段

处置阶段亦称放置阶段,是指将犯罪收益投入到清洗系统的过程。处置阶段是洗钱手法的第一阶段,也是过程中最弱、犯罪者最容易被侦查到的阶段。利用的媒介包括金融机构或非金融机构。主要方法是把非法财产存入银行或转换为银行票据、国债、信用证等。犯罪者或将小额面钞换大额面钞,大笔资金分多次小额提取,利用正常的金融工具,掩盖其洗钱的目的;或将赃钱存到不同账户后,再分别签发支票给第三者,使赃钱由洗钱者账户转账到第三者在其他银行的户头内,都可避免因现金申报规定而被查到的风险。有的将钱存入地下钱庄,通过地下钱庄将犯罪收益转移到境外或国外,然后进入外国银行。有的用现金在非银行金融机构购买汇票,有的用现金在保险公司购买保险,有的用现金在资本市场购买股票。

二、离析阶段

离析阶段也叫培植阶段,主要是通过用复杂多层的金融交易,将非法收益及其来源分隔,分散其不法所得,从而掩盖账目线索和隐藏罪犯身份。即通过在不同国家间的错综复杂的交易,或通过在一国境内对不同金融工具错综复杂的运用,模糊犯罪收益的真实来源、性质以及犯罪收益与犯罪者的联系,使得犯罪收益与合法资金难以分辨。

三、融合阶段

融合阶段又叫归并阶段,是洗钱链条中的最后阶段,又称为"整合阶段",被形象地描述为"甩干"。其目的在于使不法回归形式合法,为犯罪得来的资金或财产提供表面的合法性。犯罪收益经过充分的培植后,已经与合法的资金混同融入合法的金融和经济体制中。此时,犯罪收益已经披上了合法的外衣,犯罪收益人便可以自由地使用该犯罪收益了。

在实际操作过程中,三个阶段有时区分明显,有时则发生重叠、交叉或混合运用,难以截然分开。

上述三个阶段,参见示意图 1-1。

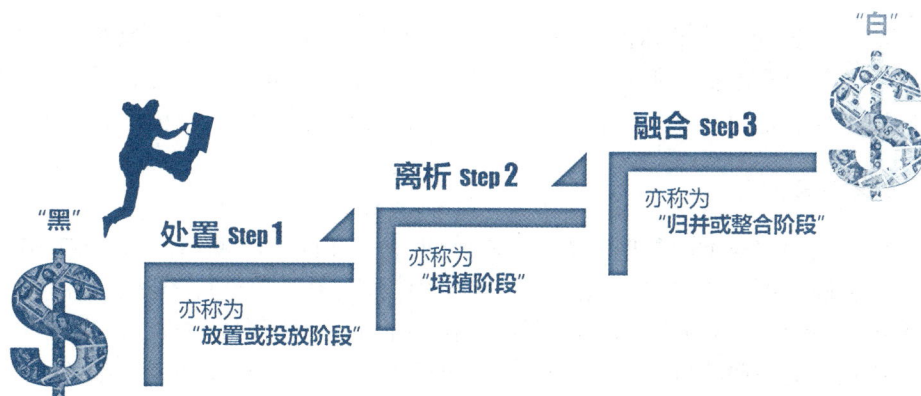

图 1-1　洗钱的三个阶段

第四节　反洗钱的提出

一般意义上的反洗钱可描述为政府动用立法、司法力量,调动有关的组织和商业机构对可能的洗钱者予以识别,对有关款项予以处置,对相关机构和人员予以惩罚,从而达到阻止犯罪活动目的的一个系统行为。

反洗钱的提出是刑事政策的理念创新,是在过往单纯强调打击一切犯罪必须从源头抓起的基础上,发展到"首尾统抓,互为补充,相互强化"的思路创新层级,亦即通过遏制洗钱这样的下位罪,达到预防和遏制上位罪的目的。

通俗而言,对于合法健康的经济体,微观层面的金融机构、特定非金融机构、其他所有经营或独立运行的营利或非营利主体,以及自然人而言,反洗钱的目标就是竭力使得那些不法乃至犯罪收益"进不来,藏不住,动不得",从而避免它们侵蚀和损害健康的经济体。

一、反洗钱的社会意义

大力推行反洗钱具有积极的社会意义,主要体现在以下三个方面:

1. 有利于树立一国政府的形象,维护社会政治稳定和安全。洗钱活动是贩毒、走私、贩卖军火、贪污腐败等犯罪行为带来的下游犯罪活动。反洗钱不单是对"黑钱"的清查,而且还包括对上位犯罪活动的打击。反洗钱行动的开展,不仅使犯罪分子非法所得的黑钱不能顺利"变白",而且对犯罪活动本身也是一个有力的打击。一国政府对于洗钱活动的大力打击,有利于树立该国政府在世界上的形象,促进社会政治稳定,维护国家安全。

2. 有利于维护正常的经济秩序,保证社会经济金融健康运行。犯罪分子通过犯罪活动攫取了大量的不义之财,挤占了经济资源,使得这些经济资源不能被合法的经济活动所利用,降低了整个社会的生产效率。同时,大量"黑钱"在世界各国的频繁转移容易对各国的经济金融安全产生威胁。反洗钱的开展遏制了犯罪分子转移非法所得的嚣张气焰,减少了非法资金跨境流出流入对一国经济金融运行的冲击,有利于保证一国经济金融的健康运行。

3. 有利于维护社会公平和正义,使社会文化基础得到进一步巩固。反洗钱的开展,不仅有力地打击了贩毒走私等犯罪活动,而且有力地遏制了腐败等活动的蔓延,使得犯罪分子自由挥霍所得的企图落空,有利于正本清源,巩固社会文化基础,维护社会公平和正义。

二、反洗钱的重点

世界反洗钱行动在不同时期有着不同的侧重点。在同一时期,各国根据本国犯罪活动的特点也会确定不同的反洗钱重点。20世纪中期,欧美等国进行的反洗钱活动主要是为了打击逃税、控制税收流失。后来,国际反洗钱的重心逐渐向打击贩毒、走私等犯罪活动倾斜。特别是对一些贩毒业猖獗的国家,打击贩毒洗钱是本国反洗钱行动的重中之重。此外,由于贪污腐败等丑恶现象的滋长,反腐败洗钱也为一些国家日益关注。"9·11"事件后,反恐融资成为世界各国反洗钱行动的重点。

反腐败洗钱和反恐融资是当今世界反洗钱行动的两大重要内容。腐败已被世界各国视为成功发展和经济实践的主要障碍。1996年,世界银行总裁詹姆斯·沃尔芬森将打击"腐败癌症"确定为世界银行的最高优先事项。2002年3月,在墨西哥举行的关于发展筹资问题的政府间会议上,通过了一项全面反腐的国际文书。由腐败而产生的"灰钱"和"黑钱"的清洗问题摆进世界各国反洗钱行动的日程。"9·11"事件发生之后,反恐怖主义洗钱活动在全球范围内声势浩大地开展起来。美国政府加大了打击恐怖主义"黑钱"的力度,同时世界各国也都开展了反恐融资的行动。这些行动包括:反对向恐怖主义、恐怖行为和恐怖组织提供融资,并没收资金;对向恐怖主义提供金融服务的个人和法人进行处罚;采取措施防止恐怖主义组织和个人利用非营利机构的名义和账户洗钱;加强反对恐怖主义洗钱的国际合作;金融机构应当严密监测与恐怖主义可能有关的资金划转;金融机构有义务报告与恐怖主义有关的洗钱活动等等。

2016 年以来,全球出现的一个明显趋势就是将反洗钱、反恐融资、反逃税与反大规模杀伤性武器扩散融资进行了有机的结合,强调多位一体,互为联动,互为补充。

第五节 反洗钱处置三步骤

洗钱是一项错综复杂的犯罪活动。相应地,反洗钱也是一项复杂的系统性工作。根据世界各国反洗钱的经验,一般说来,反洗钱可分为识别、侦查、处理三个步骤或称三个阶段。也有将其分为识别、评估、分析、处置四个步骤的提法。

一、识别

识别是反洗钱工作的第一个环节。银行、海关及其他有关机构将日常工作中发现的大额可疑资金的提取、划转及可疑资金运送等情况报送给有关政府部门反洗钱机构,反洗钱机构对这些情况进行分析和判断,对存在的可疑情况进行识别。这个环节,一般都是根据已掌握的资料和情况进行。反洗钱机构在这个环节着重依靠各种监测系统获取可疑情况的信息。

二、侦查

侦查是反洗钱工作中的重点。在侦查阶段,反洗钱机构对初步识别的可疑情况,进行专门调查。在这个阶段,政府常动用有关监管部门和立法、司法力量对可疑情况进行调查。反洗钱机构对可疑资金的动向进行严密监测,对提取、划转、运送可疑资金的关系人进行追查,根据已掌握的情况顺藤摸瓜,弄清犯罪分子洗钱的事实。

三、处理

处理是反洗钱工作的最后一个环节。在处理阶段,犯罪分子洗钱的事实基本查清,反洗钱机构将犯罪分子洗钱案件交给有关司法机关进行处理。由司法机关对洗钱犯罪分子进行惩处并追缴清洗资金。司法机关处理案件的力度直接影响对洗钱犯罪分子威慑的大小。

识别、侦查、处理三个阶段基本构成了反洗钱工作的全过程。这三个阶段是一个紧密联系、相互承接的整体。做好洗钱犯罪的识别工作,有利于及早发现洗钱犯罪活动,阻止洗钱犯罪的进一步蔓延。对洗钱犯罪的侦查,是摸清犯罪分子洗钱犯罪情况的关键,不摸清犯罪分子洗钱的具体情况,也就无从对洗钱犯罪分子进行有效的打击。处理洗钱犯罪分子是体现法律威严的切实行动,反映了反洗钱工作的成果。

第六节　反洗钱主要手段

为了控制洗钱犯罪在全球的蔓延,世界各国采取了许多手段来打击洗钱犯罪活动。一般说来,这些手段可基本分为以下四种。

一、法律手段

世界各国反洗钱的法律手段主要包括加强立法建设和打击犯罪活动。加强立法建设包括制定打击犯罪行为和洗钱行为的规定和法律。打击犯罪活动是指运用国家司法机关的力量对洗钱犯罪行为和引致洗钱犯罪行为的"上游"犯罪行为进行打击的系列行动。加强反洗钱立法、打击犯罪活动等法律手段是反洗钱行动的重点,有利于增强反洗钱活动的威慑力,提高反洗钱行动的效果。

二、行政手段

反洗钱的行政手段主要指一国运用行政力量对洗钱犯罪行为的打击。主要包括设立反洗钱的专门机构,利用专门机构的力量进行反洗钱行动的组织和实施,依靠国家行政权威在一国范围内保证反洗钱的各项手段得到贯彻、支持和配合。

三、经济手段

反洗钱的经济手段主要指利用一国经济组织特别是银行等金融机构的力量对洗钱活动进行监测、识别、跟踪、报告等手段的总和。由于国际洗钱活动主要通过银行系统等金融机构进行,银行系统在反洗钱活动中处于第一线,因此,加强银行系统的反洗钱能力是打击洗钱活动的核心。

四、科技手段

反洗钱的科技手段主要是利用现代高新科学技术提高反洗钱行动的实时监测水平,提高反洗钱行动的整体实施效果的系列手段。现代国际洗钱活动越来越借助网络技术和电子信息技术,如果不提升反洗钱行动中的电子信息技术水平,不加强相应的科技投入,反洗钱行动将很难达到应有的效果。

当然,反洗钱是一个系统工程,需要方方面面的配合。反洗钱不是借助一两种手段就可以奏效的,需要"多管齐下",综合治理,才能达到打击洗钱犯罪活动的目的。

本 章 小 结

本章介绍了洗钱的由来并阐述了其法律内涵。洗钱作为一个独立的犯罪形式,具有多样性、复杂性、网络化、专业性、智能化、国际化等特征。洗钱有三个过程:处置、离析和融合,而反洗钱的提出具有刑事政策的创新意义。识别、侦查和处理是反洗钱的三个步骤,辅之以法律、行政、经济和科技手段的综合运用,以达到预防、遏制和打击这一特定经济金融犯罪的目的。

重　要　概　念

洗钱　反洗钱　处置　离析　融合

习题与思考题

1. 在当前的时代背景下,洗钱犯罪正变成一个越来越严重的社会现象,其基本特征体现在哪些方面?

2. 当前,洗钱的手段越来越花样繁多,请你尽可能多地搜集案例以归纳总结洗钱的众多形式。

3. 洗钱的基本过程包括哪几个阶段? 实践中,这几个阶段是否明显区隔? 为什么?

4. 反洗钱的提出有何创新价值,其社会意义主要体现在哪些方面?

5. 你认为如何做才能够更好地取得反洗钱的预期收效?

第二章

洗钱之上位犯罪

学习目标

通过本章学习,从法律视角,你将重点掌握以下内容:

1. 洗钱上位罪提法的由来
2. 关于毒品犯罪
3. 关于黑社会性质的组织犯罪
4. 关于恐怖活动犯罪
5. 关于走私犯罪
6. 关于贪污贿赂犯罪
7. 关于破坏金融管理秩序罪
8. 关于金融诈骗罪

金融行动特别工作组(FATF)的"40 条建议"规定,"各国反洗钱的基本义务"之一是"洗钱犯罪的上位犯罪应尽可能地广泛",也就是建议所有成员国将所有来源于不法途径或通过犯罪手段获取的收益统归于洗钱之上位罪的范畴。现行的中国法律在界定洗钱犯罪的上位罪方面,与 FATF 的相关建议有所差异。2006 年 6 月 29 日,中国第十届全国人大常委会第二十二次会议表决通过的《中华人民共和国刑法修正案(六)》将刑法第 191 条第 1 款修改为:"明知是毒品犯罪、黑社会性质的组织犯罪、恐怖活动犯罪、走私犯罪、贪污贿赂犯罪、破坏金融管理秩序犯罪、金融诈骗犯罪的所得及其产生的收益,为掩饰、隐瞒其来源和性质,有下列行为之一的,没收实施以上犯罪的所得及其产生的收益……"也就是说,此次的刑法修改是在 2001 年第三次修正的《刑法》中第 191 条明确的"毒品犯罪、黑社会性质的组织犯罪、恐怖活动犯罪、走私犯罪"四种上位罪的基础上,又增加了三种,即扩充至七种。下面,就这"七宗罪"一一加以阐述。

第一节　毒　品　犯　罪

毒品犯罪是指违反国家和国际有关禁毒法律、法规,破坏毒品管制活动,应该受到刑罚处罚的犯罪行为。《联合国禁止非法贩运麻醉药品和精神药品公约》规定:毒品犯罪是指非法生产、制造、提炼、配售、兜售、分销、出售、交售、经纪、发送、过境发送、运输、进口或出口麻醉药品和精神药品、种植毒品原植物以及进行上述活动的预备行为和与之相关的危害行为。

根据《中华人民共和国刑法》规定,毒品犯罪可以分为以下 13 种:(1)走私毒品罪(第 347 条);(2)贩卖、运输、制造毒品罪(第 347 条);(3)非法持有毒品罪(第 348 条);(4)包庇毒品犯罪分子罪(第 349 条);(5)窝藏、转移、隐瞒毒品、毒赃罪(第 349 条);(6)走私制毒物品罪(第 350 条);(7)非法买卖制毒物品罪(第 350 条);(8)非法种植毒品原植物罪(第 351 条);(9)非法买卖、运输、携带、持有毒品原植物种子、幼苗罪(第 352 条);(10)引诱、教唆、欺骗他人吸毒罪(第 353 条);(11)强迫他人吸毒罪(第 353 条);(12)容留他人吸毒罪(第 354 条);(13)非法提供麻醉药品、精神药品罪(第 355 条)。

目前毒品犯罪已经逐渐成为一个全球性的问题。从刑法的角度来看,它早已不再仅仅是一种国内犯罪,而同时也是一种严重的国际犯罪。为了有效打击与遏制毒品犯罪,国际社会一直在致力于建立广泛的、多层次的国际、区际及国家间的合作,并先后签订了一系列相关的国际公约。特别是 1961 年的《麻醉品单一公约》(该公约于 1972 年修正)、1971 年的《精神药物公约》和 1988 年的《联合国禁止非法贩运麻醉药品和精神药物公约》,共同构成了管制毒品的国际法律制度。其中关于制裁毒品犯罪的规定则为国际社会打击毒品犯罪提供了国际刑法上的依据。我国先后于 1985 年和 1989 年加入了上述三公约。

毒品犯罪与洗钱犯罪的关系密切,均属跨国犯罪,对国家、社会、经济安全之危害很值得重视。国际金融行动特别工作组(FATF)的报告指出,毒品走私是不法利润的最大来源。毒贩所获得的非法利润来路不明,金额庞大,必须经由洗钱方式将黑钱漂白。因此,毒贩必须从世界各地不同的金融机构从事洗钱活动,促使毒枭除走私贩毒之外,更加重视毒资之累积、转换与投资过程,两者之间具有互利共生关系。根据联合国麻醉品管制局估计,每年毒钱漂白至少有 2 000 亿美元。然而,美国金融犯罪稽查局(Financial Crimes Enforcement Network)的估计则是每年全球洗钱金额约7 500 亿美元,其中以毒品暴利为其最大来源,占美国全年洗钱案件的 60%—80%。因此,美国国务院每年度的国际毒品控制策略报告,均提列全球主要洗钱国家名单(Countries/Jurisdictions of Primary Concern),并将其视为美国国家安全利益的重大威胁之一。

需要指出的是,当毒品犯罪与洗钱犯罪相结合后,不论是"合法"钻营法律漏洞,或采取非法贿赂收买、威胁恐吓手段,或通过电讯、网络从事不法洗钱,规避国家金融管理和控制,均以达到漂白贩毒黑钱为目的,进而可以合法形态再投入下一波犯罪活动。其结果除发展出地下金融管道外,对各国以及全球金融秩序、经济发展与社会治安皆产生不利影响;对全体民众而言,是一种不定时炸弹的潜在危害;同时,对国家主权、政治稳定、国土安全、区域安全及国际安全之维护均将产生相当程度的威胁。

第二节　黑社会性质的组织犯罪

一、"黑社会性质的组织"的法律定义

"黑社会"一词,依据牛津大学出版社编、商务印书馆出版的《牛津高阶英汉双解词典》的解释为 Underworld(part of society that lives by vice and crime),意为"下流社会、黑社会"。

黑社会组织,在国际上是一种有组织的犯罪集团。它们通过自己的组织,专门从事卖淫、贩毒、走私、盗窃、绑票、暗杀、敲诈勒索、贩卖人口等非法犯罪活动,也与洗钱犯罪有着密切的联系。在境外,黑社会组织比较有影响的有日本山口组、意大利黑手党等。

近些年来,世界上有许多国家都出现了黑社会组织和具有黑社会性质的有组织犯罪活动。而且这些犯罪组织还有增加的趋势和犯罪活动向外扩张的影响力。它们危害着各国的政治、经济和文化秩序,严重影响人们的正常生活。因此,有的国家把这种犯罪组织的活动称为"世纪瘟疫""国际社会的癌症"。联合国大会还将其与贩毒、恐怖主义活动一并宣布为"世界三大犯罪灾难"。

在我国境内,目前明显的、典型的黑社会犯罪还没有出现,但带有黑社会性质的犯罪集团已经出现。因而,我国法律采用了"黑社会性质组织"这一概念,反映了目前的实际状况。同时,"黑社会组织"在我国是一个政治概念而不是一个法律概念。它作为犯罪集团的一种特殊形态或较高层次,是基于违反法律规定而成立并且生存和发展的;它往往在一定范围内产生恶劣的影响,对经济发展、社会进步和人民群众生命、财产安全造成极大的威胁,社会危害性极大。当前我国黑社会性质的犯罪,主要在沿海地区比较猖獗,大有蔓延之势,并且有些境外的黑社会组织也开始在我国境内发展成员,还进行违法犯罪活动。因此,1997 年修订后的《中华人民共和国刑法》第 294 条增设了该罪。2011 年通过并施行《中华人民共和国刑法修正案(八)》对该条作了修改。

第 1 款规定,组织、领导黑社会性质的组织的,处七年以上有期徒刑,并处没收财产;积极参加的,处三年以上七年以下有期徒刑,可以并处罚金或者没收财产;其他参加的,处三年以下有期徒刑、拘役、管制或者剥夺政治权利,可以并处罚金。所谓"组织"黑社会性质的组织,是指为实现成立黑社会组织的非法目的,倡导、发起、策划、安排、建立黑社会性质的组织的行为。"领导"黑社会性质的组织,是指在黑社会性质的组织中处于领导地位,对该组织的活动进行策划、决策、指挥、协调的行为。"积极参加"黑社会性质的组织,是指积极、主动加入黑社会性质的组织并积极参与策划、实施违法犯罪活动的行为。

第 2 款规定,境外的黑社会组织的人员到中华人民共和国境内发展组织成员的,处三年以上十年以下有期徒刑。这里所谓的"境外的黑社会组织",是指被境外国家和地区确定为黑社会的组织,既包括外国的黑社会组织,也包括中国台湾、中国香港、中国澳门的黑社会组织。所谓"到中华人民共和国境内发展组织成员",是指境外黑社会组织通过引诱、拉拢、腐蚀、强迫、威胁、暴力、贿赂等手段,在我国境内吸收组织成员的行为。

第3款规定,国家机关工作人员包庇黑社会性质的组织,或者纵容黑社会性质的组织进行违法犯罪活动的,处五年以下有期徒刑;情节严重的,处五年以上有期徒刑。这里规定的"国家机关工作人员",是指国家各级党政机关、权力机关、司法机关和军事机关的执行一定职权的工作人员。所谓"包庇"是指行为人利用职权,影响或者向有关机关提供虚假证明,掩盖黑社会性质的组织的黑社会性质;"纵容"是指行为人对黑社会性质的组织的违法犯罪活动不依法制止,反而给予放纵、宽容。

第4款规定,犯前三款罪又有其他犯罪行为的,依照数罪并罚的规定处罚。

第5款规定了黑社会性质的组织应同时具备的特征,我们据此可以把"黑社会性质的组织"定义为:以暴力、威胁或其他手段,有组织地多次进行违法犯罪活动,为非作恶,欺压、残害群众,并通过实施违法犯罪活动,或者利用国家工作人员的包庇或者纵容,称霸一方,在一定区域或者行业内,形成非法控制或者重大影响,严重破坏经济、社会生活秩序的组织。

二、黑社会性质组织的法律特征

根据最高人民法院2000年12月发布的《关于审理黑社会性质组织犯罪的案件具体应用法律若干问题的解释》第一条的规定,黑社会性质的组织,一般应具备以下四个特征:组织结构比较紧密,人数较多,有比较明确的组织者、领导者,骨干成员基本固定,有较为严格的组织纪律;通过违法犯罪活动或者其他手段获取经济利益,具有一定的经济实力;通过贿赂、威胁等手段,引诱、逼迫国家工作人员参加黑社会性质组织活动,或者为其提供非法保护;在一定区域或者行业范围内,以暴力、威胁、滋扰等手段,大肆进行敲诈勒索、欺行霸市、聚众斗殴、寻衅滋事、故意伤害等违法犯罪活动,严重破坏经济、社会生活秩序。应该说,最高人民法院的这一司法解释,是比较符合黑社会性质组织的特征的,也和我国境内黑社会性质组织的形成、发展的实际情况相一致。在这四个特征中,以获取经济利益为目的是最主要的特征。因为,经济是一切组织存在的基础。我国的"黑社会性质的组织"最大的目的,是以获得最大限度的经济利益为核心。因此,它们为了经济利益往往铤而走险,拉帮结伙,采用暴力、威胁、滋扰等手段,大肆进行敲诈勒索、欺行霸市、聚众斗殴、寻衅滋事、故意伤害等违法犯罪活动,其最终目的是为了得到长期而稳定的非法经济收入。以上,是认定黑社会性质组织的法律特征。

三、黑社会性质组织犯罪与洗钱关系及防治措施

具有黑社会性质的组织犯罪,严重危害了我国的社会秩序和经济建设。而且我国的"黑社会性质的组织"最大目的是获得最大限度的经济利益,因此为了将其非法获取的收益"合法化",必然要大量运用洗钱手段。因而该犯罪与洗钱的关系非常密切。

对于该犯罪,我们固然要对其严厉打击,但是我们更多还要采取"预防为主、打击为辅、专项治理、全民动员"的方式来防止。具体防止措施如下:

(一)完善法律制度

法律制度是惩罚犯罪、打击敌人、规范人们行为的基本准则,它具有权威性和普遍的约束力。

1. 加强立法建设。对黑社会性质的组织犯罪应增设财产刑,可以考虑不规定财产刑的最高限额,而根据其违法所得来确定罚金;同时,对黑社会性质组织犯罪应当规定特殊减轻或免刑的事由,鼓励其组织成员脱离犯罪团伙、立功自首,以及建立和完善对犯罪活动的举报制度,鼓励受害者和群众对有黑社会性质组织的犯罪、犯罪嫌疑人、"涉黑人员"的举报;加强做好对举报人的安全保护工作,并对举报属实有功者给予物质上的奖励。

2. 加强执法力度。实行专项治理,打击犯罪分子的嚣张气焰。根据《刑法》第 294 条和最高人民法院《关于审理黑社会性质组织犯罪的案件具体应用法律若干问题的解释》的规定,对于触犯组织、领导、参加黑社会性质组织罪,入境发展黑社会组织罪,国家机关工作人员包庇、纵容黑社会性质的组织罪罪名的人,要及时加以惩处,依法判处刑罚,加大打击力度,震慑犯罪分子。

开展打击黑社会性质组织的专项斗争,采取各部门合作的方式,打击具有黑社会性质犯罪的犯罪分子,保护人民群众生命、财产安全,维护社会经济秩序和社会安定。同时在打击有组织犯罪的活动中还要特别注意打击有可能会演变成黑社会性质组织的流氓恶势力,防止黑社会性质组织的形成。

摧毁黑社会性质组织犯罪的非法经济来源,从源头上断绝黑社会组织的经济基础。

打击黑社会性质组织犯罪要与反腐败同时进行,扫除黑势力的保护伞,打破其关系网,破坏其存在的社会基础。要依照《刑法》第 294 条第 3 款的规定,严厉惩罚涉黑的国家机关工作人员。

加强国际合作,防止犯罪组织与境外犯罪集团相勾结,进一步强化与有关国家和地区的司法协助,掐断其洗黑钱的国际通道,断绝经济来源。

(二)摧毁黑社会性质组织的物质基础

加强各地区的金融管理,防范黑社会性质的组织洗钱行为,防止其把非法所得变为合法收入;对于黑社会性质的组织的违法所得、非法获利要全部予以罚没。

(三)实行防治与治理相结合的原则

实行防治与治理相结合的原则是指预防与打击相结合,建立多方位、多系统的综合防治体系,严密防止黑社会性质组织犯罪的产生。

要加强宣传和教育力度,提高全社会对黑社会性质组织犯罪的严重危害性的认识,增强全社会的反黑意识。

充分运用我国具有社会主义群防群治特点的社区居委会以及各基层组织工作的机制,从犯罪组织的底层"釜底抽薪"。加大打击一般有组织性质的犯罪,把尚未形成气候的有组织的犯罪活动打击下去,把具有黑社会性质的有组织的犯罪行为消灭在萌芽状态。

在依法打击黑社会性质组织犯罪的过程中,要积极贯彻专门机关与群众路线相结合的方针,通过社会各有关单位、保卫组织和广大群众,收集、掌握涉黑线索,精心组织案件侦查工作,严密防范,让涉黑性质组织无立足之地。

综上所述,对黑社会性质的组织犯罪,我们要加强立法,加大执法力度,采取预防为主、打击为辅、专项治理、全民动员的方法,坚决制止黑社会性质组织犯罪的产生和发展,遏制其犯罪活动的蔓延,维护社会经济秩序的有序运行,维护社会的安定团结。

第三节 恐怖活动犯罪

2001年12月29日,全国人民代表大会常务委员会通过了《中华人民共和国刑法修正案(三)》,对刑法第114条、第115条、第120条、第125条、第127条、第191条、第291条的规定作了较大幅度的补充与修改,并在我国刑法中第一次明确地提出了"恐怖活动犯罪"这一概念。《中华人民共和国反洗钱法》中同样也把恐怖活动犯罪列为洗钱的上位犯罪。这一切都与当前国际反洗钱中反恐融资占据主导地位有着紧密的联系。

一、恐怖主义与中国刑法中的恐怖活动犯罪

(一) 社会政治学意义上的恐怖主义

1994年,联合国安理会谴责恐怖主义的措辞为:"为政治目的,故意并精心对一般民众、某个人群或特定个人制造恐怖的犯罪行为,无论是用政治、哲学、意识形态、民族、种族、宗教还是其他的说辞,都不是正当的理由。"

从立法渊源的角度考察,中国刑法中"恐怖活动犯罪"可以说是一个"舶来品",是中国参与国际反恐怖主义斗争的产物。从某种意义上说,《中华人民共和国刑法修正案(三)》本身就是回应、落实联合国安理会2001年9月28日第1373号决议的产物。该决议除重申了其对2001年9月11日在美国纽约州、华盛顿特区和宾夕法尼亚州发生的恐怖主义攻击的断然谴责,以及要防止一切此种行为的决心外,还鉴于国际恐怖主义行为对国际和平与安全构成的威胁,在呼吁各国在防止和制止恐怖主义行为方面进行紧急合作时,对各联合国成员国的刑事立法提出了如下具体要求:

1. "确保把参与资助、计划、筹备或犯下恐怖主义行为或参与支持恐怖主义行为的任何人绳之以法,确保除其他惩治措施以外,在国内法规中确定此种恐怖主义行为是严重刑事罪行,并确保惩罚充分反映此种恐怖主义行为的严重性";

2. 将以任何手段资助恐怖主义的行为"定为犯罪";

3. 禁止为恐怖活动提供任何资金、金融资产或经济资源或金融或其他有关服务;

4. 密切注意国际恐怖主义与跨国有组织犯罪、非法药物、洗钱、非法贩运军火、非法运送核、化学、生物和其他潜在致命材料之间的密切联系。

根据该决议,联合国各成员国应该在决议通过后的90天之内,向联合国安全理事会报告落实该决议的情况。在反恐怖主义的国际法文献和外国的刑事立法中,"恐怖活动犯罪"多被称为"恐怖主义犯罪",泛指各种因信奉恐怖主义而实施的犯罪行为。我国现行刑法则没有明确规定"恐怖活动犯罪"的概念,因此了解"恐怖主义"的一般含义,无疑是科学界定我国刑法中"恐怖活动犯罪"的内涵与外延必要的前提条件。

究竟什么是"恐怖主义"呢?这是一个在现有的国际公约、世界各国的刑事立法、刑法学理论或其他社会科学理论中都无法找到统一答案的问题。从词源学的角度考察,"恐怖主义(terrorism)"源于法语"terrorisme",就其实际的内涵与外延而言,则是一个内容不断演进的概念。尽管自1937年在当时的国际联盟主持下制定的《防止和惩治恐怖主义公

约》中第一次试图确定恐怖主义的概念以来,人们对何为"恐怖主义"始终存在不尽相同甚至完全对立的认识,但一般来说,在现代意义上的"恐怖主义"一词有三个最基本的含义:

1. 专指 18 世纪法国大革命中的雅格宾派执政时期(1793—1794)对反对派实行的暴力专政,这是该词的最原始含义;

2. 泛指国家纯粹依赖暴力来维持政权的统治方式,即今天人们所说的国家恐怖主义,这个意义的恐怖主义是该词原始意义的自然延伸;

3. 自 1934 年法国外交部长巴都和南斯拉夫国王亚历山大一世在巴黎被纳粹匪徒暗杀以来,恐怖主义的主体开始由掌握政权的国家机关向进行地下活动的组织或个人转移。法律用语中的"恐怖主义",也开始指那些由非国家的组织或个人通过制造社会恐怖来实现某种社会目的行为方式。

(二) 考察我国刑法中"恐怖活动犯罪"概念应注意的问题

在界定我国刑法中"恐怖活动犯罪"的概念时,必须考虑以下三个因素:

1. 在当今国际社会中,以国家为主体的恐怖主义仍是一个不容忽视的问题。1993 年联合国国际法委员会提交联合国大会讨论的《危害人类和平与安全罪法典》在规定国际恐怖活动是一种危害人类和平与安全的具体犯罪时,就是作为一种国家行为来规定的;1994年联合国《关于制止向恐怖主义提供资助的国际公约》也规定:"那些危害国家间和民族间友好关系及威胁国家领土完整和安全的行为方法和做法,不论在何处发生,也不论是何人所为,均为犯罪而不可辩护。"但考虑到我国现有的刑事立法中没有国家作为刑事责任主体的规定,我国刑法中的"恐怖活动犯罪",则应仅限于以非法组织或个人为主体的范围。

2.《刑法修正案(三)》开宗明义就规定制定该修正案的目的是"为了惩治恐怖活动犯罪"。这种立法模式如果按 1997 年以前对单行刑事法律的理解,该修正案似乎也可以称为"全国人大常委会关于惩治恐怖活动犯罪的决议",即将该修正案中所提到的犯罪统统都称为"恐怖活动犯罪"。但是,在我国现有的刑事立法框架内,将恐怖活动犯罪直接等同于该修正案所规定或列举的那些犯罪,显然是不符合该修正案的立法精神的。这是因为:(1) 我国刑法中的恐怖活动犯罪,绝不仅限于该修正案所规定和列举的那些犯罪。例如,该修正案没有提到的杀人、绑架等行为,是恐怖活动犯罪最常见的表现形式之一。我们显然不能因为该修正案没有直接提到这些犯罪,就将它们摒弃于恐怖活动犯罪的范围之外。(2) 该修正案规定的某些犯罪本身并不一定就直接具有恐怖活动犯罪的性质,惩治它们只是国家防止恐怖活动犯罪的预防性措施,或者说它们只是恐怖活动犯罪的"外围性犯罪"。例如本书所最为关注的"(为恐怖活动犯罪)洗钱罪"。为恐怖活动犯罪洗钱的金融机关显然不能定义为恐怖组织,同样也不能将资助这类机关的行为按资助恐怖组织罪处罚。(3) 修正案所列举规定的某些犯罪,尽管可能是恐怖活动犯罪的表现形式,但实施这些行为并不都一定构成恐怖活动犯罪。例如,该修正案第 1 条规定的"放火、决水、爆炸以及投放毒害性、放射性、传染病病原体等物质或者以其他危险方法危害公共安全"的行为,如果不具有恐怖活动犯罪特有的特征,就完全可能是一般的刑事犯罪,而不属于恐怖活动犯罪的范畴。即使把恐怖主义犯罪的主观目的定义为"严重破坏社会秩序"的法国,也不把出于个人动机的严重破坏社会秩序的暴力犯罪定义为"恐怖活动犯罪"。

3. 由于我国现行刑法中没有明确规定"恐怖活动犯罪"的概念,恐怖活动犯罪必然以一般的刑事犯罪为表现形式。这种恐怖活动犯罪与一般刑事犯罪"你中有我,我中有你"相互交融的情况,决定了不论从犯罪的主体、犯罪的客观表现形式,还是从犯罪侵犯的社会关系(客体)的角度,不可能找出恐怖活动犯罪与严重危害公民人身或重大公私财产安全的一般刑事犯罪之间的根本区别。

二、反恐怖主义融资

恐怖活动是当今国际社会普遍关注的焦点问题之一。恐怖活动已经成为当今人类社会面临的一大祸害,它严重危害公民的生命财产安全,妨害社会秩序和经济发展。要想有效遏制甚至消除恐怖活动,消灭其经济基础是一个很重要的手段。断绝了其经济来源,就破坏了其赖以存在的经济基础。恐怖活动的实施不仅需要隐瞒、掩饰非法收益的性质和来源,而且需要掩盖、混淆有关资金流向的恐怖主义目的,使之成为貌似合法的资金流动,从而最终为恐怖组织和个人所利用。预防和打击洗钱活动有利于有效遏制甚至消除恐怖活动。

目前,"反恐融资"已经成为反洗钱整体工作的一个重要组成部分。鉴于世界上恐怖主义犯罪活动日益猖獗,通过反洗钱机制发现并切断恐怖主义融资渠道成为各国反洗钱工作的一项重要任务。当前在中国,"反恐融资"也已成为反洗钱工作的重点任务之一。为此,中国反洗钱法所规定的反洗钱措施同时适用于预防监控资助恐怖主义的活动。

联合国早在1999年就通过了《制止向恐怖主义提供资助的国际公约》。"9•11"事件后,国际上最具影响力的反洗钱组织——金融行动特别工作组(FATF)提出了关于"反恐融资"的9条新建议——《打击恐怖融资9条特别建议》,以专门打击和切断支持恐怖行为的资金链条。2012年2月,金融行动特别工作组又将之前的"40+9建议"重新进行梳理、融合、归整,进而形成新版的"40条建议"。在实践中,要成功地落实"反恐融资",必须通过预防、监测、抑制三个措施的相互配合。

应该承认,有效控制洗钱是预防和打击恐怖活动的重要手段,预防和监控洗钱活动的基本措施,如客户身份识别制度、可疑交易报告制度、客户身份资料和交易记录保存制度等,对于发现和打击资助恐怖活动具有积极作用。但是,由于资助恐怖活动有其自身的特点,因此反洗钱措施并不能完全解决资助恐怖活动问题。

第四节 走 私 犯 罪

目前的《中华人民共和国刑法》中已没有走私罪这一具体罪名,而是走私罪项下十个具体罪名。

《刑法》第155条规定:"下列行为,以走私罪论处,依照本节的有关规定处罚:(一)直接向走私人非法收购国家禁止进口物品的,或者直接向走私人非法收购走私进口的其他货物、物品的,数额较大的;(二)在内海、领海运输、收购、贩卖国家禁止进口物品的,或者运输、收购、贩卖国家限制出口货物、物品,数额较大,没有合法证明的;(三)逃避海关监管将境外固体废物运输进境的。"与该条相关的还有《刑法》第 339 条第 3 款。该款规定："以原料利用为名,进口不能用作原料的固体废物的,依照本法第 155 条的规定定罪处罚。"在《刑法》第 155 条中,第(一)项所概括的罪名是:走私武器、弹药罪,走私核材料罪,走私假币罪,走私珍贵动物、珍贵动物制品罪,走私珍稀植物、珍稀植物制品罪,走私淫秽物品罪,走私普通货物、物品罪等七个罪名(含单一罪名或选择性罪名);第(二)项所概括的罪名是:走私武器、弹药罪,走私核材料罪,走私假币罪,走私文物罪,走私贵重金属罪,走私珍贵动物、珍贵动物制品罪,走私珍稀植物、珍稀植物制品罪,走私淫秽物品罪,走私普通货物、物品罪等九个罪名(含单一罪名或选择性罪名);第(三)项及《刑法》第 339 条第 3 款所概括的罪名是走私固体废物罪一个罪名。排除重复的罪名,上述共十个罪名。

为了将走私获取的非法收益合法化,必然要经历洗钱这一环节。近年来,我国频繁发生此类案件。例如震惊中外的厦门远华走私洗钱案,涉案人员众多,涉及金额巨大,案情极为复杂,造成的影响极为恶劣。赖昌星等人的洗钱流程如下:

走私集团贩卖物资所得大量人民币现金收入 → 现金存入地下钱庄并勾结定点银行接收保管及支付 → 地下钱庄勾结跨境洗钱集团付汇给境外合伙人或地下钱庄勾结境内贸易公司付汇给境外合伙人 → 境外合伙人按地下钱庄要求付汇给走私集团境外账户。

第五节 贪 污 贿 赂 罪

根据《中华人民共和国刑法》分则第八章的规定,对贪污贿赂罪共规定了 12 个具体罪名。包括贪污罪,挪用公款罪,受贿罪,单位受贿罪,行贿罪,对单位行贿罪,介绍贿赂罪,单位行贿罪,巨额财产来源不明罪,隐瞒境外存款罪,私分国有资产罪,私分罚没财物罪。

一、贪污罪

贪污罪,是指国家工作人员和受国家机关、国有公司、企业、事业单位、人民团体委托管理、经营国有财产的人员,利用职务上的便利,侵吞、窃取、骗取或者以其他手段非法占有公共财物的行为。

(一) 贪污罪的构成特征

1. 贪污罪侵犯的客体是复杂客体,即同时侵犯了国家工作人员公务行为的廉洁性和公共财产所有权。

贪污罪的犯罪对象是公共财物。

《刑法》第 91 条规定:公共财产,即指国有财产、劳动群众集体所有的财产、用于扶贫和其他公益事业的社会捐助或专项基金的财产。在国家机关、国有公司、企业、集体企业和人民团体管理、使用或者运输中的私人财产,以公共财产论。

《刑法》第 394 条规定:在国内公务活动或者对外交往中接受礼物,也可以成为贪污罪的对象。

《刑法》第 271 条规定:公司、企业或者其他国有单位的人员,利用职务上的便利,将本单位财物非法占为己有,数额较大的,构成职务侵占罪。该条第 2 款规定:"国有公司、企业或者其他国有单位中从事公务的人员和国有公司、企业或者其他国有单位委派到非国有公司、企业以及其他单位从事公务的人员有前款行为的",依照贪污罪的规定定罪处罚。

2. 客观方面表现为行为人利用职务上的便利,以侵吞、窃取、骗取或者以其他方法非法占有公共财物的行为。

所谓"利用职务上的便利",是指国家工作人员利用职务范围内的权力和地位所形成的主管、管理、经手公共财物的有利条件。

所谓"侵吞",是指国家工作人员利用职务上的便利,将暂时由自己合法管理、支配、使用或者经手的公共财物非法据为己有。

所谓"窃取",是指国家工作人员利用职务上的便利,秘密窃取由本人暂时合法管理、支配、使用或者经手的公共财物,即通常所说的监守自盗。

所谓"骗取",是指国家工作人员利用职务上的便利,采用虚构事实,隐瞒真相的方法,非法占有公共财物。

《刑法》第183条规定,国有保险公司的工作人员和国有保险公司委派到非国有保险公司从事公务的人员利用职务上的便利,故意编造未曾发生的保险事故进行虚假理赔,骗取保险金归自己所有的,应当以本罪论处。

"其他手段",是指国家工作人员利用职务上的便利,使用侵吞、窃取、骗取以外的其他手段、方法占有公共财物。包括内外勾结,迂回贪污;公款私存,私贷坐吃利息;利用回扣非法占有公款;利用合同非法占有公款;间接贪污;占有应交单位的劳务收入;利用新技术手段进行贪污。

3. 主体是特殊主体,即必须是国家工作人员或者受国家机关、国有公司、企业、事业单位、人民团体委托管理、经营国有财产的人员。

国家工作人员具体包括四种人员:国家机关从事公务的人员;国有公司、企业、事业单位、人民团体中从事公务的人员;国家机关、国有公司、企业、事业单位委派到非国有公司、企业、事业单位、社会团体从事公务的人员;其他依照法律从事公务的人员。

公务,则是指依照法律所进行的管理国家、社会或集体事务的职能活动。它包括三个要素:(1)管理性,即公务是对国家、社会或集体事务的管理活动;(2)职能性,即公务是行为人代表国家各种职能机关、国有公司、企业、事业单位中的职能部门进行的管理活动;(3)依法性,即公务是行为人依法进行的。

村民委员会等村基层组织的人员协助人民政府从事下列行政管理工作,属于"其他依照法律从事公务的人员":救灾、抢险、防汛、优抚、扶贫、移民、救济款物的管理;社会捐助公益事业款物的管理;国有土地的经营和管理;土地征用补偿费用的管理;代征、代缴税款;有关计划生育、户籍、征兵工作;协助人民政府从事的其他行政管理工作。

《刑法》第382条第2款的规定,受国家机关、国有公司、企业、事业单位、人民团体委托管理、经营国有财产的人员,也可以成为本罪的主体。

最高人民检察院《司法解释》:所谓"受委托管理、经营国有财产",是指因承包、租赁、聘用等而管理、经营国有财产。这些人不属于国家工作人员,为了有利于保护国有财产,刑法将该类人专门作为贪污罪的主体予以规定。

不具有上述特殊身份的一般公民与上述人员勾结,伙同贪污的,以贪污罪的共犯论处。

4. 贪污罪在主观方面表现为故意,并且具有非法占有的目的。过失不构成贪污罪。

以上四个要件必须同时具备,才可能构成贪污罪。

(二)贪污罪的认定

1. 贪污罪与非罪行为的界限。(1)要看行为人贪污的数额。(2)要看行为人的贪污情节,包括行为人的一贯表现;行为人贪污行为的动机和目的;行为人所贪污的公共(国有)财物或非国有单位财物的性质、用途;行为人贪污的手段;贪污行为所造成的后果;行为人的悔罪表现。

2. 贪污罪与盗窃罪、诈骗罪、侵占罪的界限。(1)犯罪主体不同,前者是特殊主体,而后者是一般主体;(2)犯罪的客观方面不同,是否利用职务上的便利,侵吞、盗窃、骗取公共财物,是区分贪污罪与盗窃罪、诈骗罪、侵占罪的关键;(3)犯罪客体不同,前者侵犯的是复杂客体,后者则仅侵犯了公私财产所有权。

3. 本罪与职务侵占罪的界限。(1)犯罪主体不同,前者的主体是国家工作人员以及受国家机关、国有公司、企业、事业单位、人民团体委托管理、经营国有财产的人员,后者的主体是公司、企业或者其他单位中除国家工作人员以外的其他工作人员;(2)犯罪客体不同,前者侵犯的是复杂客体,后者则仅侵犯了公司、企业或者其他单位的财产所有权。

4. 贪污罪的既遂和未遂。看行为人的贪污行为,是否符合贪污罪构成要件的特征。行为人是否实际已非法占有了公共(国有)财物或非国有单位的财物,如果已实际非法占有了,即视为既遂。

看行为人的贪污行为,是否造成了客观的危害结果。贪污数额实际上已达到5 000元;或贪污数额尚未达到5 000元,但存在贪污情节较重的事实。

行为人尚未取得对公共(国有)财物或非国有单位财物的实际控制权或所有权是贪污罪的未遂。认定行为人尚未取得对公共(国有)财物或非国有单位财物的实际控制权或所有权的标准,是看公共(国有)财物是否已经被行为人非法占有或者已经被行为人非法取得。

对于一般的贪污未遂行为,如果犯罪情节轻微,一般不以贪污罪论。但是对于符合下列情形的贪污未遂行为,应以贪污罪论处。包括:贪污数额巨大;为首组织策划共同贪污的;毁灭罪证逃避侦查的;为掩盖贪污罪行而嫁祸于人的;企图贪污特定款物造成恶劣影响的;有证据证实其犯罪而拒不供认的;打击报复报案人或举报人的;其他贪污情节严重的行为。

5. 共同贪污犯罪的认定。所谓共同贪污犯罪,是指两人以上共同实施的贪污犯罪行为。贪污共犯中,必须包括具有国家工作人员身份的人员;共同贪污犯罪行为所侵害的对象,是公共财物或非国有单位的财物;共同贪污属于贪污情节较重范畴。

贪污共犯的组成,包括以下情形:(1)国家工作人员之间组成的贪污共犯;(2)受国家机关、国有公司、企业、事业单位和人民团体委托管理、经营国有财产的人员之间组成的贪污共犯;(3)上述两种人员之间组成的贪污共犯;(4)与上述一、二类人员勾结,伙同贪污的人员;(5)受国有单位委派的非国有单位从事公务的人员之间组成的贪污罪共犯;

（6）受国有单位委派的非国有单位从事公务的人员与该非国有单位中人员组成的贪污共犯。

二、挪用公款罪

挪用公款罪，是指国家工作人员利用职务上的便利，挪用公款归个人使用，进行非法活动，或者挪用公款数额较大，进行营利活动，或者挪用公款数额较大，超过 3 个月未还的行为。

（一）挪用公款罪的构成特征

1. 客体是复杂客体，即同时侵犯了国家工作人员职务行为的廉洁性和公款的部分所有权。

犯罪对象限于公款。挪用用于救灾、抢险、防汛、优抚、扶贫、移民、救济的现款或者物资归个人使用的，则应按本罪从重处罚。

2. 客观方面表现为行为人利用职务上的便利，挪用公款归个人使用，进行非法活动，或者挪用公款数额较大进行营利活动，或者挪用公款超过 3 个月不归还的行为。

有下列情形之一的，属于挪用公款"归个人使用"：（1）将公款供本人、亲友或者其他自然人使用的；（2）以个人名义将公款供其他单位使用的；（3）个人决定以单位名义将公款供其他单位使用，谋取个人利益的。

挪用公款行为的具体表现形式：（1）挪用公款进行非法活动的。所谓进行非法活动，即挪用公款归个人使用，进行国家法律、法规明令禁止的违法犯罪活动；（2）挪用公款数额较大，进行营利活动的。营利活动，是指国家法律、法规允许的牟利活动；（3）挪用公款数额较大，超过 3 个月未还的。

3. 主体是国家工作人员。

《司法解释》：对于受国家机关、国有公司、企业、事业单位、人民团体委托管理、经营国有财产的非国家工作人员，利用职务上的便利，挪用国有资金归个人使用构成犯罪的，应当依照挪用资金罪的规定定罪处罚。

《立法解释》：村民委员会等村基层组织的人员在协助人民政府从事行政管理工作时，利用职务上的便利挪用公款的，构成挪用公款罪。

4. 主观方面表现为故意。

（二）挪用公款罪的认定

1. 挪用公款与借贷公款。借贷公款是一种合法的借贷行为。其特点在于：合法、自愿和用途合法。这三点，正是挪用公款所不具有的。

2. 挪用公款罪与贪污罪的界限。（1）主体的范围不完全相同；（2）犯罪目的不同；（3）在客观方面表现不同；（4）侵犯的客体不完全相同；（5）犯罪对象不完全相同。

当然挪用公款罪在一定条件下也可以向贪污罪转化。

3. 挪用公款罪与挪用资金罪的界限。（1）犯罪主体不同。挪用公款罪的主体是国家工作人员，而挪用资金罪的主体是公司、企业或者其他单位中除国家工作人员以外的其他工作人员。（2）犯罪客体和犯罪对象不同。挪用公款罪的犯罪客体是复杂客体，而挪用资金罪属于单一客体。

挪用公款罪的犯罪对象是公款和用于救灾、抢险、防汛、优抚、扶贫、移民、救济的款物;而挪用资金罪的犯罪对象既包括国有、集体公司、企业或者其他单位的资金,也包括私营公司、企业或者其他单位的资金。

三、受贿罪

受贿罪,是指国家工作人员利用职务上的便利,索取他人财物的,或者非法收受他人财物,为他人谋取利益的行为。

（一）受贿罪构成特征

1. 受贿罪侵犯的客体是国家工作人员职务行为的廉洁性和他人的财产权利。受贿罪的犯罪对象是财物。

2. 客观方面表现为行为人利用职务上的便利,索取他人财物,或者非法收受他人财物,为他人谋取利益的行为。

所谓"利用职务上的便利",是指利用本人现有职务范围内的权力,即利用本人职务上主管、负责或者承办某项公共事务的权力所形成的便利条件。具体包括:直接利用本人职权、职务范围内的权力;利用与职务有关的便利条件。

所谓"索取他人财物",即索贿,是指行为人在公务活动中主动向他人索要财物,包括向他人勒索财物。不论行为人在索取他人财物后是否为他人谋取利益,均应以受贿罪论处。贿赂的内容限定为财物,财物是指具有价值的可以管理的有体物、无体物以及财产性利益。索贿的基本特征是行为人索要行为的主动性和他人交付财物的被动性。

所谓"非法收受他人财物为他人谋取利益",是指在行贿人主动向行为人提供财物时,行为人不予拒绝,而予以非法接受,并许诺、着手或者已经在公务活动中为行贿人谋取利益的行为。至于为他人谋取的利益是否正当,为他人谋取的利益是否兑现,为他人谋取利益是否在收受贿赂之前、当时,还是之后,均不影响受贿罪的构成。

"为他人谋取利益"则包括四种情况:已经许诺为他人谋取利益,但尚未实际进行;已经着手为他人谋取利益,但尚未谋取到任何利益;已经着手为他人谋取利益,但仅仅是局部利益,行为人意图达到的利益尚未完全实现;为他人谋取利益,已经完全实现。

虚假许诺,是指国家工作人员具有为他人谋取利益的职权或者职务条件,在他人有求于自己的职务行为时,并不打算为他人谋取利益,却又承诺为他人谋取利益。虚假承诺的构成条件:一般只能在收受财物后作虚假承诺;许诺的内容与国家工作人员的职务有关联;因为许诺而在客观上形成了为他人谋取利益的约定。

受贿罪的另两种表现形式:收受回扣、手续费和账外暗扣、斡旋贿赂。

所谓"回扣",是指在商品交易中,卖方在收取的价款中扣出一部分返还给买方或者买方经办人的现金;所谓"手续费"是多种费用的统称,如好处费、辛苦费、介绍费、酬劳费、活动费、信息费等;所谓"账外暗扣"收受各种名义的回扣、手续费,是指未在依法设立的财务账目上按照财务会计制度如实记载。

斡旋贿赂,是指国家工作人员利用本人职权或者地位形成的便利条件,通过其他国家工作人员职务上的行为,为请托人谋取不正当利益,索取请托人财物或者收受请托人财物的行为。在此过程中,行为人利用的是其他国家工作人员的职务行为;行为人利用了本人职权或者地位所形成的便利条件；必须是为请托人谋取不正当利益。

"利用本人职权或者地位形成的便利条件"，是指行为人利用因其职权或地位对其他国家工作人员形成的政治上或经济上的制约条件。所谓"本人职权"，是指在行为人职务范围内，并能对其他国家工作人员形成制约或者施加影响的权力，其中不包括直接利用本人掌握的职权。所谓"地位"，是指行为人所在的能对其他国家工作人员形成制约或者施加影响的领导岗位，或者在领导身边工作或负有特定职责并从事公务活动的工作岗位。所谓"谋取不正当利益"，是指谋取违反法律、法规、国家政策和国务院各部门规章规定的利益，以及要求国家工作人员或者有关单位提供违反法律、法规和国家政策和国务院各部门规章规定的帮助或方便条件。

受贿罪属于结果犯，行为人必须事实上索取或者非法收受了他人财物，并且数额较大或者情节较重的，才能构成本罪。数额较大是指在 5 000 元人民币以上。

3. 主体是特殊主体，即必须是国家工作人员。

4. 主观方面为故意，过失行为不构成本罪。

(二) 受贿罪的认定

1. 受贿罪与接受正当馈赠、取得合法报酬的界限。（1）给予方与接受方是否存在亲友关系；（2）给予方是否要求接受方为其谋取利益，接受方是否许诺、着手或者已经为其谋取利益；（3）接受方是否利用了职务上的便利；（4）给予与接受的方式是否具有隐蔽性；（5）接受的财物的数额与价值。

2. 受贿罪与一般受贿行为的界限。个人受贿数额在 5 000 元以上的，构成受贿罪。个人受贿不满 5 000 元，但情节严重的，也应以受贿罪论处。

3. 离（退）休国家工作人员受贿案件的认定。已经离退休的国家工作人员，利用本人原有职权或者地位所形成的便利条件，通过在职的国家工作人员职务上的行为，为请托人谋取利益，而本人从中间向请托人收取财物的，不能构成本罪。

《司法解释》：国家工作人员利用职务上的便利为请托人谋取利益，并与请托人事先约定，在其离退休后收受请托人财物，构成犯罪的，以受贿罪定罪处罚。

为请托人谋取利益如系行为人不违背原职务的行为，则不论何种原因受贿未遂，均不宜追究责任；为请托人谋取利益如系行为人违背原职务之行为，则不论何种原因受贿未遂，都应追究责任。

请托人给予行为人的贿赂，应当是离（退）休人员所要求互相约定的财物。

行为人在职期间为请托人谋取利益，但未向请托人要求或约定贿赂，而请托人在行为人离（退）休后出于感谢给予财物的，该离（退）休人员一般不构成受贿罪。

对于离（退）休人员被重新聘用，并依法从事公务中而为的受贿行为，应按受贿罪论处。

对于在职时受贿，而离职后为请托人谋利，或者在职时为请托人谋利，而离职后索取、接受财物的，应按受贿罪论处。

4. 国家工作人员任职前受贿罪的认定。要严格把握任职前与任职后的界限。是否依法追究行为人任职前的受贿行为，关键是看受贿行为与行为人任职之间是否存在内在的联系。（1）行为人与请托人之间有许诺，但行为人收受贿赂后，在任职后并没有履行职前许诺的，则不构成受贿罪，构成敲诈勒索罪或诈骗罪；如果行为人收受贿赂后，在任职后履行了职前许诺即为请托人谋取其欲谋取的利益，则应以受贿罪论处。（2）行为人与请托人之间有了承诺，但当行为人任职后没有按照职前承诺的内容为请托人谋取其欲谋取的利益，而为请托人谋取了其他利益的，则不影响行为人受贿罪的成立。（3）行为人与请托人之间的承诺，行为人任职后主动履行承诺，但因客观原因未能使为请托人谋取的利益实现的，亦不影响行为人受贿罪的成立。

5. 国家工作人员亲属受贿案件的认定。国家工作人员亲属受贿案件包括：共同故意受贿和亲属利用国家工作人员的地位和影响，直接为他人谋取利益而受贿。共同故意受贿又分为两种：直接故意的共同受贿，即国家工作人员利用职务之便为他人谋取利益时，自己不直接索取或收受贿赂，但希望其亲属从中索取收受贿赂的行为；间接故意的共同受贿，即国家工作人员利用职务之便为他人谋取利益时，自己不直接索取或收受贿赂，但却放任或默认其亲属从中收受、索取贿赂的行为。

四、行贿罪

行贿罪，是指为谋取不正当利益，给予国家工作人员以财物的行为。

（一）行贿罪的构成特征

1. 行贿罪侵犯的客体是国家工作人员公务行为的廉洁性。

2. 客观方面表现为行为人给予国家工作人员以财物的行为。（1）主动给予受贿人以财物。在这种情况下，无论行为人意图谋取的不正当利益是否实现，均不影响行贿罪的成立。（2）因国家工作人员索要而被动给予其财物。在这种情况下，只有在行为人获得不正当利益的情况下，才能构成行贿罪。

《刑法》第389条规定，在经济往来中，违反国家规定，给予国家工作人员以财物，数额较大的，或者违反国家规定，给予国家工作人员以各种名义的回扣、手续费的，应以行贿论处。行贿行为涉嫌下列情形之一的，依法追究刑事责任：行贿数额在1万元以上的；行贿数额不满1万元，但具有下列情形之一的：为谋取非法利益而行贿的；向3人以上行贿的；向党政领导、司法工作人员、行政执法人员行贿的；致使国家或者社会利益遭受重大损失的。

3. 主体是一般主体，即年满16周岁，具有刑事责任能力的自然人均能成为本罪的主体。

4. 主观方面表现为故意，并且具有谋取不正当利益的犯罪目的。

"谋取不正当利益"，是指谋取违反法律、法规、国家政策和国务院各部门规章规定的利益，以及要求国家工作人员或者有关单位提供违反法律、法规、国家政策和国务院各部门规章规定的帮助或方便条件。

"不正当利益"应当包括两个方面：非法利益，即违反法律、法规、国家政策和国务院各部门规章规定的利益；要求他人或者单位提供违法的帮助或者方便条件所取得的利益。

（二）行贿罪的认定

犯罪主体不同。行贿罪只能由自然人实施；而对公司、企业人员行贿罪则既可以由自然人实施，也可以由单位实施。

犯罪客体和对象不同。行贿罪侵犯的客体是公务行为的廉洁性,犯罪对象只限于国家工作人员;而对公司、企业人员行贿罪侵犯的客体主要是公司、企业的管理秩序,犯罪对象只能是公司、企业中除国家工作人员以外的工作人员。

第六节 破坏金融管理秩序犯罪

在我国《刑法》中,破坏金融管理秩序罪项下的罪名很多,具体如下所述。

(一) 伪造货币罪

第170条规定:伪造货币的,处3年以上10年以下有期徒刑,并处5万元以上50万元以下罚金;有下列情形之一的,处10年以上有期徒刑、无期徒刑或者死刑,并处5万元以上50万元以下罚金或者没收财产:(一)伪造货币集团的首要分子;(二)伪造货币数额特别巨大的;(三)有其他特别严重情节的。

(二) 出售、购买、运输假币罪,金融工作人员购买假币、以假币换取货币罪

第171条规定:出售、购买伪造的货币或者明知是伪造的货币而运输,数额较大的,处3年以下有期徒刑或者拘役,并处2万元以上20万元以下罚金;数额巨大的,处3年以上10年以下有期徒刑,并处5万元以上50万元以下罚金;数额特别巨大的,处10年以上有期徒刑或者无期徒刑,并处5万元以上50万元以下罚金或者没收财产。

银行或者其他金融机构的工作人员购买伪造的货币或者利用职务上的便利,以伪造的货币换取货币的,处3年以上10年以下有期徒刑,并处2万元以上20万元以下罚金;数额巨大或者有其他严重情节的,处10年以上有期徒刑或者无期徒刑,并处2万元以上20万元以下罚金或者没收财产;情节较轻的,处3年以下有期徒刑或者拘役,并处或者单处1万元以上10万元以下罚金。

伪造货币并出售或者运输伪造的货币的,依照本法第170条的规定定罪从重处罚。

(三) 持有、使用假币罪

第172条规定:明知是伪造的货币而持有、使用,数额较大的,处3年以下有期徒刑或者拘役,并处或者单处1万元以上10万元以下罚金;数额巨大的,处3年以上10年以下有期徒刑,并处2万元以上20万元以下罚金;数额特别巨大的,处10年以上有期徒刑,并处5万元以上50万元以下罚金或者没收财产。

(四) 变造货币罪

第173条规定:变造货币,数额较大的,处3年以下有期徒刑或者拘役,并处或者单处1万元以上10万元以下罚金;数额巨大的,处3年以上10年以下有期徒刑,并处2万元以上20万元以下罚金。

(五) 擅自设立金融机构罪,伪造、变造、转让金融机构经营许可证罪

第174条规定:未经国家有关主管部门批准,擅自设立商业银行、证券交易所、期货交易所、证券公司、期货经纪公司、保险公司或者其他金融机构的,处3年以下有期徒刑或者拘役,并处或者单处2万元以上20万元以下罚金;情节严重的,处3年以上10年以下有期徒刑,并处5万元以上50万元以下罚金。

伪造、变造、转让商业银行、证券交易所、期货交易所、证券公司、期货经纪公司、保险公司或者其他金融机构的经营许可证或者批准文件的,依照前款的规定处罚。

单位犯前两款罪的,对单位判处罚金,并对其直接负责的主管人员和其他直接责任人员,依照第一款的规定处罚。

(六) 高利转贷罪

第 175 条规定:以转贷牟利为目的,套取金融机构信贷资金高利转贷他人,违法所得数额较大的,处 3 年以下有期徒刑或者拘役,并处违法所得 1 倍以上 5 倍以下罚金;数额巨大的,处 3 年以上 7 年以下有期徒刑,并处违法所得 1 倍以上 5 倍以下罚金。

单位犯前款罪的,对单位判处罚金,并对其直接负责的主管人员和其他直接责任人员,处 3 年以下有期徒刑或者拘役。

(七) 非法吸收公众存款罪

第 176 条规定:非法吸收公众存款或者变相吸收公众存款,扰乱金融秩序的,处 3 年以下有期徒刑或者拘役,并处或者单处 2 万元以上 20 万元以下罚金;数额巨大或者有其他严重情节的,处 3 年以上 10 年以下有期徒刑,并处 5 万元以上 50 万元以下罚金。

单位犯前款罪的,对单位判处罚金,并对其直接负责的主管人员和其他直接责任人员,依照前款的规定处罚。

(八) 伪造、变造金融票证罪

第 177 条规定:有下列情形之一,伪造、变造金融票证的,处 3 年以下有期徒刑或者拘役,并处或者单处 2 万元以上 20 万元以下罚金;情节严重的,处 5 年以上 10 年以下有期徒刑,并处 5 万元以上 50 万元以下罚金;情节特别严重的,处 10 年以上有期徒刑或者无期徒刑,并处 5 万元以上 50 万元以下罚金或者没收财产:

(一) 伪造、变造汇票、本票、支票的;

(二) 伪造、变造委托收款凭证、汇款凭证、银行存单等其他银行结算凭证的;

(三) 伪造、变造信用证或者附随的单据、文件的;

(四) 伪造信用卡的。

单位犯前款罪的,对单位判处罚金,并对其直接负责的主管人员和其他直接责任人员,依照前款的规定处罚。

(九) 伪造、变造国家有价证券罪,伪造、变造股票、公司、企业债券罪

第 178 条规定:伪造、变造国库券或者国家发行的其他有价证券,数额较大的,处 3 年以下有期徒刑或者拘役,并处或者单处 2 万元以上 20 万元以下罚金;数额巨大的,处 3 年以上 10 年以下有期徒刑,并处 5 万元以上 50 万元以下罚金;数额特别巨大的,处 10 年以上有期徒刑或者无期徒刑,并处 5 万元以上 50 万元以下罚金或者没收财产。

伪造、变造股票或者公司、企业债券,数额较大的,处 3 年以下有期徒刑或者拘役,并处或者单处 1 万元以上 10 万元以下罚金;数额巨大的,处 3 年以上 10 年以下有期徒刑,并处 2 万元以上 20 万元以下罚金。

单位犯前两款罪的,对单位判处罚金,并对其直接负责的主管人员和其他直接责任人员,依照前两款的规定处罚。

（十）擅自发行股票、公司、企业债券罪

第179条规定：未经国家有关主管部门批准，擅自发行股票或者公司、企业债券，数额巨大、后果严重或者有其他严重情节的，处5年以下有期徒刑或者拘役，并处或者单处非法募集资金金额1%以上5%以下罚金。

单位犯前款罪的，对单位判处罚金，并对其直接负责的主管人员和其他直接责任人员，处5年以下有期徒刑或者拘役。

（十一）内幕交易、泄露内幕信息罪

第180条规定：证券、期货交易内幕信息的知情人员或者非法获取证券、期货交易内幕信息的人员，在涉及证券的发行，证券、期货交易或者其他对证券、期货交易价格有重大影响的信息尚未公开前，买入或者卖出该证券，或者从事与该内幕信息有关的期货交易，或者泄露该信息，情节严重的，处5年以下有期徒刑或者拘役，并处或者单处违法所得1倍以上5倍以下罚金；情节特别严重的，处5年以上10年以下有期徒刑，并处违法所得1倍以上5倍以下罚金。

单位犯前款罪的，对单位判处罚金，并对其直接负责的主管人员和其他直接责任人员，处5年以下有期徒刑或者拘役。

内幕信息、知情人员的范围，依照法律、行政法规的规定确定。

（十二）编造并传播证券、期货交易虚假信息罪、诱骗投资者买卖证券、期货合约罪

第181条规定：编造并且传播影响证券、期货交易的虚假信息，扰乱证券、期货交易市场，造成严重后果的，处5年以下有期徒刑或者拘役，并处或者单处1万元以上10万元以下罚金。

证券交易所、期货交易所、证券公司、期货经纪公司的从业人员，证券业协会、期货业协会或者证券期货监督管理部门的工作人员，故意提供虚假信息或者伪造、变造、销毁交易记录，诱骗投资者买卖证券、期货合约，造成严重后果的，处5年以下有期徒刑或者拘役，并处或者单处1万元以上10万元以下罚金；情节特别恶劣的，处5年以上10年以下有期徒刑，并处2万元以上20万元以下罚金。

单位犯前两款罪的，对单位判处罚金，并对其直接负责的主管人员和其他直接责任人员，处5年以下有期徒刑或者拘役。

（十三）操纵证券、期货交易价格罪

第182条规定：有下列情形之一，操纵证券、期货交易价格，获取不正当利益或者转嫁风险，情节严重的，处5年以下有期徒刑或者拘役，并处或者单处违法所得1倍以上5倍以下罚金：

（一）单独或者合谋，集中资金优势、持股或者持仓优势或者利用信息优势联合或者连续买卖，操纵证券、期货交易价格的；

（二）与他人串通，以事先约定的时间、价格和方式相互进行证券、期货交易，或者相互买卖并不持有的证券，影响证券、期货交易价格或者证券、期货交易量的；

（三）以自己为交易对象，进行不转移证券所有权的自买自卖，或者以自己为交易对象，自买自卖期货合约，影响证券、期货交易价格或者证券、期货交易量的；

（四）以其他方法操纵证券、期货交易价格的。

单位犯前款罪的,对单位判处罚金,并对其直接负责的主管人员和其他直接责任人员,处5年以下有期徒刑或者拘役。

(十四)保险公司工作人员(虚假理赔)侵占或贪污罪

第183条规定:保险公司的工作人员利用职务上的便利,故意编造未曾发生的保险事故进行虚假理赔。

骗取保险金归自己所有的,依照本法第271条的规定定罪处罚。

国有保险公司工作人员和国有保险公司委派到非国有保险公司从事公务的人员有前款行为的,依照本法第382条、第383条的规定定罪处罚。

(十五)非典型的公司、企业人员受贿罪

第184条规定:银行或者其他金融机构的工作人员在金融业务活动中索取他人财物或者非法收受他人财物,为他人谋取利益的,或者违反国家规定,收受各种名义的回扣、手续费,归个人所有的,依照本法第163条的规定定罪处罚。

国有金融机构工作人员和国有金融机构委派到非国有金融机构从事公务的人员有前款行为的,依照本法第385条、第386条的规定定罪处罚。

(十六)公司工作人员挪用资金或挪用公款罪

第185条规定:商业银行、证券交易所、期货交易所、证券公司、期货经纪公司、保险公司或者其他金融机构的工作人员利用职务上的便利,挪用本单位或者客户资金的,依照本法第272条的规定定罪处罚。

国有商业银行、证券交易所、期货交易所、证券公司、期货经纪公司、保险公司或者其他国有金融机构的工作人员和国有商业银行、证券交易所、期货交易所、证券公司、期货经纪公司、保险公司或者其他国有金融机构委派到前款规定中的非国有机构从事公务的人员有前款行为的,依照本法第384条的规定定罪处罚。

(十七)违法向关系人发放贷款罪、违法发放贷款罪

第186条规定:银行或者其他金融机构的工作人员违反法律、行政法规规定,向关系人发放信用贷款或者发放担保贷款的条件优于其他借款人同类贷款的条件,造成较大损失的,处5年以下有期徒刑或者拘役,并处1万元以上10万元以下罚金;造成重大损失的,处5年以上有期徒刑,并处2万元以上20万元以下罚金。

银行或者其他金融机构的工作人员违反法律、行政法规规定,向关系人以外的其他人发放贷款,造成重大损失的,处5年以下有期徒刑或者拘役,并处1万元以上10万元以下罚金;造成特别重大损失的,处5年以上有期徒刑,并处2万元以上20万元以下罚金。

单位犯前两款罪的,对单位判处罚金,并对其直接负责的主管人员和其他直接责任人员,依照前两款的规定处罚。

关系人的范围,依照《中华人民共和国商业银行法》和有关金融法规确定。

(十八)用账外客户资金非法拆借、发放贷款罪

第187条规定:银行或者其他金融机构的工作人员以牟利为目的,采取吸收客户资金不入账的方式,将资金用于非法拆借、发放贷款,造成重大损失的,处5年以下有期徒刑或者拘役,并处2万元以上20万元以下罚金;造成特别重大损失的,处5年以上有期徒刑,并处5万元以上50万元以下罚金。

单位犯前款罪的,对单位判处罚金,并对其直接负责的主管人员和其他直接责任人员,依照前款的规定处罚。

(十九) 非法出具金融票证罪

第 188 条规定:银行或者其他金融机构的工作人员违反规定,为他人出具信用证或者其他保函、票据、存单、资信证明,造成较大损失的,处 5 年以下有期徒刑或者拘役;造成重大损失的,处 5 年以上有期徒刑。

单位犯前款罪的,对单位判处罚金,并对其直接负责的主管人员和其他直接责任人员,依照前款的规定处罚。

(二十) 对违法票据承兑、付款、保证罪

第 189 条规定:银行或者其他金融机构的工作人员在票据业务中,对违反票据法规定的票据予以承兑、付款或者保证,造成重大损失的,处 5 年以下有期徒刑或者拘役;造成特别重大损失的,处 5 年以上有期徒刑。

单位犯前款罪的,对单位判处罚金,并对其直接负责的主管人员和其他直接责任人员,依照前款的规定处罚。

(二十一) 逃汇罪

第 190 条规定:国有公司、企业或者其他国有单位,违反国家规定,擅自将外汇存放境外,或者将境内的外汇非法转移到境外,情节严重的,对单位判处罚金,并对其直接负责的主管人员和其他直接责任人员,处 5 年以下有期徒刑或者拘役。

(二十二) 洗钱罪

第 191 条规定:明知是毒品犯罪、黑社会性质的组织犯罪、恐怖活动犯罪、走私犯罪的违法所得及其产生的收益,为掩饰、隐瞒其来源和性质,有下列行为之一的,没收实施以上犯罪的违法所得及其产生的收益,处 5 年以下有期徒刑或者拘役,并处或者单处洗钱数额 5% 以上 20% 以下罚金;情节严重的,处 5 年以上 10 年以下有期徒刑,并处洗钱数额 5% 以上 20% 以下罚金:

(一) 提供资金账户的;

(二) 协助将财产转换为现金或者金融票据的;

(三) 通过转账或者其他结算方式协助资金转移的;

(四) 协助将资金汇往境外的;

(五) 以其他方法掩饰、隐瞒犯罪的违法所得及其收益的来源和性质的。

单位犯前款罪的,对单位判处罚金,并对其直接负责的主管人员和其他直接责任人员,处 5 年以下有期徒刑或者拘役;情节严重的,处 5 年以上 10 年以下有期徒刑。

第七节　金融诈骗罪

我国的金融诈骗罪,是指在金融活动中违反金融法规,进行欺诈,严重破坏社会主义金融秩序,致使国家、社会或公民的利益遭受重大危害的行为。

一、金融诈骗罪的特征

金融诈骗罪与其他刑事犯罪一样,具有严重的危害性。

（一）刑事违法性的基本特征

1. 严重的社会危害性。一切犯罪行为,之所以要被界定为犯罪,首先是因为严重地危害了社会。金融诈骗罪所危害的是国家的金融秩序,在社会主义市场经济条件下,金融业担负着调整国民经济正常运行的重要使命,金融秩序如果遭到破坏,对我国市场经济来说,无异于釜底抽薪,我国社会主义经济基础将会从根本上被动摇,进而威胁到社会主义制度本身。

2. 刑事违法性。严重的社会危害性是构成犯罪的必要前提,但并不是所有具备刑事文化危害性的行为都是犯罪,因为犯罪行为在严重的社会危害性之外,还应当具备刑事违法性的特征。刑事违法性是指违反刑法规范,具体到金融诈骗罪,不仅严重违反了《银行法》《保险法》《票据法》等金融法规,也直接触犯了《刑法》,是严重社会危害性和刑事违法性的统一。

3. 应受刑事处罚性。犯罪与刑罚具有必然的联系,刑法法规对于犯罪的调整手段即刑事处罚。同对待其他刑事犯罪一样,刑事处罚将依法适用于金融诈骗罪的主体,包括自然人与法人。

金融诈骗罪除了具备一般刑事犯罪的基本特征外,还具备一些独有的特征。

（二）金融诈骗罪的独有特征

1. 行业性。金融诈骗罪具有很强的行业特征。金融诈骗罪发生在金融活动中,几乎在金融行为的各个领域,如货币、证券、信贷、票据、保险等,都有金融诈骗罪的发生。

2. 欺诈性。各种金融诈骗罪尽管变化多端,表现各异,但其本质上都离不开一个"骗"字。

3. 复杂性。金融诈骗罪属于智力型犯罪。犯罪人除了利用金融方面的知识之外,还利用新技术、高科技作案。作案手段、方式较一般刑事犯罪更为复杂。

二、金融诈骗罪的构成

在犯罪构成要件方面,金融诈骗也和其他刑事犯罪一样,由主体、客体、主观方面、客观方面四个要件构成,四个要件缺一不可。

（一）金融诈骗罪的主体

金融诈骗罪的主体较一般犯罪的主体要复杂些,包括自然人和法人两种。我国《刑法》中规定的大部分金融诈骗罪都是由一般主体构成,例如贷款、集资诈骗罪等。任何自然人,只要达到了刑事责任年龄、具备刑事责任能力都可以构成这类犯罪。在金融诈骗罪的个罪中,只有保险诈骗罪的主体是由特殊主体构成,即必须是投保人、被保险人或者受益人,且自然人和单位都可以成为犯罪主体。修订后的《刑法》在三个条文中规定了单位犯罪,分别是：第 192 条,金融票据诈骗罪；第 193 条,集资诈骗罪；第 195 条,信用证诈骗罪。

（二）金融诈骗罪的客体

金融诈骗罪的客体大多是单一客体，如贷款诈骗罪、金融票据诈骗罪等。金融诈骗罪的客体，如集资诈骗罪，犯罪行为同时侵犯了出资人的公私财产所有权和国家对金融活动的管理制度。

（三）金融诈骗罪的主观方面

金融诈骗罪的主观方面，只有直接故意、具有获取钱财或非法经济利益为目的，才构成犯罪，而过失不能成为金融诈骗罪的罪过形式，也就是说过失不可能构成犯罪。值得注意的是，修订后的《刑法》规定以非法占有为目的的主要有两个条文：集资诈骗罪；贷款诈骗罪。其他金融票据诈骗罪、信用证诈骗罪和保险诈骗罪没有规定以非法占有为目的。

（四）金融诈骗罪在客观方面表现为谋取不正当利益，诈骗数额较大的行为

金融诈骗罪的行为都是以"骗"作为方式实施的，都是以"骗"为其实质内容的。"骗"是描述金融诈骗犯罪现象的结论，也是解释诈骗犯罪原因的起点。

三、金融诈骗罪的分类

金融诈骗罪是一类犯罪的总称。我国现行《刑法》规定的金融诈骗罪可以分为以下七个罪：第 192 条，集资诈骗罪，是指以非法占有为目的，用诈骗手段非法集资，数额较大的行为；第 193 条，贷款诈骗罪，是指以非法占有为目的，诈骗银行或者其他金融机构的贷款，数额较大的行为；第 194 条，金融票据诈骗罪，是指以非法占有为目的，进行金融票据诈骗活动，数额较大的行为；第 195 条，信用证诈骗罪，是指以非法占有为目的，进行信用证诈骗活动的行为；第 196 条，信用卡诈骗罪，是指利用伪造、作废或冒用他人信用卡，或者恶意透支的方法进行诈骗，数额较大的行为；第 197 条，证券诈骗罪，是指以非法占有为目的，使用伪造、变造的国库券或者国家发行的其他有价证券进行诈骗活动，数额较大的行为；第 198 条，保险诈骗罪，是指投保人、被保险人或者受益人以非法占有为目的，用虚构事实或者隐瞒真相的办法进行保险诈骗活动，数额较大的行为。

金融诈骗罪概念是区分犯罪与非罪的总标准，区分金融诈骗罪与其他刑事犯罪的标准是看其是否符合金融诈骗罪的本质特征，即侵犯国家金融管理秩序。

（一）从行为方式看罪与非罪

在金融诈骗罪中，特定的行为方法是其构成特征的必要条件。例如，集资诈骗罪必须是"使用诈骗方法"非法集资，情节严重的可构成非法吸收公众存款等罪。

（二）从行为主体看罪与非罪

有的金融诈骗罪是由特殊主体构成，非特定的人不能构成。例如，保险诈骗罪的主体是特殊主体，即必须是投保人、被保险人或者受益人，且自然人和单位都可以成为犯罪主体。

（三）从行为人是否有特定目的看罪与非罪

金融诈骗罪都是以特定目的作为犯罪构成必要条件，如贷款诈骗罪和信用卡诈骗罪中都明文规定"以非法占有为目的"。不具有"非法占有为目的"的，不能构成金融诈骗罪。

（四）从犯罪情节看是否严重看罪与非罪

修订后的《刑法》第 13 条规定了犯罪的定义，其中还规定了"但是情节显著轻微、危害

不大的,不认为是犯罪"。而在金融诈骗罪中,在认定情节是否严重、是否构成犯罪时,明确规定"数额较大"才构成犯罪,才会处以刑罚。

各种金融诈骗罪所侵犯的同类客体是相同的,都是侵犯了国家的金融管理制度。它们之间的界限主要表现在客观形式方面。行为是任何犯罪构成必不可少的基本要素,行为方式、特点的差异也是各种金融诈骗犯罪的主要不同点。例如,信用证诈骗罪与信用卡诈骗罪的界限也主要是行为的方式不同。信用证是指开证银行应进口商的开证申请人的请求,开给受益人的一种在其具备了约定的条件以后,即可得到由开证银行或支付银行支付约定的金额的保证付款的凭证。信用卡是银行或者信用卡公司发给用户用于购买商品、取得服务或者提取现金的信用品凭证。利用信用证诈骗的危害性往往更大一些。

金融诈骗罪与其他经济犯罪的界限主要是看侵犯的客体。集资诈骗罪与普通诈骗罪,虽然都有非法占有的目的,并且都采用了虚构事实或者隐瞒真相的方法,但前者侵犯的客体是投资者的公私财物所有权。例如,长城公司集资诈骗案中,虽然沈太福也是非法占有他人财物而骗钱,但他打出的旗子是集资,即以集资作幌子,行诈骗之实,其后果主要是扰乱国家金融管理秩序。

本 章 小 结

本章主要围绕中国反洗钱法中列明的洗钱犯罪的七种上位犯罪形态,即毒品、黑社会、恐怖活动、走私、贪污贿赂、破坏金融管理秩序和金融诈骗,从法律视角,分别梳理了其定义、特征、构成要件、分类等;同时,也阐述了这七种犯罪与洗钱之间的关系。

重 要 概 念

毒品犯罪　黑社会性质的组织犯罪　恐怖活动　走私　贪污　行贿　受贿　挪用公款　破坏金融管理秩序　金融诈骗　反恐融资

习题与思考题

1. 毒品犯罪、黑社会性质的组织犯罪、走私犯罪与洗钱犯罪有何联系? 如何预防与打击?
2. 对于企业而言,如何预防金融诈骗? 你认为应该采取哪些措施?
3. 作为个人,应该注重学习和掌握哪些知识和技巧以最大限度避免被诈骗?
4. 试述贪腐的根源有哪些?
5. 贪腐几乎是古今中外"长盛不衰"的国家、政府及社会治理难题,对此,如何加以预防和遏制,你有何有效的建议或方法?
6. 你对当下中国社会的金融秩序作何评价? 为什么?

第三章

洗钱路径与手法[①]

学习目标

通过本章学习,重点掌握以下内容:

1. 洗钱如何通过正规金融业进行

——通过银行、证券、保险、期货、信托、离岸金融中心、投资理财洗钱

2. 洗钱如何通过特定非金融业进行

——通过第三方支付、电子商务平台、P2P、虚拟货币、货币服务业等洗钱

3. 洗钱如何通过其他特定行业进行

——通过国际贸易、非正规价值转移体系、房地产、博彩、慈善、黄金珠宝贵金属、"看门人"及娱乐业洗钱

第一节 利用正规金融业洗钱

一、利用银行业洗钱

银行通过提供的金融产品和服务,与支付系统(包括纸质的票据支付系统和各种不同的电子付款网络)结合在一起,为客户提供方便快捷的全球化资金转移服务。正是因为银行具有这种功能,使其成为洗钱分子进行洗钱的主要途径之一。

银行业金融机构向客户提供的、可满足客户某种愿望和需求的、与货币相关的商品,是金融产品的重要组成部分。一般来说,它们具有以下三个特点:

(一)多样性

随着金融服务行业的综合经营程度不断提高,银行产品也呈现出多样性和创新性的特点。从银行产品的层次来看,可以分为基础业务产品,如传统的银行业务产品,包括存款、贷款、中间业务产品等;组合银行产品,包括投资银行业务、证券存托凭证、股指期货、资产证券化和结构性交易银行产品等;衍生业务产品,包括期货、期权、互换等产品。

---

① 本章内容主要参考自《国际视角:洗钱渠道研究》(本书编委会编著,中国金融出版社,2011 年版)和《金融行动特别工作组年度报告及洗钱/恐怖融资类型研究报告 2007—2008》(唐旭、刘争鸣编译,中国金融出版社,2010 年版)。

（二）多变性

银行产品的服务内容取决于由谁提供及在何时何地提供，就算是同一产品，由于不同银行对产品的理解及经营方式的不同也会有所区别，因而具有极大的可变性。大量业务流程非标准化的银行服务产品的出现，如离岸银行业务、代理行业务和银行卡业务等都进一步加强了这一多变性。

（三）便利性

经济和技术的不断发展以及银行业面临的激烈竞争带动了银行业产品和服务的创新和发展，为客户带来各种各样的便利。如客户由原来的只能在银行营业时间和场所内办理银行业务，发展到可以随时随地利用各种电子银行服务渠道进行业务往来。另外，银行开发出各种服务方式，鼓励客户进行自助式服务包括存贷款和结算服务等，从而使客户在营业时间外也能更为灵活便利地办理业务。

案例 3-1

通过代理行业务进行洗钱

A 国洗钱分子在 B 国注册成立了一家 C 银行，再以 C 银行的名义先后在 D 国、E 国和 F 国的银行开设了代理行账户。洗钱分子在 D 国通过诈骗活动获得了非法收入 300 万美元，划入 C 银行，随后从 C 银行分别把 100 万美元划入了 E 国，把 200 万美元划入了 F 国。洗钱分子在 E 国和 F 国利用这些资金购买了大量珠宝，并把这些珠宝携带回 A 国。

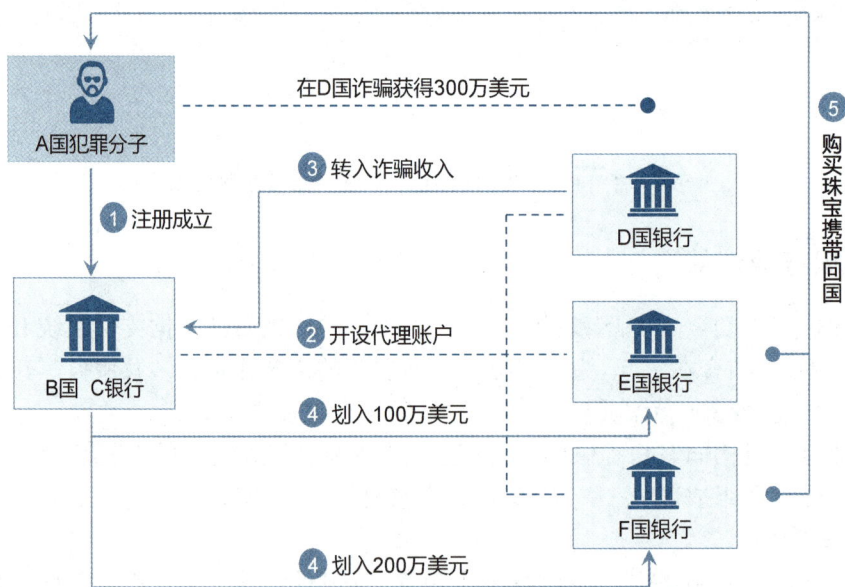

图 3-1　利用代理行业务进行洗钱

简评：通过代理行账户可以快速转移诈骗收入，由于涉及跨境交易，一般很难追踪资金的来源与去向。

代理行业务是指由一家银行向另一家银行提供银行服务。代理行账户是指金融机构相互间以本机构的身份或名称开立的账户。通过银行在全球建立的众多代理行关系,客户可在开户银行没有分支机构的地区进行国际金融交易,因此大型的国际性银行通常都会成为全世界其他众多银行的代理行。被代理行通过代理行关系获得广泛的服务,包括现金管理、国际汇款、支票清算、中间行账户和外汇交易等。代理行向规模较小和鲜为人知的银行所提供的服务可能仅限于非信贷业务和现金管理服务,但对那些信贷风险较低的银行可能会提供很多的信贷产品,如信用证和用于信用卡交易的商业账户等。国际代理行业务本身被用于满足各种正当合法的商业目的,然而,金融行动特别工作组(FATF)也发现这些代理行关系存在着被洗钱分子利用的情况。洗钱分子常利用代理行的正常业务流程进行洗钱,或者以"空壳"公司或"空壳"银行的方式利用代理行业务进行洗钱。

案例 3-2 ··

利用银行票据业务进行洗钱

A 先生经营着一个地产集团,但与某恐怖组织联系密切,且一直使用集团资金暗中资助该组织。他利用银行本票可背书转让的特点,使用本集团资金向其开户银行申请开立银行本票,并在本票申请书上填写虚假的收款人名称。开出本票后,A 通过多次背书转让,最后将资金转入恐怖组织的银行账户内。

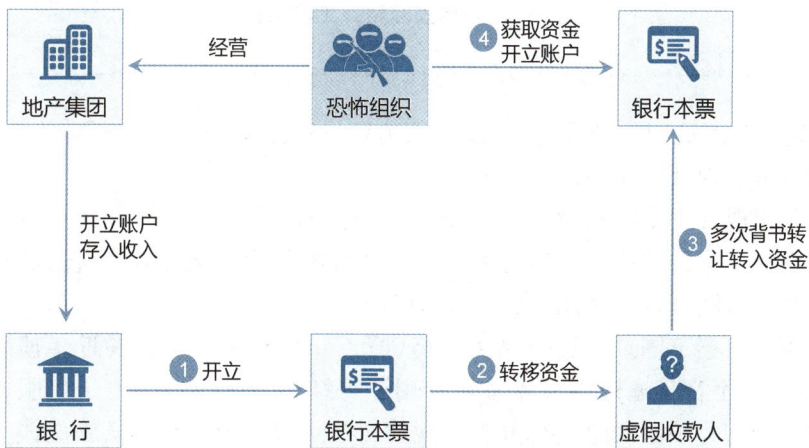

图 3-2 利用票据洗钱

简评:通过票据多次背书转让,可以成功掩盖资金的最终去向,达到洗钱目的。

银行票据包括支票、汇票和本票等,具有方便、快捷和信誉高等特点。随着票据业务的不断发展,银行票据大大加快了交易双方的资金结算速度,但票据业务流程中的漏洞也给洗钱分子提供了机会。

案例 3-3 ··

利用国际结算工具洗钱

美国贩毒分子布莱恩为了成功转移其在西欧的毒品销售收入,掩盖其资金来源,首先通过中介机构购买了一家经营项目为进口地毯的西欧贸易公司,然后以贸易公司名义,要求银行为其开立一份进口信用证,用于购买 20 卷地毯,开证金额为 4 万美元,付款条款为 "装运日后的三周付款"。银行在收到开证保证金后为其开立信用证。20 天后,银行收到布莱恩伪造的全套单据,在付款到期日按单证金额对外付款。当布莱恩准备再次开立一笔金额为 62.5 万美元的信用证之时,因被发现从事毒品走私而被捕。

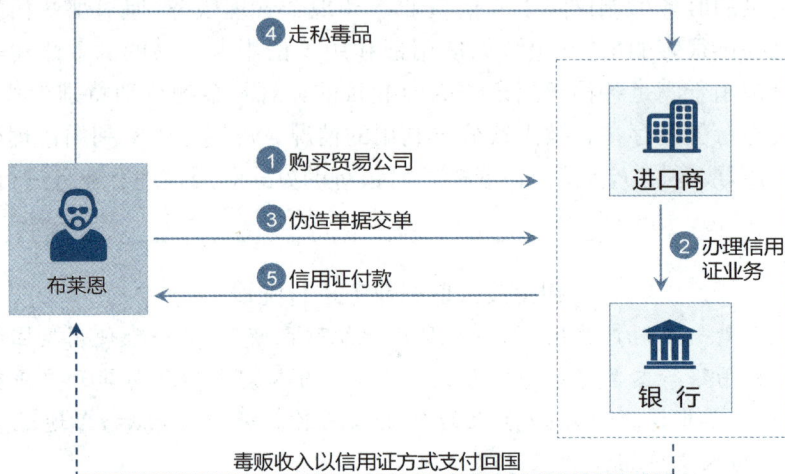

图 3-3   利用国际结算工具洗钱

简评:利用信用证国际结算工具,通过伪造贸易单据来跨境转移贩毒收入,一般情况下监管机构很难发现其真实情况。

将非法所得混入正常的经营收入之中,是一种非常隐蔽的洗钱方式。涉及以国际贸易为基础的洗钱资金往往会利用银行所提供的各种国际贸易结算方式进行洗钱,如汇款、信用证和托收等。洗钱分子利用向银行递交表面上真实及合规的相关贸易单证,从而达到其洗钱的目的。据美国金融犯罪执法网络(FinCen)介绍,有关当局近年侦破的跨境洗钱案件中,90%以上都是通过银行体系将信用证等结算工具与银行电子化服务相结合而完成洗钱的。洗钱分子已经学会充分利用现代科技手段和金融工具实施洗钱。

二、利用证券业洗钱

证券业的发展具有如下特点:

(一) 金融衍生品发展迅猛

金融衍生品发展经历了一个从商品期货到金融期货及期权,从股权类到货币类再到利率类衍生品的发展路径。金融衍生品复杂的交易方式、巨大的交易量和高杠杆的交易机制,能够协助洗钱资金流动和转移,掩盖资金来源。相比实业洗钱方式,通过金融衍生品洗钱杠杆效率更高,具有更强的隐蔽性。

(二) 电子化交易突飞猛进

从 20 世纪 70 年代开始,证券市场大量使用无纸化的电子交易,电子指令自动交易系统逐渐取代了原有的报价成交方式,传统的场内市场向场外市场发展,有形交易为无形交

易取代,电子化交易给证券市场带来了深刻的变革:

1. 电子化交易使得证券市场资金流动量增大。交易人员可以在短时间内进行大量的买进和卖出交易,并在短时间内完成结算交割。电子化交易增加了资金监控的难度。由于买卖双方都是通过交易所撮合成交,并不知晓交易对手的情况,故而,这种无法追溯的交易属性对洗钱行为颇为有利,一旦合约成交,资金转入他人账户,就可以彻底切断这笔资金与其非法来源间的联系。

2. 电子化交易极大地降低了交易成本。相比房地产等大宗商品交易,证券市场的交易效率是其他行业无法比拟的。

(三) 市场体系多元化

与结构多样的实体经济相适应,国际证券市场形成多元化的市场体系,简单来说,按照资本进入市场的顺序,可以粗略地划分为一级市场和二级市场,进而衍生出场内市场、场外市场,主板市场、中小板市场、创业板市场、科创板市场,期货市场、期权市场等。市场体系多元化在带来市场繁荣的同时,也为洗钱犯罪提供了温床。

(四) 证券价格波动频繁

各类证券产品的价格形成机制十分复杂。价格形成不但受到发行人从事行业、发行的资产规模、企业盈利能力、管理水平等因素的影响,还受到国际国内货币市场资金供给情况、利率水平等经济、政治以及参与者心理因素的影响。证券产品价格波动频繁使得证券投资参与者的盈亏数据难以预测和跟踪。

案例 3-4

利用并购重组在证券市场洗钱

A官员大量受贿。为把受贿资金转化成合法收入,A注册了一家公司B,然后将贿赂款项逐步注入B公司,同时在市场上寻找到C上市企业进行重组。A官员把B公司的股份与C上市企业的股份进行置换,形成互相参股公司,顺利地将B公司的资产转入C上

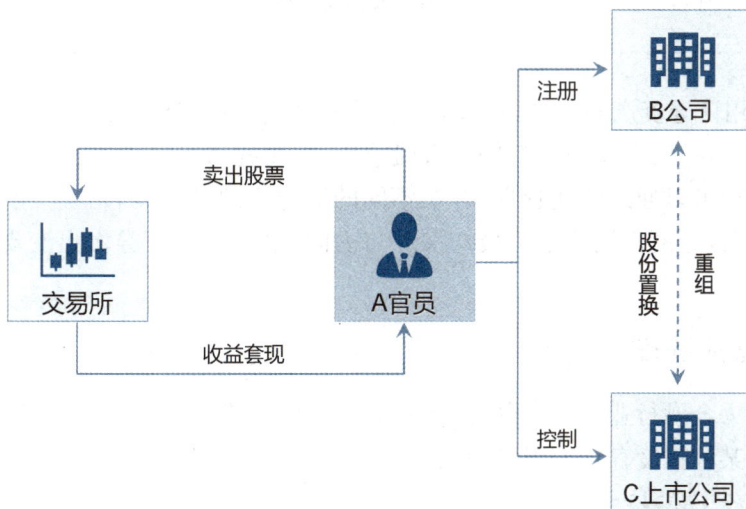

图 3-4　利用并购重组在证券市场洗钱

市企业。重组成功后，A 官员正式成为 C 上市企业的实际控制人，通过在二级市场卖出股票，将受贿资金转化为投资收益，最后达到洗钱目的。

简评：参与上市公司并购重组，把贿款转化成上市公司股份，再通过二级市场变现，完成洗钱。

案例 3-5

通过多次转移股票资产进行洗钱

A 国毒贩 B 在 C 证券经纪公司开户，用其贩毒所得在证券市场大量购买上市公司 Z 的股票。为掩盖其资金来源，B 随后立即将股票转托管到 D 证券经纪公司，少量交易后再转托管到 E 证券公司，最后在 F 证券公司卖出股票取现，达到难以追查其最初资金来源的目的。

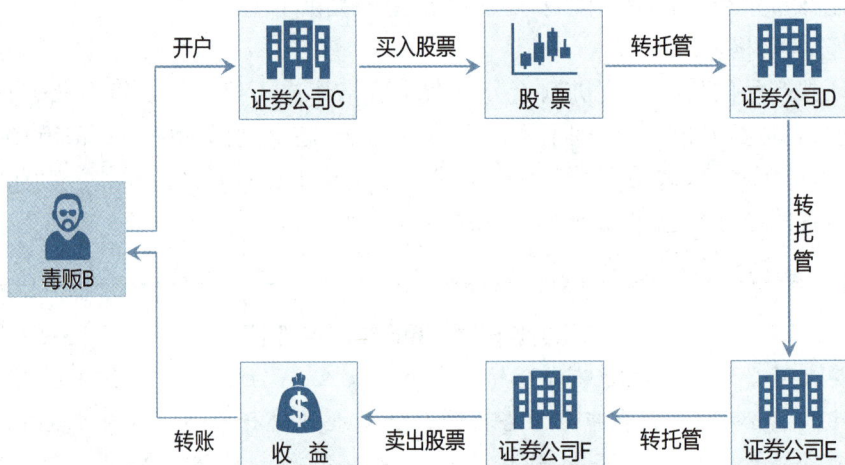

图 3-5　利用股票转托管洗钱

简评：利用证券资产的多次转移，掩盖资金来源，实现洗钱目的。

在某些国家，投资者在证券市场购入股票后，需要托管到证券经纪公司的交易席位。此后该股票资产可以通过转托管方式，在不同的证券经纪公司间转移。经过多次转移和变换证券公司后，逐渐模糊资金的最初来源与去向，最终再将证券卖出变现，达到洗钱的目的。

三、利用保险业洗钱

保险业作为金融行业的一个分支，在保险产品开发、保险业务经营等方面有其自身特点。这些特点某种程度存在着引发洗钱的风险。

(一) 保险产品的特点

保险产品通常具有以下特点：

1. 保险标的多样性。人身保险的保险标的是被保险人的身体和寿命；财产损失保险的保险标的是被保险人的财产；责任保险的保险标的是被保险人依法所要承担的经济赔偿责任；信用保险的保险标的是债务人的信用导致的经济损失。保险标的多样化导致洗钱分子可以将犯罪收益通过不同的途径注入保险公司，增加反洗钱工作的难度。

2. 新型保险产品的投资功能越来越强大。出于混业经营及业务发展的需要，国际保险业在保险理念、技术、产品等方面进行了大量的创新，一些传统不可保风险和新型的风险正在成为可保风险。比如投资连结保险在英国的占比达到50％，在新加坡甚至高达70％以上。大量投资性保险产品的创新诞生，已经使得保险产品突破原来人们对保险产品的习惯定位，也使得保险产品与其他金融机构的理财产品的界限更加趋于模糊，从而使洗钱分子更易于通过保险洗钱。

3. 保险合同涉及多方当事人及关系人。在保险合同中投保人、被保险人、受益人可以是不同的人，洗钱者可利用这一特点，设定不同的投保人、被保险人、受益人，直接达到模糊监管者视线使其难以掌握"黑钱"流向的目的。如A为自己投保三年储蓄型保险，但受益人是B，B通过保险公司中转就可拿到A的钱。

4. 投保主体多元化。保险合同的投保人可以是个人，也可以是团体。这样就很容易被洗钱者通过个单团作或团单个作来实现黑钱的转移。比如，洗钱者A个人将黑钱参与合法团体B中投保团体保险，然后通过退保或理赔等环节洗钱。再如，洗钱分子成立某个合法团体，用犯罪所得购买团体保险产品实现洗钱。

（二）保险业务的特点

保险业务具有如下特点：

1. 保险运作流程复杂。一张保单有效存续都要经过销售、承保、保全、理赔等环节，有些高保额或高风险的客户原保险公司还通过再保险进行分保，流程时间长且复杂，难免会存在漏洞，让洗钱分子有机可乘。

保险承保，是保险人在投保人提出保险请求后，经审核并同意接受投保人申请承保合同规定的保险责任的行为。这一环节如果保险人审核不严格就很容易让洗钱者的黑钱合法化。

保险理赔或给付是指保险人对于合同约定的可能发生的事故因其发生所造成的财产损失承担赔偿保险金责任，或者当被保险人死亡、伤残、疾病或者达到合同约定的年龄、期限等条件时承担给付保险金责任。这一环节如果保险人审核不严，洗钱者就达到了洗钱的目的。

再保险，又称为分保，是指一方保险人将原承保的部分或全部保险业务转让给另一方保险人承保的保险，保险人在原保险合同的基础上，将其承担的风险和责任分担和转嫁给其他保险人而订立的保险合同。这一环节如审核不严格，也可能被洗钱分子利用。

2. 保险中介的介入使得保险市场主体复杂化。虽然保险公司仍然是保险市场最重要的经营主体，但保险业发达国家的保险公司定位已经从原来提供一揽子服务向主要承担产品开发、核保、核赔和业务管理等经营重点转变。有些保险人根据自身的组织形式或业务特点，将产品的销售、承保、售后服务交由保险经纪公司、保险代理公司或保险公估公司办理，从而提高了保险经营的效益，优化了保险服务机制，合理使用了保险信息。但在这一新型模式之下，保险市场主体的多样性导致了客户身份识别及交易情况的甄别义务主体分散,加大了保险公司客户身份识别的难度。

3. 具有混业经营的趋势。当前国际上保险业与银行业、证券业混业经营的趋势促使国际保险业创新步伐加快,投保方式越来越简便,更好地满足了投保人多种多样保障的需求。然而混业经营导致保险资金的去向多样化,对资金的监控难度加大,也增加了相应的洗钱风险。

案例 3-6

通过购买境外保险产品进行洗钱

洗钱分子 H 为了清洗贩毒收入,先在 A、B 两个国家以毒资各注册一家公司。这两家公司通过电汇转账方式将大约 110 万美元的犯罪赃款转移到 H 在 C 国的账户上,并用于支付其在 C 国投保的人寿保险费,以此达到洗钱目的。

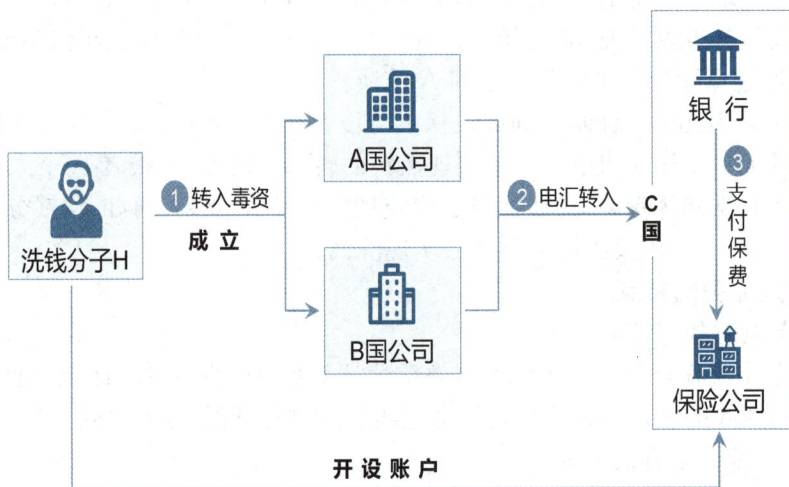

图 3-6　通过购买境外保险产品洗钱

简评: H 将犯罪所得汇往第三国银行账户,再由该账户支付保费,由此实现购买境外保险产品,使保险公司对其资金来源无法进行有效监测,从而达到洗钱目的。

购买境外保险产品洗钱,主要是洗钱分子将赃款从一国通过转账的方式转移到另一国,然后在另一国的保险公司购买保险。在这种跨境支付保费洗钱的行为中,保险公司往往是最后一个环节。所以,保险公司不能因为是银行账户转账支付保费而对可疑交易掉以轻心,不进行必要的尽职调查。

案例 3-7

利用保险欺诈进行洗钱

洗钱分子为一艘虚构的远洋货轮购买了海上财产及意外险,并用较高的费率诱使保险公司同意承保,用大笔的黑钱支付了保费。在保险期限内,洗钱分子多次编造保险事故申请索赔,且非常小心地确保索赔额低于保费,从而使保险公司能够从该保单获得合理的利润。通过这种途径,洗钱分子将黑钱转化为理赔金支票,表面上看就是从一家信誉良好的保险公司获得的赔款,很少人会对来源于保险公司的支票或电汇的款项有什么疑问[1]。

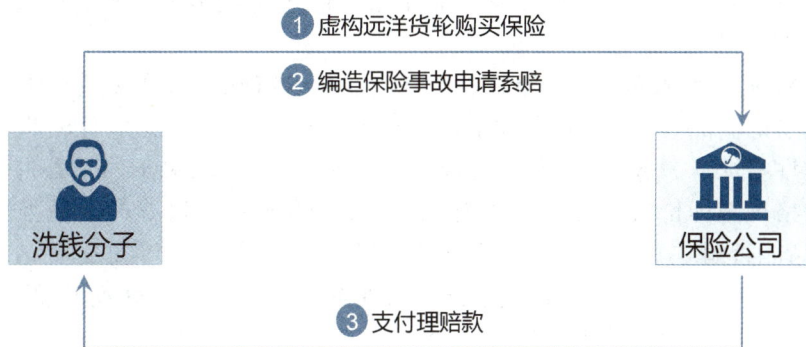

图 3-7　利用保险欺诈洗钱流程图

　　简评:洗钱分子通过虚构保险标的、编造保险事故获得理赔的方式进行洗钱,黑钱以缴纳保费的形式进入保险公司,通过赔款这一合法形式流出。

　　洗钱分子用黑钱购买奢侈品,如高档车辆、珠宝等,并向保险公司投保然后故意制造或编造保险事故要求理赔;也可能虚构保险标的进行投保,通过与有关人员合谋进行保险欺诈。因保险业缺乏信息共享平台,单个保险公司很难了解投保人的真实财务状况,在准确判断理赔申请的真实性方面也存在一定的困难。在信息不对称的情况下,通过故意制造保险索赔案件,洗钱分子可名正言顺地获得巨额赔偿以达到洗钱的目的[2]。以财产保险中占比最大的险种车险为例,多位业内人士估计,目前的理赔中的"水分"至少是20%—30%,其中多数是保险欺诈引起的[3]。可见保险欺诈既妨碍了保险行业的健康发展,也为洗钱分子提供了洗钱渠道。

四、利用期货业洗钱[4]

　　在国际金融市场上利用金融衍生产品,通过复杂的金融交易洗钱是跨国洗钱的重要方式。期货、期权是犯罪分子在实施复杂金融交易时的常用工具。

　　期货市场是期货交易的场所,是多种期货交易关系的总和。它是按照公正、公平、公开的原则,在现货市场基础之上发展起来的高度组织化和高度规范化的市场形式。其不仅是现货市场的一个延伸,同时还是市场的又一个高级发展阶段。期货市场具有规避风险和价格发现两大功能,是早期以微观个体规避市场风险(也叫套期保值需求)作为出发点而产生的。期货交易参与者基于对当前和将来市场上的影响标的价格的多种因素的综合判断,通过自己的理性预期,进而能够较为准确地反映市场的供求状况以及变动趋势,

---

①　庞在礼、吕兆玉:"对财产保险业反洗钱的思考",《商丘日报》,2008 年 12 月 15 日。
②　陈恳:"保险涉嫌'洗钱'三宗罪",http://qd.people.com.cn/GB/channel 8/200502/25/18930.html,2009 年 6 月 15 日访问。
③　IAIS,Examples of money laundering and suspicious transactions involving insurance.
④　严立新等:"期货业反洗钱与我国相关实践研究",教育部人文社科项目(09YJC790046)成果。

从而可以促进资源的优化配置,提高金融行业效率,维护经济体系稳定与安全。一个成熟的期货市场主要由期货交易所、期货经纪公司以及投资者构成。

与证券、保险以及银行等其他金融行业相比,期货行业有着其自身的特点:

(一)商品特殊化

期货交易对期货商品具有选择性。期货商品具有特殊性。许多适宜于用现货交易方式进行交易的商品,并不一定适宜于期货交易。这就是期货交易对于期货商品所表现出的选择性特征。一般而言,商品是否能进行期货交易,取决于四个条件:一是商品是否具有价格风险即价格是否波动频繁;二是商品的拥有者和需求者是否渴求避险保护;三是商品能否耐贮藏并运输;四是商品的等级、规格、质量等是否比较容易划分。这是四个最基本条件,只有符合这些条件的商品,才有可能作为期货商品进行期货交易。

(二)场所固定化

期货交易具有组织化和规范化的特征。期货交易是在依法建立的期货交易所内进行的,一般不允许进行场外交易,因此期货交易是高度组织化的。期货交易所是买卖双方汇聚并进行期货交易的场所,是非营利组织,旨在提供期货交易的场所与交易设施,制定交易规则,充当交易的组织者,本身并不介入期货交易活动,也不干预期货价格的形成。

(三)保证金制度化

期货交易具有高信用的特征。这种高信用特征集中表现为期货交易的保证金制度。期货交易需要交纳一定的保证金。交易者在进入期货市场开始交易前,必须按照交易所的有关规定交纳一定的履约保证金,并应在交易过程中维持一个最低保证金水平,以便为所买卖的期货合约提供一种保证。保证金制度的实施,不仅使期货交易具有"以小博大"的杠杆原理,吸引众多交易者参与,而且使得结算所为交易所内达成并经结算后的交易提供履约担保,确保交易者能够履约。

(四)交易经纪化

期货交易具有集中性和高效性的特征。这种集中性是指,期货交易不是由实际需要买进和卖出期货合约的买方和卖方在交易所内直接见面进行交易,而是由场内经纪人即出市代表代表所有买方和卖方在期货交易场内进行。交易者通过下达指令的方式进行交易,所有的交易指令最后都由场内出市代表负责执行。交易简便,寻找成交对象十分容易,交易效率高。集中性还表现为一般不允许进行场外私下交易。

(五)合约标准化

期货交易具有标准化和简单化的特征。期货交易通过买卖期货合约进行,而期货合约是标准化的合约。这种标准化是指进行期货交易的商品品级、数量、质量等都是预先规定好的,只有价格是变动的。这是期货交易区别于现货远期交易的一个重要特征。期货合约标准化,大大简化了交易手续,降低了交易成本,最大限度地减少了交易双方因对合约条款理解不同而产生的争议与纠纷。

(六)结算统一化

期货交易具有付款方向一致性的特征。期货交易是由结算所专门进行结算的。所有在交易所内达成的交易,必须送到结算所进行结算,经结算处理后才算最后达成,才成为合法交易。交易双方互无关系,都只以结算所作为自己的交易对手,只对结算所负财务责任,即在付款方向上,都只对结算所,而不是交易双方之间互相往来款项。这种付款方向的一致性大大地简化了交易手续和实货交割程序,而且也为交易者在期货合约到期之前通过作"对冲"操作而免除到期交割义务创造了可能。国际上第一个真正的结算所于1891年在明尼阿波利斯谷物交易所出现,并建立了严格的结算制度。

(七) 交割定点化

实物交割只占一定比例,多以对冲了结。期货交易的"对冲"机制免除了交易者必须进行实物交割的责任。国外成熟的期货市场的运行经验表明,由于在期货市场进行实物交割的成本往往要高于直接进行现货交易成本,包括套期保值者在内的交易者多以对冲了结手中的持仓,最终进行实物交割的只占很小的比例。期货交割必须在指定的交割仓库进行。

与银行等其他金融机构相比较,期货行业并不以现金作为直接交易媒介,而且目前国内证券期货业均采取第三方存管制度,市场参与者资金均通过银行进行转账,而无法用现金直接参与到交易之中。在国际期货市场上,交易行为都是以期货经纪人的名义进行的。期货交易所并不要求经纪人对客户的资金来源作出说明,犯罪分子通过期货经纪人将犯罪收入投入期货市场,能够有效避免暴露自己的真实面目和犯罪收入的来源。因此,通过期货经纪人将犯罪收入投入到国际期货市场清洗对洗钱犯罪组织具有非常大的吸引力。

期货交易中的匿名惯例掩盖了洗钱活动。此外,变幻莫测的期货价格和复杂的交易技术,往往使外部人士眼花缭乱。大量参与交易的资金及公司来自世界各地,将犯罪收入隐匿其中往往难以识别和发现。这相对的复杂性既给洗钱者造成了浑水摸鱼之机,同时也给反洗钱义务的履行者、监管者造成了困扰。

综上,期货市场的国际化、交易产品的特殊性以及高度的流动性,都使得期货行业的反洗钱活动相对于其他领域要更为隐蔽,因为期货行业的资金隐蔽性更强,洗钱者通过多次复杂的期货交易之后,可以将不法收入融合到合法的金融体系中去,进而可以隐瞒不法收入的真实来源以及收益与违法犯罪者的关系。

近些年来,伴随着银行业等其他金融机构反洗钱内部控制机制的走强与成熟,国际范围内反洗钱监管覆盖面不断扩大,也使得犯罪分子的洗钱活动在向监管相对缺乏和薄弱的期货行业转移。

案例 3-8

利用期货业洗钱

上海某公司给一名自然人开具了一张2 000万元的支票,但并没有授权该自然人用这张支票进行任何的商业活动。此后该自然人以个人名义在某期货经纪公司开户,希望以这2 000万元支票作为保证金进行期货交易。而实际上个人投资者并不能以支票参与期货保证金交易,但该期货经纪公司迫于经营压力,还是答应了该自然人。而不到半个月,该自然人账户上资金已经所剩无几,该自然人本人也杳无音信。而开具2 000万元支票的公司出现,以该期货公司违规操作为自然人以支票作为保证金参与交易开绿灯为由发起诉讼,要求赔偿。

在期货交易中,洗钱者往往通过反复入金、出金到不同的银行账户,就可以达到洗钱的目的。目前客户在期货经纪公司的出入金,主要依靠银期转账或者客户以自有账户或现金向期货公司的账户划入保证金。银期转账为一对一式的,比较容易监控,而普通客户账户与期货公司账户之间的资金转移则相对灵活,洗钱犯罪者很容易利用这一渠道。另外,几乎每一家期货公司提供给投资者的期货经纪合同都有如下条款:"**乙方(投资者)应当保证其资金来源的合法性,乙方对资金来源合法性说明的真实性负有保证义务并对此承担一切法律责任。**"可见,在实际交易之中,大多数期货公司都是在期货经纪合同中假设投资者确保保证金的合法性,这也有可能会被违法犯罪分子所利用。

洗钱犯罪者为完成对非法资金真实来源的掩盖,则必须要完成资金在多个相关账户之间的转移,因此他们需要设立多个账户且确保能够同时进行操作。最简单的例子是两个账户之间的操作,通常的做法是在一个账户进行卖出交易,在另一个账户进行买入交易,然后再分别进行反向交易平仓,通过两个账户之间的交易,实现一亏一赢,再将盈利账户中的资金以貌似合法的形式转移出去,从而就实现了对犯罪所得的漂洗(见图 3-8)。

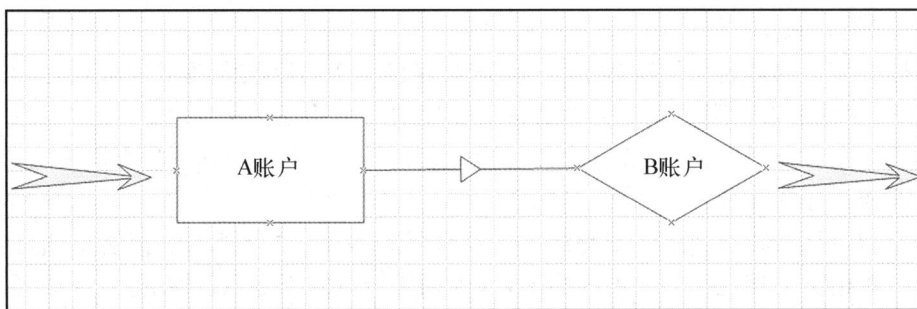

图 3-8 传统的利用期货进行洗钱的方法

而这种简单的模式也似乎已经被进行了拓展,从而派生了许多更为复杂的洗钱方法。例如"以一对多"方式(图 3-9)。区别于上面的"以一对一",该方法的复杂之处即在于洗钱犯罪者需要同时控制多个账户,以一个主账户进行某一方向的期货交易(如"做多"),用其他几个账户作为交易对手进行反向的交易("做空"),须使合约数量和金额达到匹配。而且还有更为复杂的"以多对多"模式(图 3-10),通过多个账户相互之间的交叉对敲,从而提高自身行为的隐蔽性,而伴随着所需同时操控的账户的增加,一定程度上也对洗钱者自身提出了更高的要求,并且增加了交易成本。

具体操作以及解释如下(这里以"以一对一"模式为例):

1. 一账户低价买入,另一账户低价卖出。洗钱者用两个账户同时参与某一非主力合约(至于合约选择将在后续内容中指出)的交易,先用一个账户在交易系统中挂出低价买单,而如果先挂出高价买单的话很可能会与其他的参与者进行电子匹配交易,达不到所需

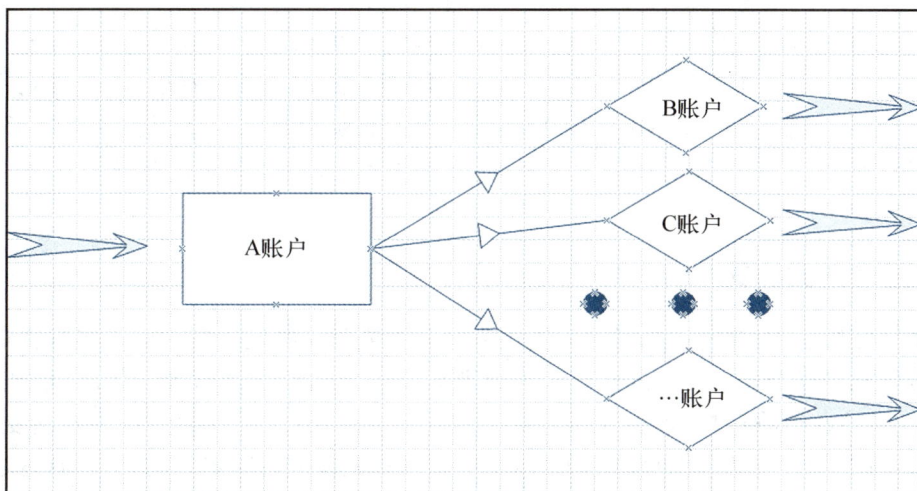

图 3-9 利用期货进行洗钱的方法之"以一对多"

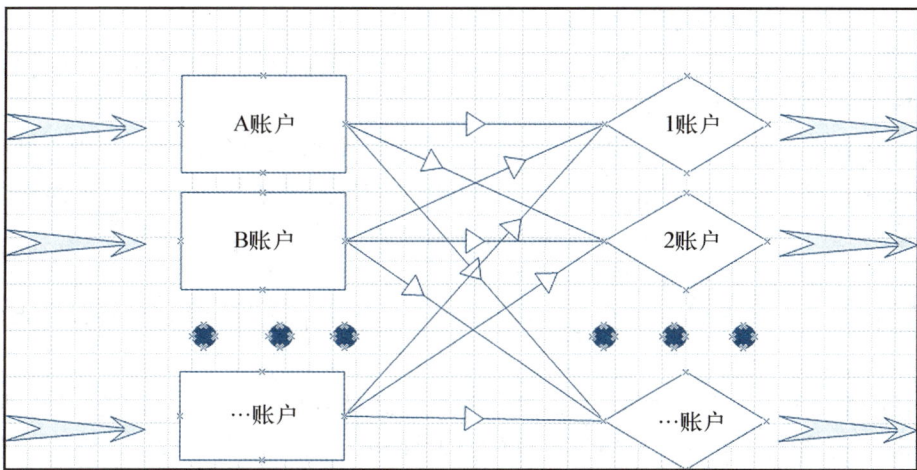

图 3-10 利用期货进行洗钱的方法之"以多对多"

效果,因此需挂出低价买单。倘若挂低价卖单则很有可能被迫很早就被其他交易者以较低价格迅速买入,而此买单价格通常不能在期货交易参与者普遍认为合理的价格范围内。因此一般情况下,该低价买单将不会被其他参与者成交,这时犯罪人可以用另一个账户挂出低价卖单从而实现合约的成交。

2. 一账户高价卖出,另一账户高价买入。按照与上一操作同样的原理,先由一账户挂出高价的卖单,该价格通常高于正常合理价格范围的上限,其他的参与者由于不愿意以较高的价格买入而不会进行成交,此时犯罪者利用另一账户以较高的价格进行对敲完成交易,完成洗钱。

这是最简单的两种利用期货交易进行洗钱犯罪行为的操作过程。现实中会有多种多样的变形,例如为了安全起见,有时也可以与正常交易者进行交易,按照合理的市场价格进行平仓操作。这样尽管降低了最终的犯罪所得,但显然安全度更高,也增加了监管的难度。由于洗钱操作往往青睐于非主力合约，而仅仅用两个账户进行大规模交易的话，往往比较容易暴露，因此更有可能和务实的做法是将该交易拆分成若干笔，在若干个交易日完成，也就是上文所说的"以一对多""以多对多"等模式。可以看出，洗钱者利用期货交易进行洗钱犯罪行为具有相当强的灵活性，可以根据市场风险状况和具体情形，灵活地调整自身洗钱的频率和时间以及交易量，从而可以保持自身通过此途径达到目的的持续性。

五、利用信托业洗钱[①]

《海牙信托公约》规定："当财产为受益人的利益或为了特定目的而置于受托人的控制之下时，信托是指委托人设定的在其生前或死后发生效力的法律管理。"我国《信托法》第二条规定："本法所称信托，是指委托人基于对受托人的信任，将其财产权委托给受托人，由受托人按委托人的意愿以自己的名义，为受益人的利益或者特定目的，进行管理或者处分的行为。"与空壳公司不同的是，信托并不是一个法律实体，而是表现为包括委托人、受托人和受益人在内的信托法律主体之间的法律关系。根据不同国家和地区的法律规定，信托具有不同的定义和特征。信托的概念包括以下几个层次：

1. 委托人对受托人的信任。这是信托关系成立的前提。一是对受托人诚信的信任，二是对受托人承托能力的信任。

2. 信托财产及财产权的转移是成立信托的基础。信托是以信托财产为中心的法律关系，没有信托财产，信托关系就丧失了存在的基础。所以，委托人在设立信托时必须将财产权转移给受托人，这是信托制度与其他财产制度的根本区别。

3. 信托关系中包含三个当事人：委托人、受托人和受益人。

4. 信托关系有两个重要特征：受托人以自己名义处分信托财产和为受益人的利益管理处分信托财产。

信托制度最初只应用于民事领域，如今信托已经被越来越多地应用于经济活动当中。与公司相比，信托这一实体享有更高程度的自治性和灵活性，因此也成了洗钱分子频繁使用的工具之一。

信托的特征主要表现在以下几个方面：

1. 信托财产所有权的分离性。信托财产的所有权在受托人与受益人之间进行分离，一方面受托人取得对信托财产的经营管理权和处分权；另一方面将信托财产所有权中的收益权配置给受益人，使受益人可以从信托财产中获取一定的经济利益。信托财产所有权的移转与分离，是信托区别于类似财产管理制度的根本属性。

2. 委托人有充分的订立契约内容的自主权。信托契约是由委托人与受托人协商，体现委托人意愿的。在许多信托中，委托人被赋予了充分的订制契约内容的自主权，比如更改信托财产运用方式、更改受益人甚至是撤销信托的权利。这种自主权利于委托人意愿的维护，但这样的灵活性同样给洗钱提供了更大的操作空间。

3. 信托契约内容的灵活多样性。在信托契约中，委托人、受托人和受益人之间的权利

---

① 本书编委会：《国际视角：洗钱渠道研究》，中国金融出版社，2011 年版，第 73—78 页。

义务关系可以灵活规定,例如在信托财产运用方式上,受托人既可以投资,也可以贷款;既可以参与直接融资,也可以用于间接融资。信托契约内容的灵活性,使其业务活动具有鲜明的机动性,并伴随着经济形势的变化,不断有新的品种创新,这对于监管机构的应变能力有较高的要求。

案例 3-9 ·•

利用隐名信托进行洗钱

为了清洗贩毒收入,贩毒分子张某在某离岸金融中心注册成立了一家名为信合投资的空壳公司,并将其通过走私毒品所获得的犯罪所得转移至该公司。为了掩人耳目,张某再增设了一道屏障,他以该公司自身名义为非法资金设立了一个信托。信托契约中没有载明受益人,仅约定了受益人由委托人即信合投资随时以口头或者书面方式进行指定或者变更。信托设立以后,张某可以随意指定受益人,从而达到洗钱目的。

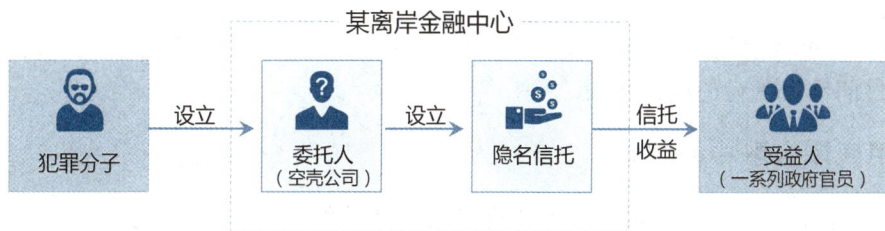

图 3-11 利用隐名信托洗钱

简评:空壳公司与隐名信托相结合是一种比较难以被监管的洗钱手段。

隐名信托是指委托人不需要在信托契约当中载明委托人或者受益人的姓名。委托人、受益人及受益人范围,是大部分国家和地区的信托法里面强制规定信托契约必须载明的事项。但在某些国家和地区却对此采取了宽松的规定,允许隐名信托的存在。犯罪分子一旦设立了隐名信托,监管机构将难以确定实际控制人或者受益人的身份,犯罪分子可以轻而易举地达到隐匿身份、隐藏资金来源的目的。

持股信托是指以持有公司股权为目的,以信托名义持有某公司股权或者以信托名义进行实业投资。设立持股信托,资产持有层次变得复杂,资金背后的实际控制人变得难以确定,这种特性是犯罪分子利用持股信托进行洗钱的重要原因,且这种洗钱途径在跨国洗钱犯罪中经常可以看到。

案例 3-10 ·•·

利用持股信托进行洗钱

A 利用诈骗所得设立了一个信托,信托财产运用范围限定为委托人指定的股权投资。信托设定后,A 指示受托人利用信托资金购入一家高科技公司的股权,该高科技公司随后在某国创业板上市,股权锁定期满后 A 将股权出售套现。A 通过信托持有公司股权,既掩饰了股权投资的资金来源,又取得了资本利得的收益。

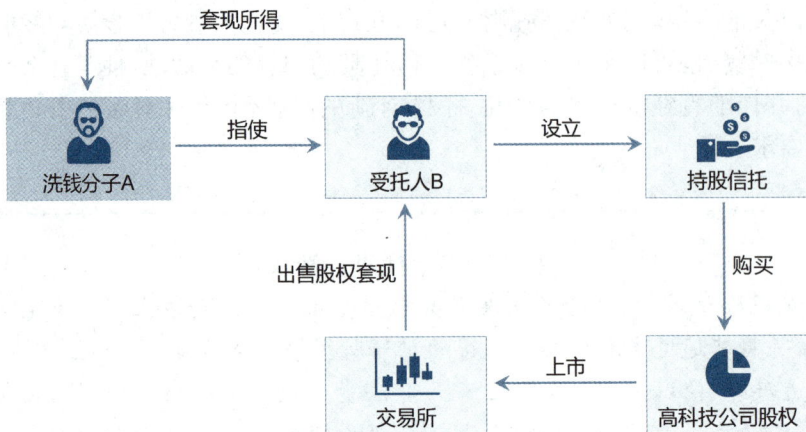

图 3-12　利用持股信托洗钱

简评：通过将信托与公司并购业务相结合，借助股票市场套现，掩盖资金的真实来源，这是目前比较流行的洗钱手段之一。

六、利用离岸金融中心洗钱

国际货币基金组织给离岸金融下的定义为：银行和其他代理机构为非居民提供金融服务，包括提供非居民之间的资金借贷。

离岸金融中心：主要以外币为交易（或存贷）标的，以非本国居民为交易对象，由本地银行与外国银行形成的银行体系。

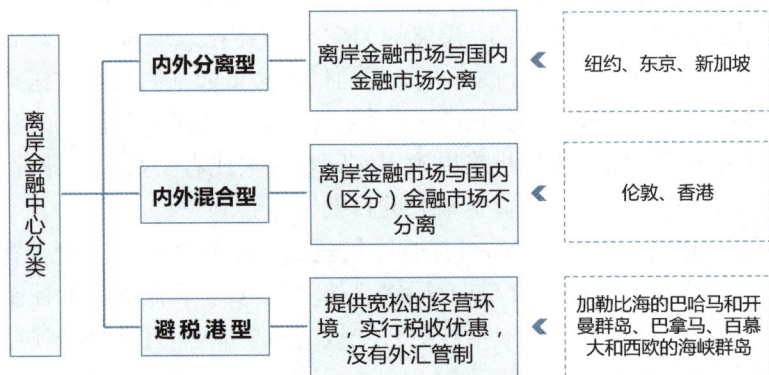

图 3-13　离岸金融中心分类图①

经济合作与发展组织（OECD）于 2000 年 6 月公布了"确定和消除有害税收活动进程"的报告，其中，"避税地"的认定标准第一次被提出，其定义为：（1）对金融或其他服务不实行所得税或只有名义上的所得税，或将本地作为非居民逃避其居住国税收的场所；（2）不能有效进行情报交换；（3）缺乏透明度，如税收制度与税收征管不公开；（4）有利

---

① 高材林："离岸金融市场及其在中国的发展"，《金融与保险》，2008 年第 11 期。

于外国实体建立没有内容的经济活动。

被称为"保密天堂"的国家和地区一般具有以下特征:

一是有严格的银行保密法。除了法律规定"例外"的情况外,披露客户的账户即构成刑事犯罪。二是有宽松的金融规则。设立金融机构几乎没有任何限制。三是有自由的公司法和严格的公司保密法。这些地方允许建立空壳公司、信箱公司等不具名公司。并且,因为公司享有保密的权利,了解这些公司的真实面目非常困难。较为典型的国家和地区有:瑞士、开曼群岛、巴拿马、巴哈马以及加勒比海和南太平洋的一些岛国。

联合国毒品控制和犯罪预防办公室(UNODC)的一项研究指出,一个理想的金融中心必须具备以下特征:(1)不需要与其他国家分享税务方面的信息;(2)方便即时注册成立公司;(3)受公司保密法的保护;(4)出色的电子化沟通方式;(5)受严格的银行保密法保护;(6)存在大量的旅游贸易,便于解释现金的流入;(7)使用主要的国际货币,最好是美元;(8)一个相对能承受更多外界压力的政府;(9)对金融服务有高度的经济依赖性;(10)地理位置的优势,方便与富有地区的商务往来;(11)其他特征,如设立自由贸易区和方便商船注册并悬挂该国国旗等。

概括起来,离岸金融中心因为其具备注册简便、运营成本极低、税负几乎可以忽略不计、监管宽松、透明度低、缺乏有效的金融情报交换、资金资产的追踪核查难、司法管辖的有限性等特点,极大地满足了不法分子对洗钱流程所应具备的**"隐秘、隔断、延长、掩饰、隐瞒"**等特征的需求,故而才成为全球不法分子趋之若鹜的避税或洗钱天堂。

案例 3-11

通过与离岸公司建立虚假雇佣关系洗钱

M先生是某会计师事务所的主要合伙人,他参与了某跨国犯罪集团的毒品贩卖洗钱活动,而他对于自己从非法活动中获得的报酬,也进行了清洗。他的洗钱方法是先注册离岸公司,然后伪造以他本人为"法律和财务顾问"的雇佣合同,通过该离岸公司向自己的私人账户支付了大量的咨询费收入。

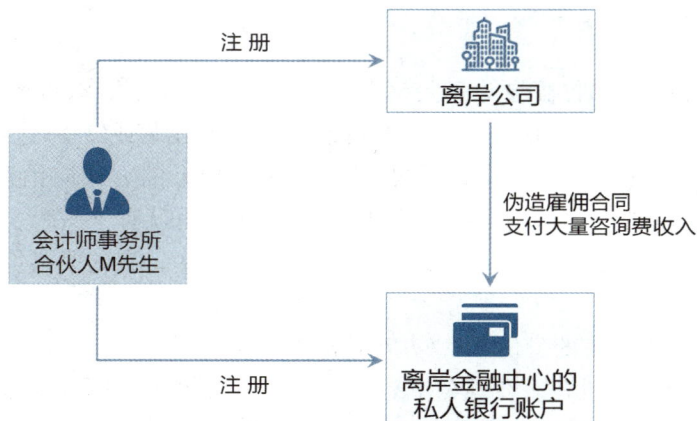

图 3-14 利用离岸公司洗钱

案例 3-12 ·••

通过与离岸公司做衍生产品交易洗钱

A 公司是在美国注册的一家贸易公司,B 公司是 A 公司在加勒比海注册的离岸子公司。将非法收入成功转移到 B 公司后,A 公司对银行职员声称,为了规避汇率风险,以其远期的贸易收付等为标的,在银行进行货币期权的买卖。但是 A 公司为这些期权买卖和对冲交易均指定了交易对手,即 B 公司。这样的操作随后扩展到其他一些衍生产品。通过衍生产品交易,A 公司成功清洗了巨额金融诈骗收入。在 A 公司账上反映为投资收益,而在离岸 B 公司账上反映为投资损失(其洗钱模式见图 3-15)。

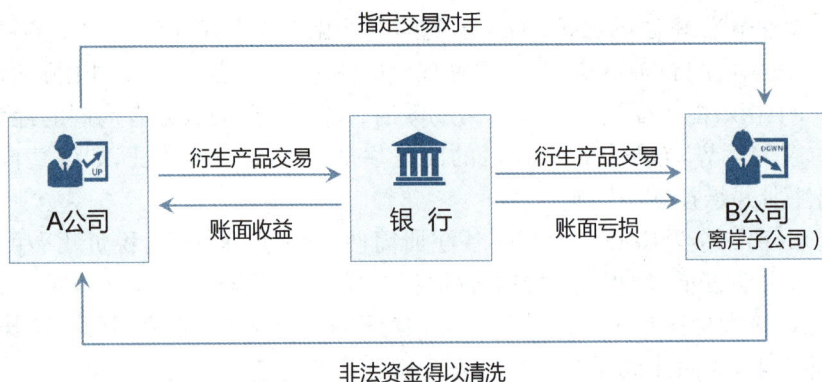

图 3-15 利用离岸公司洗钱

·••

简评: 在这一案例当中,洗钱分子所玩的把戏就是在离岸公司和本地公司之间来回买卖货币、商品或者股票的期权等衍生产品,通过产生一盈一亏方式进行洗钱。洗钱分子具有相当丰富的金融和财务知识,并利用了离岸公司账目免于审计的特点,使其洗钱活动一度得逞,且使洗钱交易显得非常"安全"。

七、利用投资理财洗钱

洗钱者可以利用犯罪收益购买房地产等不动产,还可以购买汽车、贵重金属、钻石珠宝、古玩字画等动产,也可以购买股票、债券等有价证券,然后再出售或转手,达到洗钱的目的。

购买不动产时,洗钱者往往是低价购买,私下再以现金的方式向销售方支付不足部分,然后再按不动产的实际价格出售。这样一来,犯罪所得就有了一个合理合法的来源。洗钱者还可以通过证券公司向股市渗透资金,抬高自己手中持有的股票价格,然后卖出股票,取得形式合法的收入。

洗钱人常常以投资者的身份,以兴办产业的形式洗钱,如:

1. 向现金密集行业投资。在现金交易报告制度的限制下,如果直接向银行存入大量现金,必然会因为不能说明现金的合理来源而引起当局的追查。为了能够合理解释大量存入银行的现金的来源,向现金流入密集型行业投资是犯罪组织洗钱的又一手法。现金密集型行业包括:娱乐场所、餐饮业、小型超市等。在日常经营活动过程中能够收取大量现金是这些行业的共同特点。在洗钱过程中犯罪组织以正当经营所得的名义将犯罪收入混入合法收入中向税务部门申报,在依法纳税的外衣下使犯罪收入合法化。纳税后,犯罪收入就变成完全意义上的正当收入了。在这里,纳税的税款则被犯罪组织视为洗钱成本。

2. 成立空壳公司。亦被称为提名人公司,一般是指为匿名的公司所有权人提供的一种公司结构,这种公司是被提名董事和持票人所享有的所有权结合的产物。被提名人往往是为收取一定管理费而根据外国律师的指令登记成立公司的当地人。被提名人对公司的真实所有人一无所知。空壳公司的上述特点特别有利于掩饰犯罪收益和犯罪人的需要。比如一些离岸金融中心的法律规定,允许设立匿名公司,包括匿名的离岸银行。公司注册地对公司的所有人、受益人以及经营情况一无所知。匿名公司的这些特点能够有效隐匿犯罪收益的来源和所有者的真实身份。匿名公司制度给各国反洗钱当局调查控制洗钱活动设置了难以逾越的障碍。匿名公司经常被用于跨国洗钱。在洗钱过程中,黑钱先被汇往离岸金融中心,并在当地注册成立匿名公司,然后再以匿名公司的名义对本国或其他国家投资,投资来源和投资人真实身份由于受匿名公司注册地的法律限制而无从追查。

3. 利用假财务公司、律师事务所等机构进行洗钱。国外司法机构有证据表明部分犯罪分子通过开办假财务公司来转化自己的非法所得。如为了洗钱便利,犯罪分子雇佣律师,开立一个账户并存入了犯罪分子从财务公司转来的 50 万英镑,随后将这笔资金转移到他的律师事务所的银行账户上,接下来,律师又根据犯罪分子指令把钱从账户中提走,成为犯罪分子的财产。

案例 3-13

利用投资理财产品洗钱①

重庆市巫山县交通局原局长晏大彬在 7 年多的时间里 63 次共接受建筑承包商送钱 2 226 万元,相当于当地年财政收入的 20%,被称为"重庆第一贪"。

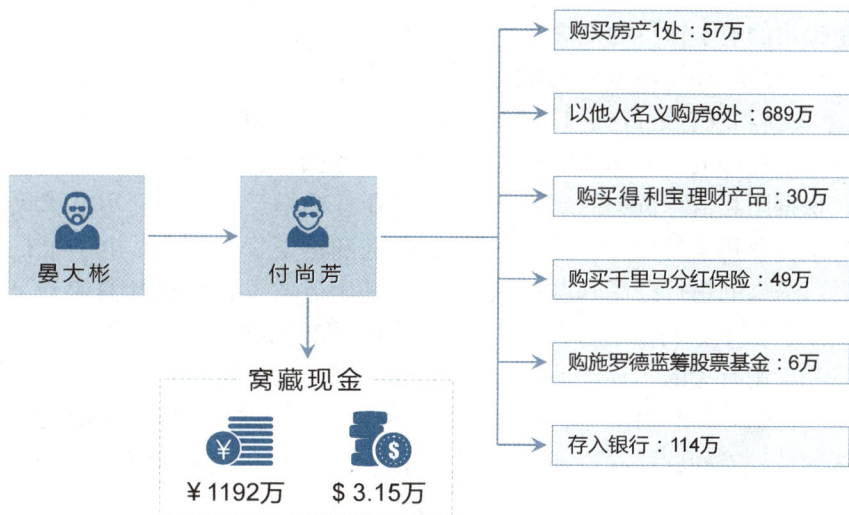

图 3-16　利用理财产品洗钱

---

① https://baike.baidu.com/item/晏大彬/6316877? fr=aladdin。

晏大彬非法敛取钱财后,其妻付尚芳为掩饰、隐瞒巨额钱财的来源和性质,将其中的943万元用于购房、投资金融理财产品和存入其本人的银行资金账户。晏妻还将939万元现金捆扎后,放入8个矿泉水纸箱,再用胶带密封,放置在一处未入住的房产中的厕所里。谁知,有一天,厨房的一处水管爆了,水漏到楼下的住户家。该住户叫来民警和物管人员,翻窗而入修水管,结果,发现了厕所里已被水浸泡着的巨款,进而东窗事发。

第二节　利用特定非金融业洗钱

随着计算机技术和现代通信技术的发展,金融机构的运作方式和服务方式都发生了本质的变化。经济一体化和金融全球化的迅速发展使得世界各国的经济联系变得更加密切和频繁,而层出不穷的金融创新则大大提高了生产效率。但是这种变化在给社会经济活动带来诸多便利的同时,也给洗钱犯罪提供了新的便利,藏匿和转移赃款变得更加容易,识别和发现洗钱变得更加困难。因而金融创新条件下反洗钱工作愈加富有挑战性,而且呈现出诸多与众不同的新特点。

20世纪60年代,伴随着计算机技术和信息技术在银行业的广泛应用,先后出现了"电话银行""计算机银行""手机银行"。到了20世纪90年代,随着互联网应用的快速发展,又出现了"网上银行"。而上述这些一般被统称为网络银行。所谓网络银行,是指银行借助客户的个人电脑、通信终端(包括普通电话、移动电话、掌上电脑等)或者其他智能设备,通过银行内部计算机网络或专用通信网络、互联网或其他公共网络,向客户提供金融服务的方式。

而最新提出的电子银行的概念与网络银行相比,范畴更加宽泛。巴塞尔银行监管委员会2001年5月发布的《电子银行业务的风险管理原则》对于电子银行所下的定义为:"持续的技术革新和现有银行机构与新进入市场的机构之间的竞争,使得从事零售和批发业务的客户可以通过电子的销售渠道来获得更为广泛的银行产品和服务,这统称为电子银行业务。"根据国际清算机构的研究,电子银行业务则是泛指银行利用电子化网络通信技术从事与银行业相关的活动,包括电子银行业务和电子货币行为。电子银行业务指通过电子化渠道提供的银行产品和服务,提供产品和服务的方式则包括商业POS机终端、ATM自动柜员机、电话自动应答系统、个人计算机、智能卡等设施;电子货币行为指与电子货币创造和应用有关的各种活动,其核心是预先支付机制和"价值储存"。具体方式包括通过POS机、端对端的两个互联设备或互联网等开放型通信网络实施的支付功能;储值产品包括硬件设施和软件支持,即基于各种卡的"电子钱包"和基于网络技术的"数字化现金"。

目前,国际上基于网络系统的犯罪越来越严重,其中利用银行电子支付交易进行的洗钱犯罪尤其值得注意。电子银行的开放性、电子现金的匿名性、银行服务的不间断性,对国际社会控制利用电子支付交易进行洗钱提出了更大的挑战。

为了防止电子支付工具在为合法商业活动带来便利的同时增加银行的运营风险,甚至给洗钱犯罪提供方便,巴塞尔银行监管委员会在 2001 年 5 月制定了《电子银行业务的风险管理原则》。要求银行采取适当的措施来鉴别那些在互联网上进行商业运作的客户身份及其权限,加强电子银行业务的风险管理。

但是,当前世界上绝大多数国家反洗钱工作在电子支付领域依然处于探索之中,缺乏可借鉴的成熟经验。可以说,应对科技和金融创新给反洗钱工作带来的挑战是世界各国反洗钱工作共同面临的课题,不仅要求各国本身提高反洗钱工作的科技含量,也要求加强国家合作,共同应对挑战。

一、利用第三方支付洗钱

在诸多电子支付工具中,银行卡、电子支票、电子钱包是最主要的三种。

银行卡是银行等金融机构或专营公司发行的、能够使客户获得资金或者用于消费支付的介质卡片,由于其方便、快捷的特点而得到了广泛的应用。银行卡因其安全、方便和快捷的特点,减少了现金流通,改变了人们的传统消费理念和支付方式,被称为"电子货币",也是电子支付中最常用的工具。许多电子支付业务在很大程度上是依托银行卡账户进行的。

传统的纸质支票是票据的一种,具有要式性、无因性、文义性等基本特征。在传统的支付领域,获得了很大的成功。但是支票交换和退票等问题也给系统运营者造成了很大的负担,极大地影响了系统运行的效率。电子支票将传统支票改变为有数字签名的电子报文,或者利用其他数字电文代替传统支票的全部信息。它借鉴了纸质支票转移支付的优点,利用数字传递将钱款从一个账户转移到另一个账户。使用电子支票支付,支付交易成本低廉,有利于银行为参与电子支付交易的商户提供标准化的资金信息,是经济高效的电子支付手段。

电子钱包则是一种比较特殊的电子支付交易工具,可以由向社会公众提供商品和服务的商业机构直接发行,电子钱包实现支付功能无须以银行为中介。电子钱包在发行时,由发行机构根据客户的申请利用计算机设备写入金额,在支付时,通过读取设备扣除金额。电子钱包是一种以数据形式流通的货币。它把现金数值转换成为一系列的加密序列数,通过这些序列数来表示现实中各种金额的币值。

总之,电子信息技术是一把双刃剑:一方面使得金融服务便捷、高效;另一方面也给犯罪分子提供了可乘之机。电子支付工具的最基本特点是将现金无纸化、数字化。电子支付工具与传统货币支付工具相比具有后者无法比拟的优势,其在形态上可以说是无形的,在资金转移和形态转换上则是非常便利和快捷的。利用电子支付工具进行支付交易因无须面对银行职员而具有隐蔽性。复杂的电子加密技术使得司法机关追查资金来源变得更加困难,利用电子支付工具因而又具有匿名性。电子支付工具的这些独特优势能够为洗钱犯罪提供很大的便利。下面从三个方面对这一问题加以分析。

1. 电子支付工具的隐蔽性。与传统支付交易必须通过银行柜台完成不同,使用电子支付工具,客户无须直接面对银行职员,只需要坐在家中接入国际互联网,点击鼠标就可以轻松完成交易。电子支付交易所有的业务几乎全部由电脑业务处理系统自动完成,如果没有健全的支付交易报告系统,银行无法逐笔审查电子支付交易并从中筛选出可疑交易。事实上,对于很多异常交易行为,单纯依靠电脑根本无法识别交易是否异常,因此,一些必须通过银行职员审查的异常支付交易行为难以被发现,而且有些电子支付交易原本就不必经过银行,例如电子钱包。罪犯如果通过电子支付工具洗钱,往往不太容易被银行察觉,顺利逃避支付交易报告制度监督的可能性很大,洗钱成功的概率也将因此而大幅增加。司法机关要追踪这些黑钱的来源以及惩治洗钱犯罪则会变得更加困难。

2. 电子支付工具的匿名性。电子支付系统主要是通过对公私密钥、证书、数字签名的认证来确认交易双方身份的。这种只认"证"不认"人"的特点决定了认证各方(收单银行、电子支付工具发行银行、CA 认证中心)只能查证交易各方的身份及支付方的金额,而不能审查支付方资金的来源及性质。复杂的加密技术使得电子工具更为安全,保护了客户的隐私权,但是同时也给执法机构的调查和惩治洗钱犯罪带来了几乎是不可逾越的障碍。要破译 1 024 bit 的密钥,需要 1 亿台电子计算机工作 28 万年。如果有关的信息被加密,则执法机构很难知道该信息的来源、目的地,难以在有限的时间内进行有效调查和追踪犯罪。这就为罪犯利用电子支付工具洗钱提供了可能和方便。罪犯可以通过注册合法的身份或者企业,以电子商务的名义将黑钱转化为正当经营所得,或者利用电子支付工具直接将黑钱汇往他们在境外开办的企业,这比传统的洗钱方式更为隐蔽、快捷和安全。此外,在发行电子钱包的过程中,很多国家并不要求发行机构或分销机构记录下购买人的身份资料,这也为匿名洗钱提供了可能和方便。

3. 电子支付工具的无形性、数字化。传统货币面值有限,有一定的体积和重量,不便于运输转移,因此在传统的洗钱活动中,把大量现金投入管制比较严格的银行系统是洗钱活动最为困难的一步。使用传统支付工具转移黑钱也很有可能被银行职员当场发现。但是利用电子支付工具无形、数字化的特点则可以很轻松地完成现金形态的转换和资金的转移。借助电话线、互联网和自助银行设备,利用电子支付工具可以完全避开银行的监管,使黑钱由现金变为银行存款并可以在瞬间把黑钱转移到全球任何一个角落。当银行察觉的时候,黑钱早已到达一个安全的地方,本国司法机关已经鞭长莫及。

案例 3-14

利用网上支付系统出售伪劣商品[①]

某银行上报了一份涉及某年轻女士的可疑交易报告。从 2005 年 1 月到 2005 年 8 月间,该女士的银行账户接收到以电汇或支票方式转来的来自法国各地的个人汇款,每笔支票款项都比较小(20 欧元到 40 欧元)。该女士的取款和汇款记录上均记载有"网上支付账单"字样,共 43 次交易,涉及金额 6 340 欧元。

2005 年 9 月,该女士开始使用信用卡,使银行对其交易的分析变得更加困难。其银

① 唐旭、刘争鸣编译:《金融行动特别工作组年度报告及洗钱/恐怖融资类型研究报告 2007—2008》,中国金融出版社,2010 年版,第 94—95 页。

行账户显示出每月都有来自国外的交易记录。

　　调查显示,从 2005 年 9 月到 2006 年 3 月的 7 个月内,她总共进行了 63 笔在线交易,总金额 39 283.24 欧元。

　　这名女士以半价出售假冒某知名品牌的珍珠。假冒商品供应商在欧洲另一国家,按照女士在商务网站上出售的指令,将商品寄给购买者。

　　在 16 个月当中,她总共获得了 43 000 欧元的收入,平均每个月在 2 800 欧元左右。

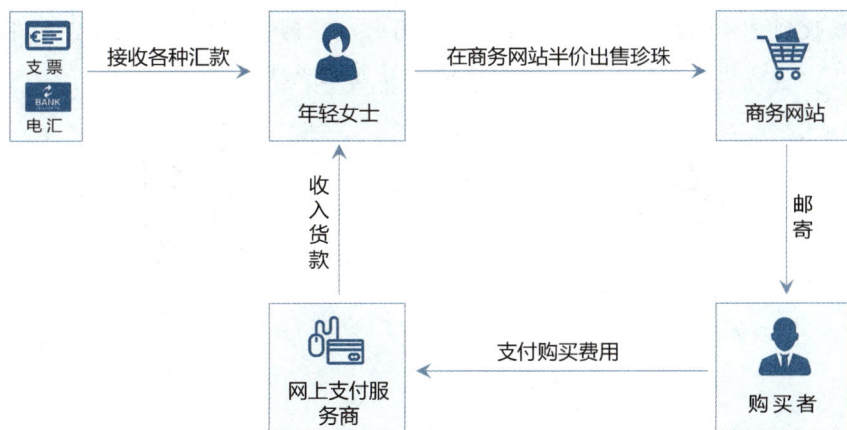

图 3-17　利用第三方支付洗钱

二、利用电子商务平台洗钱

(一) 电子商务平台的种类
电子商务网站可以分为以下五种:

- 仅提供客户对客户网上交易平台的商业网站。
- 提供商家对客户网上交易平台的商业网站。
- 允许客户发布交易信息但不支持在线交易的商业网站。
- 商家自己开设的网站,通过该网站可直接实现商家对客户的在线交易,无须网上支付系统提供交易平台。
- 提供商家对商家直接进行交易的网站。通过该网站可直接实现商家和商家的在线交易,无须网上支付服务商提供交易平台。

(二) 电子商务平台易被滥用洗钱的风险点
电子商务平台存在以下易被滥用洗钱的风险点:

开放性(容易使用);非间断性(24 小时在线);注册的非面对面性;快捷性;跨国性;匿名性;较少的人为干预;司法管辖的有限性;交易量大;可疑交易难以被传统的金融机构监测、识别等。

(三) 利用电商平台和网络洗钱的特点
不法分子利用电商平台和网络洗钱有以下特点:

洲际跨度更大;资金流转更快;智能化程度更高;洗钱成本更低;行为隐秘性更强;洗钱链条更"完善"。

案例 3-15 ━━━

利用商业网站清洗毒品犯罪所得[①]

某毒贩用商业网站汇集其犯罪所得。为防止银行对其账户所存入现金来源产生怀疑,该毒贩在网上声称从事某产品(虚假产品)的销售。购买毒品的瘾君子通过网站进行购买。毒贩收到支付的款项后,在寄售毒品的同时,以"网上销售活动"的名义将资金存入其银行账户。这证明买卖双方事先是沟通协调好并达成默契的。

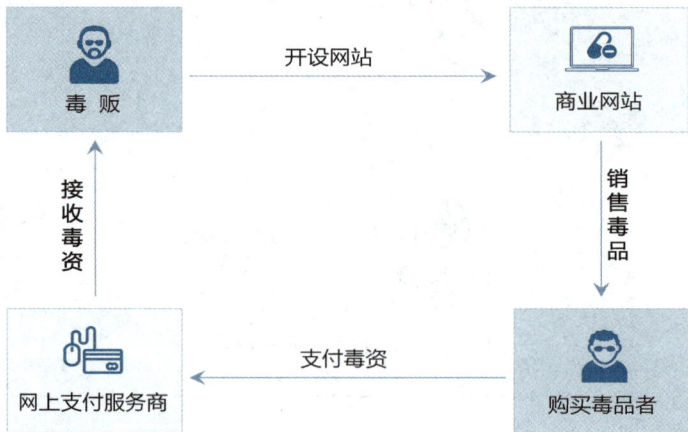

图 3-18　利用电商平台洗钱

如果犯罪分子所售货物存在,那么其价格可能高出货物实际价格几倍。彼此熟悉的犯罪分子可以通过这种方式实现资金的转移。这与贸易洗钱中的犯罪类型基本相同。

━━

三、利用虚拟货币洗钱

虚拟货币是可以进行数字化交易的实际货币价值的数字化符号,虽然并不具备法定货币地位,也不是合法的偿付手段[②]。

由于网游中的虚拟物品公允价值难以评估,物品定价的无序性给了洗钱以合适的途径。如需要互相配合的两个玩家甲和乙,甲需要洗白大量黑钱,乙是配合甲洗钱的身份。甲选定某虚拟商品,以极高的价格出售,乙用黑钱来买,甲手上的钱就相应洗白。网游物品以其模糊的公允价值和难以监控辨别的特质,构成了洗钱的灰色地带。

[①] 唐旭、刘争鸣编译:《金融行动特别工作组年度报告及洗钱/恐怖融资类型研究报告 2007—2008》,中国金融出版社,2010 年版,第 99 页。

[②] 资料来源:FATF Report 2014.6.

案例 3-16 ·—·

利用虚拟货币洗钱①

2012 年 12 月至 2013 年,陆续有网民因误入钓鱼网站而出现银行账户内资金被盗取的情况,被骗人数达 351 人。经侦查,受害者的资金基本被犯罪分子转入上海巨人网络科技有限公司,并利用购买"征途"等网络游戏充值卡方式将犯罪所得进行清洗漂白。2013 年 3 月,江苏某地法院对该案进行了审理。其洗钱手法如下:一是通过招募犯罪同伙组成合作关系,并按分工约定盗取银行资金后的分成比例;二是窃取客户网银资料,通过设置、传播钓鱼网站,犯罪分子将病毒木马植入用户的电脑等终端内,当用户发生相关交易行为进入支付页面时,便直接篡改相应支付页面,将用户账户上的资金转入犯罪分子早已程序化定制好的犯罪账户;三是犯罪分子在盗取受害者的资金后,转入巨人网络游戏公司账户,然后迅速向事先利用虚假身份证信息注册的巨人网游戏角色充值虚拟游戏币;四是犯罪分子利用巨人网络游戏角色在游戏中大量购买高价道具、装备,然后又快速以低价将其全部卖出,直接兑换成人民币或虚拟游戏币,从而完成洗钱过程。

·—·

互联网上的虚拟货币,包括比特币、莱特币等,主要用于互联网金融投资。比特币等虚拟货币不依靠特定货币机构发行。它依据特定算法,运用区块链技术,通过大量的计算产生,使用整个 P2P 网络中众多节点构成的分布式数据库来确认、记录交易行为,并使用密码学设计来确保各环节的安全性。通俗来说,比特币是利用计算机程序记录全网所有交易信息的"大账本"。比如 A 从市场上买了一个比特币(典型的区块链货币),千万台电脑都会记录 A 收到了一个比特币。这样的数据记录非常安全,因为除非所有的电脑都坏掉,不然数据不会丢失,也不会出错。虚拟货币由于具有确定性、隐蔽性和便利性,因而成为洗钱的重要工具。

正是比特币等新型虚拟货币固有的去中心化、开放性、自治性、匿名性、不可篡改、无法跟踪以及使用不受地域、国界限制等特点,使其大受洗钱者的青睐。比特币与 ICO(Initial Coin Offering 的缩写,初始代币发行)紧密关联,对应着股票市场中 IPO(首次公开募股)的概念,只不过它发行的不是证券,而是加密数字货币。投资者先得到比特币,再将比特币换成 ICO 投资项目融资所发行的特定代币(山寨币),参与项目投资。一个完整的 ICO 项目需要 3 个步骤:

1. 一家公司或团体表示自己计划或正在研究区块链技术,同时在公有链上内置可转让流通的代币(加密数字货币,与比特币类似);

2. 投资者以比特币、以太币等虚拟货币换取代币,以此作为其权益凭证;

3. 项目发行的代币登上交易平台,投资人进行买卖。

ICO 洗钱的具体手法:一个玩家加入 ICO,买了山寨币,等于持有 ICO 项目的"股份",想靠这种山寨币的升值来获取利益;A 玩家要出售将有两种选择,第一个是有记录的

---

① 毛占宇:"351 受骗者称'征途'洗钱",《法制晚报》,2013 年 4 月 11 日,http://tech.hexun.com/2013-04-11/153058727.html。

大平台,第二个就是没有监管但价格更好的灰色地带平台;之后一个有大量黑钱的 B 玩家来到了没有监管的平台,他用黑钱来买 A 玩家的那些山寨币;那么最后,A 玩家获得了更大的收益,B 玩家也将黑钱转成了山寨币,这些山寨币接下来就会换成干净的钱。对于希望洗钱者来说,可以完全主动地去买 ICO 发的山寨币,只要平台不涉及监管从而对客户做到一定的了解,那么这些黑钱就可以轻易地被洗白。理论上讲,这些都会被查清楚,但在数字化货币中,玩家货币往来速度之快使调查一方很难赶上。这一领域目前正处于高速发展中,大量的新企业新平台出现,对监管构成巨大挑战。

据英国媒体报道,俄罗斯黑帮和哥伦比亚毒枭都在利用著名网游"魔兽世界"洗钱。他们将赃款换成游戏币,其他国家的同伙再将游戏币换成美元。近年来,澳大利亚、韩国警方也先后发现了类似事件。

案例 3-17 ·+

利用比特币洗钱

2013 年,美国破获了一起网络黑市案件。该案的主犯经营潜伏在地下网络世界的"丝绸之路"网站,它有一个电子商店,该店铺展示一块块的可卡因,就像亚马逊展示书籍一样。它是地下网络世界最大黑市,销售额高达 12 亿美元,有近一百万名客户。除了非法毒品之外,该网站还承办假护照、假驾照等文件,以及提供一系列非法服务,如雇凶、造假和电脑黑客。客户用来进行商业交易的虚拟货币即为比特币。要想在诸如"丝绸之路"等网站上使用比特币,用户必须首先向自己在这些网站上开设的账户存入比特币。网站取款并合并比特币,然后向卖家付款。

·+

参见区块链工作原理示意图(图 3-19):

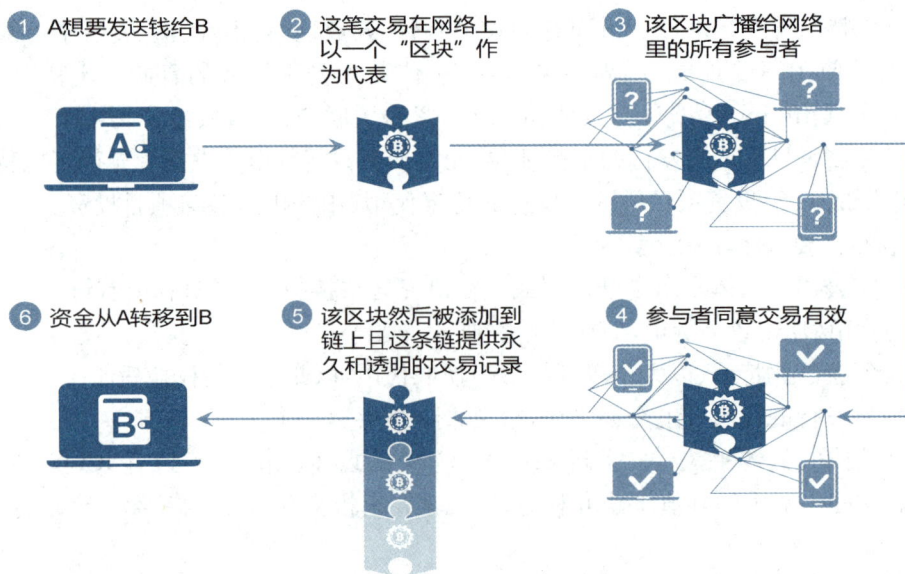

① A想要发送钱给B

② 这笔交易在网络上以一个"区块"作为代表

③ 该区块广播给网络里的所有参与者

⑥ 资金从A转移到B

⑤ 该区块然后被添加到链上且这条链提供永久和透明的交易记录

④ 参与者同意交易有效

图 3-19　区块链工作原理示意图

四、利用互联网 P2P 洗钱

P2P 容易被利用进行洗钱，主要是基于以下三点：其一，P2P 平台对借贷双方客户身份资料仅仅进行网络认证，难以进行有效的客户身份识别。洗钱者可以冒用他人身份资料，一人注册多个账户，如同时注册为贷款人和借款人，通过贷款竞标，将非法所得通过P2P 平台放款获取本息，从而实现黑钱"洗白"。其二，P2P 平台对资金的来源和用途审核缺乏力度，平台无法对每笔贷款的来源和使用情况进行回访核实或实地查看，从而为洗钱者隐匿、掩饰违法犯罪所得，借助平台清洗黑钱提供便利条件。其三，囿于自身闭环运行的局限性，平台本身并不能有效地采集和使用比对大数据，因而无法有效识别、区分合法资金和非法资金，更难以确认资金本身与出借人或贷款人之间的关系是否存在异常情形。

案例 3-18

e 租宝非法集资洗钱案是具有典型意义的 P2P 网络借贷平台洗钱案。2015 年 12 月，e 租宝涉嫌犯罪被立案侦查；2016 年 12 月，北京市相关检察院对 e 租宝提起公诉。据新闻媒体报道，e 租宝网络借贷平台的投资者遍布全国 31 个省、自治区、直辖市，在一年多时间内非法集资 500 多亿元。该 P2P 网络借贷平台实施非法集资及洗钱的具体手法如下：一是以互联网金融名义虚构投资项目，e 租宝发布虚假项目，投资者将资金投入到 e 租宝平台后，虚假三方通过第三方支付将募集到的资金转移到 e 租宝实际控制的关联公司账户，实现"空手套白狼"的目的；二是以高收益、低风险为主要宣传内容，通过电视、网络等公共媒体向社会公众进行利诱性宣传；三是 e 租宝进行自融自担保，e 租宝发布融资租赁债权转让项目的基本为钰诚集团控制的虚假三方，且担保公司也属于钰诚集团所控制；四是控制大量账户实现非法所得资金及其收益的互转，达到清洗犯罪所得的目的。

五、利用货币服务行业洗钱

货币服务行业是指在银行系统之外，提供多种金融产品服务的实体，包括各种性质的机构、企业或个人。金融行动特别工作组将货币服务行业归属为金融机构，其可以发行和管理包括信用卡、借记卡、支票、汇票和储值卡以及电子货币在内的支付工具，并可从事汇款和货币兑换业务。

世界各国对货币服务行业的定义不尽相同，表现形式也各异。美国对从事以下一种或多种服务的机构，认定为货币服务行业：(1) 货币交易或兑换；(2) 支票兑现；(3) 发行旅行支票、汇票或储值卡；(4) 销售旅行支票、汇票或储值卡；(5) 提供汇款业务。

此外，美国联邦法律规定，提供任何金额的汇款或在一天内与同一客户（在同一类型的交易中）交易金额超过 1 000 美元都可以被认定为是货币服务行业。货币服务机构可以提供各种类型的货币转移业务，但不得接受存款和发放贷款。早在 1997 年，美国的货币服务机构就超过 20 万家[①]。在加拿大，通过任何手段、任何个人、机构或电子资金转移

---

① Money Laundering Threat Assessment Working Group, U. S. Money Laundering Threat Assessment, Dec. 2005，p.8.

的网络,经营资金汇出或转移、货币兑换的机构都被视为属于货币服务行业。它们经营汇票、旅行支票,发行或赎回其他可转让票据,还提供如便利店、音像租赁等其他服务。据不完全统计,此类机构超过700多家。而在新加坡、澳大利亚和中国香港,货币服务行业中主要为汇款机构和货币兑换机构。这些非银行机构提供的货币支付服务在整个交易中的比重不断上升,交易规模和服务对象日益扩大,是整个支付结算体系的重要组成部分。

与传统的银行产品相比,货币服务行业最大的特点是客户不用开立账户即可获取金融服务。提供金融产品交易的高效性以及与客户交易的隐蔽性,使货币服务行业成为洗钱分子洗钱的便利渠道。国际反洗钱组织的研究报告表明,货币服务业务可以被利用于洗钱的各个阶段。

美国联邦调查局认为,货币服务业务是正在增长的非法交易的洗钱渠道,已经成为继银行业务、现金业务之后的第三大洗钱方式。货币服务机构与便利店和加油站合作,成为最普遍的洗钱场所;提供货币服务业务的旅游代理机构也已成为非法资金转移的重要渠道。为防范货币服务行业的洗钱风险,金融行动特别工作组于2009年7月制定并发布了《货币服务行业风险管理指引》,为全球货币服务行业的洗钱风险控制提供了政策指引,旨在引导世界各国建立和有效执行货币服务行业的风险管理方案。

案例 3-19

化整为零式洗钱①

X国走私犯B先生为了清洗400万美元的走私收入,采取分散交易的方式通过S汇款公司进行洗钱。操作手法是:B先生利用其家人、朋友及同伙,分批次将现金存入S汇款公司账户,然后要求划转到Y国指定的几家银行账户内。但是每次存款金额都不超过1万美元,或者在一天内多次存款但总金额不超过1万美元,以规避监管当局要求现金存入超过1万美元需要提交可疑交易报告的规定。经过分散汇款交易,B先生成功将走私收入清洗干净。

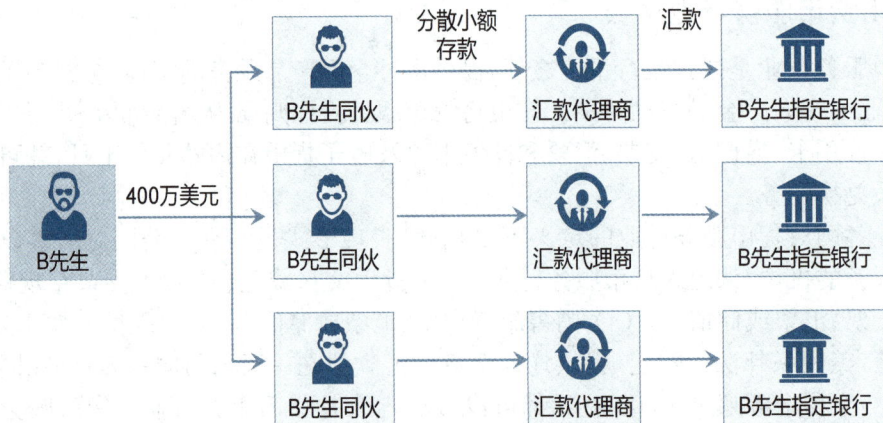

图 3-20 化整为零式洗钱

① 本书编委会:《国际视角:洗钱渠道研究》,中国金融出版社,2011年版,第180页。

简评：洗钱分子通过分散交易，既掩盖了资金来源也规避了调查，可以成功将"黑钱"汇往世界各地。

汇款方式被利用于洗钱的各个阶段。在处置阶段，洗钱分子可以通过分散汇款形式洗钱。洗钱分子经常将一笔大额交易分拆为数笔小额交易，然后通过汇款代理机构的不同网点迅速地汇入或汇出以规避监管，这是利用汇款方式进行洗钱的典型手法之一。在离析阶段，洗钱分子通过支票、汇票和银行转账等形式将黑钱集中，或是将交易资金通过汇款机构分散转移，这样既隐匿了汇款人和收款人之间的关系，又为资金分层离析打下基础。

案例 3-20

利用旅行支票洗钱①

洗钱分子 B 向旅游公司 A 购买了价值 270 万美元的旅行支票。虽然旅行支票签发商规定客户购买旅行支票需与 A 公司签订合同，但在 B 的要求下，A 公司为其隐瞒了身份。他们用假名签订了多份购买合同，收款人为外国银行以数字命名的账号，所留的地址要么是空白的，要么是无法核查的。B 最后把该批旅行支票的款项存入了他在其他国家的银行账户。

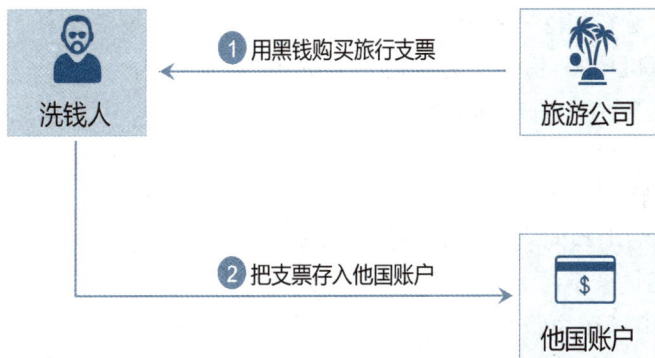

图 3-21　利用旅行支票洗钱

简评：由于洗钱犯罪分子可以匿名购买旅行支票，旅行支票已经成为洗钱的一种常用工具。

由于支票具有匿名性和方便转移境外等特点，使其成为犯罪分子洗钱的常用工具。在美国，监管当局发现使用支票进行洗钱的案例已经越来越多。以旅行支票为例，由于购买人或收款人均可以匿名，旅行支票成为一种非常方便的洗钱工具。洗钱方法是先用现金大量购买旅行支票，然后以旅游或商业洽谈等理由把旅行支票携带到其他国家的银行收款，非法资金通过旅行支票形式进入外国银行的账户，变成了合法资金。

---

① 本书编委会：《国际视角：洗钱渠道研究》，中国金融出版社，2011 年版，第 190—191 页。

六、利用房地产业洗钱[①]

房地产由于其位置的固定性和不可移动性等特点，又被称为不动产。房地产可以有三种存在形态：土地、建筑物、房地合一。

房地产市场有狭义和广义之分。狭义的房地产市场就是房地产商品进行交易活动的场所，房地产商品在供给与需求的相互作用中，通过流通实现其价值。广义的房地产市场包括土地的出让（出租）、转让、抵押、开发和房产的买卖、租赁、转让、互换、抵押、信托以及一些与房地产有关的开发、建筑、修缮、装饰等劳务活动。

房地产商品交易形式，既包括土地使用权的出让（一级市场）以及出让后的转让、抵押、租赁（二级市场），还包括土地使用权出让后的房地产开发（二级市场）以及投入使用后的房地产的买卖、抵押和房屋的租赁（三级市场）等，由此形成多层次的房地产市场。

近二十多年来，国际国内的房地产市场总体呈现以下特征：

- 价格波动大且基本维持高位运行；
- 房地产保值增值的功能不断被强化；
- 资产全球化配置带来房地产投资的全球化；
- 与房地产市场关系较为紧密的机构投资者，如房地产投资信托、基金、人寿保险公司、商业银行、储蓄机构等，扮演着越来越重要的角色；
- 房地产开发项目吸引高额融资进入；
- 单价高，交易金额巨大；
- 资金融通流转的环节多，流程长，涉及面广，操作复杂；
- 洗钱等不法活动趋向转移至其他监管较宽松或较难被监测到的地区。

上述特点也正是被不法分子所青睐的"洗钱优势"。对于那些企图滥用该行业的犯罪分子来说，房地产市场在隐藏资金真实来源和不动产最终受益人身份这两个洗钱关键要素方面所能提供的便利性远比长期增值和获得政府补贴重要得多。因此，这一牵涉洗钱、恐怖融资、税收欺诈等犯罪案件的领域值得我们给予更多的关注。对房地产业的滥用还会给政治、法律和经济的稳定带来不利影响。同时，也由于房地产市场的全球化，识别涉嫌洗钱和恐怖融资的房地产交易其实十分不易。

利用房地产业进行不法活动，离不开合适的方法、手法、机制和工具，而这些方法有许多本身就是非法的或包含在非法活动中。然而，如果某些方法本身与洗钱或恐怖融资阴谋不相关（或这种相关性未被察觉），就可能被视为完全合法的行为。利用房地产业进行洗钱常见的有以下几种形式：

- 利用复杂的贷款或信贷融资；
- 借道非金融行业；

---

① 资料来源：唐旭、刘争鸣编译：《金融行动特别工作组年度报告及洗钱/恐怖融资类型研究报告 2007—2008》，中国金融出版社，2010 年版；本书编写组：《国际视角：洗钱渠道研究》，中国金融出版社，2011 年版，第118—131 页。

- 利用法人机构；
- 操纵不动产价值的评估；
- 利用货币工具；
- 利用抵押安排；
- 利用投资计划或金融工具；
- 利用不动产掩饰不法所得。

复杂的贷款或信贷融资是房地产业常见的现象。公司内部贷款也已成为常用的一种融资工具。这种贷款安排的宽松条件使其受到普遍欢迎，房地产业也不例外。当某种工具被普遍使用时，滥用该工具的可能性也就随之提高。

"返还式贷款"就是被滥用的工具之一。

不法分子利用"返还式贷款"交易直接购买不动产或通过购买房地产投资基金份额间接购买不动产。不法分子将资金贷放给他们自己，创造出资金合法且来源于真实商业活动的假象。贷款的目的是为黑钱披上合法外衣以及隐藏交易人的真实身份或相关交易的真实性质。

案例 3-21 ···

利用房地产清洗贩毒所得[①]
（上位犯罪：伪造贷款协议）

X 先生将贩毒收入存入 A 公司在离岸银行 L 的账户。X 先生设立 A 公司的目的是隐藏其身份并在公司伪装下将其犯罪资金混入银行。X 先生持有 A 公司发行的无记名股票。出于同样目的，X 先生在另一个离岸地区设立了 B 公司。

X 先生是 A、B 两家公司的股东，但未进行公开登记。X 先生在两地签署了委任书，授权当地信托机构作为他的法人代表（通过信托和公司服务提供商）。当地信托机构分别代表 A 公司和 B 公司在 L 银行和 DA 银行开立了账户。信托机构向银行进行解释，表示他们代表的公司属于同一个国际集团，希望通过公司内部贷款享受税收优惠。这也成为海外资金频繁出入银行账户的理由。

X 先生在他居住的欧洲某国设立了 C 公司。X 先生是 C 公司的所有人，但他雇用 Y 先生作为挂名负责人。根据商务处和股东登记簿上的公开注册登记信息，Y 先生是 C 公司的所有人和主管。C 公司开展合法的咨询业务。X 先生在不为监管机关所知的情况下控制和监督 C 公司的活动。Y 先生为 C 公司在 EUR 银行开立了账户。

X 先生利用 A、B、C 三家公司设计了返还式贷款安排，对其犯罪所得进行转移、离析和融合。犯罪资金最初存在公司 A 在离岸银行的账户中，最终投资于欧洲的房地产。房地产被用于扩张 C 公司的合法咨询业务。牵涉 A、B、C 三家公司的返还式跨国贷款安排使审计追查变得复杂，使 X 先生控制的公司账户间的跨国资金转移变得合理。在贷款安排的掩饰下，X 先生将犯罪资金与 C 公司的合法业务收入相混合，使犯罪资金很难被发现

[①] 唐旭、刘争鸣编译：《金融行动特别工作组年度报告及洗钱/恐怖融资类型研究报告 2007—2008》，中国金融出版社，2010 年版，第 52—53 页。

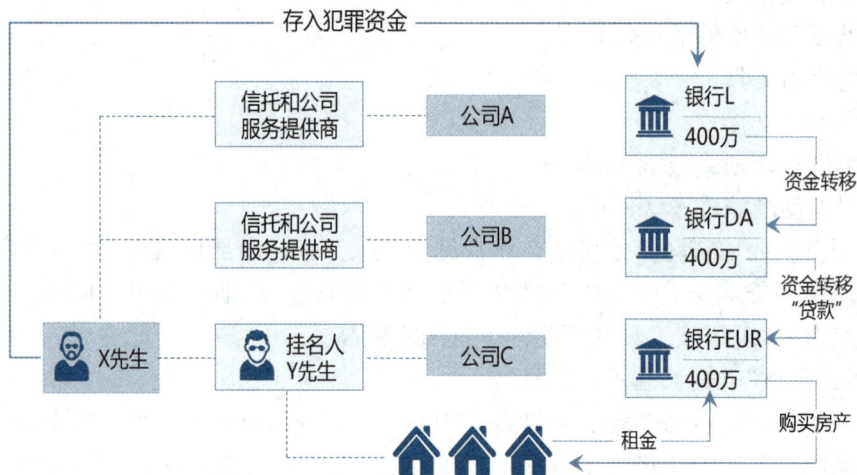

图 3-22　利用房地产业务洗钱

和追查。这一洗钱手法将开展合法业务的公司运用于洗钱融合阶段(避免引起监管当局注意)。

　　X 先生安排 Y 先生购买房地产。X 先生安排了一笔 B、C 两公司签署的贷款协议来为房地产交易融资。合同双方为 B 公司的信托机构和 C 公司的 Y 先生。为实现贷款的现金支付,X 先生要求 A 公司的信托机构将 A 公司在 L 银行的钱转入 B 公司在 DA 银行的账户中。之后他又要 B 公司的信托机构将 B 公司在 DA 银行中的钱转入 C 公司在 EUR 银行的账户中。提供给 DA 银行和 EUR 银行的相关转账理由是 B、C 两公司间的贷款协议。两家银行都不知道 B、C 两公司之间的实际关联。当资金转入 C 公司在 EUR 银行的账户中后,被支付给房地产卖家。C 公司用其咨询业务收入,定期向 B 公司偿还贷款本金和利息。B 公司将收到的钱转给 A 公司,用于为 X 先生的犯罪活动提供资金。利息成本从应税所得中扣除,并申报税收返还。

簡评:本案例的典型特征和手法:
- 用来购买房地产的资金来自海外,特别是离岸地区和银行保密法严格的地区。
- 离岸公司作为资金贷方,与借方没有直接的关联。
- 贷款安排中没有金融机构的参与。
- 借贷双方没有签署贷款合同。
- 贷款合同在法律上是无效的。
- 贷款合同中的信息存在矛盾或错误。
- 贷款条件是非正常的(例如不要求抵押品)。
- 没有利息的支付或本金的偿还。
- 金融机构监测到的交易显示,由海外转入的款项可通过支付账户被无理由地迅速转往海外。

案例 3-22 ••
以设立房地产公司、经营房地产业务为幌子进行洗钱①

洗钱分子经常以自身注册成立房地产投资公司为掩护,利用房地产开发项目资金密集、资金往来频繁、金额巨大的特点,将非法来源资金以注册资本金或营运资金的名义存入公司账户。通过一系列经营活动进行分解和净化后,最后以销售房款收入的名义回收投入资金,达到将非法资金清洗干净的目的。这种洗钱方式不但可以将巨额资金清洗干净,在房地产市场上涨的时候,还可以享受额外的投资收益,即边洗钱边投资边收益。

A犯罪分子为了清洗其巨额犯罪收入,向当局申请注册成立B房地产公司后,将大量非法收入以注册资本金的名义存入公司银行账户。在房子销售开始后,从B公司账户分批次提取大量现金,并在购买大量的货币产品后,再将该货币产品转移给与B公司无任何关联的第三方公司C,完成洗钱。

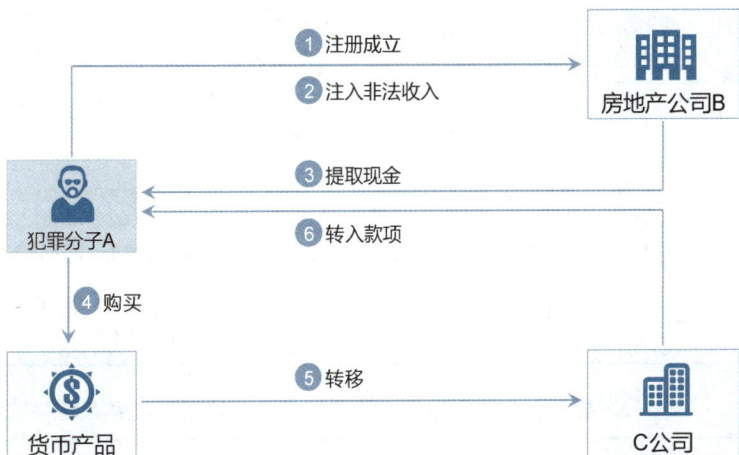

图 3-23　利用成立房地产公司洗钱

七、利用博彩业洗钱

通过赌场洗钱在一些赌博合法化的国家或特定地区并不鲜见。通过赌场洗钱有两种基本形式:一是利用赌场支票洗钱,另一种是通过赌场的正常经营活动洗钱。

利用赌场支票洗钱。赌场中最为典型的洗钱方法是:用现金购买大量的筹码,然后在赌博活动结束后让赌场用支票兑付剩余的筹码,之后再把支票上的钱存入任何一家银行。这种交易因为在赌场内部有同伙配合而被大大地简化,有的赌博机构甚至已经完全被犯罪集团所控制。如果赌场在其他国家或地区有分支机构或与其他赌博机构之间存在经营合作关系,能够接收来自其他赌博机构的筹码,则洗钱分子可以把现金分别在不同的

---

① 本书编写组:《国际视角:洗钱渠道研究》,中国金融出版社,2011年版,第122页。

赌博机构之间兑换成筹码,然后再到赌场让其用支票兑付这些筹码,如此,赌场就更容易成为犯罪分子的洗钱工具,并能大大降低洗钱风险。

现实中,博彩的存在形式有公立彩票、灰色棋牌、地下私彩、网络赌博、境外赌场等。这是一个有别于其他所有产业的特殊领域,由于其灰色性质,尤其是速度快、金额高、非实名、不透明、跨境跨国等特点,注定成为不法分子热衷的洗钱通道。通常,利用博彩进行洗钱有四种类型[①]:

1. 参与型。洗钱者通过参与各种博彩来将黑钱洗白。

2. 买壳型。购买其他博彩参与者的兑奖权。

3. 平台型。并不参与博彩,只是先将黑钱暂时转移至博彩机构,变身筹码,然后再变现为现金。

4. 借口型。仅仅以参与博彩所得作为黑钱来源的借口。

表 3-1　各种利用博彩进行洗钱的类型及其要求和适用方式

类型＼要求	博彩方式是否合法	博彩记录是否可查	博彩事前有无筹码	适　用　方　式
参与型	无关	无关	无关	公立彩票、灰色棋牌、境外博彩、网络赌博
买壳型	合法	可查	无关	公立彩票
平台型	无关	无关	没有	境外博彩、网络赌博
借口型	无关	难查	无关	灰色棋牌、地下私彩、境外博彩、网络赌博

表 3-2　各种利用博彩进行洗钱的方式及其特点和适用类型

方式＼特点	博彩方式是否合法	博彩记录是否可查	博彩事前有无筹码	适　用　类　型
公立彩票	合法	可查	没有	参与型、买壳型
灰色棋牌	灰色	难查	没有	参与型、借口型
地下私彩	非法	难查	没有	借口型
网络赌博	非法	难查	有	参与型、平台型、借口型
境外赌场	合法	难查	有	参与型、平台型、借口型

案例 3-23

利用"幌子"为博彩业洗钱

湖南郴州李树彪案中,吴明光、吴明丁为非法获取暴利和谋取澳门赌场的"佣金",在

---

① 李刚:"非金融行业洗钱问题研究——以博彩业为例",《上海师范大学学报》,2010 年第 5 期。

澳门赌场设立"码房",安插雇员在赌场"洗码"。为招引内地赌客,还在珠海拱北口岸附近以经营糖烟酒为幌子开设地下钱庄,为赌客非法兑换港币和为赌客往境外非法转移赌资。该地下钱庄在短时间内仅为李树彪一个内地赌徒就非法兑换了价值为 10 977 万元的港币,并通过地下非法渠道将钱款转到澳门供李树彪豪赌。

案例 3-24 ✦━━━━━━━━━━━━━━━━━━━━━━━━━━━━━━━━━━━━━━

以打牌娱乐为名行贪腐之实[①]

在上海市普陀区区长蔡某案中,检方起诉并得到蔡承认的受贿 284 万元巨款中,有 30 万元属于牌桌上"赢"来的"打牌活动费"。一个例子是,2006 年,普陀区图书馆信息大楼筹建期间,有个姓金的商人托人找到蔡,请他在项目招投标过程中给予照顾。蔡正好是该项目筹备组的组长,得知内部评标的细节后,他一句"要给民营企业平等的机会",便为金某的中标奠定了胜局。事后,金某同样以约请打牌的方式,先后将 6 万元的"打牌活动费"送到了蔡的手中。

━━

八、利用黄金珠宝业洗钱

洗钱者可能会因受到现金交易报告制度的严格限制,在短期内无法方便地将现金转变为银行存款,但大量持有现金对犯罪组织来说是极其危险的。同样是为了达到尽快改变犯罪收入为现金形态的目的,购置贵金属、古玩以及珍贵艺术品,也是洗钱者选择的一种方式。采用这种方式可以暂时改变犯罪收入的现金形态。洗钱者之所以选择昂贵的贵金属、古玩以及珍贵艺术品,主要是因为贵金属、古玩以及珍贵艺术品具有以下特征:较强的流动性,变现能力强,洗钱者在需要现金时或出现合适的机会时,变现非常便利;使用现金购买贵金属、古玩以及珍贵艺术品是这些行业的惯例,交易时大量使用现金不会引起注意和怀疑;走私贵金属、古玩以及珍贵艺术品与走私现金相比更不易被查获,比走私现金安全性更高。还有的犯罪分子把非法所得直接用来购买别墅、飞机、金融债券等,然后再转卖,从中套取现金,再存入本国或国外银行,变成合法的货币资金。

简言之,黄金珠宝贵金属所具有的四个特征,即"**体积小,价值高,易携带,变现快**",使其成为洗钱者特别是恐怖融资者的首选工具。

案例 3-25 ✦━━━━━━━━━━━━━━━━━━━━━━━━━━━━━━━━━━━━━━

利用黄金洗钱[②]

B 国某骗税犯罪团伙为了清洗其骗税所得现金,将现钞偷运到黄金交易增值税较低的 A 国,采用分散或集中购买方式,通过 A 国金融机构在 A 国黄金市场上购买黄金。然后将所购黄金通过走私运回 B 国,在黄金市场上销售,实现将骗税收入合法化。

---

① 参见罗剑华:"9 年受贿 284 万,原普陀区区长蔡志强全盘认罪求轻判",《新闻晨报》,2010 年 2 月 23 日。
② 本书编写组:《国际视角:洗钱渠道研究》,中国金融出版社,2011 年版,第 260 页。

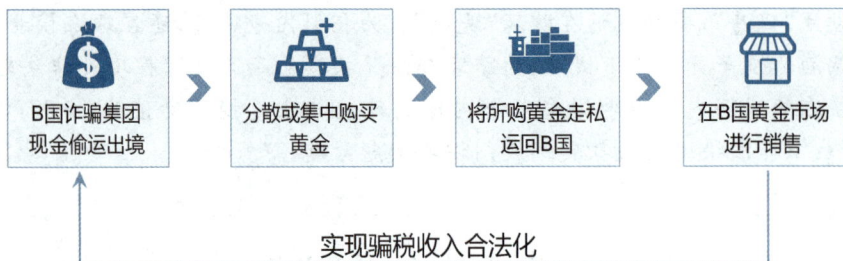

图 3-24　利用贵金属洗钱

九、利用"看门人"洗钱

"看门人"在西方通常指律师、公证人员、会计师、审计师、税务筹划师、金融专家等。洗钱者看中他们,正是因为他们精通各自领域的专业知识,掌握专业技巧。著名电影《肖申克的救赎》中男主人公安迪被典狱长相中的就是他的特殊策划和执行能力。

案例 3-26 ·•·

利用"看门人"律师洗钱[①]

洗钱分子 A 先通过家庭成员账户转账向律师支付费用,转账成功后,其向律师提出改为以支票支付律师费用,并要求律师将先前转账支付的费用退还。律师应要求将一部分费用以支票形式返还给该洗钱分子 A 的家庭成员,剩余部分则汇入该洗钱分子 A 的寿险保单账户。随即该洗钱分子对该保单退保,并将退保金转入其家人账户,从而完成洗钱过程。

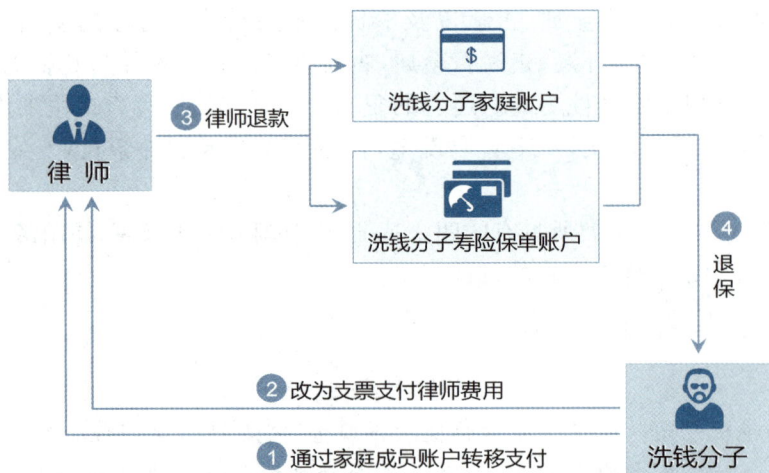

图 3-25　利用"看门人"洗钱

---

① 本书编写组:《国际视角:洗钱渠道研究》,中国金融出版社,2011 年版,第 237—238 页。

简评：以律师账户为掩护，再通过保险退保进行洗钱，有了双层保护，洗钱风险降到了极低点。

律师一般享有较高的社会声誉和地位，其账户的资金流动通常不会引起他人的关注，容易被洗钱分子所利用。

第三节　利用其他特定行业洗钱

一、利用国际贸易洗钱

贸易，是指货物或服务的交换。最原始的贸易形式是以物易物。随着货币的产生，贸易成为普遍以货币为媒介的货物或服务的交换。国际贸易则是指国与国之间进行的货物或服务的交换。随着经济全球化，国际贸易成为世界各国对外经济关系的核心，也成为各国经济活动相互传递、彼此影响的渠道，更成为洗钱的重要渠道之一。

贸易洗钱是犯罪分子清洗非法所得的主要途径之一。贸易洗钱之所以长盛不衰，在全球范围内成为最常见的洗钱路径和手法并且占洗钱总规模高达45%左右，主要是因为其具备以下几个特点：(1)国际贸易结算方式多样化；(2)国际贸易交易主体及商品复杂多样化；(3)国际贸易价格的形成复杂化。

在贸易洗钱中，为使跨国价值转移表面合法化，常见手法包括：人为提高或压低货品计价、虚假船运和其他价值或数量方面的弄虚作假。贸易洗钱通常牵涉到许多复杂的环节，包括现金、幌子公司、货币兑换、用非法所得购买和运输货品等。**进行一次成功的贸易洗钱，通常要对货物的价格、类别、属性、数量、重量、质量、包装等进行部分乃至全部的虚假描述和操纵。**

贸易洗钱和其他洗钱计划能否实施要取决于犯罪分子将其与非法所得分离开来的能力。犯罪分子可利用壳公司在世界范围内建立起一个与金融机构相连接的网络结构。由于缺乏足够的透明度，执法机构即便可能的话，也很难追踪到它们所进行的层次复杂的交易。此外，完整的贸易数据的缺乏也会构成执法部门调查工作的一个黑洞，导致无法监控从世界各地运进的货物，这是打击贸易洗钱活动的重要及主要障碍。

FATF早已开始关注贸易系统的洗钱和恐怖融资风险。2006年，其进行了贸易洗钱类型研究项目，并于2008年出台了相关的最佳实践文件。但迄今为止，尚未制定针对贸易洗钱问题的国际标准。

案例 3-27

利用价格操纵——高价值低价格洗钱[①]

某国外出口商欲将100万美元的毒品收入转移给某国内进口商，双方合谋交易100万个小器件。为了洗钱，国外出口商将实际2美元/个的小器件以1美元/个开立发票。国内进口商收货后按发票总价电汇给国外出口商100万美元，而在国内市场按2美元/个卖出，收入200万美元。从而，国内进口商得到额外的100万美元（发票价值和实际价值

---

① 本书编委会：《国际视角：洗钱渠道研究》，中国金融出版社，2011年版，第87页。

之间的差额）。类似地，通过定价过高或者改变进出口商的国别，资金可以方便地在各国间流转。现金携带者向某地机场海关申报大额现金，申报者声称现金是用于支付给自由贸易区内的一家公司。这个案例涉及公司和专业人士，并由所在司法管辖区当局发出请求，随后进入国际洗钱调查程序。

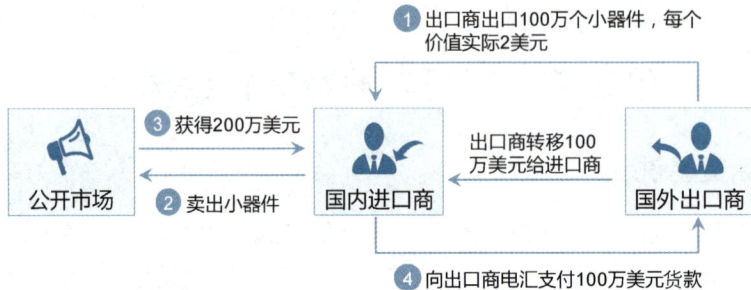

图 3-26　利用价格操纵洗钱

简评：通过上述定价过低的方法，100 万美元资金顺利从国外转移到了国内。

案例 3-28

黑市比索交易洗钱法[①]

哥伦比亚贩毒集团非法走私毒品进入美国，卖出获得非法现金收入后，将贩毒收入的美元现金折价卖给比索经纪人，兑换哥伦比亚比索。经纪人从他在哥伦比亚的银行账户支付比索给贩毒集团，然后将来自毒贩的美元现金"放置"到美国的银行系统之中。接下

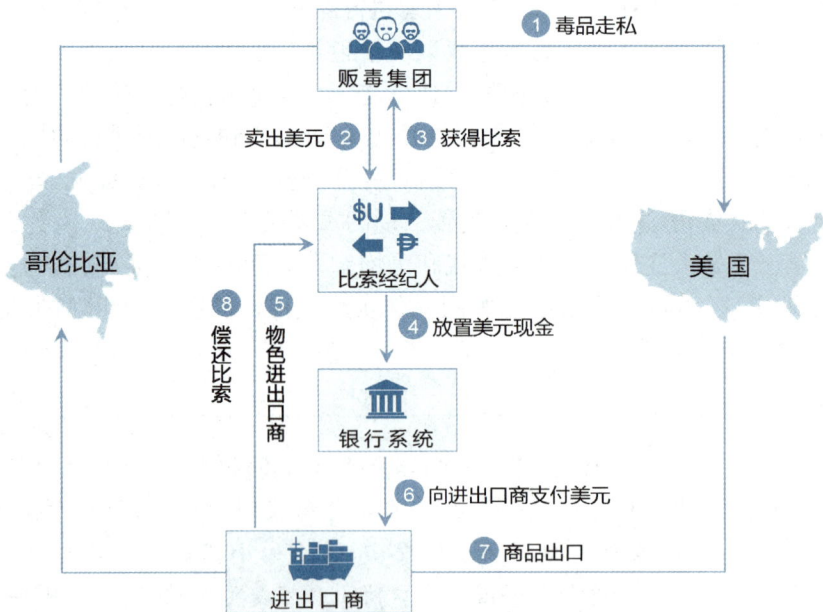

图 3-27　黑市比索洗钱法

---

① 本书编委会：《国际视角：洗钱渠道研究》，中国金融出版社，2011 年版，第 88—89 页。

来经纪人物色一位需要用美元向美国出口商支付货款的哥伦比亚进口商,并从自己的美国银行账户(代理哥伦比亚进口商)支付美国出口商的货款。哥伦比亚进口商收货后在哥伦比亚销售货物(通常是高价值产品,如个人电脑、电子产品、家用电器等),收取比索,并偿还经纪人的融资。

　　简评:美国比索经纪人利用国际贸易,向哥伦比亚进口商提供美元融资、获得比索还款来实现货币的跨境兑换,支持其对贩毒分子提供的比索兑换服务,达到洗钱目的。

　　《美国洗钱威胁评价报告》中首次提出的基于贸易的洗钱,主要是指黑市比索交易(简称 BMPE)。和前面提到的以贸易为基础的洗钱基本途径不同,这种交易方式未必采用过高或过低定价,仅从贸易层面也许根本看不出任何违法迹象。

　　黑市比索交易被称为"西半球最高效、最广泛的洗钱系统"(FinCen〔美国金融犯罪执法网络〕,1997)。每年通过黑市比索交易从美国清洗到哥伦比亚的毒资高达 50 亿美元(Tandy,2004)。最初,"黑市比索交易"指的是与哥伦比亚毒品非法交易有关的一种洗钱方法,如今这种方法已经在很多国家出现,用来把各种类型的犯罪所得转移回国。黑市比索交易是多种不同洗钱方法组合而成的一种犯罪活动。

案例 3-29

走私与逃税

　　一家美国公司在海关保税区和自由贸易区收到从国内和国外运来的酒和烟草,这些货品随后被重新包装,并以另一家公司的名义发送至其他海关保税区或自由贸易区,最终走私进入销售市场。清洗非法所得的渠道主要是在不同国家/地区购买房地产。调查人员发现,涉嫌犯罪活动的公司使用了重复开票、虚假海关单据、伪造海关图章和海关官员的签名等方式完成走私、转运和销售未纳税香烟的过程。在该案中,这些走私货品被售卖给外国外交人员。

　　在对该美国公司的办公场所进行搜查时,执法部门没收了价值 947 195 美元的未经纳税的酒类和香烟,这些货品正准备走私出美国。最终,12 人被逮捕并定罪。他们属于一个与阿布沙耶夫集团(一个以菲律宾为基地的恐怖组织)有牵连的非法贩运毒品和武器的组织。

　　该案例暴露了自由贸易区和海关保税区的三个主要风险点。一是缺乏统一的运作程序标准和相关的尽职措施。各港口以不同的方式运作,执行并不一致的标准。一些港口要求船运人员必须在发货前亲自携带所有单据并取得许可,另一些港口则要求先发货,随后再提交有关单据。没有统一的标准带来风险。二是所有交易最初都是通过纸质记录完成的,但在录入自动系统的方式上,各港口标准又不统一,使得偷偷转换交易记录变得并不难。一些港口系统输入了保税商品的转移情况,其他一些港口却没有显示这方面的风险。三是自由贸易区内再包装和走私的风险。对区内活动的监控不太严密。在这个案例中,集装箱和货船进入区内的公司仓库,并就地对货品进行再包装和贴牌等。这样就有可

能变换包装上的原产地、公司名称、内容、数量和价格。监管放松也为将货品走私出入自由贸易区或海关保税区提供了可乘之机。

案例 3-30

"国王十字"洗钱案

在一项名为"国王十字"的调查行动中发现,一家设在库考拉自由贸易区的公司交易行为与有组织犯罪有关联。调查人员发现了黑市比索兑换交易中的一个手法:这家设在库考拉自由贸易区内运营的公司为毒贩提供货币兑换服务。

步骤 1: 该公司是区内一家从亚洲进货的服装批发商。货物用集装箱船运至库考拉,随后免税储存在该公司在自由贸易区内的仓库中。交易币种为美元。

步骤 2: 约70%的服装卖给委内瑞拉的零售店。由于委内瑞拉有严格的货币管制,零售商很难获得美元。很多公司(包括本案中的这个)不得不寻求其他支付手段。

步骤 3: 设在自由贸易区内的服装批发商同意接受以委内瑞拉货币进行的付款,款项流入该公司在加拉加斯一家银行的账户。为此,该公司在加拉加斯以包括会计在内的三名员工的名义开立了三个账户,且这三个员工毫不费力地取得了委内瑞拉国籍。该公司在库考拉对账户进行遥控管理。

步骤 4: 设在自由贸易区内的公司收取数百万美元和欧元的现金毒资,并存入公司在库考拉的银行账户。该公司声称这些钱是向委内瑞拉销售服装的收入,而其账簿上却没有登记这一账户。同时,该公司的会计自身也参与外汇交易,向其他公司出售一些美元和欧元现金。会计向其客户收取手续费,包括本案中这家公司在内的许多公司向他们购买美元。区内公司随后将玻利瓦尔兑换成美元,这样贩毒集团就得到了已转换成干净货币的毒资。

在"国王十字"行动中,共逮捕了 11 名嫌犯,没收了 350 万荷属安的列斯盾、10 亿委内瑞拉玻利瓦尔(约合 50 万美元)、一些房地产和一些高档轿车等。

本案例揭示了使用合法公司为毒贩进行货币兑换的手法。在本案中,该公司为不法分子提供金融服务,绕开了交易报告的要求和规定。如有更多关于自由贸易区内设立的公司及其运营情况的具体信息,以及国际贸易活动的一般性信息,将有助于提高透明度。本案例说明了自由贸易区区内监管松懈,海关和该国国内税务部门也因自由贸易区内税收规模相对较小而未充分行使其管理职能。

案例 3-31

ETA 涉恐融资案——国际电汇/复杂公司结构/多个账户及交易

ETA 是一个被加拿大、欧盟、英国和美国认定的恐怖组织,该组织的一名核心成员是在西班牙设立的三家公司的股东。该公司据说从事计算机和电子设备的销售,但其实并没有任何实际业务,而他们的银行账户却有大量现金存入,其中一些是大面额欧元现钞,还收到电汇汇款。

与上述公司有牵连的人在哥斯达黎加设立了子公司,这家公司随后被转让给 U 某,U

某是设在哥斯达黎加一个自由贸易区内的计算机和电子公司"IT"的所有者和经营者,这家公司与上述西班牙公司有着日常业务往来。设立在自由贸易区内的银行负有反洗钱与反恐怖融资义务。

据称,IT 公司经营的是进口计算机零部件,进行组装后向国内外销售整机。实际上,这家公司几乎没有任何业务活动。然而,在 6 个月时间内,IT 公司从西班牙的那几家公司收到了约 340 万欧元的汇款,并向对方汇回了金额大致相同的款项。IT 公司向银行解释说,他们收到的是西班牙母公司划拨给他们的汇款,用于在哥斯达黎加开拓业务。汇回的款项则是为了支付从西班牙进口的货物。

哥斯达黎加有关部门认为 IT 公司在清洗非法所得,来换取定期的现金注入,以维持公司的日常运营。尽管自由贸易区区内银行有反洗钱与反恐怖融资义务,但跨国交易的高频度及客户的密切关系可能导致银行失察。U 某每天都去银行,成为银行经理和账户管理员的私人朋友。发生该起案件后,目前哥斯达黎加的法规要求银行每三个月对其设在自由贸易区分支机构的员工进行一次轮换。

从该案例不难看出,设在自由贸易区内的公司容易卷入洗钱和恐怖融资活动。尽管有关反洗钱要求已涵盖银行,但金融机构的失察还是使非法活动得以实施。

案例 3-32

利用自贸区欺诈

比利时一家公司进口纺织品,并持有阿联酋的原产地纺织品证书,证明这些纺织品应产于阿联酋,或在阿联酋进行了大量(其界定取决于制成品的种类)加工。发票和证书来自两家设在沙迦机场自由贸易区内的公司。然而在这个自由贸易区内不太可能存在从事生产的企业。在其官方网站上只标出了仓库、办公室和集装箱停放区,而没有提到生产性企业。网站还声称:"设立自由贸易区的宗旨是营造无管理无官僚的氛围,以鼓励商贸活动。"由于没有相应的监管,调查人员无法证明货品的原产地不是阿联酋,而是另一个因进口必须取得执照而根本不可能直接进口的国家。此外,整套单据和发票都似伪造,因而更容易被洗钱活动利用。

简评:利用虚假贸易文件(在本案中是原产地证明)掩饰货品真实原产地,以逃避关税,非法获利。该案揭示了监管和执行松懈,以及缺乏透明度给自由贸易区带来的风险。其虽未说明如何通过国际贸易体系进行价值转移,但却揭示了如何利用自由贸易区和国际贸易体系进行洗钱的上位犯罪活动。

案例 3-33

循环诈骗:迪拜连线/利用公司结构/贸易洗钱

位于比利时的 RP 公司涉嫌国际增值税循环诈骗。该公司通过在迪拜购置资产并向英国客户开出发票,扮演着"进出通道"的角色。英国客户是损害英国税收的"失踪交易者"(missing trader)。在英国的整个发票计划中涉及多个中间人。"失踪交易者"包括最终在迪拜销售货物,随后试图向英国财政部申请退税(退税诈骗)的出口商。每一个环节的参与者都向下一个环节参与者签发一份付款委托书(即为佣金)。交易链条的最后一环在英国国内,由其向迪拜的原始供货商直接支付货款,最终的交易金额包含了英国增值税。这样,偷逃的税款得以安全地转移到迪拜的一个银行账户,并在参与欺诈的人之间进行分配。

整个欺诈计划在欧洲完成,有关款项才会支付给最初从迪拜发货的公司。自由贸易区本是促进贸易活动的公开市场,而该案例揭示了与自由贸易区内设立的法人实体有关的风险点,以及追踪自由贸易区内公司所进行的金融交易的困难。

案例 3-34

滥用法律实体(项目公司)

该案例对一家位于比利时的公司及其设在阿联酋的一自由贸易区内的附属机构间的财务往来进行全面分析,其中大部分资料来自刑事卷宗。

B 公司利用一家外国子公司转移总部的资金(形式上为满足流动性需求的预收款)。B 将资金划给在阿联酋的子公司,资金还流向其他自由贸易区(Madera)。这样,大量资金通过阿联酋子公司转移,使得 B 公司得以在自由贸易区设立一家房地产公司,并与另一欧洲国家的某一地产项目直接挂钩。对设在比利时的这家公司的账户分析未能发现资金的最终流向,且这家公司除了并购外并不为外人所知。挂钩的地产项目得以建成,销售所得转给了在阿联酋的那家公司。然后,部分资金又以分红的形式划给了比利时的该公司,从而得以免税(预缴公司税)。

对类似情况的侦查几乎不可能。在该案中,因为法院掌握的咨询文件不属于账簿的部分,因此才有可能对账户做出其他解释,从而发现了离岸公司。设在自由贸易区内的子公司,公司税预付金的扣除,以及与海外(地产)项目有关的高额现金交易等因素一起构成了高风险指标。

案例 3-35

违禁走私和逃税

经有关部门调查发现一起洗钱行为和一个团伙头目名为"保罗"的非法走私香烟的团伙,该团伙违法从中国向美国大规模走私违禁香烟,随后将非法所得拆分并以现金存入银行,以避免向华盛顿州缴纳数百万美元的税款。走私的香烟先后被运进位于夏威夷的一个自由贸易区,然后再运进华盛顿州,而非先前声称的最终目的地——一个位于爱达华州的美洲原住民保留区。保罗在华盛顿州出售这些香烟,清洗了非法所得。

调查过程中,华盛顿州和夏威夷相关部门在 16 次搜查中共搜获 14 546.97 亿包违禁香烟、一辆车和 60 多万美元。逃税香烟使得华盛顿州损失 2 068 688.2 美元的税收,是该州截至当时历史上最高的金额。最终,保罗及其同伙被控走私和贩运香烟、洗钱和进行拆分交易罪。

二、利用非正规价值转移体系洗钱

类似几乎所有国家存在的情形,中国也存在着**"非正规价值转移体系"**(Irregular Value Transferred System, IVTS),亦即除了获得政府批准、合法授权、正规经营的价值转移机构、平台、工具之外的所有其他价值转移载体、模式或方法。这其中,有些是游走于合法与非法之间的模糊灰色地带,有的则是明显非法甚至是犯罪性质。我们俗称的"地下钱庄"就是典型的"非正规价值转移体系"的存在形式。在中国,从事金融业务、提供金融服务必须具备一定的条件,并经过有关部门批准。中国《刑法》第174条规定,未经中国人民银行批准,擅自设立商业银行或者其他金融机构的,处3年以下有期徒刑或者拘役,并处或者单处2万元以上20万元以下罚金;情节严重的,处3年以上10年以下有期徒刑,并处5万元以上50万元以下罚金。

非正规汇款体系存在于非正规价值转移体系中,它是指在正规银行部门以外存在的从事金融业务的机构和个人,包括合法的非正规汇款体系和非法的非正规汇款体系。不过各国的非正规汇款体系大多没有建立自己的专门汇款系统,而是借助传统的银行体系来完成资金的清算。电话、手机、互联网是非正规汇款体系借助的工具,往往一个电话或鼠标一点就可以发出并执行一个支付指令。例如在许多外汇管制比较严格的国家,非正规汇款体系的经营者与境外的合伙人办一个公司,提供金融服务,在境内交割本币,在境外交割外币,资金的清算通过相应业务来完成,或者是借助传统的银行系统来完成。

在非正规汇款体系中又有一种典型的操作方法就叫**替代性汇款体系**(Alternative Remittance System,ARS),也称"哈瓦拉"(Hawala)。此种操作最常见于地下钱庄。哈瓦拉是独立于传统银行金融渠道之外的非正统、非主流的汇款系统。哈瓦拉确切起源于何时,迄今尚无人能准确阐述或证明,但有一点可以肯定,那就是它源于阿拉伯以及南亚地区,是随着社会经济金融的活动逐步演进而来,并且在当地出现银行之前就已经存在(1770年加尔各答诞生印度第一家西式银行——印度银行)。

"哈瓦拉"(Hawala)一词的阿拉伯语含义是指"约定俗成的票据"或"交易用的账单",后来这个词被引进印地语(Hundi)和巴基斯坦的乌尔都语[①]并被赋予了"信任""介绍"和"推荐"等新含义,其运行方式被称为"及第银行"。地下钱庄在泰语中被称为"坡依款",进入中国则被归类为地下钱庄。

哈瓦拉的整个交易过程没有繁杂的手续,没有单证和文字记录,一切以"绝对的信任"为基础。任何人都可以成为哈瓦拉经纪人,包括摊贩、出租车司机。他们不必登记,没有营业执照。在当地有银行之前,哈瓦拉一直是人们做买卖、汇款等的手段,是人们生活中不可或缺的重要组成部分。哈瓦拉在巴基斯坦、印度等国甚至在非洲部分地区仍与现代

---

　　① 乌尔都语(اردو)是巴基斯坦的国语,也是印度宪法承认的语言之一,属印欧语系印度语族,主要分布在巴基斯坦和印度等国。

银行类金融系统并存,为百姓提供服务。随着中东阿拉伯人、亚洲的印度人等向世界其他地方移民,以及出国留学、工作的人员增多,哈瓦拉也逐步走向全球化。

这种方法既可转移干净的资金,也可以转移非法所得的赃钱。哈瓦拉之所以在全球范围内经久不衰,屡打不绝,对洗钱者充满诱惑,正是因为它留下的可以直接被监测与跟踪到的书面线索很少,其几乎没有直接的、明显的境内境外价值迁移的物理痕迹。除了极其核心的要素如金额、汇款收款人、取款密码或暗号通过口头、短信、邮件、电话、传真、Skype、MSN、微信即 Wechat 等现代即时通信工具进行沟通衔接外,其他有关信息如身份、住址、双方工作、职务、资金来源、交易名目等,皆可缺失。

图 3-28 来自国际刑事警察组织(International Criminal Police Organization — INTERPOL,简称国际刑警组织——ICPO),勾画了在替代性汇款体系中哈瓦拉完成沟通和支付的基本流程。

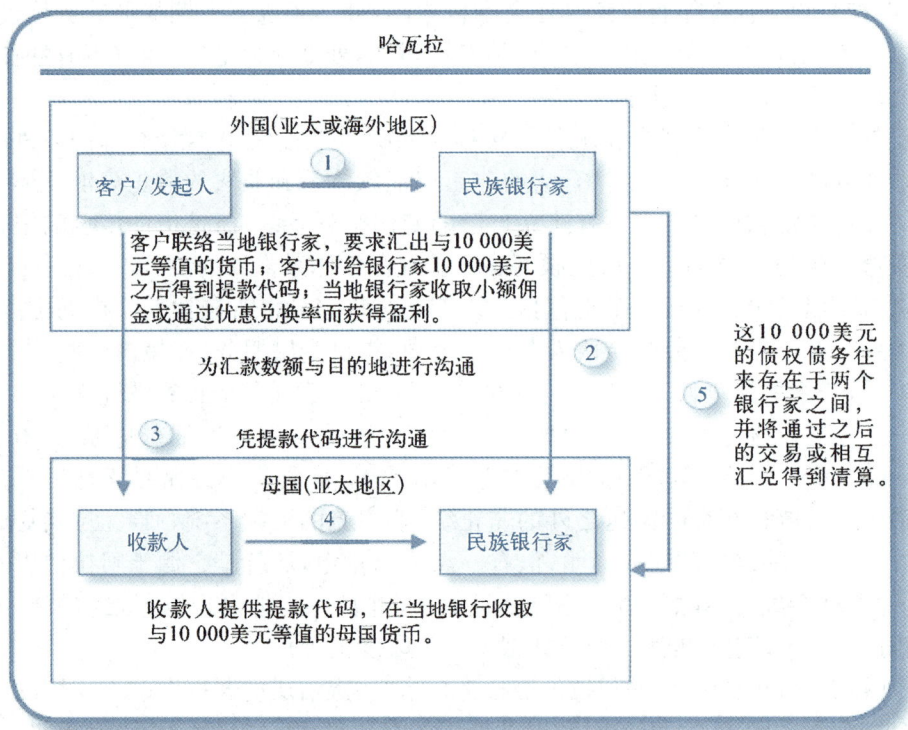

图 3-28 "哈瓦拉"运作流程示意图

● 客户/发起人

① 外国(亚太或海外地区):客户与当地族群银行家联系,要求向国内汇出与 10 000 美元等值的货币,客户支付给银行家 10 000 美元并因此得到一个提款代码;族群银行家以收取的佣金为利润或者通过优惠货币兑换率获利。

● 族群银行家

② 确定汇兑金额和目的地。

③ 确定提款代码。

● 收款人

④ 母国(亚太地区):与 10 000 美元等值的母国货币从母国的族群银行家的私人现金储备中进行支付。

⑤ 两位银行家之间产生 10 000 美元的债务债权关系,并在之后的交易或相互汇兑中进行清算。

可见,地下钱庄将价值跨国转移出合法的正规金融体系,其存在的基础是彼此间的信任。通过这一示例,我们还可以归纳得出以下几点:

- 汇款实体可能是与另一国对应企业有合作的从事货物贸易的普通商家;
- 通常并不存在实际货币转移,其货币价值转移系通过便条、快递、信件或传真形式,辅之以电话确认其密码信息得以实现;
- 缺少关于身份确认和交易记录保存的正式手续;
- 几乎任何有确切识别数字的文件都可以被用作收款人在另一国家收取该款项的证明。

中国的地下钱庄数量、体量之巨,对正规金融业和经济活动造成严重的侵蚀和危害,给反洗钱带来严峻的挑战。其存在的原因是多方面的,主要可以从以下三个方面加以理解:

私营和个体经济融资的需要。我国的金融机构是在计划经济阶段建立的,无论从机构设置还是从功能设置看,主要都是为国有大中型企业提供服务的,私营经济和个体经济难以得到传统银行体系的金融支持。地下钱庄虽然贷款利率水平较高,但是因为其手续简便,较容易获得,而受到私营和个体经济的欢迎。众所周知,浙江温州地区小企业的发展就与当地地下钱庄的金融支持有很大的关系。

我国外汇管制较严,现有的外汇政策难以满足企业和个人的外汇需求。长期以来,外汇体制和政策的不完善是造成地下钱庄屡禁不绝的重要原因。在过去的 20 多年间,中国的外汇体制经历了一个渐进的和不断变革的过程。在逐步探索了外汇留成制、外汇调剂制等形式后,实现了人民币经常项目可兑换,实行了银行结售汇制度。2007 年又为银行结售汇进一步松绑,获准开展结售汇业务的银行分支机构不再需要提交监管部门审批每笔交易,只需向所在地国家外汇管理局分支机构备案。但是在资本项目上依旧保持了外汇管制,所以在企业用汇的条件上依旧存在种种限制。企业依旧没有完全具备外汇的支配权,而且承担的外汇风险却进一步加大。同时承担银行买卖价差的成本依旧存在。而现实中企业和个人对于外汇的需求还在不断放大,当前的外汇管制现状依旧不能适应这一需求的改变,于是一些人便通过地下钱庄等非法机构来获取外汇。

偷逃国家税收和洗钱等违法犯罪活动的需要。一些企业取得利润后,直接通过地下钱庄汇往境外,偷逃国家税收。另外,走私者和腐败公职人员将其非法所得送交地下钱庄或存在地下钱庄指定的账号,在境外取得外汇,以备逃往外国时所需。

非正规价值转移体系之所以存在,还可以归结为以下几个因素:

1. 经济原因。与传统的银行汇款体系相比,非正规汇款体系成本低廉、速度快、汇率优惠。

2. 服务因素。与传统的银行汇款体系相比,非正规汇款体系手续简单,方便快捷。例如一些非正规的汇款体系全天候 24 小时开放,一笔汇款只要打一个电话就可以汇到。

3. 体制根源。正规的银行体系是适应当时的需要而建立的,而在某些国家,正规的银行体系并没有伴随着经济的发展而完善起来,存在着某些遗漏和空白。例如在偏远的农村,正规的银行体系无法触及;由于信用、担保等原因,个人尤其是低收入阶层很难从银行取得贷款等。而有些国家实行严格的资本管制,资本的流出只能借助非正规汇款体系。

4. 文化差异。部分人群,尤其是海外劳工有种族偏好,乐于通过同种族的私人关系来找一些汇款机构办理汇款。另外,由于语言等方面的原因,非正规汇款体系可以针对某一特殊群体提供某种特殊的语言服务。

5. 犯罪动机。不少特定交易是出于贪污腐败、走私、贩毒、洗钱等刑事犯罪的需要,非正规汇款体系的存在大多也源于此。可以说,只要存在刑事犯罪,这类非法机构的存在就在所难免。

三、利用慈善业洗钱

由于慈善事业所独有的光环效应,其不易招致怀疑、"公益不问出处"的习惯性思维、形式丰富且复杂的捐赠来源、五花八门的援助形态和"出口"、形形色色的捐赠用途等特征,使得全球的洗钱者、恐怖融资分子对慈善机构和事业趋之若鹜。

案例 3-36 •–•

刘汉:漂白黑钱的慈善[①]

在 2008 年汶川地震中,距离北川县 15 公里的邓家海元村山中的希望小学震而不倒,没有学生因震伤亡,受到媒体广泛报道。这所被誉为"史上最牛希望小学"的学校,也一下子让人们记住了这所学校的出资捐建人刘汉。尽管地震发生后,刘汉主掌的汉龙集团自身经济损失近 10 亿元,但他仍先后捐款 5 000 万元,用于地震重灾区阿坝州、德阳、绵阳中小学校的重建。据媒体报道显示,刘汉捐款修建希望小学达 20 余所,慈善捐款累计近 3 亿元。他还在 2007 年捐资 1 亿元人民币成立了"天诺慈善基金会",专注于少数民族地区贫困县的教育、卫生、基础设施建设。这些慈善之举,让他有了"四川首善"之称,还曾连续三届当选四川省政协委员、政协常委。

可在了解底细的广汉人眼里,刘氏兄弟是无人敢惹的"江湖老大",操控着当地赌博游戏机、高利贷、建筑砂石等多个行业。2014 年 2 月 20 日,刘汉和弟弟刘勇因涉黑、故意杀人等罪名,正式被检方提起公诉。

•–•

可见,在类似的案例中,慈善只是"刘汉们"洗钱用的极具欺骗性的华彩外衣。

四、利用拍卖典当业洗钱

拍卖和典当都是特殊的行业。拍卖具有诸如价值发现、资金融通、优化资源配置和拓宽销售渠道等功能。而作为一个古老行业存在的典当业,现如今在不少应用场景下已被蒙上了灰色甚至黑色的色彩,充当着非法融资、地下钱庄、收放高利贷等的通道。如洗钱分子与拍卖行串通,虚估拍品价格,再由同伙高价竞拍。这样,利用拍卖行的中介服务,将

---

① http://gongyi.people.com.cn/n/2014/0303/c152509-24512321.html。

需要清洗的非法资金以巨额支付藏品价款的形式安全、迅速地转移。

案例 3-37

"以真充假"洗钱法

某企业为给回扣,送了一位领导一幅名义上为赝品的齐白石的字画。其标价 7 000 元,有发票,还是北京某家知名字画行的,但实为真品。此领导也付了费。3—4 个月过后,圈内传出此领导捡漏,以赝品价格买到一真品,并传为业内美谈,还上过电视。后委托江苏某拍卖行卖出,得 20 万元。

案例 3-38

移花接木李代桃僵洗钱法①

原北京燕山华尔森实业集团法定代表人谢根荣,3 年期间违规骗取建设银行贷款 7 亿余元。而谢根荣正是利用 555 份假的《个人住房贷款借款合同》,同时凭借"24 亿元两件玉衣"作为抵押物取得了银行负责人的信任而获得了 6.6 亿元的贷款。案发时,建行尚有贷款人民币 5.4 亿余元未能追回。非但如此,建行又贷给其 5 000 万元和开具 4.5 亿元银行承兑汇票。实际上,这两件玉衣是谢根荣找人用不值钱的玉片串起来的,又出钱找来 5 位专家给出 24 亿元估价并出具了鉴定证书。这一诈骗案直接导致建行遭受巨额损失。

五、利用娱乐业洗钱

由于娱乐业所具有的特殊行业特征,并且常常收取现金,监管相对薄弱。目前利用娱乐业洗钱已经呈现出多样化的趋势。洗钱分子利用娱乐业洗钱的主要途径有以下几种:(1)通过投资歌厅、餐饮业及娱乐、洗浴中心等方式洗钱;(2)通过博彩业洗钱;(3)通过投资拍摄电影、电视剧洗钱;(4)通过开演唱会形式洗钱;(5)通过投资体育俱乐部如足球俱乐部洗钱。

案例 3-39

利用娱乐休闲业洗钱②

在美国某州有一位专门从事组织偷渡及强迫妇女卖淫而获利的不法商人,为掩盖其自身不法收入及其同伙——东欧某人蛇公司的资金往来,其在注册成立一家正规的桑拿公司后,采取将不法收入混入正常按摩业务收入存入银行账户的方式进行洗钱。在经营数年以后,由于其日常收入以及和东欧公司的资金往来出现异常,该商人的不法行为才被发现,并最终受到了严惩。

---

① http://news.163.com/11/0906/04/7D899T8M00014AED.html。
② 本书编写组:《国际视角:洗钱渠道研究》,中国金融出版社,2011 年版,第 275 页。

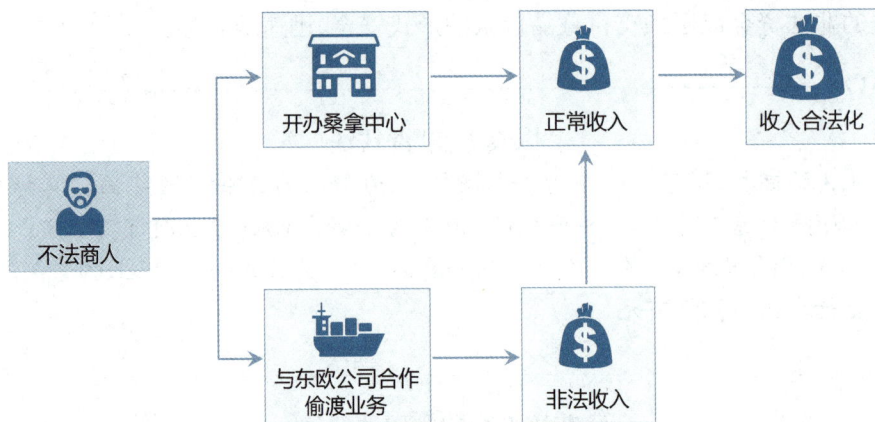

图 3-29　利用休闲娱乐业洗钱

简评：以合法经营为幌子，将不法收入混入到合法收入之中，是洗钱分子惯用的洗钱手段之一。

第四节　恐　怖　融　资

恐怖融资与传统意义上的洗钱含义既有交叉重叠，也有很重要的区别。因此，对于恐怖融资这一主题，有必要单列阐述。

恐怖活动已经成为全球的公害。据统计，在 1968—1997 年的 30 年间，全球发生的恐怖活动至少有 1.36 万起，平均每年约 453 起，造成的人身伤亡与财产损失难以计数。本质而言，无论是单个的"独狼式"恐怖分子，还是以组织形态甚至以"亚国家"形态存在的恐怖组织，和任何合法组织一样，都必须依靠一定的经济基础而生存和发展。据估计，恐怖分子每年仅仅在美国境内就花费掉高达 70 亿美元的活动经费。资助恐怖活动通常从金融犯罪开始。根据美国国务院的报告，在全球 2013 年总共有 9 707 次恐怖攻击，造成 17 800 人死亡。

表 3-3　1999—2005 年部分恐怖袭击造成的损失

袭　击　事　件	日　　期	预　　算	死亡人数
袭击伦敦公交系统	2005 年 7 月 7 日	8 000 英镑	53 人
马德里 3·11 爆炸案	2004 年 3 月 11 日	10 000 美元	191 人
伊斯坦布尔汽车炸弹袭击	2003 年 11 月 15、20 日	40 000 美元	57 人
雅加达 JW 万豪酒店爆炸案	2003 年 8 月 5 日	30 000 美元	12 人
巴厘岛爆炸案	2002 年 10 月 12 日	50 000 美元	202 人
美国军舰"科尔"号爆炸案	2000 年 10 月 12 日	10 000 美元	19 人
东非使馆爆炸案	1998 年 8 月 7 日	50 000 美元	225 人

恐怖活动的经济来源主要有三个方面：一是贩毒、走私、军火贸易、人口贩卖等有组织犯罪所得；二是利用商业组织从事经营活动获得合法收入；三是借助宗教名义的非营利性组织募集资金或接受支持者赞助、捐助。预防、遏制、阻断甚至彻底摧毁恐怖分子和恐怖组织的经济来源和基础，是打击恐怖活动和恐怖主义的有效手段。

一、恐怖融资与洗钱

恐怖活动的实施不仅需要隐瞒、掩饰非法收益的性质和来源，而且需要掩盖、混淆有关资金流向的恐怖主义目的，使之成为貌似合法的资金流动，从而最终为恐怖组织和个人所利用。因此，恐怖主义和洗钱具有天然联系，凡是缺乏有效的反洗钱措施的国家和地区，要么是恐怖资金的主要来源国和中转国，要么自身就存在严重的恐怖活动。洗钱在助长有组织犯罪的同时，也滋养着恐怖活动。预防和打击洗钱活动有利于有效遏制甚至消除恐怖活动。

从资金来源看，洗钱活动一定有其相关联的上位犯罪活动存在。没有上位犯罪产生的犯罪收益，就不会有洗钱活动的存在，即洗钱活动中的清洗对象是犯罪收益。相比较而言，资助恐怖活动的资金只有一小部分来源于传统的犯罪活动。在世界各国普遍加强对恐怖主义活动的打击力度的形势下，恐怖组织及其成员往往十分谨慎，他们会把来源于传统犯罪活动的犯罪收益与合法资金混在一起。恐怖组织既能从自己经营的企业中获取资金，也能得到一些支持其事业的企业家的捐助。

有数据显示，恐怖组织获取的总收益中约 67％ 来源于非法渠道，如敲诈勒索保护费、违禁品走私、麻醉品交易、绑架、卖淫集团、贩卖人口、信用卡诈骗及身份盗用，伪造货币、药物、烟草、酒精及其他产品，盗版视频、光碟、磁带及计算机软件等；来源于合法渠道的占其收益的 33％。进入 20 世纪 90 年代以来，捐助已成为恐怖组织的主要资金来源，这些捐助大部分来源于西方国家和海湾国家持有相同理念的非政府组织和企业。从已经发现的一些案例看，各类企业都有可能成为恐怖组织的捐助者，包括石油公司、建筑公司、制革厂、银行、农产品种植者、经纪人、贸易公司、饭店、酒店、书店等。

从行为目的看，洗钱活动的最终目的是让非法的犯罪所得及其收益获得表面上的合法性，掩饰、隐瞒或消灭犯罪证据及追索的线索，逃避法律追究和制裁，在此基础上实现"黑钱""赃钱"的安全循环使用。对那些职业洗钱者来说，通过洗钱获取高额的收入是其从事洗钱活动最直接的动因。恐怖活动和毒品犯罪等牟利性犯罪活动不一样，通常具有非经济目标，其犯罪的目的锁定在诸如寻求公开化、政治合法性、政治影响力和传播意识形态等非经济目的上。资助恐怖活动只是达到上述目标的一个手段。

从行为手段看，洗钱的主要渠道是通过金融机构。因此，通过强化金融机构的反洗钱职责，特别是实施金融交易报告制度，可以有效地防范洗钱活动。有证据表明，非正规的资金转移体系已经成为恐怖分子资金链的纽带。恐怖分子经常利用的非正规的资金转移方式包括大额现金运输、利用货币服务行业、利用货币兑换点、利用"哈瓦拉"等替代性汇款机制。

从操作手法看，恐怖融资不依赖单一路径、手段与方法，而是采用或极简或极其复杂化的手段。募款与转移资金速度快、花样多，充分利用合法资金模糊非法资金的来源。

表 3-4　洗钱与恐怖融资的区别

	洗　钱	恐　怖　融　资
资金来源	非法所得	可以是合法所得
通　道	偏好正规金融系统	◆ 偏好非正规金融体系 ◆ 外部捐赠者和筹资者
交易额度	常将大笔资金化整为零进行储蓄以规避报告"门槛"	通常是不到报告门槛的小额交易
金融活动	通常涉及空壳或前台公司、不记名股票，以及离岸避税天堂的复杂网络交易	还不存在或尚未掌握确实可行的恐怖主义金融操作模型
资金痕迹	环形——资金最终回到产生这笔资金的个人	线形——资金被用来支持恐怖组织及其活动
目　的	利润	意识形态（或利润）
侦查重点	可疑交易：如与客户财富或预期活动不符的储蓄，构成多关系链接	可疑关系：如看起来毫无关系的各方之间的电汇，构成交易链接

二、恐怖融资常用手法

恐怖分子或组织在筹措所需资金时，通常既喜用比较传统的渠道或手段，如走私大额现金，传统金融机构，货币兑换商，国际贸易，慈善机构，互联网金融平台，离岸金融中心，电子货币、数字货币等虚拟货币，娱乐服务业等，更偏好非正规价值转移系统，如地下钱庄（哈瓦拉）、黄金珠宝贵金属、古玩字画收藏品、典当行、高科技虚拟产品或服务等。

案例 3-40 ···

利用网上服务提供商和在线支付系统收集并清洗非法收益[①]

某国 FIU 向比利时 FIU 披露了一份其接到的一个网上支付服务商提供的可疑交易

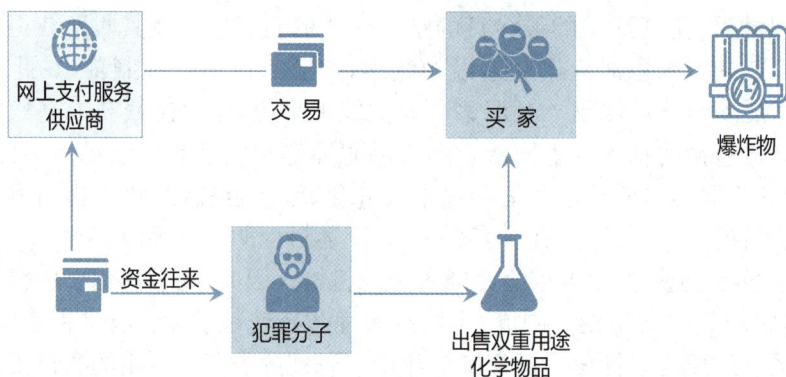

图 3-30　利用电商和第三方支付洗钱

---

① 唐旭、刘争鸣编译：《金融行动特别工作组年度报告及洗钱/恐怖融资类型研究报告 2007—2008》，中国金融出版社，2010 年版，第 95 页。

报告。来自欧洲某国的某人通过商业网站出售下列商品：钾、氯酸钾、硝酸钡、硝酸锶、硝酸铵。这些商品具有双重用途，把它们放在一起就可以用来制作炸药。这些物品销售给了东欧的一些客户。

案例 3-41 •••

利用哈瓦拉转移恐怖资金[①]

M 与 N 是某恐怖组织的成员，分别在 A 国筹集资金和在 B 国筹划恐怖袭击活动。在 A 国的 M 需要把资金汇给 B 国的 N，故 M 先将钱交给 A 国的某哈瓦拉经纪人，告诉他自己要汇钱给 N，并从这位经纪人那里获得了密码，接着把密码告诉了 N。A 国的这名哈瓦拉经纪人随后指示 B 国的哈瓦拉经纪人按当地货币把币值等同的资金交给 N。N 在领取资金时出示 M 所告知的密码，从而获得汇款。N 利用这些资金购买了许多犯罪设备。

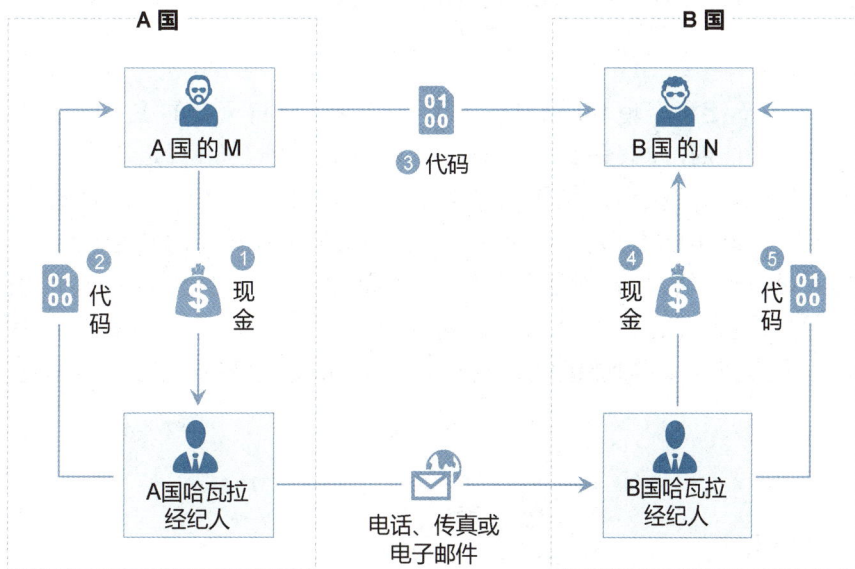

图 3-31　利用哈瓦拉进行恐怖融资

•••

简评：由于哈瓦拉在运作过程中存在缺乏有效监管且交易几乎不留痕迹的特点，恐怖分子更倾向于选择其来转移资金。

案例 3-42 •••

通过走私钻石资助国际恐怖组织[②]

中东某宗教恐怖组织为了筹集恐怖分子活动资金，委派 A 先生及其妻子在 B 国注册成立了一家钻石贸易公司。该公司在收到中东恐怖组织巨额资本金后，迅速汇往西

[①]　本书编委会：《国际视角：洗钱渠道研究》，中国金融出版社，2011 年版，第 142 页。
[②]　同上书，第 263—264 页。

非某国购买大量钻石,并通过走私进入 F 国,然后在市场销售,获取巨额利润后将利润分散汇回该组织在中东各国金融机构开立的账户,资助恐怖分子购买武器、炸药等物资(见图 3-32)。

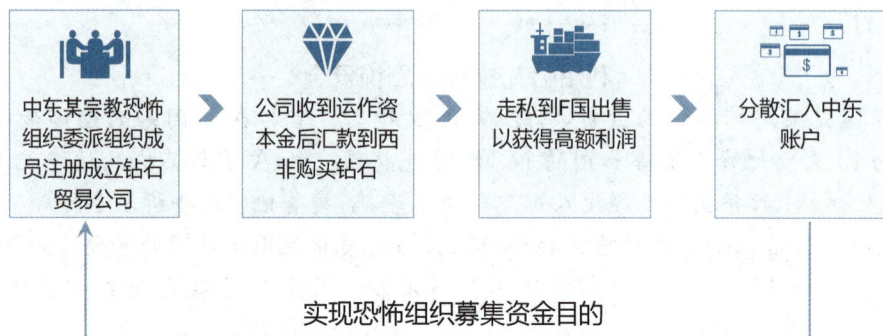

图 3-32　利用珠宝进行恐怖融资

简评: 通过钻石走私获取利润是当前国际恐怖分子获得资金的主要渠道之一。

国际上备受关注的"冲突钻石"(conflict diamond)是通过钻石走私资助国际恐怖组织的一个典型代表,指的是出产钻石的西非国家武装分子非法开采的钻石。武装分子通过各种手段在国际市场上出售这些钻石,然后用所得利润资助其恐怖活动。因为恐怖活动导致大量流血,所以"冲突钻石"也叫"血腥钻石"。一些未经证实的报道指出,本·拉登操控的"基地"组织也曾采取过这样的资产转移方式。根据美国官方统计,当前以"基地"组织为首的恐怖组织每年通过钻石买卖洗钱获取的资金高达 1 500 万美元。

本 章 小 结

本章主要对洗钱路径、领域或行业、手段、方法及工具等进行较系统的分析与介绍。编著者按其理解的逻辑将常见的洗钱所利用的领域或行业归纳为三大类,即正规金融业、特定非正规金融业和其他特定行业。在此基础上,对每个行业进行分析,总结出这一行业之所以被利用来洗钱是因为其具备了哪些特点,同时辅之以现实中的真实案例加以生动说明和呈现。总之,读完本章,将有助于读者理解洗钱的常用基本手法及其操作规律。

重 要 概 念

代理银行　通汇银行　支票　本票　汇票　转托管　信托　离岸金融　离岸金融中心　避税天堂(避税港/避税地)　特定非金融机构　第三方支付　虚拟货币　P2P　黑

市比索交易(BMPE)　法律实体(项目公司)　非正规价值转移体系(IVTS)　替代性汇款体系(ARS)　哈瓦拉(Hawala)　返还式贷款　"看门人"

习题与思考题

1. 洗钱有哪些分类逻辑与形式?
2. 你同意"银行业是反洗钱的最主要的领域"这一说法吗? 为什么?
3. 以洗钱者的视角分析利用证券业洗钱有哪些好处。
4. 保险业被利用洗钱是因为其具备哪些特点?
5. 基金、期货业被利用来洗钱的常见手法有哪些?
6. 信托业具备哪些吸引洗钱者或恐怖组织/分子融资的特点?
7. 离岸金融中心的定义、分类以及容易被利用进行洗钱的特点是什么?
8. 什么是"避税天堂"? CRS的出现对这些地区会造成何种影响以及给域外投资者或投资机构、贸易企业、服务企业等带来何种影响?
9. 何谓"特定非金融机构"? 有哪些类型?
10. 特定非金融机构是洗钱的重灾区吗? 为什么?
11. 利用国际贸易洗钱的常见手法有哪些?
12. 以洗钱者的视角,利用房地产进行洗钱有哪些好处? 为什么?
13. 何谓"非正规价值转移体系"? 其与哈瓦拉、地下钱庄、替代性汇款体系之间是什么关系?
14. 公益、慈善行业被利用来洗钱的主要原因是什么? 如何预防和遏制?
15. 黄金珠宝、贵金属行业被利用来洗钱的主要原因是什么? 如何预防和遏制?
16. 休闲及娱乐业被利用来洗钱的主要原因是什么? 如何预防和遏制?
17. 以洗钱者的视角,利用"看门人"进行洗钱有哪些优势?
18. 反洗钱与反恐融资的关系是什么? 两者有何异同?

第二篇
法律——规制篇

第四章

反 洗 钱 法 律

学习目标

通过本章学习,重点掌握以下内容:

1. 反洗钱法律制度的演变
2. 美国反洗钱战略目标、法律体系及执行机制
3. 欧洲主要国家的反洗钱法律体系
4. 反洗钱法的基本原则、性质和功能
5. 反洗钱法的基本框架

第一节 反洗钱法律概述

反洗钱法律制度是由预防和打击洗钱的各种法律规范组成的有机联系的整体,是司法机关依法追究洗钱犯罪分子的法律责任,规范执法部门和金融监管部门的监督检查、调查,明确金融机构以及其他非金融机构的反洗钱义务,完善反洗钱资金监测以及保护客户金融隐私权的法律依据,既包括刑事法律规范,也包括行政法律规范和民事法律规范,既包括实体性法律规范,也包括程序性法律规范。一个国家和地区反洗钱体系的有效性的首要方面即体现为反洗钱法律制度的完善程度和发展水平。

一、反洗钱法律制度的发展历程

实践证明,犯罪收益是犯罪分子铤而走险的诱因,因此,控制和没收犯罪收益是打击犯罪行为的最有效手段之一。各国家和地区普遍意识到打击洗钱的重要性和迫切性,改革传统的银行保密制度和刑事法律制度,加快了反洗钱法律制度建设的进程,结合反洗钱工作的需要对现有法律制度予以修改和完善。美国《1970 年银行保密法》改革了传统的银行保密制度,确定了金融机构可疑资金交易报告制度,是现代法制史上第一宗反洗钱立法。此后,20 世纪八九十年代,西方发达国家纷纷制定本国的反洗钱法律。2001 年 10 月 24 日,美国国会迅速通过了《消除国际洗钱与打击恐怖主义融资法案》《爱国者法案》第

三章），对以《1970 年银行保密法》为核心的反洗钱法律制度进行全面修订。同期，国际社会在长期与有组织犯罪、毒品犯罪等跨国犯罪做斗争的过程中，逐步形成了必须将洗钱犯罪从国内犯罪提升到国际犯罪、共同打击和防范洗钱特别是跨国洗钱的共识。国际反洗钱组织应运而生，进一步推动了全球范围内反洗钱法律的制定和完善，一些国际组织和区域性组织也纷纷制定了一系列反洗钱的国际公约或条约，例如：1988 年《联合国禁止非法贩运麻醉药品和精神药物公约》，1999 年《联合国禁止向恐怖主义提供资助的国际公约》，2000 年《联合国打击跨国有组织犯罪公约》，2003 年《联合国反腐败公约》；欧洲委员会的 1990 年《关于犯罪收益的清洗、搜查、扣押和没收问题的公约》；欧盟理事会的 2001 年《关于协调各成员国金融情报机构在交换情报方面的决定》，2001 年《关于洗钱及犯罪工具和收益的识别、追踪、冻结和没收的框架决定》等。或者对完善反洗钱法律制度提出建议和要求，如金融行动特别工作组（FATF）的《FATF40 项建议》，欧盟的《关于防止金融系统洗钱的指令》，巴塞尔银行监管委员会《关于防止利用银行系统用于洗钱的声明》等。

在完善反洗钱法律制度方面，金融行动特别工作组是最具影响力的国际组织。按照 1989 年巴黎西方七国首脑经济会议宣言的要求，金融行动特别工作组召集西方七国和澳大利亚、奥地利、比利时、卢森堡、荷兰、西班牙、瑞典和瑞士等 13 个国家的 130 多名专家，分三个小组对洗钱的技术和方法、法律问题以及控制洗钱的行政和金融合作等问题进行研究。在此基础上，金融行动特别工作组于 1990 年 2 月发布年度报告，其中就反洗钱问题提出《40 项建议》。1996 年，金融行动特别工作组对《40 项建议》进行了修改。"9·11"事件后，防范和打击与恐怖主义有关的洗钱犯罪活动成为国际反洗钱合作的重要内容。金融行动特别工作组于 2001 年 10 月，在《40 项建议》的基础上，针对打击恐怖融资提出了 8 项特别建议。2003 年 6 月，金融行动特别工作组又根据反洗钱工作的发展情况，扩展、充实并强化了有关反洗钱措施：将反恐融资要求纳入建议，出台了 2003 年版的《40 项建议》。2004 年 10 月 22 日，金融行动特别工作组又通过了关于打击通过现钞运送进行洗钱的"反恐融资的第 9 项特别建议"。目前，金融行动特别工作组《40 项建议》和反恐融资 9 项特别建议已得到 130 多个国家和地区承认，以及联合国安理会、国际货币基金组织、世界银行、巴塞尔银行监管委员会、国际证券委员会组织、国际保险监管者协会的认可，对各国立法以及国际反洗钱法律制度的发展发挥了重要的指导作用。《40 项建议》的核心内容包括：要求各国将洗钱行为确立为刑事犯罪并涵盖最大范围的上位犯罪；最大限度地开展国际合作；要求金融机构和特定非金融机构了解客户和受益人的真实身份；保存客户身份资料和交易记录；识别并报告异常交易和涉嫌犯罪的可疑交易；制定并实施可行的反洗钱内部控制制度等。反恐融资 9 项特别建议的主要内容包括：要求各国批准、执行联合国反恐公约和决议，将恐怖融资行为确立为刑事犯罪；及时冻结和没收涉恐资产；对非正规汇款体系、电汇业务、非营利组织和跨境现金携带实施必要监管；要求金融机构和特定非金融机构识别并报告涉嫌恐怖主义的可疑交易等。

2012 年 2 月，金融行动特别工作组又将《40＋9 项建议》重新梳理、增删、归纳整合成新版的《金融行动特别工作组（FATF）40 项建议》。

二、反洗钱法律制度的发展趋势

目前,全球范围内的反洗钱法律制度呈现出如下发展趋势。

1. 从单纯打击转向预防与打击并重。反洗钱法律制度,从内容上可以分为两大部分:一是关于洗钱犯罪的有关规定;二是关于金融机构和非金融机构反洗钱义务的规定。前者侧重对洗钱的刑事打击,后者则致力于建立一种洗钱预防制度。第一类制度是传统的打击犯罪行为理念的产物,从上位犯罪行为入手,追及犯罪所得,从而挖出洗钱犯罪。第二类制度则是各国在总结多年打击上位犯罪实践经验和教训后的选择,即在犯罪逐步实现集团化、组织化、国际化的今天,从犯罪所得追及上位犯罪越来越成为一种行之有效的手段。

反洗钱的实践证明,洗钱犯罪是上位犯罪的后续犯罪,但是清洗犯罪所得的行为并非等到上位犯罪结束后才实施,更多的是边实施上位犯罪边洗钱。等到上位犯罪侦破后再去追查犯罪所得的去向和洗钱犯罪,很多犯罪所得,尤其是非法资金早就完成转移和划拨,故打击上位犯罪和洗钱犯罪的效果当然将大打折扣。因此,越来越多的国家意识到必须转变传统的由上游而及下游的顺向追查犯罪的思路,充分利用洗钱行为围绕资金流通进行的特点,在犯罪资金刚刚投入到经济体系中时,即由异常的资金流动及时发现并报告犯罪线索,监测资金流动,追查所有人或控制人,再由人追查资金的来源和上位犯罪行为,这就是构建洗钱预防制度背后**"由钱及人、由人及案、由案及案(由洗钱犯罪而及上位犯罪)"**的逆向追查犯罪思路。事实证明,洗钱预防制度是行之有效的。

2. 洗钱犯罪的内涵和外延不断扩大。这主要表现为:(1)上位犯罪范围不断扩大。通常,只有严重犯罪才被认为是洗钱犯罪的上位犯罪,普通犯罪以及违法行为被排除在外。如最早的洗钱犯罪是意大利于1978年3月21日在《刑法》中增设第648-2条予以规定的,当时仅限于针对武装抢劫罪、勒索罪和劫持人质罪等上位犯罪所得的洗钱行为。联合国通过的国际社会打击洗钱犯罪的第一个国际公约——《联合国禁止非法贩运麻醉药品和精神药物公约》,仅将对毒品犯罪所得进行清洗的行为规定为犯罪。随着洗钱的严重化,其上位犯罪的范围具有明显的扩大趋势。《40项建议》明确要求各国将洗钱行为确定为刑事犯罪,最大限度地扩大洗钱罪的上位犯罪范围,应包括"法定最高刑在一年以上或者法定最低刑在6个月以上的严重犯罪行为",并列举敲诈勒索、贩卖人口及偷渡、性剥削、伪造货币等20余种严重刑事犯罪作为洗钱罪的上位犯罪。(2)行为方式更为多样。洗钱犯罪的方式和手段都在逐步发展、变化,不仅那些为隐瞒或掩饰犯罪所得而采取的传统的转换、转让和转移行为被认为是洗钱犯罪,而且不以隐瞒或掩饰为目的的单纯的获取、占有和使用也构成洗钱犯罪。(3)主观要件放宽。一直以来,洗钱犯罪的构成以主观故意为前提,即要求犯罪分子必须明知是犯罪所得而采取清洗行为。对于"明知"的解释在逐步放宽,已不限于"明确知道"的直接故意情形。由于很难准确判断和证明人的主观心理,"推定知道"的间接故意情形被越来越普遍地接受为洗钱犯罪的另一个主观要件,即虽然犯罪分子可以矢口否认自己知道是犯罪所得,但如果根据客观实施情况能够推定其应当知道,那么也可以构成洗钱犯罪。(4)各个国家和地区在将直接进行、参与和协助洗钱这一违法行为规定为刑事犯罪外,部分国家和地区的刑法规范还对不执行或不充分执行客户身份识别制度、财务记录保存制度,不按规定报告大额或可疑资金交易,缺乏反洗钱内部控制,泄露反洗钱秘密等违法行为规定了相应的刑事责任。例如:美国《1970年银行保密法》规定,金融机构故意违反该法规定,将被法院处以25万美元以下的罚款或5年有期徒刑,或者是两刑并罚;故意违反该法规定,同时也违反了美国其他法律的规定或者是一项1年内超过10万美元的非法行为的一部分,则可以被处以50万美元以下的罚款或10年以下有期徒刑,或者两刑并罚。英国《1993年刑事司法令》规定,金融机构的工作人员、律师和会计师在其工作中,如果知道或者怀疑他人从事毒品洗钱,没有在合理期限内向有关部门披露上述信息,构成"未披露洗钱信息罪",可判处5年有期徒刑。如果一个人知道或者怀疑警察正在进行或要进行与毒品洗钱有关的调查,或者一个人知道或者怀疑有关的信息根据该法令的要求已被披露给警察或有关法定的人员,该人将上述信息或有可能损害调查的其他事项泄露给他人,构成"泄露信息罪",可判处5年有期徒刑。澳大利亚《1988年金融交易报告法》针对不同报告主体的不进行报告、报告不实、报告信息不完整、进行交易以逃避报告要求四种行为规定了相应的刑事责任。

3. 以金融机构为核心主体,同时包括特定非金融机构。从理论上说,一切可以实现价值转移或者财产权变动的交易行为,都能够达到掩饰、隐瞒犯罪所得及其收益的来源和性质,使其在形式上合法化的洗钱目的。无论是金融市场还是其他形态的市场,都可能被用于洗钱。为了降低反洗钱的社会成本,必须有重点、有针对性地进行。鉴于金融机构在一国支付体系中以及金融资产托收和转移过程中的独特作用,金融机构既是洗钱的易发、高危领域,也是监测犯罪资金流动的核心领域。因此,反洗钱义务主体的范围首要重点是金融机构。但伴随金融机构逐步采取严格的反洗钱措施,出于追逐利益和规避法律制裁的需要,洗钱风险向特定非金融领域转移的趋势日益明显。金融行动特别工作组每年发布的洗钱类型趋势研究报告不断强调关注特定非金融机构存在的洗钱风险,要求有关国家考虑采取应对措施,扩大反洗钱措施的覆盖范围。

从有关反洗钱国际标准和各国反洗钱立法的发展情况看,明显呈现逐步将反洗钱义务主体范围扩大到金融机构以外的发展趋势。例如,2000年《联合国打击跨国有组织犯罪公约》第7条规定:"各缔约国均应:(a)在其力所能及的范围内,建立对银行和非银行金融机构及在适当情况下对其他特别易被用于洗钱的机构的综合性国内管理制度和监督制度,以便制止并查明各种形式的洗钱……"2003年《联合国反腐败公约》第14条规定:"各缔约国均应当:(一)在其权限范围内,对银行和非银行金融机构,包括对办理资金或者价值转移正规或非正规业务的自然人或者法人,并在适当情况下对特别易于涉及洗钱的其他机构,建立全面的国内管理和监督制度,以便遏制并监测各种形式的洗钱……"1990年版的《40项建议》建议11仅规定考虑将反洗钱义务主体扩大到从事现金业务的非金融机构。1996年版的《40项建议》建议9规定:"国家有关当局应考虑将反洗钱措施应用于一些非金融企业或行业所从事的获允许或不受禁止的商业性金融活动。金融活动包括但不局限于附件所列的活动。"2003年版的《40项建议》则明确规定了承担反洗钱义务的特定非金融机构的范围,包括:(1)赌场——客户进行的金融交易等于或超过3 000美元/欧元时。(2)房地产代理商——当其为客户从事买卖房地产的交易时。(3)贵金属和宝石交易商——当其同客户进行的任何现金交易金额达到或超过 15 000 美元/欧元时。(4) 律师、公证人、其他独立法律专业人士和会计师,在其为客户准备或进行下列交易时:买卖房地产;管理客户资金、证券或其他资产;管理银行、储蓄或证券账户;为公司的创立、运营或管理提供组织服务;创立、运作或管理法人实体或法律协议,买卖商业实体。(5) 信托和公司服务提供者。欧洲共同体和欧盟理事会先后制定了三个反洗钱指令:1991 年的第一个反洗钱指令仅将"银行、货币兑换所等金融机构"规定为反洗钱义务主体;2001 年的第二个反洗钱指令将反洗钱义务主体从银行、货币兑换所等金融机构扩展到律师、会计师、审计师、房地产商、拍卖师和赌博业主等非金融机构和职业;2005 年的第三个反洗钱指令则进一步扩大了反洗钱义务主体的范围,即包括信托、公司服务机构以及现金交易超过 1.5 万欧元的商品提供者。各国反洗钱立法关于反洗钱义务主体范围的规定不一,有些国家反洗钱法律中以是否从事"金融交易"界定应承担预防性反洗钱义务的"金融机构",这导致"金融机构"的含义非常广泛,实际上已包含了上述国际组织所规定的特定非金融机构在内,例如:美国、英国、澳大利亚等国家。有些国家反洗钱立法则明确列举了应承担反洗钱义务的特定非金融机构,例如:日本、德国、比利时、芬兰等。同时,随着洗钱向非金融机构渗透,某些特定非金融机构,主要是现金交易量大的行业机构,如房地产商、赌场、拍卖行、贵金属和珠宝交易行等,以及一些专业中介机构,如律师和会计师事务所等也被要求建立与自身行业特点相适应的洗钱预防制度。

4. 反洗钱国际合作机制日益重要。洗钱的跨国性特征决定了反洗钱国际合作的必要性和重要性。随着经济全球化的发展和世界范围内信息化水平的提高,跨国交易以及国际金融市场的发展为洗钱分子转移犯罪所得及其收益提供了更为广阔的空间和便捷的手段。洗钱者利用各国司法管辖权的有限性和金融制度、监管制度和法律制度方面的差异进行跨国洗钱,隐瞒犯罪所得及其收益,逃避制裁。依靠一国单一的力量难以达到遏制和打击洗钱特别是跨国洗钱的目的。唯有加强国际间的反洗钱合作,才能有效打击和预防洗钱。在有关国际组织的大力推动下,反洗钱领域的国际合作不断走向深入。国际公约一致要求缔约国应当尽最大可能,相互间提供在反洗钱调查、起诉和司法程序中最广泛的法律协助。具体内容包括:一是洗钱信息和情报资料的交换。缔约国(包括成员国)应当建立机制,设立专门的情报信息中心,确保快捷、高效地交换与洗钱相关的信息。二是没收犯罪收益。应请求国的要求,被请求提供没收协助的缔约国应当在本国法律制度的范围内,采取辨认、追查和冻结或扣押等方式,没收与洗钱犯罪有关的犯罪收益,双方可约定对被没收的犯罪收益的分享制度。三是引渡洗钱犯罪嫌疑人。洗钱犯罪适用于引渡或遣返其他犯罪的双边或多边合作协议,缔约国可以附加一定条件,如该行为必须在请求国和被请求国都构成犯罪。四是司法互助。缔约国应当根据对方的请求和有关法律、条约和协定的规定,对洗钱犯罪的侦查、起诉和审判等程序,尽可能充分地提供司法协助,不得以银行保密为由拒绝,请求国也不得将对方提供的资料挪作他用。

5. 反洗钱工作机制和信息情报机构发挥重要作用。反洗钱是一项复杂而庞大的系统工程,被清洗的资金在金融和一些特定的非金融领域中跨行业流动。洗钱信息的发现、报告、调查和移送需要多个部门和机构相互配合,如法人登记机关、税务、海关、警察等部门。

因此,建立各部门协调配合、信息畅通无阻的反洗钱工作机制,是各国反洗钱的共同做法,也是各国反洗钱立法过程中重点关注的问题之一。至于工作机制的组织运作形式,有的国家设立专门的国家反洗钱领导协调机构,统一部署、协调国家的反洗钱工作,如西班牙的反洗钱委员会;有的国家以某个部门为反洗钱主管部门,其他部门在其职责范围内配合主管部门工作,如美国的财政部;有的国家则建立部门联席会议制度,各部门协商实施反洗钱工作,如德国的联邦金融监管局、财政部、内政部、司法部等执法部门组成的部门联席会议。采取哪种形式由各国国情决定,但最终目标都是为更有效地整合反洗钱资源,形成反洗钱合力,增强预防和打击洗钱的力度。

反洗钱资金监测有利于及时发现违法犯罪线索,充分掌握违法犯罪证据,提高冻结、没收等法律强制措施的执行效果。因此,建立专门负责反洗钱资金监测的金融情报机构已经成为有效的反洗钱制度的重要内容和内在要求,也是有关反洗钱国际标准的普遍要求。例如:《40 项建议》建议 26 和《联合国反腐败公约》第 58 条等。同时,作为资金交易报告主体和执法机关之间的"缓冲",金融情报机构对于平衡执法机关及时获取必要的资金交易信息和合理保护交易人资金交易信息的关系也具有重要意义。金融情报机构国际组织埃格蒙特集团对金融情报机构的定义是"负责接受(授权时,可索取)、分析和向主管机关移送有关金融信息的全国性核心机构,上述信息包括:(1)涉嫌犯罪收益;或(2)为打击洗钱犯罪,由国家法律规定应当获取的信息"。金融情报机构的核心职能包括收集、分析和提供资金交易报告。从 20 世纪 90 年代初期部分国家开始设立金融情报机构以来,目前已经有近百个国家和地区设立了金融情报机构。由于世界各国的政治体制和经济发展水平不同,金融情报机构的设置大致可以分为三种情形,即设在警察系统内(如英国、比利时)、设在司法系统内(如德国、瑞士、澳大利亚)和设在金融监管部门(如美国、日本)。

三、反洗钱法律制度的分类

反洗钱法律制度是由预防和打击洗钱的各种法律规范组成的有机联系的整体。

从形式渊源的角度看,反洗钱法律制度一般包括三个层次。第一个层次是立法机关制定的专门反洗钱法律,例如美国的《1986 年控制洗钱法》《1992 年反洗钱法》和《1994 年禁止洗钱法》,我国的《反洗钱法》等。第二个层次是由政府或者政府部门根据法律授权颁布的行政法规,例如英国的《1993 年反洗钱条例》,澳大利亚的《1999 年金融交易报告规则》等。第三个层次是由金融监管部门制定的规章或者具有法律效力的反洗钱规章或政策指引,例如加拿大金融监管机构发布的《防止和发现反洗钱行为指引》,中国人民银行发布的《金融机构反洗钱规定》和《金融机构大额和可疑交易报告管理办法》,中国香港金融监管局发布的"防止洗钱活动的指引"等。

从法律规范的调整方法看,反洗钱法律制度既包括刑事法律规范,例如我国的《刑法》第 191 条、第 312 条和第 349 条以及《刑事诉讼法》关于查询、冻结、扣划银行存款,没收犯罪所得及其收益的规定等,也包括行政法律规范和民事法律规范,例如美国的 2001 年《爱国者法案》,我国的《反洗钱法》《个人存款账户实名制规定》《金融违法行为处罚办法》等。

从法律规范的主要内容看,反洗钱法律制度可以分为反洗钱组织法和反洗钱行为法。前者如比利时的《1993 年金融情报处理中心构成、组织、独立法》,后者如德国的《1993 年反洗钱法》，澳大利亚的《1988年金融交易报告法》等。我国的《反洗钱法》既是一部反洗钱组织法，也是一部反洗钱行为法。

从法律规范的主要功能看，反洗钱法律制度可以分为惩罚性的法律规范和预防性的法律规范。前者以刑事立法为主要表现形式，后者以行政性立法为主要表现形式。不同国家的反洗钱法律制度依此呈现出不同的特点，例如：美国被认为是惩罚性法律规范的典型，瑞士则被认为是预防性法律规范的典型。

从广义上看，反洗钱法律制度不仅包括专门的反洗钱法律规范，也包括有关法律文件中可以用于洗钱预防和打击的法律规范，例如：对洗钱行为的刑事处罚就涉及刑事诉讼法律规范；调查、侦查洗钱活动就涉及查询、扣押、冻结财产、查阅、复制交易记录等行政手段或司法手段；追究洗钱行为的民事责任就涉及民事诉讼程序；对现金交易、结算账户和非面对面业务洗钱风险的控制就涉及现金管理、账户管理、电子银行业务管理；对现金、无记名有价证券、贵重金属的出入境管理就涉及国家跨境申报制度。而狭义的反洗钱法律制度仅指专门的反洗钱法律规范，即明确以反洗钱为立法目的的法律规范。由于篇幅的限制，本章的讨论主要集中在专门的反洗钱法律规范。

第二节　欧美反洗钱法律比较

一、美国反洗钱战略目标

2001年9月，布什政府公布了美国第一个国家反洗钱战略，即《美国2001年国家反洗钱战略》，指出调查和起诉重大洗钱集团是政府反洗钱工作的中心。"9·11"事件后，美国又在评估新的形势和总结经验的基础上，制定了《美国2002年国家反洗钱战略》，主旨在于通过加强反洗钱工作，切断恐怖组织赖以生存的经济来源，同时，通过积极主动地追踪犯罪分子和恐怖分子的资金流向，帮助执法部门确定和查获涉嫌恐怖活动的资产，从而建立起一个综合性的金融反恐战略。《美国2002年国家反洗钱战略》提出了6项目标：(1)评估反洗钱工作成效。包括建立评估反洗钱工作成效的制度性体系；建立一个量化洗钱案件涉案资产查封和没收金额的报告系统；重新检查用于反洗钱工作的资源及成本，进行更加科学的拨款预算等。(2)集中执法和调控资源，识别、阻止、摧毁恐怖融资体系。美国通过相关法令，强化执法部门没收恐怖资产的法定权力。截至2003年，已经识别出210个和恐怖分子有牵连的个人和组织。(3)加强对重大洗钱组织和体系的调查和起诉。建立跨部门目标行动组，确定联合执法行动目标，创建秘密调查指导方针，提高反洗钱和资产罚没的高级培训。(4)协调执法部门同州、地方政府共同作战，在全美打击洗钱活动。包括为州和地方反洗钱执法工作提供专项经费，逐步提高州和地方执法部门对FinCEN数据的获取和利用效率。(5)通过加强公共与私营部门的合作与必要的法律措施预防洗钱。将私营机构反洗钱的法定义务与公共执法部门改善与私营机构的合作结合起来。(6)加强反洗钱国际合作。通过与有关国家签订相互法律协助的双边条约、引渡条约以及没收协定，在追查、冻结和没收犯罪收益以及引渡犯罪分子方面提供相互的协助。对没收资产一般实行与其他国家共享原则。

二、美国反洗钱法律体系

美国是世界上最早关注洗钱并对洗钱活动进行刑事立法的国家。它通过三个层次构建了比较完备的反洗钱法律体系,在国际上起到了反洗钱立法的良好示范和推动作用:一是由国会制定的反洗钱法律;二是由政府机关制定的反洗钱行政法规;三是由监管机构或行业组织制定的反洗钱行业准则。

（一）美国反洗钱相关法律

1970 年,美国国会通过了《银行保密法》,改革了传统的银行保密准则,要求金融机构进行现金交易报告和记录保存,由此揭开了与洗钱作斗争的序幕;1986 年,美国国会又通过了著名的《洗钱控制法》,将隐瞒或掩饰犯罪收益的洗钱行为直接规定为犯罪;1992 年,美国国会又通过了《阿农齐奥怀利反洗钱法令》,要求金融机构报告可疑交易;1999 年,美国国会通过了《1999 年反洗钱法》,授权财政部和司法部组织联合工作组,负责制定对涉嫌介入洗钱的金融机构进行监控和账户管制的具体措施;2001 年,美国总统签署了《爱国者法案》,对尽职调查程序、可疑交易报告、金融犯罪信息网络建设、反恐融资和调查提出了更高要求,并加重了洗钱的民事和刑事责任。

（二）美国反洗钱相关行政法规

为了配合实施《银行保密法》,美国财政部制定了一系列配套法规,统称为《银行保密法规》,对履行《银行保密法》的金融机构等主体对象进行了界定,对申报和记录现金交易的要求进行了规范,对违反该法的民事处罚幅度进行了明确。此外,《国内税收法》按照《银行保密法》的现金报告模式,制定了《国税法现金报告要求》,要求任何从事贸易及商业活动的机构和个人对超过 1 万美元的交易都须按照规定填报 8300 表。

（三）美国反洗钱行业准则

按照各自职责,美国不同的监管机构从指导金融机构反洗钱和业务监管的角度,把金融机构反洗钱工作与业务合规问题结合起来,发布反洗钱具体的操作性规范和相关规则。如联邦储备委员会发布了一个《了解你的客户内部管理和检查识别滥用名录》的文件,指导金融机构制定识别客户身份的程序,以保证尽早发现和筛选出可疑的客户。

（四）美国打击洗钱犯罪的法律规定

《美国法典汇编》对洗钱活动规定了四个罪名:非法金融交易罪、非法金融转移罪、推定洗钱罪和以非法所得进行金融交易罪。对犯前三种罪的,依法处 50 万美元以下罚金或者两倍于该交易所涉及的货币票据或资金价值的罚金,或处以 20 年以下的监禁,或者两刑并罚。此外,对本罪还可以处以民事罚款。对犯以非法所得进行金融交易罪的,处 50 万美元以下罚金或者 10 年以下监禁,或者两刑并罚,或者处以不超过两倍于交易所涉及的非法所得财产的罚金。

三、美国反洗钱执行机制

美国不同政府部门和职能部门按照各自职责和优势分工,形成了职权清晰、配合密切、效能较高的反洗钱执法网络。

财政部、司法部、国土安全部、税务总署、海关总署、联邦调查局、毒品管制局、美国邮政总局等都是反洗钱的执法机关。国土安全部负责打击与恐怖融资相关的洗钱犯罪活动；税务总署负责监督遵守税法规定的金融交易报告义务，调查相关的案件；海关总署负责调查与走私或者意图逃避货币或金融票据转移报告义务的洗钱犯罪；邮政总局负责财产在邮政总局的保管、占有、所有下，或者利用邮政或者其他邮政犯罪所产生的财产的洗钱案件；毒品管制局负责调查与毒品犯罪有关联的清洗毒资的案件；联邦调查局拥有跨部门、跨行业调查洗钱案件的权力，通常负责侦查美国国内跨州或者跨国犯罪案件；司法部负责起诉洗钱犯罪案件和执行相关的财产罚没和刑事罚款。其中，联邦调查局和毒品管制局隶属于司法部。

财政部是法律授权负责全面执行和实施反洗钱法律的国家执法机关。财政部下设外国资产控制办公室和 FinCEN。其中 FinCEN 是美国的金融情报中心（FIU），它是一个连接金融机构和执法机关、组织各个职能相关部门的情报网络，通过专业的情报收集、处理和分派等核心职能，在反洗钱体系中发挥着枢纽作用。FinCEN 数据库系统由金融数据库、执法信息库和商业信息库组成。它运用数据筛选技术、提炼技术和边际分析工具等手段提高了金融交易报告的分析和利用水平，使调查人员找出横跨美国的看似毫无联系的工商企业和银行账户之间的内在联系，并能在 5 分钟内给出所需要的信息，甚至可以给出受调查人员邻居的某些信息。调查人员可以将上述信息梳理勾画出一个与最初怀疑对象有牵连的个人、企业与银行账户之间的"关系链"，从而寻求调查的线索和方向。

（一）美国金融机构的反洗钱法定责任

1. 识别责任。1992 年，美国国会授权财政部发布行政法规，要求金融机构制定反洗钱的工作程序，包括建立"了解你的客户"的规范和程序。此后，1994 年美国制定的禁止洗钱法令、1996 年建立的汇款报告制，都要求银行了解客户的如下情况：客户整体框架、客户所从事的业务、客户经营思想及其拥有的资金、客户的客户及其供应商、客户的经营场地、客户汇出汇入资金的大致线路、客户财富的来源、客户合法存在方式等，并要求对客户提供的材料进行审核。

2. 记录责任。美国法律要求金融机构必须完整地保留对客户或交易对象的身份记录和交易内容记录。《银行保密法》将记录保存制度分为四类：一是识别金融票据现金出售的记录。在开具或者出售在 3 000 美元以上的金融票据时，都必须识别和记录购买银行支票、汇票、现金支票、旅行支票的交易人的身份，并保存交易的有关信息和资料。二是交易建议、指令与申请的记录，即要求金融机构对涉及国内和国际资金转移的某些记录予以保存。这些记录包括资金转移的申请人和受益人的姓名或名称、住址和账号等。三是信贷展期的记录。所有金融机构必须保存数额在 1 万美元以上的信贷展期的记录，不包括以不动产作抵押的信贷展期。四是其他特别记录。根据有关法律规定，对于银行、证券经纪人和经销商、赌博公司和货币交易人与兑换人，还要求其保存额外的记录，包括签名卡、开户声明、已经重建账户时存入的数额在 1 000 美元以上的款项。金融机构应保存交易记录的时间为 5 年，以备执法当局查处犯罪案件时查阅或调取，作为案件线索或者证据。

3. 报告责任。美国相关法规至少将交易报告分为三类：

一是金融机构大额交易报告制度。其中包括：货币交易报告，即要求对每一笔数额超过1万美元的存款、提款、货币兑换或者其他货币支付或转让的货币交易,向税务总署报告;货币或者金融票据转移报告,即要求将通过陆地运输、邮寄、船运等方式转移任何形式的货币、旅行支票以及可转让的金融票据,数额在1万美元以上的,向海关总署报告;外国银行账户报告,即任何受美国法律管辖的人,包括金融机构,在一个或者多个外国银行、证券公司或者其他金融账户拥有利益、签字权或者其他权利,并且在账户内的资金额在一个自然年度中的任何时候超过1万美元的,应当向财政部报告。

二是金融机构可疑交易报告制度。金融机构遇有下列情形时,应当向有关的司法机关或其监管机构报告他们明知的或者怀疑是犯罪的交易活动:怀疑某个职员或其下属的某个机构实施了犯罪或参与实施了犯罪的;所造成的实际损失或可能造成的损失为1000美元以上,或者在不明损失原因情况下,造成的损失数额在5000美元以上的;怀疑自己已被犯罪分子利用作为犯罪行为渠道的。在这种情况下,不论所涉及的数额大小,均须报告。报告必须在发现损失或者明知、怀疑犯罪行为后的30日内向有关政府机关、监管机构提出,包括当地的检察机关和联邦调查局。

三是其他人的交易报告制度。根据《国内税收法》的有关规定,除金融机构之外的其他商业机构或者个人,应当报告自己收到1万美元以上货币和特定的金融票据的交易行为。"其他人"包括航空公司、旅馆、饭店、抵押经纪人以及飞机、古董、珠宝、贵金属、家庭用具、娱乐器具的批发商或零售商等。上述机构或者人员应当在客户交易时让客户填写税务总署特制的表格,向税务总署报告。

4. 内控责任。有关法规要求金融机构必须建立和保持适当的内部控制制度和程序,以保证履行《银行保密法》及其配套法规的有关规定。并要求内部控制制度和程序必须是以书面形式制定的,并且通过了董事会的批准和载入董事会的会议记录。其最低目标必须达到:为不间断地履行反洗钱的义务提供程序上的保证;为银行职员或者任何银行之外的从业人员、机构提供监督履行上述义务的规范标准;指定专门人员负责日常的履行反洗钱规定的义务工作。

5. 培训责任。美国在1992年就颁布专门法规,要求银行对雇员进行必要的反洗钱培训。它规定,银行的下列人员应能识别洗钱现象:高级管理层,与客户联络人员,信贷部门、对私业务部门、从事汇出汇入款项的人员,现金出纳人员,以及任何能够接触客户或其账户的雇员。

6. 保密责任。根据法律规定,金融机构及其董事、高级职员、一般雇员或者任何其他代理人,在提出可疑交易报告后或者配合执法过程中,不得向任何与自己实施交易的人透露已向有关政府机关提出了可疑交易报告的情况,即不得泄露报告信息。否则,将受到法律追究。

7. 合作责任。要求金融机构应尽可能与执法部门合作,不得利用改动的、不完整的或有欺骗性的资料蒙骗执法部门。

值得一提的是:当怀疑交易活动涉及犯罪行为时,金融机构在报告之后应该如何处理? 对此,美国法律规定,金融机构在报告之后如果继续与客户保持商业关系的,并不能受到不予起诉指控的豁免。此外,为了鼓励金融机构积极向司法当局或其监管机构提供可疑报告,美国有关法律规定,金融机构或其从业人员出于善意向执法机关或其监管机构报告可疑交易的,保护其不受任何人依据美国国内法而提出的民事追究。

不过,金融机构在提出报告之前,应当根据《金融隐私法》的有关规定,与法律顾问进行充分研究,以保证可疑交易报告的提出合乎法律的规定。

(二) 美国反洗钱中的金融监管功能

美国金融监管机构在反洗钱机制中发挥着重要作用。由于美国将金融机构履行反洗钱义务作为其依法合规经营的重要部分,因此,对金融机构的反洗钱内控机制及其执行情况进行监管是金融监管的重要内容。

美国不同的监管主体都将对金融机构的反洗钱监管视为己任,分别从行业监管职能出发,促使被监管者依法合规经营,忠实履行反洗钱职责。

1. 监管职能的分工。美国不同的监管部门,按照不同的监管对象有明确的分工。如货币监理署负责监管国家级商业银行,联邦储备银行负责监管州级成员银行和银行控股公司,联邦存款保险公司负责监管州一级非成员银行。货币监理署监管的全国性银行的资产约占美国银行业总资产的56%,该比例近年来还在上升。一般来说,全国性银行自动成为美联储体系的成员,但对于州级银行来说,是否加入美联储体系可以自由选择,这一选择机制实际上意味着美国州一级银行可以自行选择自己的监管机构,从而在某种程度上也构成了对监管机构的制约力。而且不同的监管机构内部都设立了专门的反洗钱监管部门或者专家小组。如美联储各分行都设立了反洗钱部门,其芝加哥分行反洗钱部门有5名专家和8—10名联络员。

2. 反洗钱监管内容。纵观美国不同的监管部门,反洗钱监管内容基本都包括:(1) 市场准入的把关。监管机构审慎地提高准入门槛,采取了必要的措施预防和避免不适当的任何机构和个人,直接或间接地控制、参与金融机构的经营和管理,这对防止金融机构被洗钱等犯罪集团控制和利用意义重大。(2) 公平竞争的监管。监管当局禁止金融机构利用反洗钱机制等从事不正当的竞争,以防止洗钱分子有机可乘。(3) 资金流动的监管。美国金融监管机构特别注意对跨国资本流动,尤其是与离岸金融中心发生的金融业务的监管。(4) 跨国金融机构的监管。针对洗钱的跨国性,加强对跨国金融机构的反洗钱监管成为重点之一。(5) 执法检查与评估。定期对金融机构履行识别客户、保存记录、大额和可疑交易报告等情况进行检查,对金融机构反洗钱内部控制是否有效运作进行评估;组织对金融机构的反洗钱培训。

3. 反洗钱现场检查规范。监管机构一般会按照1年至1年半一次的频率定期对金融机构实施全面的反洗钱现场检查与评估。现场检查的内容包括遵守反洗钱法律法规、内控体系、KYC(了解你的客户)项目、可疑交易的发现、识别和报告的内部流程、反洗钱培训项目、内外部审计等。

在检查中,检查人员通常会发出对管理人员的问卷调查、审查董事会会议记录、审查银行内部审计与检测系统、抽样调查大额和复杂的可疑交易报告、筛选与分析银行数据库等。监管机构通常还会挑选几个客户进行账户相关检查,对其过去16个月的交易记录是否符合客户身份或经营特点情况进行分析,如发现问题,再扩大检查范围,以判断被检查机构存在的问题属于个别问题还是普遍问题。检查结束后,会对被查机构反洗钱工作进行全面评估,并分析出现问题的原因是内部体系问题还是执行问题,或者是账户监控的原因等等。现场检查报告包括检查实施情况、发现的主要问题、改进的意见和建议、银行承诺的改进措施等。对违规银行,监管机构会采取一定的惩罚性措施。通常,在一段时间后,监管机构还会对被检查机构进行后续检查,以检查该机构是否将监管意见提交董事会、是否按要求和承诺进行改进等。

4. 可疑交易行政核查。美国监管机构已经实现了与 FinCEN 的数据联网和信息共享。联邦储备银行各分行每月都要到 FinCEN 提取数据以评估辖内银行机构报告的可疑交易情况。

监管机构对可疑交易报告具有行政调查权,一般总是由反洗钱小组对可疑交易报告进行分析,决定哪些可疑交易报告需要进一步调查。但由监管机构调查的可疑交易报告一般是涉及银行机构及其内部人员参与洗钱等犯罪活动的可疑交易报告。此外,监管机构每个月都会参加与执法部门的碰头会,共同分析情报,交流信息,商讨有关事项。碰头会由财政部召集,每个月参加会议的达 100 多人。金融犯罪高风险地区建立有相应的会议制度。

四、欧洲主要国家的反洗钱法律

吕进中、梁穗征等(2003)指出,反洗钱机制是一国为制止洗钱犯罪活动所采取的一系列措施以及与此有关的制度的总和。纵观欧洲各国反洗钱机制建立和健全的过程,可以知道,该机制是一个发展的概念,它随着各国经济和金融市场的发展而不断完善,带有显著的自身特点。就现代反洗钱机制而言,它通常由三部分组成:反洗钱的政策基础;反洗钱的组织框架及运作;反洗钱的各类具体措施。下面对于欧洲国家反洗钱机制的分析就按照这三方面分别展开。

(一)反洗钱机制中的政策基础

1. 政府在反洗钱中的主导作用。政策基础的重要性源于政府在反洗钱中的主导作用。政府的地位和职能决定了政府是反洗钱的主角,在反洗钱机制中的作用不可替代。作为社会生活中最权威的机构,政府具有法律制裁、政策引导、信息服务等重要职能。具体到反洗钱方面,政府的作用主要体现在以下三方面:(1)政府投入的资源。从本质上讲,反洗钱是个公共品,它具有公共品的非排他性和非竞争性。由反洗钱所带来的好处更多地体现在对社会的整体贡献上。同时,反洗钱的过程也是一个大量人力、物力、财力的消耗过程。因此,除了政府之外,没有任何个人、企事业单位及民间组织愿意承担或有能力承担反洗钱所需要的各类资源的耗费。因此,反洗钱离不开政府的财政支持。(2)政府制定的有关反洗钱的法律。反洗钱是预防、制止、惩罚洗钱犯罪的过程。在这一过程中,它需要法律来规范各参与方的行为,需要法律来界定各方行为的性质。只有在"有法可依"的前提下,反洗钱的每一项工作才可以落在实处。(3)政府的指导。反洗钱过程中会出现许多新情况,法律法规由于自身的局限性,难以直接对其一一规范。那么,处理这些新情况、新行为就离不开政府的指导。例如,如果缺乏政府在政策上强有力的引导和协调,要建立起全社会统一、共享的信息传递、分析机制,就将非常困难。

2. 反洗钱机制政策基础的经济因素。影响反洗钱机制政策基础的经济因素主要是反洗钱机制的成本和收益。

（1）反洗钱机制的成本与收益的内涵。反洗钱机制的成本由两大部分组成：直接成本和间接成本。

所谓直接成本，即政府为了预防、制止、惩罚洗钱犯罪所需投入的所有费用。它包括政府制定反洗钱法律、成立反洗钱机构和实施反洗钱活动所耗费的人力及物力资源，也包括各类金融机构或其他组织为遵守国家法规、配合监管而提供信息、培训人员、建立新制度等活动所花费的人力和物力资源。

所谓间接成本，即因实行反洗钱而丧失的或有收益。这种或有收益可分为两类：一是因反洗钱措施执行不当或过度，致使国家丧失的应得的正当或有收益。二是因实施反洗钱而丧失的可得的不正当或有收益。在实践中，有时难以区分和量化这两类或有收益。

反洗钱机制的收益则是指：一国因实施反洗钱活动而对社会、经济所产生的有利影响，并由此带来的收益。它可以分为社会收益和经济收益。反洗钱机制的收益实际上是一种预期收益，它等于无反洗钱机制所造成的损失的期望值。与反洗钱机制的成本相比，反洗钱机制的收益更加难以测定。其中的社会效益更是一种难以衡量的收益。

（2）影响反洗钱机制成本和收益的因素。影响一国反洗钱机制成本和收益的经济性因素有很多，但归纳起来最基本的有以下几个：一国经济的发展水平；金融市场的开放程度；毒品犯罪、有组织犯罪的严重程度；经济中的支柱产业。

（3）权衡反洗钱机制的成本和收益——确定各国反洗钱政策基础的基调。由于各国反洗钱机制的成本和收益各不相同，从而决定了各国对反洗钱问题的态度（重视或不重视、紧迫或不紧迫）也有差异。反洗钱虽然具有一定的社会效益和经济效益，但如果反洗钱必须以高昂的成本为前提，则是社会难以承受的。因此，权衡反洗钱机制的成本和收益，即权衡一国在反洗钱中的国家利益将确定各国对反洗钱的基本立场。

3. 反洗钱机制政策基础的政治因素。一国政策出于政治上的考虑，有时宁愿牺牲一定的经济利益，以换取更多的政治利益，故政治因素也往往成为左右反洗钱政策基础不可忽视的因素，有时其影响甚至大大超过经济因素。通常，政治因素可分为国内政策因素和国际政治因素两类。

（二）反洗钱机制中的组织框架及运作

1. 反洗钱机制的组织框架。反洗钱是一项社会工程，该项工作涉及金融系统、社会中介机构、金融监管部门、政府行政部门、立法执法机构等众多的部门。如果各机构之间缺乏有效的协调与交流，就会大大降低反洗钱机制的运行效率。因此，只有建立一个良好的组织体系，各机构之间各司其职又密切合作，才能保证充分发挥反洗钱机制的功能。

（1）反洗钱机制组织框架的建立原则。有效性原则，即有效打击本国所认定的洗钱活动；合理性原则，即合理配置反洗钱资源。就目前情况看，西方发达国家都充分利用了本国已有的打击犯罪的体系，再结合反洗钱的特殊性来构造反洗钱的组织框架。

（2）反洗钱组织框架发挥作用的前提。总结欧洲国家的反洗钱经验，有效的反洗钱组织框架应该具有三个最基本的前提条件：各机构职能清楚，分工明确；各机构紧密协调配合，包括机构之间的纵向配合和横向配合；各机构信息数据的迅速处理、分析、传递。

（3）欧洲各国组织框架的一般构成及其差异。欧洲各国反洗钱组织的内部构成千差万别，机构间的职责也互有交叉。一国某机构所承担的反洗钱职责，可能在他国就是由另一机构或另外多个机构来承担。这往往取决于当局的考虑,同时也受各国法律、行政管理习惯以及各国实际操作的影响。

① 立法和政策制定机构。在反洗钱的过程中,几乎所有的国家都要经历对反洗钱的有关立法和政策进行梳理、修改、新增的过程,尤其是在国际反洗钱合作加强、各国反洗钱法和反洗钱政策不断融合的大背景下,各国的立法和政策制定机构根据反洗钱的实践及时对有关的法律、政策进行调整或修改就显得极为重要。这一机构相当于反洗钱工作的"大脑",起着指导、决策的作用。该机构主要在三方面发挥作用:一是组织讨论、研究和制定本国反洗钱的战略和政策,向有关机构提出反洗钱的政策建议和要求。二是建立和健全有关反洗钱法律法规体系。三是根据新的国内国际反洗钱形势,及时补充有关反洗钱的法律法规。

各国将该职能赋予何类机构办理,则主要由一国的政治体制、法律体系所决定。目前,主要有两种设置模式:

分散设置模式: 采用该模式的国家较多,英国、法国、德国等都将反洗钱的立法和政策制定职能分散于各部门,从而形成多层次、多渠道的比较完备的立法和政策制定体系。这种设置方式的优点是:可根据各机构所管理行业的特点制定反洗钱的政策或行业法规,实用性、针对性强。其不足之处是各部门制定的政策间可能存在不衔接甚至冲突的地方。

专门设置模式: 另一些国家对立法或政策制定机构做了明确的限定,如西班牙根据《1994 年反洗钱法》制定的《1995 年皇家法》中,明确规定在国家的最高层面上,由洗钱和金融犯罪委员会负责控制反洗钱立法及政策的制定和协调。这种设置方式的好处是反洗钱的立法和政策具有高度的统一性,但在具体落实时还需要制定更为详细的行业反洗钱指引。

② 反洗钱专门机构。该专门机构在有的国家并不是一个完全独立的机构,而是附设在现有的机构之中。该机构在一国范围内开展统一的反洗钱活动,起着重要的组织、领导和协调作用,它是反洗钱组织体系的"心脏",主要有五个功能:一是分析各种报告数据,发现并侦查可疑交易。二是协调各部门之间的反洗钱行动,对各部门的反洗钱措施进行监督。三是培养社会的反洗钱意识,负责对有关人员进行反洗钱的知识、技能培训。帮助金融机构和从业人员以及经济活动的参与者了解洗钱者最常用的方法,识别可疑交易,促使他们意识到自己在反洗钱中的角色、法律责任和潜在利益。四是指导金融情报局的工作,交流反洗钱情报和经验,定期磋商有关反洗钱工作的重大和疑难问题。五是负责国际反洗钱合作方面的事宜。

金融情报机构是反洗钱专门机构中的一个最重要的组成部分,它在不同的国家被授予的职权也有较大差别。有的仅能接收和筛选获得的信息,有的则具有组织和协调反洗钱政策的职能,还有的甚至具有调查权。在有的国家因金融情报局被授予的职权较大,它本身就等同于一国的反洗钱专门机构。

金融情报机构的基本职能主要有:信息的收集和汇总;信息的整理、分析;信息的国际国内传递和交换。

就反洗钱专门机构(包括金融情报中心)的设置而言,主要有两种最基本的设置形式。

设置独立性较大的专门机构：这种设置形式的独立性主要反映在三方面：一是组织形式独立，不依附于其他机构；二是人员独立，全部为专职人员，机构的领导者由政府高层的指定部门确定，不受其他部门的干涉；三是财政预算独立。这三个独立不但可以减少外界的干扰和工作的阻力，而且还可以保证专门机构的公正性。但是它要求其他机构协调配合的地方多，设置成本相对较高。

设置附属性的专门机构：有的国家将专门机构附设在警察部门等反洗钱上位犯罪的机构中。这种方式有许多优点，有的警察部门本身已设立了处理金融调查事务的机构，反洗钱机构也能够很快设立，运行成本也较低，如英国、德国、瑞典、奥地利、芬兰等。有的国家将专门机构附设在其他机构内，如附设在金融管理部门中，如意大利将反洗钱职责直接赋予外汇管理局，与国际收支统计监测相结合。意大利的经验表明，从工作领域、工作方式上看，外汇管理局具有承担反洗钱工作比较有利的条件。一些国家并不设立反洗钱的专门机构，而是以类似"联席会议"的形式，由与反洗钱有关的机构派出代表，定期召开会议来解决反洗钱中所遇到的重要问题。

③ 反洗钱的其他基础性机构。这类机构在反洗钱组织中起着"四肢"的功能，只有通过它们，反洗钱部门才可将其预防、发现、惩罚的功能发挥出来。其主要包括两类：基础信息提供机构，如金融机构（银行、证券公司、保险机构等）及相应的监管机构，有法定义务向专门机构及时报告反洗钱信息；查处机构，大部分国家的专门机构受财力、人力的限制，都会将认定可疑的报告移送具有侦查权或调查权的警察机关或司法机关，后续的深入调查、审理、定罪等都由这些机关负责。

2. 反洗钱机制的运作。

（1）反洗钱机制运作的特点。反洗钱机制与打击其他犯罪活动的机制相比，有明显的不同，这是与洗钱犯罪的特殊手段分不开的。

运作对象的特殊性——监控资金流动。一是洗钱主体具有特殊性。洗钱者有自然人，也有法人。在现代洗钱活动中，还存在专业的洗钱者。二是洗钱多利用现代金融技术、网络技术来进行资金划转，根本不需要到金融机构柜台办理。因此，欧洲各国都将监控资金流动作为发现洗钱犯罪最重要的途径。

运作领域的广泛性——突破行业、区域甚至国界的分隔。因为以洗钱为目的资金流动是跨行业、跨地域甚至跨国界进行的，反洗钱机制运作必须与此相适应，以突破行业、区域乃至国界的限制，否则，就会阻碍其功能的发挥。

运作方式的先进性——依赖于新技术。犯罪分子不断利用新技术进行洗钱，反洗钱采用的新技术也需及时升级。

运作控制的时效性。如果洗钱犯罪者已经完成犯罪，已被清洗干净的资金就融入了合法的经营经济活动中，难以再从经济体中分离出来。所以反洗钱机制的运作效率一定要高，必须在一定时间内查出。

（2）反洗钱机制运作的方式。目前，各国采用的反洗钱方式有三种，但它们并不是不相容的，而是可以同时使用。大部分国家都会结合本国实际偏重使用某一方式。

传统方式：基本内涵是监督金融活动，找出可疑交易。对洗钱犯罪的查找则主要以手工操作模式为主，如查账簿、翻传票等。

现代运作方式：它并不是与传统方式截然不同的方式，只是在传统方式的基础上采用了更为先进的技术和手段来处理信息技术和进行调查取证。

富有争议的新运作方式：因为富有争议，所以这一运作方式在欧洲国家使用得较少。这一方式是加拿大和美国的司法部门最先采用的，比以往的反洗钱运作方式更主动，其中最有特色的就是诱饵式秘密行动，亦即俗称的"钓鱼执法"。它允许执行机构秘密从事现金交易，甚至设立小银行提供洗钱服务，以此为诱饵吸引洗钱者上钩。但澳大利亚执法机关使用这种方法时则引出了道德、法律、责任等重要问题的争论，因而欧洲各国对该类新方式的运作多持观望态度。

（三）反洗钱机制中的法律、制度

1. 法的概念与功能。法是一种社会规范，是由国家制定或认可、以主体的权利义务为基本内容并最终由国家强制力保障的社会行为规范。概括而言，法的规范功能表现为指引功能、评价功能、预测功能、强制功能和教育功能五种。

2. 部分国家和地区对洗钱犯罪处罚的法律规定。

（1）大陆法系国家惩治洗钱犯罪的法律规定。欧洲国家中属于大陆法系的较多，下面选择有代表性的部分国家进行介绍。如德国《刑法典》第261条对"洗钱罪"规定了具体的罪状、处罚的幅度和标准。"凡窝藏下列来源的财物的，或掩盖其来源，或对此财物来源的侦查、追查、没收与保全进行阻挠或者破坏的，处5年以下监禁，或处罚金。"又如瑞士惩治洗钱犯罪的法律是《瑞士刑法典》。意大利惩罚洗钱的规范，则分为两个方面：一是惩罚洗钱犯罪的刑法规范，主要体现在《刑法典》和《反黑手党法》中；二是惩罚不履行法定的预防洗钱义务的行政法规范，主要体现在《反洗钱法》《统一银行法》等行政法律、法规及其配套的规章中。

（2）英美法系国家惩治洗钱犯罪的法律规定。欧洲的英美法系国家相对较少，对应于《美国法典汇编》中对洗钱活动所规定的四个罪名：非法金融交易罪、非法金融转移罪、推定洗钱罪和以非法所得进行金融交易罪，英国则将洗钱犯罪的刑事立法体现在：《1986年毒品贩运犯罪法》，该法在第24条第一次规定了"协助他人保持毒品贩运利益罪"；《1998年刑事司法法》，在该法第93节A、B、C节中确立了预防洗钱犯罪的重要制度；《1989年防止恐怖主义（暂行规定）法》，在该法的第11条中规定了"协助保持或者控制恐怖犯罪资金罪"；《1990年刑事司法（国际合作）法》，在该法第4条中规定了构成洗钱犯罪的具体行为。

3. 各国反洗钱机制中的法律制度比较。

（1）反洗钱机制立法。鉴于日益严重的洗钱犯罪，许多国家和地区针对各种形式的洗钱犯罪活动制定了相应的法律规定，形成了具有不同特点的洗钱犯罪法律制度。这些法律制度大致分为两类：一是以《刑法典》为主干，采取在《刑法典》增设专门章节或者另行制定、颁布单行法律的方式来规定各种洗钱犯罪行为及相关罪名与法定刑；二是不以刑法法典作为洗钱犯罪制度的主干，而是制定一部或几部关于反洗钱的法律，确立相关犯罪行为和刑事责任，并辅以若干行政法规。

① 不同法系国家关于洗钱犯罪的立法特点。大陆法系国家以成文法典为主要形式，是正式的制定法；英美法系国家的制定法大都为单行法规，没有系统的统一法典。表现在

针对洗钱犯罪的立法问题上,不同法系的国家具有较为鲜明的特点:多数大陆法系国家或直接修改《刑法典》,增加章节对洗钱犯罪行为规定相关的罪名和法定刑,或先由国家议会制定单行法律规定洗钱犯罪的行为,再将"洗钱罪"及相关罪作为全新的罪名引进《刑法典》,并在《刑法典》中规定其刑事责任,如德国、法国、瑞士、意大利、荷兰等。英美法系国家则不同,多数国家对洗钱犯罪的立法采取二级至三级立法规范,从而形成反洗钱法律系统。通常第一级立法规范是制定一部或若干部单行法律;第二级立法规范是制定一系列的行政法规;第三级立法规范是由专门金融监管组织制定、发布适用于所属成员的"指导准则"或"行为守则",这些规范起着与法律规范互为补充的作用。

② 预防性与惩治性分开立法。从各国的立法习惯上看,预防洗钱活动的法规往往表现为行政性法规,如法国于1990年制定的《反洗钱法》,1991年对《反洗钱法》规定了实施细则以及1991年法国银行监管委员会制定的9101号法令,构成了一个预防洗钱活动的完整法律体系。瑞士、意大利、卢森堡等国家都有类似的立法情形。而惩治、打击洗钱活动的规范通常以刑事法律来表现,即在《刑法典》和其他单行刑事法律中规定洗钱犯罪的罪名和法定刑,并以此为标准对洗钱犯罪进行定罪与量刑。如德国议会于1992年7月制定《防止毒品贩运与其他形式的有组织犯罪法》,并在《刑法典》第261条增设"洗钱罪",其立法目的是打击洗钱行为,惩治严重的有组织犯罪活动。

③ 指导性行业规范是反洗钱法律制度的有效补充。在反洗钱机制的有关规范性文件中,指导性行业规范发挥着不可忽视的作用。由于洗钱犯罪在本质上属于必须依托于金融而又危害金融的犯罪活动,金融活动的实践和发展从根本上又影响和制约洗钱犯罪活动,因而,目前各个国家和地区现行的反洗钱指导性行业规范主要是金融监管部门发布的关于反洗钱指导准则以及各金融行业协会制定、颁布的适用于本协会成员的行为守则。如法国银行联合会1991年制定、发布的反清洗毒品赃钱行业规则。指导性行业规范是依据相关法律制定的配套性行政规范或自律性规范,本身不具有法律性质,是反洗钱法律制度的有效补充。

(2) 洗钱犯罪的界定。关于洗钱犯罪的界定问题,各国(地区)理论界和法律界有着不同的理解,并进行过不同的概括。FATF在1990年2月会议的报告中这样描述洗钱:财产的改变或转移;隐藏或者伪装真实特性、来源、位置、部署、移动相关的权利或财产所有权;财产的获得、占有或使用。

在立法上,英国、荷兰、西班牙等国家(地区)认为洗钱犯罪是社会性及综合性的犯罪,因而没有将"洗钱罪"单独设定,而是将洗钱的各种行为规定为若干个罪名,并对具体罪名进行界定。

尽管欧洲各国关于洗钱犯罪仍众说纷纭,但有一种界定被大家普遍认同,也是对洗钱犯罪的最本质特征的概括:**犯罪行为者将其非法所得的资金或财产,通过各种金融工具和交易渠道,转换成来源合法的财产,以掩盖其犯罪性质,逃避法律制裁。**

(3) 洗钱罪的构成要件。任何一种犯罪,其构成要件无非由四个方面组成,即犯罪的主体、犯罪的客体以及犯罪的主观方面和客观方面。

① 洗钱罪的主体。从各国、各地区有关反洗钱刑事法律规范关于犯罪主体的规定看,自然人构成洗钱罪主体已是不言而喻,但法人组织能否成为洗钱罪的犯罪主体,由于

各国、各地区的法律传统和文化背景等情况不尽相同,对法人犯罪也就分别作出了不同的立法规定,存在着"肯定"和"否定"两种模式。从其各自的刑事规范看,英国、法国、荷兰等国家主张法人具有构成犯罪的资格和能力,承认法人是洗钱罪的主体;德国、瑞士、意大利与俄罗斯等国家奉行传统的立法原则,提倡法人为抽象组合,不能接受法律的具体惩罚,因而不能成为洗钱犯罪的主体。

② 洗钱罪的客体。洗钱罪的客体就是洗钱罪的犯罪对象。国际反洗钱法律文件不断发展和完善,紧紧抓住洗钱罪对象的共同之处作为立法原则。《联合国禁毒公约》将洗钱罪对象的表现形式规定为"各种资产,不论其为物质的或非物质的、动产或不动产、有形的或无形的,以及证明对这种资产享有权利或利益的法律文件或文书"。此后的《欧洲反洗钱公约》《欧盟反洗钱指令》都援引了这一提法。

各国、各地区刑事法律规范中关于洗钱犯罪对象的范围规定,归纳起来不外乎以下三种类型:

● 只限于毒品犯罪的收益:在刑法规范中单一地将洗钱犯罪的对象限制为毒品犯罪的收益。

● 包括一切犯罪的收益:如俄罗斯,在其刑法规范中将洗钱犯罪的对象扩展到包括一切刑事犯罪行为的收益。

● 包括特定犯罪的收益:如英国、法国、瑞士、荷兰、意大利等国。

③ 洗钱罪的主观方面。从国际刑法规范以及各国、各地区刑法规范对洗钱罪的规定来看,洗钱罪主观方面的共同之处表现在:"故意"是基本主观构成要件。也就是说,无论是国际刑法规范还是各国家和地区的刑法规范都承认"故意"是洗钱罪的主观构成要件;根据客观事实对主观态度加以判断。不管是国际反洗钱文件规定的"推定明知""推定故意",还是"推定目的",所表达的主观方面的内容与各国家和地区刑法规范中规定的"明知""故意"或"目的"要表达的主观方面的内容基本上是吻合的。

④ 洗钱罪的客观方面。洗钱罪的客观方面构成简单地说就是洗钱罪行为,其形式根据《联合国禁毒公约》的描述有"转换""转让""隐瞒""掩饰""获取""持有""使用"7种基本犯罪行为形式及"参与""合谋""共谋""进行未遂""教唆""帮助""便利""参谋"8种修正行为形式。各国家和地区关于洗钱罪行为的基本构成的规定有以下共同点:

第一,以作为的形式体现。尽管洗钱罪行为的表现形式多样化,但突出的一点是主观作为。

第二,洗钱罪的客观基本构成是行为实施。即只要行为人实施了法定的清洗犯罪收益的行为,即使非法收益的性质与来源未获得隐瞒或掩饰成功的结果,也能构成洗钱犯罪。

因为反洗钱问题从本质上讲仍然属于一个金融领域的问题,所以下面比较一下欧洲各国反洗钱机制中的金融防范制度。

(四)反洗钱机制中的金融防范

虽然洗钱活动有向其他领域转移的趋势,但目前仍以金融领域为主。国外学者甚至断言,利用金融系统是洗钱犯罪的本质。

任何金融产品或金融服务,如银行、信托、投资、保险、证券等不同的金融领域和从事金融业务的各类主体,包括机构和个人,都有被犯罪分子利用的可能。据英国有关方面的统计,在 1996 年上报当局的所有可疑汇款交易中,银行业占 78%,保险公司占 3%,其他金融机构占 19%。可以说,金融机构是反洗钱的核心。

1. 金融机构的责任。

(1) 金融机构的四项基本法定责任。纵观各个国家和地区制定的金融机构反洗钱法定义务与责任,可以发现,它们大体上都围绕以下四项基本法定责任展开,只不过具体的规定有所差异而已。

① 识别客户身份的责任。金融机构对所有申请服务的客户,应制定有效的程序和政策以确定其真实身份。

② 守法经营的责任。金融机构要确保所从事的业务活动符合高度的行业标准及与金融、经营有关的法律法规。对那些它们有充分理由认为是与洗钱行为有关的交易,金融机构应拒绝提供服务或帮助。

③ 与执法机关合作的责任。金融机构应在可能的情况下,与执法部门合作。不得利用改动的、不完整的或有欺骗性的资料蒙骗执法部门。

④ 加强职员培训的责任。金融机构要提高职员的自身素质,加强内部管理,落实员工培训计划。

(2) 部分国家和地区对金融机构法定责任的规定。英国、瑞士、德国、意大利、奥地利、俄罗斯、匈牙利、保加利亚等国家和地区都围绕上述四项基本法定责任,明确规定了本国和本地区金融机构在反洗钱中的法定责任,但侧重点略有差别。

① 侧重“防内防外”兼顾。在界定金融机构反洗钱责任时,英国、意大利等国家和地区侧重将法定责任放在识别客户身份和守法经营上,既注重“防外”又注重“防内”。前者强调金融机构对犯罪分子的抵御,后者强调金融机构的自律。“双管齐下”对于防范洗钱的作用非常明显。

② 侧重“防外”。侧重“防外”的国家注重金融机构识别客户身份和对职员进行培训的法定责任。这并不表示这些国家不重视金融机构的内部控制。事实上,由于这些国家大都金融业高度发达,金融机构自身的自律性很高,同业公会的反洗钱指引的权威性也相当高,故而无须再用法律对其内控责任加以过细的规定。美国是该特点最为突出的国家。

③ 侧重“防内”。侧重“防内”的国家注重金融机构的守法经营责任,这反映了这类国家对金融业尤其是银行业的发展思路。瑞士较为典型。

2. 金融机构反洗钱的内部控制。在巴塞尔银行监督管理委员会的努力下,金融机构反洗钱的内控制度有了一个国际性的准则。许多国家都根据这个准则来建立或进一步完善本国金融机构反洗钱的内控制度,这也使得各国金融机构的反洗钱内控制度具有较大趋同性。

各国金融机构防范洗钱的内部控制一般都包括以下内容:

(1) 建立内部控制程序和业务手册。为将反洗钱法具体化、细则化,金融机构都要根据自己的业务范围、客户对象、所在地区的不同特点,制定具可操作性的反洗钱内部规章制度和有关的内部指引。

(2) 确认客户的身份。金融机构应采用合理的步骤及时有效地获取客户的身份证明文件,确认其真实身份。

(3) 交易记录的保存。金融机构应采取必要的手段保存所掌握的客户财务状况以及重要的交易细节,使有需要的人员能够及时查询客户资料。

(4)交易的报告。金融机构应切实担负起监督资金流向的责任,及时报告可疑交易。

(5)加强员工反洗钱教育和培训。金融机构本身必须确保员工充分理解他们在反洗钱中的职责和相关法规,并接受适当的培训。

3.反洗钱机制中的金融监管。由于金融机构合理履行反洗钱义务是其依法合规经营的一部分,因此,对金融机构的反洗钱措施执行情况进行监管是金融监管部门的重要工作内容。而对于金融机构来说,虽然法律赋予其反洗钱义务,但作为独立的经济实体,其自律性始终是有限的,需要金融监管来保证其法定义务的履行。

从欧洲各国的实践来看,在金融监管体系相对比较完善的情况下,由金融监管机构对金融机构反洗钱进行监管,不但可以直接利用现有监管体系,避免机构的重复设置,节约社会成本,而且也利于提高监管的效率和效果。

(1)反洗钱金融监管所要求具备的条件。具体包括:较高的技术设备水平;完全的规章制度;权责分明的岗位设置;各金融监管机构的密切合作。

(2)反洗钱金融监管中的重点。根据各国的经验,金融监管机构在反洗钱中的监管重点要放在以下方面:

金融机构的市场准入监管;金融市场公平竞争监管;跨系统、跨地区资金流动的监管;跨国金融机构的监管;对金融机构履行反洗钱义务情况进行评估和检查,在金融机构未履行义务时责令其改正并予以处罚。

第三节　反洗钱法的基本原则

反洗钱法的基本原则,是由反洗钱法规定的关于在反洗钱的全过程或主要阶段,反洗钱主体进行反洗钱活动所必须遵循的基本准则。

一、反洗钱法的基本原则、性质和功能

作为反洗钱法确立的基本准则,反洗钱法基本原则具有以下四个特点:

1.体现的规律性。反洗钱法基本原则往往包含着丰富的反洗钱原理,体现了反洗钱活动的基本规律。如反洗钱作为一项公权行使活动,如何同保护私权协调,建立公权行使与私权保护的有机平衡,成为反洗钱法的基本问题。因此,个人隐私和商业秘密义务豁免原则是否确立,便成为衡量反洗钱法科学规范与否的标志之一。

2.规范的法定性。反洗钱基本原则是由反洗钱法明确规定的原则。原则是一部法律基本点的体现,离开了对基本原则的规定,这部法律就失去了精髓;而具体的法律规定必须反映并体现其基本原则。因此,只有被法律规范所确认并写入法律的,才称得上法律的基本原则。由此,反洗钱法有关报告内控制度中的"了解你的客户原则""保存交易记录原则""报告大额和可疑交易原则""内部监控与职员培训原则"被反洗钱法所确认并加以规范,其四项原则便构成报告内控制度的四项基本法律原则。

3.适用的普遍性。即反洗钱基本原则是贯穿于反洗钱全过程的,它在适用上具有普

遍性的特点。在适用于反洗钱的各个阶段上,不仅国家专门机关及其工作人员应当遵守,而且其他反洗钱义务主体也应当遵守。

4. 效力的约束性。即反洗钱法基本原则具有法律约束力。这些基本原则虽然较抽象,但各项具体的反洗钱制度与机制都必须与之相符合,否则就会违背这些基本原则,并承担相关的法律后果。

上述反洗钱的基本原则是一部完善的反洗钱法所确立的基本法律规范,是各国总结长期反洗钱的立法经验、司法实践与教训的借鉴,是国际反洗钱合作的成功经验融合,反映了反洗钱斗争的客观规律和基本要求,对反洗钱具有重大的指导意义。因此,上述反洗钱基本原则是反映反洗钱斗争基本规律与根本要求的,一旦上升到法律规范,就使得反洗钱法注入了现代化的内容,使得法律体现时代性,把握规律性,赋予创造性,因而具有科学性与时代特征。用这些基本原则指导反洗钱执法、司法实践,一定会产生良好的法律效果和社会效果。

(一) 反洗钱法基本原则的产生

反洗钱法基本原则的确立并付诸立法,是在国际洗钱与反洗钱力量对比并互动消长的背景下被确立的,进而作为基本原则融入反洗钱法律法规体系。最早提出并确定的是巴塞尔银行监管委员会于 1988 年《关于防止利用银行系统用于洗钱的声明》所确立的反洗钱的三原则,即:了解你的客户;遵守法律;与执法当局合作。

1. 有关识别客户身份原则的要求是:为了确保金融系统不成为适合于犯罪资金使用的渠道,银行应做出合理的努力去确定要求提供服务的所有客户的真实身份。应特别注意账户的所有权以及使用安全保管设备的客户。所有的银行应建立有效的程序去获得新客户的身份证明。巴塞尔原则声明特别强调,不与没有提供其身份证据的客户进行重要的业务交易,应成为银行明确的政策。

2. 有关遵守法律原则的要求是:银行的管理层应确保银行所进行的业务符合高尚的道德标准,确保银行按照有关金融交易的法律和规则进行业务活动。巴塞尔委员会承认银行可能没有办法知道有关的交易是否来自或构成犯罪活动的一部分,在国际范围内难以确保代表客户的跨国交易遵守他国的法律。但原则声明强调指出,银行对于有合理的理由推定与洗钱活动相联系的交易,不应提供服务或协助。

3. 有关与执法当局合作原则的要求是:银行应在有关客户保密的当地规则所允许的范围内,充分与国内执法当局合作。银行应特别注意避免对采用改动的、不完善的、误导信息的方法去欺骗法律执行机构的客户,提供支持或协助。在银行认识到储存的资金来自犯罪活动或进行的交易具有犯罪意图的情况下,银行应采取符合法律的适当措施,例如拒绝协助、切断和客户的关系、关闭或冻结账户。

事实上,随着各国金融机构不断强化其自身的内部控制制度,洗钱领域已逐步从金融领域向非金融领域转移,其他行业如拍卖、典当、租赁、珠宝和贵金属销售、汽车销售、律师、会计师、资产评估、房地产评估等非金融行业或职业都已经成为洗钱的重要渠道。因此,我国的反洗钱主体并不仅限于金融领域,也不能仅限于银行,而是包括银行、投资、证券、保险等不同金融领域和从事金融业务的各类主体以及所有的商业主体、中介组织和个人。

(二)反洗钱法基本原则的内容

反洗钱基本原则作为指导反洗钱的一般性规定,应该包括个人隐私和商业秘密义务豁免原则、完善报告主体内控制度原则、合法审慎原则、协调配合原则和国际合作原则。也就是说,反洗钱法基本原则的内容可概括为五个方面。

1. 个人隐私和商业秘密义务豁免原则。洗钱犯罪都是以一定的方式将黑钱加以合法化,如果掌握了相关洗钱信息就实际上掌握了洗钱犯罪的相应证据。因此,加强打击洗钱犯罪必须以相关信息的获取为前提和基础。而根据有关法律,有关机构有为客户提供保密的义务要求。以银行为例,我国的《商业银行法》就明确规定了商业银行的保密义务,规定只有在法律有规定的情况下,才可以查询储蓄账户;在法律和行政法规规定的情况下,才可以查询单位账户。同时,银行长期以来实行保密义务制度对于保护公民的隐私权、维护公众对银行的信心具有极为重要的意义。因此,反洗钱法中要求金融机构的报告义务就与其所要实行的保密义务发生冲突,这就要求立法模式中应该在保护客户隐私与监控、报告可疑交易之间找到恰如其分的平衡点。如果过于草木皆兵,必然会吓跑客户,甚至会面临客户的起诉;但监控不严、疏于防范,又会触及反洗钱法的红线。司法实践证明:洗钱犯罪分子之所以能够得逞,在很大程度上与严格的银行保密制度有关。

自 20 世纪 30 年代以来,许多国家相继颁行银行保密法,其动机在于:一是认为它体现对人权尊重的重要内容——隐私权保护;二是认为它有助于本国经济特别是金融发展。然而,一切洗钱活动无不与银行保密制度直接或间接相关,保密法越严格,洗钱活动越猖獗。因为银行保密制度使得洗钱能够轻易得逞,往往会严重妨碍对犯罪及其洗钱活动进行有效的调查和取证。因此,人们日益认识到,银行保密制度固然有其存在的价值,但一旦为犯罪大开方便之门,损及社会整体利益,就会丧失(至少是部分丧失)其存在的合理性。所以,必须对严格的银行保密原则加以改革。

2. 完善报告主体内控制度原则。通过反洗钱内控制度的建立,强化本部门的反洗钱机构,明确反洗钱的义务和责任,规范反洗钱内控制度的建立,强化本部门的反洗钱机构,明确反洗钱的义务和责任,规范反洗钱工作内容和措施,监督和评估本部门的反洗钱工作。通过反洗钱工作机构的建立,设立专门的反洗钱工作机构或者指定内设机构负责反洗钱工作,并配备必要的管理人员和技术人员,为做好反洗钱工作提供机构、人员和制度上的支持与保障。就内控制度而言,则包括了解你的客户原则、保存客户交易记录原则、报告大额和可疑交易原则、制定内容监控和职员培训原则。

3. 合法审慎原则。合法审慎原则是指反洗钱机构和人员应当遵循高尚的道德标准,严格遵守有关的法律和法规,谨慎认真地履行应尽的义务,对其有充分理由怀疑与洗钱有关的交易,应拒绝提供服务或进行交易,并向有关当局报告。同时,又要保守在反洗钱过程中获知的反洗钱信息。除法律规定以外,不得向任何单位和个人提供反洗钱信息,也不得将反洗钱信息用于法律规定之外的目的。

4. 协调配合原则。反洗钱体系是一个事关多个部门合作的浩大工程。它涉及金融、财政、税务、工商、海关、外汇管理、外交等多个部门,也涉及法院、检察院等司法机关。没有反洗钱部门之间的协作配合,不可能建立起有效的反洗钱机制,形成合力,也就不可能取得反洗钱成效。因此,反洗钱主体的协调合作对于反洗钱工作的开展非常重要。开展反洗钱的协调合作,主要表现为:承担反洗钱义务的所有机构及其人员同执法机关、司法机关之间建立协调合作机构;各有关部门建立协调合作机构,确保洗钱的信息能够在各部门之间及时交流,在预防、调查和打击等方面合理分工、科学衔接、相互配合、协调一致,形成合力。

5. 国际合作原则。随着经济全球化,洗钱行为已经不单单局限于一国范畴,而成为一种跨国性犯罪行为。特别是洗钱行为总是与跨国犯罪集团如有组织犯罪、恐怖组织犯罪、官员及跨国组织腐败等密切联系,成为国际社会的"毒瘤"。因为涉及多个国家的不同司法体系,存在司法管辖上的"涉外因素"和"灰色区域",监管难度特大,必须通过司法合作才能实施有效防范与打击。

二、反洗钱法的基本框架

从各国和地区反洗钱立法的情况看,反洗钱法律体系一般包括三个层次:立法机关制定的专门反洗钱法律;由政府或者政府部门根据法律授权颁布的行政法规;由金融监管部门制定的规章或者具有法律效力的反洗钱政策指引。但是无论采取何种立法形式,反洗钱法律制度一般包括下列主要内容:

(一)对洗钱行为的刑事处罚

在已经建立反洗钱法律制度的国家和地区,无一例外都将洗钱行为列为刑事犯罪。有关国际公约也要求将尽可能广泛的洗钱行为规定为刑事犯罪,例如《联合国打击跨国有组织犯罪公约》第六条就要求各缔约国依照本国法律的基本原则,采取必要的立法或者其他措施,将下列故意行为规定为刑事犯罪(洗钱罪):明知财产为犯罪所得,为隐瞒或掩饰该财产的非法来源,或为协助任何参与实施上位犯罪者逃避其行为的法律后果而转换或转让财产;明知财产为犯罪所得而隐瞒或掩饰该财产的真实性质、来源、所在地、处置、转移所有权或有关权利。

狭义上对于洗钱行为的刑事定罪,体现于各国法律或国际公约中的"洗钱罪"罪名。其中国际公约关于洗钱罪的规定较为一致,例如《欧洲反洗钱公约》关于洗钱罪的规定即与《联合国打击跨国有组织犯罪公约》对洗钱罪的定义较为一致,其中第六条规定的洗钱罪是指:明知财产来自犯罪收益,出于隐瞒或者掩饰该财产的非法来源,或者为了协助任何参与犯有上位犯罪的人逃避其行为法律后果的目的,而转换或者转让该财产的;明知财产是犯罪收益,隐瞒或者掩饰该财产的真实性质、来源、所在地,处置、转移相关的权利或者所有权的。各国法律关于洗钱罪的规定则差异较大,例如《瑞士刑法典》规定的洗钱罪是指"实施阻碍调查非法财产来源,寻找或没收行为人明知或应当知道是来自犯罪所得财产利益的行为";《意大利刑法典》规定的洗钱罪则是指"对产生于非过失犯罪的钱款、财物或其他利益进行替换或者转移,或者针对上述钱款、财物或其他利益进行其他活动,以便阻碍对其犯罪来源的甄别的"行为。

而对于洗钱罪的对象则有下列不同表述:从刑事犯罪中产生的任何经济利益;得自上位犯罪或者参与此种犯罪的财产,这里的财产一般是指各种财产,无论其为物质的或者非物质的、动产或者不动产、有形的或者无形的,以及证明对这种资产享有权利或者权益的法律文件或文书;我国的规定则是来自多种上位犯罪的"违法所得及其产生的收益"。

但是无论是"利益""财产"还是"所得",其本身并没有实质差别,其区别在于财产(利益或所得)的上位犯罪的范围。

各国对于洗钱行为刑事定罪的差异主要体现在洗钱罪上位犯罪的不同范围上。简单而言,洗钱罪的上位犯罪一般是指产生财产、所得或收益的特定犯罪。例如,《联合国打击跨国有组织犯罪公约》定义的"上位犯罪"是指由其产生的所得可能成为洗钱罪的对象的任何犯罪。从国际反洗钱刑事立法来看,对洗钱罪的上位犯罪,有的规定为所有的刑事犯罪,有的规定为特定种类的犯罪,还有的仅规定为毒品犯罪。中国的《反洗钱法》则规定了毒品犯罪、黑社会性质的组织犯罪、恐怖活动犯罪、走私犯罪、贪污贿赂犯罪、破坏金融管理秩序犯罪、金融诈骗犯罪等均为洗钱罪的上位犯罪。而金融行动特别工作组《40 项建议》则要求,无论采取何种方式,每个国家所规定的洗钱罪上位犯罪至少应包括其所列举的 20 种特定犯罪。

洗钱罪的罪过形式一般为故意(明知),过失行为不构成本罪。在洗钱罪中对"明知"的认定,各国法律的规定也存在较大差异。我国对洗钱罪中的"明知"则采取主客观结合的方式来认定:一方面,洗钱罪的犯罪主体需明知是来自上位犯罪的违法所得或收益;另一方面,洗钱罪的犯罪主体所掩饰或者隐瞒的的确是来自上位犯罪的非法所得或收益。而有些国家对洗钱罪中"明知"的要求则相对宽泛一些,例如有的国家仅要求犯罪主体明知其所掩饰或隐瞒的违法所得或收益来自犯罪行为即可,而不要求其明知违法所得或收益来自上位犯罪。

(二)反洗钱的制度要求

开展反洗钱的制度要求包括以下方面:

1. 客户尽职调查制度。客户尽职调查,是指金融机构和特定非金融行业以及律师、会计师等专业服务人员在与客户建立业务关系或与其进行交易时,应当根据官方或其他可靠的身份识别资料,确立和记录其客户的身份。客户尽职调查措施一般应包括:使用可靠的、来源独立的文件、数据或信息识别客户和核实客户身份;采取合理措施核实受益人身份,对于非自然人客户,应采取合理措施了解其所有权和控制结构;了解客户的目的和性质;对客户进行持续的尽职调查;严格审查与客户进行的交易,确保该交易与其所掌握的资金来源等客户信息相一致。客户尽职调查的具体措施,则应根据客户、交易的类型等风险敏感度确定。

尽职调查的对象,一般应区分自然人和法人及其他组织。对自然人,应该按照官方正式身份证件核实其姓名、年龄、居住地等情况,并要求其提供交易资金或其他财产的合法来源证明文件;对法人和其他组织,应要求提交其成立的官方证明文件、章程和税务登记证以及股东或受益人、章程和税务登记证以及股东或受益人、董事等高级管理人员的身份证明等文件。另外,尽职调查还应该了解客户代理人或者代理机构、信托机构等中介人(或机构)的真实身份。

2. 大额和可疑交易报告制度。反洗钱工作的核心问题和基础工作就是可疑交易信息的采集、分析和报告。大额交易报告制度,是指凡在规定金额以上的交易,不论是否可疑,都应当向反洗钱主管机关报告的制度。可疑交易报告制度,则是指当报告机构怀疑或有合理理由怀疑客户的资金交易与其身份或营业性质不符,或可能来自犯罪活动或与恐怖融资有关时,必须迅速按照规定的程序向反洗钱主管机关报告的制度。这两种报告制度最初主要是针对金融机构提出的反洗钱要求,但是金融行动特别工作组《40 项建议》已经要求将可疑交易报告制度适用于所有特定的非金融行业和专业服务领域。

金融和非金融机构及其工作人员对可疑交易的识别是为了执行向反洗钱主管部门报告可疑交易,但是可疑交易不像大额交易那样可以通过立法的方式加以量化,因此各国一般通过"反洗钱指引"总结以往的反洗钱工作经验,规定可疑交易的识别和报告标准。我国的《金融机构大额和可疑外汇资金交易管理办法》通过区分现金交易、非现金交易,借鉴了其他国家的反洗钱经验,提供了接近 60 种可疑外汇交易的识别和报告标准。

3. 记录保存制度。为有效打击洗钱活动,掌握资金活动的走向和交易链,要求金融机构保存客户身份和交易记录。因此,各国反洗钱法律和有关国际公约都规定了相应的记录保存制度。所谓记录保存制度,是指报告机构在遵循适当程序的前提下,根据反洗钱主管当局或相关法律的要求,将所有必要的国内或国际交易记录、客户身份资料、账户档案以及业务书信等保存一定期限的制度。所保存的金融交易记录需足以完整重现每笔交易,从而有利于反洗钱执法机关追踪资金走向,并在必要的时候能够作为刑事诉讼的证据。金融行动特别工作组的《40 项建议》规定,报告机构应将上述资料至少保存 5 年。我国《金融机构反洗钱规定》也采纳了《40 项建议》的规定,具体为:账户资料,自销户之日起至少保存 5 年;交易记录,自交易记账之日起至少保存 5 年。

4. 特定非金融机构的反洗钱责任。作为现代社会资金融通的主渠道,银行、证券、保险等金融系统是洗钱的易发、频发的高危领域。但金融机构并不是洗钱的唯一渠道。随着金融监管制度的不断严格和完善,洗钱逐步向非金融机构渗透。例如,持有大量现金,对犯罪集团来说是件极其危险的事情。因此,有些犯罪分子就通过购买珠宝、古玩以及贵重艺术品等,以此为载体转换现金形态,同时也便于走私和变现。

因此,一般而言,反洗钱法不仅规定银行、证券、保险等金融机构是反洗钱义务主体,还规定房地产销售机构、第三方支付、贵金属和珠宝交易机构、拍卖企业、律师事务所、会计师事务所等特定非金融机构也应承担预防、监控洗钱的义务。而且这些特定非金融机构也应建立反洗钱内部控制制度,设立反洗钱专门机构,指定专门人员负责,并进行反洗钱培训和宣传工作。《中华人民共和国反洗钱法》的实践也充分体现了上述立法基本原则,包含了上述立法基本框架,其有关内容则在本章和下面几章中结合具体的制度进行更完整、更具体的介绍和分析。

本 章 小 结

本章从全球层面概述了反洗钱法律制度的演变历程,阐述了反洗钱规制的发展走向并指出其内涵和外延有越来越被扩大的趋势。在对反洗钱法律制度进行分类的基础上,对美国的反洗钱战略定位和目标、法律体系、执行机制、金融机构的相关法定责任、金融监管等做了较系统的介绍。接着将美国和欧洲主要国家的反洗钱法律体系进行了对比分析,特别梳理了反洗钱组织架构在不同国家的不同设置模式及其特点。最后,阐述了反洗钱法的基本原则、架构及内容。同时,也强调了反洗钱执行的三大核心手段,即客户尽职调查、大额及可疑交易报告、客户身份及交易信息的记录与保存。

重 要 概 念

反洗钱战略　FinCEN　尽职调查　可疑交易报告

习题与思考题

1. 简述全球范围内反洗钱法律规制的演进历程。
2. 试述反洗钱法律制度的发展趋势。
3. 中美反洗钱战略是否存在差异? 若存在,请加以阐述。
4. 中国与英美为代表的西方发达国家相比,其反洗钱法律及其实践存在哪些差异?
5. 洗钱罪的构成要件有哪些?
6. 反洗钱法基本原则的内容可概括为哪五个方面?
7. 金融机构反洗钱的三大核心手段是什么? 为什么?
8. 反洗钱组织架构的设置有哪些模式选择? 各自的优劣势是什么?

第五章

反洗钱内控制度

第一节　反洗钱内控制度基础

包括金融机构在内的任何一家企业,欲实现可持续性的稳健经营,均离不开一个完善有效的内控制度,而反洗钱又构成内控制度中不可或缺的重要组成部分。

一、反洗钱内控制度的内涵

内部控制制度一般指金融机构为实现经营和管理目标,有效规避和控制经营风险,通过制订和实施一系列的制度、程序和方法,对市场风险、法律风险、操作风险等风险进行事前防范、事中控制、事后监督的动态过程和机制。

伴随审慎监管原则的确立和发展,金融机构建立健全内部控制制度、加强风险管理的重要性日益突出。我国《银行业监督管理法》《证券法》等法律在确立以风险为导向的审慎监管原则的同时,明确要求金融机构应当加强风险管理和内部控制制度。国务院有关金融监督管理机构则陆续发布了《商业银行内部控制指引》《证券公司内部控制指引》《保险公司内部控制制度建设指导原则》《保险中介机构内部控制指引(试行)》等一系列规范性文件。在进一步规范市场经济秩序和建立商业诚信的过程中,内部控制制度是否健全、业务处理流程是否规范也将逐步成为客户选择金融机构的重要考虑因素。

金融机构是货币经营机构,更是社会资金流动的载体,借助代理业务关系、高科技手段以及金融衍生产品,资金在全球范围内的流动成为现实。金融机构,尤其是银行类金融机构客观上容易被犯罪分子利用从事洗钱活动。金融机构一旦涉入洗钱活动以及其他违法犯罪活动,将严重影响金融机构在公众中的形象和声誉,削弱公众对金融机构的信任,影响其资金安全、经济效益和稳健经营,甚至涉入司法程序,引发挤兑、支付和破产危机。国际商业信贷银行(BCCI)破产案和美国里格斯银行(Riggs National Bank)收购案就是例证。因此,洗钱风险的控制和预防是金融机构风险管理的重要内容,反洗钱内部控制制度是金融机构内部控制制度的重要组成部分。要求金融机构建立反洗钱内部控制制度,有利于提高金融机构的风险意识,加强自我约束和风险管理,引导金融机构全面切实履行客户身份识别、可疑交易报告、交易记录保存等反洗钱义务;逐步实现反洗钱监管由单纯的合规监管向合规监管和风险监管并重且以风险性监管为主,由注重现场检查向现场检查和非现场检查相结合且以非现场检查为主,由实质性检查为主向根据被监管者反洗钱内控制度执行情况决定实质性检查的范围、时间和方法并适当减少实质性检查,由单纯强调严查重罚向引导被监管者建立责权分明、平衡制约、制度健全、运作有序的反洗钱内控制度四个方面的转变。建立健全反洗钱内部控制制度,不仅不会影响金融机构正常的业务活动,而且是金融业进一步实现审慎监管、依法经营的应有之义。

二、反洗钱内控制度的要素

在反洗钱内部控制框架中,包括五个既相互关联又具有管理功能的要素:

第一,环境控制。指金融机构所创造的内部控制氛围。它既包括内部员工的诚信程度、职业操守和专业胜任能力,还包括领导管理层对内部控制重要性的态度、认识和管理措施。反洗钱是一项需要自上而下推动开展才能确保实效的合规工作,高管人员给予反洗钱工作的支持和指导是营造良好内部控制环境的关键因素之一。

第二,风险评估。指确定和分析金融机构所面临的相关风险,针对如何应对风险作出决策,并密切关注其发展变化情况。风险评估的目标是通过了解、分析和评价反洗钱内部控制中存在的主要风险环节和风险点,进而采取适当的管理措施,尽量将风险概率降到最小、风险程度降到最低。

第三,活动控制。指为实现反洗钱内部控制目标而实施的各种政策、程序和方法。活动控制系在整个金融机构内部的各个级别、各个部门展开,涉及所有业务环节,目的在于全面防范各种洗钱风险和合规风险。

第四,信息与交流。指金融机构内部各部门、各分支机构之间以及其与外界之间相互联系和传递各种反洗钱政策或信息,帮助管理层作出正确决策,同时使所有员工了解自己在内部控制体系中的职责和作用,提高反洗钱工作效率。

第五,监督与纠正。指对内部控制制度的建设和运行进行监督,包括各业务部门的自我监督和评价,以及接受合规管理部门的监督检查,还包括稽核部门开展独立的内部审计等。反洗钱监督检查的频率和范围取决于风险评估及相应管理措施的有效性。

三、反洗钱内控制度的本质特征

首先,反洗钱内部控制并不是各种制度、管理办法的简单堆砌,而是一个有特定目标的涉及制度、组织、方法、程序的综合体系,它体现在银行的日常经营管理及各项业务活动中。

其次,反洗钱内部控制应是内部控制制度制定、执行与监督的统一体。只有当反洗钱内部控制被纳入银行的基本框架并成为有效的制衡机制时,内部控制才能产生最大的效果。

最后,反洗钱内部控制是由金融机构的董事会、经营管理层和其他员工共同实施的,它强调了全员参与的重要性。内部控制不只是某个特定时期执行的程序或政策,应在银行内部的各级机构得到长期的实施。

四、反洗钱内控制度的基本原则

反洗钱内部控制是一项与反洗钱工作实际紧密联系的管理手段,因此,金融机构在设计制度时应当具体问题具体分析,按照一定的原则建立符合自身管理需要的内部控制体系。

1. 全面性原则。反洗钱内部控制应渗透到所有业务过程和各个操作环节,包括与客户业务关系的建立、存续、终止的整个过程。反洗钱内部控制应覆盖所有与反洗钱义务相关的部门、岗位和人员,所有的反洗钱从业人员都必须有明确的工作职责。

2. 审慎性原则。反洗钱内部控制的核心是有效防范洗钱风险,因此在新建时必须以审慎经营为出发点,充分考虑各个业务环节潜在的风险,通过建立适当的程序,采取适当的措施,避免和减少风险。各项经营管理活动,尤其是设立新机构或开办新业务,均应体现"内部控制优先"的要求。

3. 有效性原则。反洗钱内部控制制度应当发挥其控制效应,并且应随时根据国家政策法规、形势发展的需要以及业务变化的新特点,适时修订完善内部控制制度,确保其在各部门和各岗位得到全面贯彻和落实。

4. 相对独立性原则。反洗钱内部控制的检查、评价部门应当独立于内部控制制度的制定和执行部门,并有直接向董事会和高级管理层报告的渠道。内部控制作为一个独立的体系,必须独立于其所控制的业务操作系统,并且每一个内部控制的操作环节也应相对独立。

五、反洗钱内控制度的意义与目标

反洗钱内部控制制度建设是金融机构反洗钱工作顺利开展的基础。如果一个金融机构的内部控制制度不健全,反洗钱工作将难以有效地开展。在构建反洗钱内部控制的过程中,金融机构应目标明确,有的放矢,使内部控制的各项方法、程序及措施在反洗钱工作中切实发挥保障作用。

(一)加强反洗钱内部控制的意义

有效的反洗钱内部控制实际上是金融机构从制定、实施到管理、监督的一个完整的运行机制,是金融机构反洗钱工作的重要组成部分,也是金融业务安全、良好运行的基础。加强反洗钱内部控制的意义主要体现在以下几个方面:

第一,凸显外部监管的要求。在我国反洗钱监管体制中,中国人民银行作为行政主管部门的外部监管是防止利用金融系统从事洗钱活动、维护金融稳定的重要保障。金融机构建立反洗钱内部控制制度的目的就是对自身金融业务中可能出现的洗钱风险进行预防和控制,这与中国人民银行外部监管所要达到的目标是一致的。

第二,是金融机构依法经营的内在需要。由于金融机构以追逐商业利润为主要目的,一些机构在经营中往往偏重于业务拓展,甚至不惜以违规操作来实现利润目标。只有加强内部控制制度建设,建立有效的内部控制体系,才能确保依法经营原则真正地落实到每一个业务环节和工作岗位,从根本上杜绝违规事件的发生。在发生洗钱案件时,反洗钱内部控制制度往往成为行政机关和司法机关判断该金融机构及其工作人员是否应承担法律责任的重要参考。

第三,是保障金融业安全的基础。由于洗钱具有很强的行业选择性,洗钱者往往利用监管相对松弛的行业实施洗钱,使得洗钱风险容易通过渗透效应影响到整个金融体系的稳定。这就要求每一个金融机构都必须完善内部控制措施,增强抵御洗钱风险的能力,为保障国家金融业的安全奠定基础。

第四,是金融机构参与国际竞争的前提条件。反洗钱是大多数国家尤其是发达国家对金融机构国际化战略的必然要求,特别是中国加入 FATF 后,金融机构要参与国际竞争,就必须有强有力的内部控制制度作为保证,并按照国际规则和标准开展反洗钱工作。

(二)反洗钱内部控制的目标

反洗钱内部控制要实现以下目标:

第一,保证国家反洗钱法规政策的贯彻执行。贯彻执行反洗钱规定,不仅能使自身开展反洗钱工作具有法律保障,而且可以避免因违规操作而遭受的监管处罚或声誉损失。

第二,通过制度控制防范洗钱风险。金融业是一个资金高度集中的行业,容易成为洗钱的渠道。随着经济金融全球化的发展,洗钱风险跨市场、跨地区和跨国界渗透不断加剧,因此,要求金融机构建立与其组织架构及业务性质相适应的反洗钱内部控制制度,防范可能产生的洗钱风险。

第三,确保金融机构各项业务的稳健运行。有效的反洗钱内部控制体系明确了金融机构办理各种业务所必须遵守的反洗钱制度和程序,通过履行客户身份识别、交易记录保存以及大额和可疑交易报告等反洗钱义务,在防止自身成为洗钱工具的同时,又能够确保各项业务安全、高效运行,使机构的经营目标得到最大限度的实现。

第二节　反洗钱内控制度构建

一、反洗钱内控制度构建的基本要求

金融机构在世界各国都受到严格监管,在市场准入和风险管理方面,都有严格的标准和要求。鉴于反洗钱对于打击刑事犯罪的重要意义,以及由于资助恐怖活动与洗钱联系

日益紧密,金融机构违反反洗钱要求可能导致不必要的法律风险,或者被处以高额罚款,甚至被责令退出市场。同时,为防止被犯罪分子利用而从事洗钱活动,金融机构需要建立完备的组织结构和管理体系,配备适当的人力资源和技术设备。因此,无论从其所应承担的反洗钱义务,还是从其本身自有资源能力而言,金融机构都有必要设立专门的反洗钱机构,或指定内设部门专门承担反洗钱工作。目前,绝大多数金融机构都专门设立了合规部,或指定法律部负责反洗钱工作。

考虑到金融机构在组织结构、经营规模、业务范围和风险特点等方面存在差异,以及适当平衡经营成本、人力资源与反洗钱工作需要的关系,《中华人民共和国反洗钱法》没有统一要求金融机构设立反洗钱专门机构,而是灵活规定金融机构可以在设立反洗钱专门机构或者指定内设机构负责反洗钱工作之间进行选择。反洗钱专门机构是指金融机构为履行法律规定的反洗钱义务专门设立的、专职负责反洗钱工作的独立机构,通常由反洗钱合规官担任部门负责人。指定内设机构是指金融机构为履行法律规定的反洗钱义务,指定一个或若干个已有的内设部门负责客户身份识别、大额和可疑交易报告、客户身份信息和交易记录保存等工作。实践中,许多金融机构就是指定法律合规部、财务会计部、资金结算部、审计部、安全保卫部等内设机构负责反洗钱工作。金融机构设立反洗钱专门机构或者指定内设部门负责反洗钱工作还包括两个方面的含义:一是金融机构必须配备必要的管理人员和技术人员,给予必要的财务保障和技术支持;二是反洗钱专门机构或者指定的内设部门应具有一定的独立性和超脱性,不直接干涉或参与业务部门的日常经营活动。

二、反洗钱内控制度构建的核心内容

金融机构应当建立反洗钱内部控制制度是国际组织和各国(地区)立法普遍要求采取的反洗钱措施。美国《爱国者法》、英国《反洗钱条例》、德国《严重犯罪收益侦查法》、比利时《防止金融系统洗钱法》等多数国家和地区的反洗钱立法都对反洗钱内部控制制度的具体要求作出了细致规定。美国、英国、德国、比利时等开展反洗钱工作比较先进的国家,还明确要求金融机构应指定反洗钱合规官员,专门负责本机构的反洗钱事务。

金融行动特别工作组(FATF)反洗钱《40项建议》第15项规定,金融机构应制订反洗钱和反恐融资措施。这些措施应包括:(1)制订内部政策、程序和控制措施,包括在管理层指派监察人员,以及在聘用员工培训方面采用严格的审查程序,确保雇员素质良好;(2)持续进行雇员培训计划;(3)建立审计机制,以对系统进行测试。

沃尔夫斯堡集团《全球私人银行反洗钱准则》规定,银行应建立由私人银行家、独立运作组织、内部审计等参与的多层次控制体系,并采取措施建立切实可行的标准的内部控制政策。内部控制政策应包括:时机的适当选择、控制的程度和范围、义务责任以及追踪调查等问题,并由专门独立的审计职能机构检验其预期效果。

巴塞尔银行监管委员会《关于防止利用银行系统用于洗钱的声明》指出,所有银行应正式采取与本声明中的原则一致的政策,并且应确保将有关政策通知各地所有相关的雇员。为促进遵守这些原则,银行应采用识别客户与保留交易内部记录的特定程序。内部审计范畴需要适当扩展,以便建立检验遵守本声明情况的有效手段。

一般而言,反洗钱内部控制制度的设计和制定应至少达到三个方面的目标:一是应将反洗钱要求融入业务工作程序和管理系统,使反洗钱成为金融机构整体风险控制的有机组成部分,成为全体员工自觉维护自身机构信誉、防止本机构被洗钱犯罪分子利用的制度保证,从而避免或减少被动卷入洗钱活动而产生的法律风险、经济损失以及对自身信誉的损害。二是反洗钱内部控制制度的制定和实施应能够保证本机构通过客户身份识别等基本制度,有效发现、识别和报告可疑交易,协助反洗钱监管机关和司法部门发现和打击洗钱等违法犯罪活动。三是反洗钱内部控制制度应与金融机构的经营规模、业务范围和风险特点相适应,并具有根据自身业务发展变化和经营环境变化而不断修正、完善和创新的能力,为金融机构应对不测或突发事件奠定坚实的基础。

《中华人民共和国反洗钱法》第16条至第22条对金融机构应履行的反洗钱义务进行了较为详细的规定。为有效地履行反洗钱义务,金融机构必须根据自身的业务特点和面临风险的具体情况,制定履行法定反洗钱义务的工作程序、业务流程、责任制度、管理体制、内部评估和稽核制度。反洗钱内部控制制度的核心内容一般包括:客户身份识别、报告大额和可疑交易、保存客户身份资料和交易记录的内部操作规程;反洗钱工作保密制度;确保反洗钱工作制度有效执行的内部审计和稽核制度;保证董事会和高级管理层及时掌握反洗钱工作情况的报告制度和员工反洗钱定期培训计划。

本 章 小 结

本章对反洗钱内控制度的基础建设内涵、构成要素、本质特征、基本原则、意义和目标进行了框架式的系统阐述,对内控制度的基本建设要求和核心内容做了重点介绍。其中,强调了反洗钱内控制度由控制环境、风险评估、控制活动、信息与交流和监督与纠正五大要素构成。全面性、审慎性、有效性和相对独立性是建立反洗钱内控制度的四大原则。反洗钱内控制度建设应该围绕三大目标进行:反洗钱应嵌入业务和管理的全部流程;有利于发现、识别和报告可疑交易;应该与机构的规模、业务和风险特点相匹配。

重 要 概 念

反洗钱内控制度　风险评估　审慎监管原则

习题与思考题

1.反洗钱内控制度的构成要素有哪些?
2.反洗钱内控制度的建设应遵循哪几个基本原则?为什么?
3.反洗钱内控制度建设应该达成哪几个目标?
4.反洗钱内控制度的核心内容包括哪几个方面?

第六章

反洗钱国际合作

学习目标

通过本章学习,重点掌握以下内容:
1. 反洗钱国际合作的必要性
2. 反洗钱国际合作的原则
3. 反洗钱国际合作的类型
4. 全球性反洗钱国际合作组织
5. 区域性反洗钱国际合作组织
6. 反洗钱国际合作中的司法协助

第一节　反洗钱国际合作的必要性

跨国洗钱作为维持跨国犯罪和有组织犯罪的"生命线",对国际社会的政治、经济和社会结构造成了严重威胁和危害,已成为国际社会的严重问题。面对跨国洗钱的严峻挑战,国际社会采取了一系列预防、禁止和惩治跨国洗钱的法律措施。马克思在《政治经济学批判》序言中指出:"人类始终只提出自己能够解决的任务……任务本身,只有在解决它的物质条件已经存在或者至少是在形成过程中的时候,才会产生。"

在经济全球化的现实下,要使反洗钱行动达到预期效果,尤其是对于反洗钱的下游进行有效的控制,进行反洗钱的国际合作是必然的举措。而对于跨国洗钱进行法律控制则是国际社会发展的客观要求,是反洗钱国际合作的核心举措。

对跨国洗钱进行法律控制是国际法和国内法的一个新领域。对跨国洗钱进行法律控制,推进了国际和国内有关法律制度的改革和发展。有关控制跨国洗钱的国际法和国内法原则、规则和制度在近年来得到迅速发展。国际社会对跨国洗钱进行法律控制的实践证明,要对跨国洗钱进行有效的法律控制,必须坚持国际合作的原则,充分发挥国际组织的作用,建立国际法和国内法相互作用的法律机制。

在现代洗钱犯罪活动中,洗钱犯罪分子利用世界各国商品、资金的流动,寻找各国法律制度的漏洞和差异,将违法犯罪所得从一国转移到另一国,最后达到给非法所得披上合法外衣的目的。可以说,现代洗钱犯罪活动的跨国性决定了单凭一国之力是很难从源头上控制洗钱犯罪活动的。世界各国必须联合起来,密切合作,才能真正从根本上对洗钱犯罪活动进行遏制和打击。

第二节　反洗钱国际合作与跨国洗钱的法律控制

一、反洗钱国际合作原则

国际合作原则,是现代国际法的基本原则,也是调整国家间关系和建立控制跨国洗钱法律制度的基本原则。《联合国宪章》将"促成国际合作"明确列为联合国的宗旨,并在第九章至第十三章作出了一系列具体的规定以实现这一宗旨。

联合国大会 1970 年 10 月 24 日通过的《关于各国依联合国宪章建立友好关系及合作之国际法原则之宣言》(以下简称《国际法原则宣言》)对国际合作原则的内容、目的、地位、作用以及适用等问题进一步加以明确。

各国不论在政治、经济及社会制度上有何差异,均有义务在国际关系之各方面进行合作,以期维持国际和平与安全,增进国际经济安定与进步,确保各国的基本利益不因这种差异产生的歧视而受到影响。为此:(1)各国应与其他国家合作以维持国际和平与安全;(2)各国应合作促进对于一切公民人权及基本自由之普遍尊重与遵行,并消除一切形式之种族歧视及宗教上一切形式之不容异己;(3)各国应依照主权平等及不干涉内政原则处理其在经济、社会、文化、技术及贸易方面之国际关系;(4)联合国会员国均有义务依照宪章规定采取共同及个别行动与联合国合作。

《国际法原则宣言》郑重宣布:"各国依照宪章彼此合作之义务"为国际法基本原则,要求所有国家在其"国际行为"上遵循该原则,并以严格遵守该原则为发展其彼此关系的基础。

按照上述国际合作的基本原则,各国有义务在控制跨国洗钱的"国际关系方面"彼此合作,以国际合作原则作为调整各国在控制跨国洗钱过程中所形成的国际关系的基本准则,并以该原则为基础建立和发展控制跨国洗钱的法律制度。

国际合作原则作为建立和发展控制跨国洗钱法律制度的基本原则,是国际社会控制跨国洗钱的必然要求,是建立和发展控制跨国洗钱的法律制度的客观需要。在当今的国际社会,各国相互依存、紧密联系,任何国家要生存和发展都不可能闭关锁国。国际社会经济、科技的飞速发展使国家间各种交往频繁而便利,也使各种跨国犯罪包括跨国洗钱迅速发展起来。对于利用跨国途径隐瞒或掩饰犯罪收益、涉及不同国家利益的洗钱犯罪活动不可能仅由各国依国内法予以处理。尤其在现在,跨国洗钱已成为国际社会共同面临的严峻挑战,仅靠个别国家和少数国家的努力,不可能形成具有普遍约束力的控制跨国洗钱的法律规则,也不可能有效控制跨国洗钱。必须依靠各国的共同努力,在遵循国际合作原则的基础上建立并发展有效控制跨国洗钱的法律制度。

二、反洗钱国际合作原则的演变

国际社会对跨国洗钱进行法律控制的历史表明,国际合作是推动控制跨国洗钱法律制度发展的重要杠杆,是最重要的基石。各国在遵循国际合作原则对跨国洗钱进行法律控制的过程中,拓宽了国际合作原则适用的领域,丰富了国际合作原则的内容,增多了国际合作的方式和手段,从而促进了国际合作原则的发展。

国际合作原则由于是国际法的基本原则,因此,仅对于国家在"国际关系"和"国际行为"上的合作作了原则性的规定,而对于国际合作的具体领域、具体内容和具体方式则是通过国家在国际合作的过程中进一步生成规则和制度。

控制跨国洗钱是各国进行国际合作的一个新领域,各国对跨国洗钱进行的法律控制构成了国际法律合作的一个新领域。这不仅扩大了国际合作原则适用的领域,而且在这个新领域中所形成的一系列新的国际合作规则极大地丰富了原有的国际合作内容。例如,联合国禁毒公约关于"识别、追查、扣押以及没收"犯罪收益的一系列规定开辟了各国进行国际合作的一个新领域。要识别、追查、扣押以及没收犯罪收益就必须对银行保密法进行改革,因为洗钱者利用银行保密法的规定将大量的犯罪收益放置在各国银行系统。各国的银行保密法长期以来一直被认为是完全属于国内法管辖的事项,因此,各国在控制犯罪方面进行的合作也不涉及各国银行保密法的领域。但为了有效地控制跨国洗钱,国际合作的范围扩大到了银行保密法这一特殊领域。现在,许多国家对银行保密法进行了改革,并建立了客户的身份证明和可疑交易报告制度,使之适应控制洗钱犯罪的需要。

针对跨国洗钱的特点,为适应控制跨国洗钱的需要,各国采用了许多新的合作方式。例如在识别犯罪收益方面的联合调查,在冻结和扣押犯罪收益方面的联合行动,利用电子网络交换和分享信息,采取临时措施防止犯罪收益的交易、转让和处理等新的合作方式。这些合作方式在打击跨国洗钱方面具有明显的效果。

三、反洗钱国际合作的类型

一般说来,提高反洗钱效率和效用,开展有效的国际合作,不外乎以下四种类型:

1. 行政合作。反洗钱行政合作主要指各国政府通过外交途径和其他政府机构交流洗钱犯罪信息,交流防范和打击洗钱的手段和技术等活动。行政合作的开展可以使各国政府及时获取别国反洗钱的经验信息,借鉴别国在打击洗钱犯罪方面好的经验,并在本国反洗钱行动中予以推广,从而增强本国打击洗钱犯罪活动的能力。

2. 警务合作。警务合作主要表现在国际刑警组织的各成员国之间。各成员国利用协查的方式进行合作。犯罪调查国可要求犯罪嫌疑人所在国提供协查。犯罪调查国应提供犯罪嫌疑人的个人资料(包括姓名、性别、出生年月、住址、身份证号码、护照号码等)和涉嫌实施犯罪的材料,以便对方协查。如有必要,国际刑警组织还可以在成员国中发出红色通缉令,以查明犯罪嫌疑人的行踪。

3. 刑事司法协助和引渡。洗钱犯罪是一种刑事犯罪,对洗钱犯罪的打击需要相关国提供刑事司法协助,如有必要,还需将逃往境外的洗钱犯罪嫌疑人引渡到国内进行审判。刑事司法协助的范围包括刑事诉讼文书的送达、调查取证和获取有关人员的陈述、搜查和扣押、移交物证、归还赃款物等手段。引渡则是指一国的主管机关应有管辖权的他国主管机关的请求,依据国内法和国际法的有关规定,将被指控和判决犯有可引渡之罪的域内不法分子送交他国进行惩处。在打击跨国洗钱犯罪活动中,刑事司法协助和引渡都是重要的手段。

4. 经济金融机构的合作。洗钱犯罪活动主要是通过银行等金融机构进行,为了有效遏制国际洗钱犯罪活动的发生,加强世界各经济金融机构的合作显得十分重要。巴塞尔银行委员会专门作出规定,促进各成员国金融机构的合作,共同打击洗钱犯罪活动。金融行动特别工作组的成立更是为加强金融机构合作,共同打击国际洗钱犯罪活动提供了明确的指引。

四、控制跨国洗钱的国际法和国内法

跨国性是洗钱犯罪的一个显著特征。跨国界的有组织集团犯罪,往往有严密的分工:一部分人专门从事刑事犯罪,从中获得黑钱;另一部分人专门从事清洗,从而形成跨国界的组织体系。洗钱分子利用主权国家管辖的有限性,让黑钱在不同的国家间快速流动。主权国家即使发现洗钱活动,因管辖的局限,无法在另一国家进行追查,洗钱者由此逃避制裁。因此,需要建立国际的反洗钱信息网络,使各国金融监管机构、执法部门、其他负有反洗钱职责的部门能进行有效的信息交换,以利于案件侦查。

洗钱分子往往利用各国法律的不统一、法律制度的不健全,大肆从事洗钱活动。而根据国际公约的规定,跨国界洗钱案件一国可以要求他国,根据双边或者多边协定,引渡罪犯或者执行对罪犯涉及的财产追查和没收,且协助国可以从中分享利益。但是,这种司法互助必须是在申请国与被申请国之间有司法互助协议或者有引渡条约的基础上才能实现。因此,各国政府要想有效地预防和打击跨国洗钱,就必须进行国际合作。而在司法互助领域建立"纲领性"法律文件和行为规则,则成为有效防范和打击跨国洗钱犯罪的必要规范前提。

由于对洗钱活动产生影响的因素很多,因此识别哪一个国家或者地区面临最大的洗钱风险并不容易。在这种情况下,由某一个国家列举出的反洗钱措施不充分的国家或者地区的名单很难具有说服力。因此,需要通过国际合作,对于各国、各地区情况进行调查评估,从而识别出洗钱风险相对高的国家或者地区,并对于反洗钱措施不完善的国家或地区的金融交易加以特别关注。所以,只有加强国家间的反洗钱合作,在国际社会建立起国际合作的组织体系和趋于协同原则的法律框架,才能最大限度挤压洗钱犯罪存在的空间。

为了打击洗钱犯罪活动的发生,促进世界各国的社会经济健康发展,联合国采取了一系列对策和措施。1988 年 12 月 19 日,《联合国禁止非法贩运麻醉药品和精神药物公约》(简称《联合国禁毒公约》)在维也纳获得通过。根据公约,缔约国应共同遵守公约中对毒品洗钱犯罪的种种规定,并履行缔约国参与国际合作共同打击洗钱犯罪活动的义务。为了进一步加大对毒品洗钱活动的打击力度,联合国禁毒署又制定了《关于洗钱和没收与贩毒有关的财产的标准法》。这一标准法主要目的在于加强对洗钱罪活动的防范和惩治。1995 年 4 月,联合国制定了适用于各成员国的《联合国禁止洗钱法律范本》。该范本界定了洗钱犯罪的定义,对反洗钱机构在各国的建立及其职责提供了指导方向。范本还对国际范围内与洗钱有关的财产处置和对犯罪分子的处理作出了规定,要求各国在打击跨国洗钱犯罪时提供必要的协助。2000年10月,在意大利巴勒莫,《联合国打击跨国有组织犯罪公约》摆在各成员国面前。该公约规定,各国政府必须将参加跨境犯罪团伙、腐化或恫吓公职人员、司法人员或证人以及洗钱犯罪视为严重犯罪。涉及此类严重犯罪者,不论是自然人还是法人都将受到处罚。该公约于2003年9月29日正式生效。

《联合国反腐败公约》(以下简称《公约》)是联合国为世界各国加强反腐工作、提高反腐成效、促进反腐领域的国际合作而通过的一项指导国际反腐败斗争的法律文件。

为有效预防和惩治腐败,2000年12月,联合国宣布成立《公约》特设委员会,负责起草一份有效的反腐败国际法律文件。特设委员会成立后,先后举行了7届会议,并最终于2003年10月1日在维也纳举行的第七届会议上确定并核准了《公约》草案。同年10月31日,第58届联合国大会全体会议审议通过了《公约》。

2003年12月9—11日,联合国在墨西哥梅里达举行的国际反腐败高级会议上将《公约》开放,供各国签署。根据规定,该公约将在第30个签署国批准后第90天生效。

《公约》是联合国历史上通过的第一个用于指导国际反腐败斗争的法律文件,内容除序言外共分8章、71项条款,包括总则、预防措施、定罪、制裁、救济及执法、国际合作、资产的追回、技术援助和信息交流、实施机制以及最后条款。

《公约》涉及预防和打击腐败的立法、司法、行政执法以及国家政策和社会舆论等方面,是一个重要、全面、综合性的反腐败国际法律文书。

《公约》确立了打击腐败的措施,奠定了各国就打击腐败犯罪开展国际合作的多边法律基础,在预防性措施、刑事定罪、引渡合作等方面形成了一套完整的制度,特别是在腐败资金的返还问题上,开创了一种新的合作模式。《公约》第一次在国际法律文书中确立了"被贪污的公款必须返还"的原则。

截至2019年6月,已有140个国家签署了《公约》,缔约国总数达172个。2005年10月27日,中国全国人大常委会审议并批准了该公约。2005年12月14日,《公约》正式生效。

国际刑警组织作为一个预防和惩治刑事犯罪的国际组织,在打击国际犯罪活动方面发挥着积极的作用。1983年,国际刑警组织建立了犯罪资产处理小组,负责收集、研究、公布与有组织犯罪活动相联系的资产和资金移动的信息并采取措施进行控制。1989年11月在里昂召开的第58届年会上,国际刑警组织认为必须继续致力于法律实施行动并加强各国法律实施之间的合作,共同打击与贩毒相关的洗钱活动以及与其他犯罪活动相联系的洗钱活动。1995年,国际刑警组织第64届年会提出了控制洗钱的三原则,即:必须依照法律打击洗钱犯罪活动、金融机构必须及时报告所获知的洗钱情况、开展国际合作以追踪打击洗钱犯罪活动。

除了联合国、国际刑警组织外,其他一些专业性的国际组织也对国际洗钱犯罪密切关注,如巴塞尔银行监管委员会就公布了《防止犯罪分子利用银行系统从事洗钱活动》的文件,强调了要打击通过金融系统进行的洗钱犯罪活动。

由于跨国洗钱问题的特殊性,对跨国洗钱的法律控制涉及国际法和国内法中的诸多法律领域和部门。国际法和国内法关注的重点集中在洗钱犯罪、财产没收、银行保密、金融监管、国际刑事司法合作等领域。对跨国洗钱进行法律控制既需要国际法，也需要国内法，国际法和国内法在控制跨国洗钱中发挥着相互不可替代的作用。包含国际法规则和国内法规则的控制跨国洗钱的法律框架反映了控制跨国洗钱的客观要求和发展趋势。

（一）控制跨国洗钱的国际法

在洗钱犯罪方面，就毒品洗钱而言，由于《联合国禁毒公约》的生效以及100多个国家成为该公约的成员国，已经形成了预防、禁止、惩治毒品洗钱犯罪的国际法原则和规则。这些原则和规则包括：隐瞒或掩饰毒品犯罪收益的构成犯罪；对洗钱犯罪可处以有期徒刑、罚金和没收；对洗钱犯罪应确立刑事管辖；洗钱犯罪属于可引渡的犯罪；对洗钱犯罪适用"或引渡或起诉"原则以及"普遍管辖"的规定。在对于毒品以外的其他犯罪收益的洗钱方面，欧洲理事会关于洗钱的公约，欧洲共同体理事会关于防止洗钱的指令，使预防、禁止和惩治包括毒品洗钱在内的其他洗钱犯罪的规定成为一定范围内的国际法规则。这种一定范围内的国际法规则，随着金融行动特别工作组的建议的实施，以及双边协定和各国国内法中相同法律规则的增加，可能成为适用于更大范围的习惯国际法规则。

在财产没收方面，有关没收犯罪收益的法律制度已经成为控制跨国洗钱的法律制度中的一个重要方面。有关没收犯罪收益的国际法原则和规则包括：对犯罪收益予以没收的实体法规定和程序法规定；识别、追查、扣押犯罪收益的临时措施；替代没收和价值没收的规定；执行外国没收判决的规定和合法第三方权利的保护的规定。

在银行保密和金融机构监管方面，国际法所关注的问题是防止银行保密和金融机构成为隐瞒或掩饰犯罪收益的工具。为防止利用银行保密和金融机构洗钱的国际法原则和规则主要反映在：金融机构对客户的身份要求、交易记录保存的规定、可疑交易的报告要求以及国家对金融机构监管的规定。

在国际刑事司法合作方面，有关控制跨国洗钱犯罪的国际法原则和规则构成控制跨国洗钱法律制度的重要组成部分。控制跨国洗钱的国际刑事司法合作原则和规则主要反映在：有关相互法律协助的规定；有关引渡的规定；有关诉讼转移的规定；有关刑事判决的承认的规定；有关被判刑人的移管的规定；有关识别、追查、扣押、没收犯罪收益的规定；对洗钱犯罪进行联合调查的规定以及关于扣押、没收犯罪收益的联合行动的规定。

（二）控制跨国洗钱的国内法

在洗钱犯罪方面，一些国家相继对刑法进行了修改，将洗钱明确规定为犯罪，并规定了对洗钱犯罪的刑罚措施。将洗钱明确规定为刑事犯罪已成为各国在控制洗钱方面采取的最重要措施。欧洲理事会、欧洲共同体的成员国以及金融行动特别工作组的大多数成员国在其国内法中已将洗钱犯罪的范围扩大到毒品洗钱以外的领域。

在财产没收方面，一些国家相继制定和修改了有关没收的法规，以使本国可以对犯罪收益予以识别、冻结、扣押和没收，并对他国识别、冻结、扣押和没收犯罪收益的合作要求提供协助。

在银行保密方面，一些国家相继对银行保密法进行了修改，使金融机构有可能披露政府当局所需要的有关洗钱活动的信息。在一些国家，对客户的身份证明要求、保持交易记录的要求、披露可疑交易的要求以及内部控制的要求已成为金融机构的法定义务。美国的现金交易报告制度和英国的可疑交易报告制度，成为国内法中具有代表性的两种防止洗钱的报告制度。将金融机构纳入控制洗钱的网络已成为反洗钱的重要措施。有的国家,对其他行业的保密也进行了限定。例如英国,除了金融机构之外,律师、会计师也有披露洗钱信息的义务。

在金融监管方面,一些国家通过立法,采取措施加强对银行和其他从事金融业务,特别是从事国际金融业务的金融机构的监管,防止金融机构成为洗钱犯罪的工具。例如美国1992年反洗钱法令和1994年禁止洗钱法令的有关规定。

在国际刑事司法合作方面,一些国家制定和修改了有关法规,例如英国1990年刑事司法《国际合作法令》,以使本国可以依法进行有关的协助。

(三) 国际法与国内法的相互联系

国际法和国内法在控制跨国洗钱中,既相互不可替代,又具有紧密的联系。国际法和国内法的相互联系在控制跨国洗钱中主要表现在以下方面:

1. 规则的相互吸收。国际法和国内法的相互吸收是国际法和国内法相互发展的需要。对于控制跨国洗钱的国际公约来说,公约的许多规定直接关联各国的国内法。例如刑法、没收法以及银行保密法,要使公约的规定有效实施,必须对各国国内法中的有关原则、规则、制度加以研究并进行比较,借鉴并吸收国内法中的有关规定。例如《联合国禁毒公约》中关于价值没收和替代没收的规定就来源于有关国家国内法的实践。欧洲理事会关于洗钱的公约在《联合国禁毒公约》的基础上对财产没收和价值没收作出的进一步规定,所依据的就是对有关国家的国内法的比较分析。

对于控制跨国洗钱的国内法来说,吸收国际法的新规定可以弥补其不足,推动其国内法的发展。特别是对于参加了公约的国家来说,这些国家有义务根据公约的要求,在国内法中反映国际法的规则。例如我国在参加了《联合国禁毒公约》后,对刑法作了必要的补充和修改,吸收了公约有关预防、禁止和惩治洗钱犯罪的规定。国际法的规定促进了我国刑法的发展。

2. 实施的相互配合。在控制跨国洗钱领域国际法规则的实施,一般需要国内法的补充和配合。在有关控制犯罪的国际法领域,国际法的实施可以通过两种方式:直接实施和间接实施。直接实施是指通过国际机构,例如国际刑事法院直接实施国际刑法。间接实施是指由国际公约的缔约国通过其国内法实施国际法。

在目前的情况下,国际法主要是通过间接实施的方式进行。在间接实施的情况下,如果没有国内法的补充和配合,国际法的原则难以有效实施。例如,《联合国禁毒公约》规定,缔约国应对洗钱犯罪处以监禁、罚金和没收,但公约并没有规定有期徒刑的期限、罚金和数额。因此,缔约国在国内刑法中应就洗钱犯罪的刑罚问题作出进一步具体的规定。

除了以国内立法的方式补充国际法外,国内法还承担着以国内司法的方式配合国际法的任务。在没有国际刑事法院审理洗钱者的情况下,国际公约所规定的对洗钱者的处罚只能由国内司法机关承担。

在控制跨国洗钱领域,国内法规则的有效实施,往往也需要借助国际法规则。例如,在没收领域,有些国家只允许刑事没收,而有的国家包括美国在内则具有刑事没收和民事没收两种没收制度。当一国要求只允许刑事没收的某一国提供有关民事没收协助时,就可能遭到该国的拒绝。欧洲理事会关于洗钱的公约通过规定缔约国应在最广泛可能的程度上相互合作使该问题得到解决。一国在审理有关跨国洗钱的具体案件时，往往涉及在国外的证据，以及冻结、扣押位于国外的资产以及逃往国外的罪犯的引渡等问题。解决这些问题必须借助国际法规则。而唯有解决这些问题，一国才能有效实施其国内法有关预防、禁止以及惩治跨国洗钱犯罪的规定。

国际社会对打击洗钱犯罪活动给予了很大的关注，但总体而言，发达国家较发展中国家对反洗钱问题关注得更早、更全面、更具体，通常也更有效。

第三节　全球性反洗钱国际组织

一、国际组织的作用

20 世纪曾被人们称为"国际组织的世纪"。国际组织已成为当今国际社会中的一个重要组成部分，它给现代国际关系带来了深刻变化，也对国际法律制度的发展产生了重要影响。这种情况在建立和发展控制跨国洗钱的法律制度的过程中表现得尤为明显。国际组织在建立和发展控制跨国洗钱的法律制度中所发挥的重要影响和作用主要表现在以下方面：

1. 国际组织给成员国提供了达成共识的场所。由于跨国洗钱是国际社会面临的严峻挑战，从国际社会的整体利益来说，应在控制跨国洗钱方面进行国际合作。但各国由于其不同的文化背景、法律传统和经济状况，对同一问题往往存在不同认识，即使是国情大致相同的国家，也有不同的利益。因此对于跨国洗钱这种复杂的新问题，各国难免存在不同看法。要对跨国洗钱进行有效控制，有关国家达成共识是首要前提。国际组织为各成员国提供了一个进行磋商、达成共识的理想场所。国际组织通过其年会、各种专门会议，以及常驻国际组织的代表的相互交流等多种方式，就有关问题进行讨论、磋商，并就某些问题成立特别小组进行研究，提供可供成员国参考的研究报告，从而极大地有助于各成员国在有关问题上求同存异，达成共识。

当今国际社会在控制跨国洗钱方面的国际合作与国际组织密不可分。不论是联合国这样的普遍性国际组织，还是诸如欧洲理事会这样的区域性组织，都为成员国提供了达成共识的理想场所，形成了若干可行的措施，从而推动了成员国和整个国际社会在控制跨国洗钱的问题上采取有效的合作行动。

2. 国际组织的活动有助于控制跨国洗钱的法律制度的形成、确立和发展。要对跨国洗钱进行有效控制，首先需要建立控制跨国洗钱的法律制度。国际社会对跨国洗钱进行法律控制的现实表明，控制跨国洗钱的国际法律制度的形成、确立和发展与国际组织的活动密不可分。

国际法主要以习惯国际法和条约国际法组成。长期以来，多边条约的缔结和生效往往需要相当长的时间。习惯国际法的建立一般需要更长时间，这使得国际法往往难以随着国际社会客观情况的改变而同时改变。国际组织，特别是联合国这一国际组织的出现使上述情况发生了变化。为了使国际法适应客观情况的需要，国际组织开展了国际法的编纂活动。国际组织对国际法的编纂包括"编纂"现存的国际惯例和"发展"新的国际法规则。

尽管这种编纂不是立法,但国际组织进行的编纂工作使得国际法规则的形成过程由"分散性"向"集中性"转变,改变了长期以来国际法进展缓慢的状况。在控制跨国洗钱方面,国际组织在加快国际法规则形成的进程中其表现十分明显。例如,1988年12月19日在联合国主持下通过的《联合国禁止非法贩运麻醉药品和精神药物公约》,于1990年11月1日生效,至1994年9月,已有101个成员国。在欧洲理事会主持下达成的《欧洲理事会关于洗钱、搜查、扣押以及没收犯罪收益的公约》,于1990年11月8日签署,1993年9月生效。上述公约均规定了一系列有关控制跨国洗钱的实体法规则和程序法规则。

国际组织提出的有关控制跨国洗钱的原则和建议,对于控制跨国洗钱的国际法律规则的形成和发展也具有重要影响。例如巴塞尔委员会于1988年12月提出的巴塞尔原则、金融行动特别工作组早在1990年2月就提出的控制洗钱40项建议。尽管这些原则和建议并不具有法律约束力,但由于这些原则和建议反映了国际社会成员的意志,反映了国际社会控制洗钱的客观要求,因此,对于发展控制跨国洗钱的法律规则具有重要的参考价值。特别值得注意的是,这些原则和建议的内容与成员国的法律制度直接有关,国际组织也采取了相应措施使有关建议得到遵守,例如金融行动特别工作组采取的评估措施。成员国在遵守这些原则和建议的过程中,促进了控制跨国洗钱的法律规则的形成和发展。

3. 国际组织有助于控制跨国洗钱法律规则的实施。对跨国洗钱进行有效控制不仅需要建立控制跨国洗钱的法律规则,而且需要确保这些规则能得到实施。

以国际刑警组织为例,国际刑警组织作为与犯罪作斗争的一个国际中心,在实施有关控制跨国洗钱的活动中,许多重要的冻结、扣押犯罪收益以及逮捕洗钱者的联合行动是在其协调下进行的。例如,1992年9月的一次打击跨国洗钱的联合行动,在国际刑警组织的协调下,美国、意大利、西班牙、英国、加拿大、开曼群岛、哥斯达黎加以及哥伦比亚等多个国家(地区)相互合作,扣押了4 770万美元的资产,冻结了包含730万美元的140个银行账户,并逮捕了一批洗钱者。

综上所述,国际组织已成为国际社会在控制跨国洗钱方面进行合作的一种有效的组织形式和法律形式。甚至可以说,没有国际组织,就很难甚至不可能实现对跨国洗钱的有效控制。

二、国际组织的发展

国际组织在控制跨国洗钱的过程中发挥了不可替代的作用,对跨国洗钱的法律控制也促进了国际组织的发展。

对跨国洗钱的控制开辟了国际组织活动的新领域,扩大了国际组织的职能,拓展了国际组织活动的范围。例如,巴塞尔委员会随着利用国际金融系统进行跨国洗钱的活动日趋频繁,逐渐将"防止洗钱"纳入金融系统"监管"的范围,从而将该组织的活动范围扩大到控制跨国洗钱的新领域。欧共体针对跨国洗钱直接危害欧共体经济发展的问题,将防止洗钱者利用欧共体洗钱的问题列入其关注的重点,并将该组织的职能扩大到控制跨国洗钱的新领域,并就防止洗钱者利用欧共体单一金融市场采取了相应措施。

对跨国洗钱的法律控制凸显了国际组织在国际社会中的地位。各国在对跨国洗钱进行控制的过程中,逐渐形成了通过国内法控制跨国洗钱的单边体制,通过双边协定和双边合作行动控制跨国洗钱的双边体制,以及通过国际组织、多边条约控制跨国洗钱的多边体制。特别是在控制跨国洗钱的法律制度的建立和发展方面,形成了主要通过国际组织进行多边合作的国际合作新格局。对跨国洗钱的控制促进了不同形式的国际组织的发展。国际组织为了适应控制跨国洗钱的需要,所制定的规则和建立的制度也促进了国际组织本身的发展。例如金融行动特别工作组为了促进成员国履行其所提出的控制洗钱的建议,建立和发展了自我评估和相互评估的双重评估制度。这种评估制度促进了成员国履行控制洗钱的建议,也使金融行动特别工作组在控制洗钱中发挥更大的作用。

三、全球性反洗钱国际组织

(一) 金融行动特别工作组(FATF)

金融行动特别工作组的全称是"打击洗钱金融行动工作组"(Financial Action Task Force on Money Laundering,英文缩写 FATF),是一个专门致力于控制和打击洗钱的政府间机构,成立于 1989 年的西方七国首脑会议,创始方为包括西方七国在内的 15 个国家以及欧洲联盟委员会,总部设在法国巴黎。

截至 2023 年 12 月,FATF 共拥有 40 个成员[1],其中包括中国香港特别行政区在内的 38 个国家和地区[2],以及 2 个国际组织(欧盟委员会和海湾合作委员会);9 个类 FATF 组织关联会员,如亚太反洗钱小组(APG)、欧亚反洗钱小组(EAG)等;25 个观察员(组织),如联合国(UN)、欧洲央行(ECB)、经合组织(OECD)、国际刑警组织(Interpol)、世界海关组织(WCO)等。全球共有 200 多个国家和司法管辖区承诺实施 FATF 的标准,作为防止有组织犯罪、腐败和恐怖主义的全球协同应对措施的一部分。

FATF 的成立最初是为了审查和制定打击洗钱的措施。2001 年 10 月,FATF 扩大了任务范围,除洗钱外,还将打击资助恐怖主义的活动扩容进来。2012 年 4 月,它又将反大规模毁灭性武器扩散融资加以涵盖。

FATF 是目前全球最有影响力的专业反洗钱国际组织。2007 年 6 月 29 日,中国正式成为该组织成员。

1. 组织制度。金融行动特别工作组规定每 5 年由成员国(地区)决定其是否继续存在。金融行动特别工作组的主席由各成员国(地区)轮值,由轮值国(地区)政府任命高级官员担任,任期为一年。

金融行动特别工作组的秘书处设在法国巴黎经合组织(OECD)的总部,主要职责是协助主席处理金融行动特别工作组的日常事务。金融行动特别工作组的工作语言为英语和法语。

金融行动特别工作组的工作年度为当年 7 月至次年 6 月。在一个工作年度内,金融行动特别工作组要举行三次全体会议,通常为头年 9 月或 10 月、次年 2 月和 6 月。在 6 月的全体会议上,当值主席要向大会提交 FATF 年度工作报告,陈述当年的工作情况和

---

[1] 参见 https://www.fatf-gafi.org/en/countries/fatf.html。
[2] FATF 于 2023 年 2 月 24 日暂停了俄罗斯联邦成员资格,故而其官网的文字说明中将其成员数量显示为 39 个。

主要活动。

此外,每年 11 月,金融行动特别工作组要召开一次专家组会议,邀请其成员的执法和监管专家以及其他国家和相关国际组织代表,讨论新的洗钱方式、威胁以及有效的反击措施,并于次年 2 月以洗钱类型报告的形式公布会议的讨论结果。同时,FATF 每年还要与其他地区性反洗钱国际组织召开会议,讨论一些需要进行细节分析的特别话题,并向全体会议提供讨论报告。

每两年,FATF 还要举办金融服务论坛,邀请相关国际组织和各国相关部门的代表以及有关专家与会,交流对共同关心的话题的看法。

FATF 的任何决议都需要得到所有成员的一致同意。

2. 工作目标。金融行动特别工作组的工作集中于实现下列三个目标:

(1)向全球所有国家和地区推广反洗钱信息。FATF 通过扩大成员、在不同地区发展区域性反洗钱组织和与其他有关国际组织的密切合作,推动一个全球的反洗钱网络的建立。

(2)在 FATF 成员内监督执行《40 项建议》。金融行动特别工作组所有成员通过年度自我评估和双边评估,确保各成员执行《40 项建议》的情况得到监督。

(3)关注和检讨洗钱和反洗钱措施的发展趋势。鉴于洗钱犯罪手段日新月异,FATF 成员要搜集关于洗钱犯罪发展趋势的信息,以便其能够与时俱进地及时修改《40 项建议》。

3. 相关成果。作为目前最有影响的反洗钱国际组织,自成立以来,取得了一系列令人瞩目的成果。除了《40 项建议》之外,就是公布"不合作国家和地区"(Non Cooperative Countries and Territories, NCCTs)名单。为了减少金融系统被利用进行洗钱的风险,促进所有国家和地区采用并执行反洗钱的国际标准,FATF 建立了不合作国家和地区名单制度。2000 年 2 月 14 日,公布了不合作国家和地区的 25 条标准。同年 6 月,又公布了第一批 15 个不合作国家和地区名单。名单中既有列支敦士登、以色列这样的发达国家,也包括菲律宾、多米尼加这样的发展中国家;既有俄罗斯这样的大国,也有巴拿马这样的小国。此后每年 6 月,FATF 都会公布不合作国家和地区名单。有些国家和地区,如俄罗斯、匈牙利等,因为采取了合作措施,而不再被列入名单;另一些国家,如乌克兰、印度尼西亚会因为不执行某些反洗钱措施而被加入此名单。目前最新公布的名单中不合作国家和地区有 10 个,分别是:库克群岛、埃及、危地马拉、印度尼西亚、缅甸、瑙鲁、尼日利亚、菲律宾、圣文森特和格林纳丁斯、乌克兰。

一旦进入不合作国家和地区名单,如果不采取有效措施,该国就将面临金融行动特别工作组的反制措施,在吸引国外投资、国际结算等方面将受到限制,从而蒙受经济损失。如 2002 年 12 月 20 日,乌克兰反洗钱立法未通过,FATF 宣布对乌克兰实施反制措施。乌克兰被迫采取改进措施,FATF 则于 2003 年 2 月宣布解除对乌克兰的反制措施,但仍将乌克兰保留在不合作国家和地区名单上。

(二)联合国禁毒署(UNODC)

联合国禁毒署全称是"联合国毒品控制与预防犯罪办公室"(United Nations Office on Drugs and Crime, UNODC),成立于 1997 年,总部位于奥地利维也纳,在美国纽约和比利时布鲁塞尔有两个联络办公室,全球共分布 22 个地区办公室,拥有雇员约 1 500 人。

联合国禁毒署的主要职责是打击毒品和国际犯罪,目前包括犯罪控制计划和毒品控制计划两方面任务。反洗钱计划是毒品控制计划的子计划,全称是"全球反洗钱计划"(Global Program Against Money Laundering, GPML)。该计划包括以下内容:

1. 技术援助。技术援助旨在满足成员国(地区)执行反洗钱政策的需求。包括以下方面:全面检查本国(地区)反洗钱法律和机构框架;协助制定和更新有关反洗钱立法和监管措施;保证必要的反洗钱机制有效实施;推动特殊的反洗钱机构的发展,尤其是金融情报中心的发展;促进行之有效的反洗钱经验的推广和实施;为成员国(地区)的中央银行、监管当局、执法机构、司法部门以及商业企业,特别是银行和金融部门,组织培训。

基于上述目标,全球反洗钱计划已实施了下列项目:

(1) 提供反洗钱立法样本。为了保证成员国(地区)的反洗钱立法与国际反洗钱标准,尤其是与《1988 年联合国打击麻醉药品和精神药物非法贩卖公约》保持一致,全球反洗钱计划已与联合国禁毒署法律咨询部合作,分别为英美法系和大陆法系国家(地区)制定了法律样本,并不断修改,以适应不同国家法律系统和行政部门。

(2) 建立全球反洗钱计划论坛。2000 年 3 月 30—31 日,在开曼群岛召开全体会议,成立了全球反洗钱计划论坛。论坛强调有关提供国际金融服务的国家(地区)要对其金融部门保持有效的监管,包括采取良好的反洗钱措施。论坛要求与会国家(地区)承认《最低履行标准》,并把此标准作为参加论坛和获得全球反洗钱计划援助的前提。超过 75% 的与会国家(地区)对此标准做出承诺。

(3) 加强金融情报中心建设。金融情报中心是一个集中搜集、分析和处理金融交易报告的机构,是国家反洗钱机制的重要组成部分。全球反洗钱计划已将协助建立金融情报中心作为优先项目。

(4) 合作协调。全球反洗钱计划与其他反洗钱国际组织,如金融行动特别工作组、国际刑警组织(ICPO)、亚太反洗钱小组(APG)等保持密切合作。

(5) 派遣顾问指导。1999 年,全球反洗钱计划建立了顾问计划,为有关国家(地区)提供更深入和持续的帮助,以打击洗钱犯罪。此计划是向申请国家(地区)派遣高级专家,提供最长 12 个月的援助,以帮助其培训人员、处理洗钱案件或建立反洗钱机构。目前,巴巴多斯和牙买加是此计划的受援国。

2. 研究项目。全球反洗钱计划致力成为一个洗钱技巧和反洗钱措施的研究中心。因此,全球反洗钱计划一直在搜集和分析犯罪数据;发行专业的洗钱问题研究报告;为技术援助倡议提供支持。

由于洗钱和反洗钱技术发展很快,因此全球反洗钱计划的研究项目目前优先集中在:国家管理面对洗钱犯罪暴露出的弱点;腐败与洗钱;国际金融中心的政治经济学;洗钱技术;毒品与洗钱;国家立法机关对洗钱的反应以及金融情报中心的发展。

1996 年,全球反洗钱计划已代表联合国,与金融行动特别工作组、国际刑警组织、欧洲议会(The Council of Europe)、英联邦秘书处(The Commonwealth Secretariat)、加勒比金融行动特别工作组(The Caribbean Financial Task Force)、国际海关组织(The World Customs Organization)和亚太反洗钱小组(Asia/Pacific Group)联合搭建了国际洗

钱信息网络(International Money Laundering Information Network，IMOLIN)。国际洗钱信息网络是一个网络平台，主要为反洗钱政策制定和为执行人员、律师和执法官员提供各国反洗钱法律和规章的信息。国际洗钱信息网络除了反洗钱国际数据库(The Anti-Money Laundering International Database，AMLID)，其他信息都是免费的。

反洗钱国际数据库是一个保密的多语言数据库，主要是反洗钱法律和规章的分析纲要，包括国内法、国际合作和各国反洗钱主管机构。反洗钱国际数据库为跨国洗钱犯罪执法人员提供重要信息支持。

全球反洗钱计划在研究过程中，得出了洗钱犯罪的十大基本规律：

(1)洗钱方式对合法交易行为模式的模仿越成功，其暴露的可能性越低；

(2)非法活动渗入合法经济活动程度越深，其制度和操作的分离程度越低，洗钱活动被发现的难度越大；

(3)商业机构中非法资金流动与合法资金流动的比率越低，洗钱活动被发现的难度越大；

(4)任何经济活动中，非法"服务"收入与实体商品制造收入的比率越高，洗钱活动越容易进行；

(5)经济结构中，小规模的独立企业或者个体企业在非金融商品和服务的提供和流通占的比重越大，区分非法和合法交易的难度就越大；

(6)在实现非法金融交易中，支票、信用卡和其他非现金交易工具使用的便利程度越高，洗钱活动被发觉的难度越大；

(7)合法交易的金融管制放松程度越高，追踪和控制犯罪资金的难度越大；

(8)任何经济体中，从外部进入的非法收入与合法收入的比率越低，区分犯罪收入与合法收入的难度越大；

(9)金融服务"超级市场"的程度越高，一个集中的多部门机构能提供的多样化金融服务品种越多，洗钱活动被发现的难度越大；

(10)金融市场的国内监管制度与国际通行标准不一致程度越高，洗钱活动被发现的难度越大。

2002年以后，GPML的工作重心放到了打击恐怖融资方面。

(三)埃格蒙特集团(The Egmont Group)

1.组织简介。20世纪90年代，随着《40项建议》的公布，一些国家逐渐建立起金融情报中心(Financial Intelligence Unit，FIU)。1995年，一些金融情报中心在比利时布鲁塞尔的埃格蒙特-阿森伯格宫(Egmont-Arsenberg Palace)召开了第一次会议，成立了一个非正式组织，组织的名称"埃格蒙特集团"也因会议地点而得名。

随后，在1995年11月和1996年4月，埃格蒙特集团分别在巴黎和旧金山召开了工作组会议，会议的议题集中在法律事务、技术和培训三个领域。1996年11月，埃格蒙特集团在罗马召开了第四次会议，30多个国家和4个国际组织参加了会议。这次会议奠定了埃格蒙特集团作为金融情报中心国际合作组织的地位，并将其与金融行动特别工作组等其他国际反洗钱组织的功能予以区分。会后发表的文件对金融情报中心的定义也被国际社会所接受。

1997 年 6 月,埃格蒙特集团在西班牙马德里召开了第五次会议。35 个国家和 5 个国际组织参加了会议。会议最主要的成果是会后发表的《目标声明》(Statement of Purpose)。《目标声明》吸收了罗马会议对金融情报中心的定义,并根据该定义对参会机构进行了评估,其中 28 个机构符合该定义。这次会议最终使埃格蒙特集团成为一个更加正式的国际组织。

1998 年 6 月,埃格蒙特集团在阿根廷布宜诺斯艾利斯召开了第六次会议,这是埃格蒙特集团成立以来第一次所有成员金融情报中心首脑聚首的会晤,并增加了 10 个成员。

1999 年 5 月,在斯洛伐克布拉迪斯发召开的第七次全体会议上,埃格蒙特集团决定建立一个轮值的永久行政支持(Permanent Administrative Support)制度,作为秘书处的替代。在此之前的 4 年,美国的金融犯罪执法网络(Financial Crime Enforcement Network,FinCEN)一直志愿承担埃格蒙特集团的日常行政事务。荷兰的异常交易披露办公室(Dutch Office for the Disclosure of Unusual Transactions,荷兰语缩写为 MOT)成为首任轮值国,为期 2 年。2001 年,英国的国家犯罪情报局(National Crime Intelligence Service,NCIS)接替荷兰轮值。

2000 年 5 月,埃格蒙特集团在巴拿马召开了第八次全体会议,确定了金融情报中心发展过程的优先目标,并又新增了 5 个成员,从而将成员扩大到 53 个。2001 年 6 月,在荷兰海牙,埃格蒙特集团召开了第九次全体会议。会议对《目标声明》进行了修改,增加了附件《金融情报中心间就洗钱案件进行信息交换的原则》(Principles for Information Exchange Between Financial Intelligence Units for Money Laundering Cases),这个文件对不同国家的金融情报中心进行信息交换的总体框架、信息交换的条件、信息的适用范围和信息的保密进行了原则规定。此次会议还决定所有申请加入埃格蒙特集团的金融情报中心都可以在每年 3 月埃格蒙特集团工作组会议前提出申请。此外,埃格蒙特集团的培训和交流工作组还向与会成员提供了一张光盘,光盘包含了 100 个发生在埃格蒙特集团成员的真实洗钱案例。

截至 2019 年 6 月,埃格蒙特集团拥有 158 个成员国家(地区)。中国台湾也是埃格蒙特集团成员。

2. 加入程序。作为一个反洗钱国际组织,埃格蒙特集团始终将自己定位成一个各国金融情报中心的联合体,避免与金融行动特别工作组等其他反洗钱国际组织出现功能重叠,因此,埃格蒙特集团要求所有成员都必须是严格符合其定义的金融情报中心,并且必须经过一套金融情报中心认证程序的审核才能加入埃格蒙特集团。认证程序在布宜诺斯艾利斯会议上获得通过。认证程序包括以下几个步骤:

(1)埃格蒙特集团内的成员发展工作组(Outreach Working Group)首先对某一反洗钱机构的基本情况进行了解(机构名称、地址等内容),经过内部讨论,认为该机构基本符合埃格蒙特集团的金融情报中心的定义后,向法律工作组(Legal Working Group)主席提交。

(2)法律工作组主席致函此机构,介绍加入埃格蒙特集团可能的好处,询问其是否认为自己就是埃格蒙特集团定义的金融情报中心,并是否有意加入埃格蒙特集团。如果此机构做出肯定答复,就必须回答函中附带的一张问卷,以便法律工作组主席能够了解此机构更详尽的情况。

（3）法律工作组接着指定成员发展工作组的一名成员作为"举荐人"。"举荐人"的作用是指导申请机构提供进一步申请的文件，并在工作组会议上代表申请机构发言。

（4）法律工作组在收到所有申请文件后，主席就会将候选资格问题放入下一次工作组会议议程。法律工作组通常在 9 月/10 月和 3 月的工作组会议上讨论候选资格问题。

（5）如果法律工作组认为申请机构符合埃格蒙特集团的金融情报中心定义，就会向埃格蒙特集团的成员提供此机构的信息，并建议接纳此机构。最终，在每年一次的埃格蒙特集团全体会议上，此机构将正式加入埃格蒙特集团。

（四）世界银行和国际货币基金组织

作为国际金融体系中的两个重要组织，世界银行和国际货币基金组织在反洗钱和打击恐怖主义融资领域发挥着特殊作用。2002 年 9 月 28 日，世界银行和国际货币基金组织联合发表了《反洗钱和打击恐怖主义融资已强化的工作领域》，将世界银行和国际货币基金组织的行动计划概括如下：

（1）完成反洗钱和打击恐怖融资综合评估方法的草案；

（2）在世界银行和国际货币基金组织的反洗钱和打击恐怖融资的标准内，增添新的标准，并同意金融行动特别工作组的"40＋9 项"建议作为纳入评估的标准；

（3）世界银行和国际货币基金组织的执行董事会同意执行一个 12 个月试验评估计划；

（4）在所有金融部门评估计划（FSAP）和离岸金融中心评估中，加入反洗钱和打击恐怖融资；

（5）使用反洗钱和打击恐怖融资的自愿问卷，了解全球在此领域的弱点；

（6）加大对反洗钱和打击恐怖融资领域的技术援助力度；

（7）完成反洗钱和打击恐怖融资领域的内部员工培训计划；

（8）完成非正规支付体系的研究报告草案。

（五）巴塞尔银行监管委员会

巴塞尔银行监管委员会（Basel Committee on Banking Supervision，BCBS），成立于 1974 年底。委员会的秘书处设在瑞士巴塞尔国际清算银行总部，是由西方七国集团吸收其他国家成立的专门协调银行监管的专业组织。成员包括比利时、加拿大、法国、德国、意大利、日本、卢森堡、荷兰、西班牙、瑞士、瑞典、英国和美国。

1988 年 12 月，在《联合国禁毒公约》制定之后，为了推动各国实施该公约，特别是为接受《控制麻醉品滥用活动的综合性多学科纲要》提出的"银行、投资机构和类似机构的协会应制定行为守则，规定其成员可保证协助有关当局追查贩毒活动的收益"的建议，统一各国银行的法规和监管惯例，以更好地与查处洗钱的司法机关配合，巴塞尔银行监管委员会发布了《关于防止犯罪分子为洗钱目的而利用银行系统的原则说明》，提出了反洗钱四项基本原则：

（1）"了解你的客户"原则。要求银行在客户开立账户或者进行其他金融交易时，做合理的努力以识别客户的真实身份。

（2）严格依法行事原则。要求银行应当保证其所进行的交易符合高度的职业道德标准，并严格遵守法律和法规的规定。如果有正当的理由怀疑交易与洗钱活动或其他犯罪活动有关,应当拒绝向客户提供服务。

(3) 与执法机关全面合作原则。要求银行在法律规定的保守客户秘密的限制性规定范围内,与执法机关进行全面合作。当有合理的理由怀疑是洗钱活动时,依照法律的规定采取适当的措施。

(4) 制定内部政策与程序原则。要求银行制定必要的政策和程序,防止被利用成为洗钱的通道和工具。应当对员工进行反洗钱培训,提高他们的反洗钱思想意识与技术水平。

(六) 国际保险监管协会(International Association of Insurance Supervisors, IAIS)

国际保险监管协会是全球性保险监管组织,1994 年在瑞士成立,其宗旨是制定保险监管原则与标准,提高成员国监管水平。它由 129 个国家和地区的保险监管机构组成,另有 98 家公司或组织为其观察员。IAIS 集中代表各国保险监管当局意志,对国际保险业发展方向有重要影响。IAIS 年会是国际保险界的"高峰会",对国际保险监管规则和国际保险业发展战略具有重大影响。

2002 年,国际保险监管协会发布了《保险监管机构及经营机构反洗钱指引》。这份文件详述了保险业洗钱的可能性和方法、监管者和被监管的保险机构在反洗钱中的义务以及保险业可疑交易的案例。

第四节   区域性反洗钱国际合作组织

一、亚太反洗钱小组(APG)

1. 组织简介。APG 英文全称为 Asia/Pacific Group on Money Laundering。20 世纪 90 年代中期,随着金融行动特别工作组的《40 项建议》在反洗钱领域的指导性文件地位的确立,作为《40 项建议》的重要组成部分,加强地区间反洗钱合作成为推进反洗钱工作进展的重要步骤。1993 年 4 月,金融行动特别工作组与英联邦秘书处(Commonwealth Secretariat)合作在新加坡举行了第一次亚太地区反洗钱座谈会。1995 年,澳大利亚资助成立金融行动特别工作组亚洲秘书处,秘书处致力于在亚太地区建立一个地区性反洗钱组织。最终在 1997 年 2 月曼谷举行的第四次亚太地区反洗钱座谈会上,亚太反洗钱小组(Asia/Pacific Group on Money Laundering,APG)正式宣告成立。

在曼谷会议上,亚太反洗钱小组秘书处同时成立,秘书处设在澳大利亚悉尼。秘书处的主要职责是主持亚太反洗钱小组日常事务,组织亚太反洗钱小组年度会议和加强与其他反洗钱国际组织的联络。

亚太反洗钱小组实行的是双主席制,其中一位主席一直由澳大利亚人担任,另一位主席在亚太反洗钱小组成员间进行轮值,一个轮值期为两年。

亚太反洗钱小组每年要举行至少一次全体会议。全体会议主要讨论下列内容:

(1) 亚太反洗钱小组的结构和运作(组织章程、计划事务、预算等);

(2) 成员间的相互评估;

(3) 技术援助和培训项目,并检讨洗钱手段和反洗钱手段。

非亚太反洗钱小组成员也可以以观察员身份,受邀参加亚太反洗钱小组全体会议。

与金融行动特别工作组一样,亚太反洗钱小组同样每年要举行一次技术层面的洗钱类型工作组会议。会议的主要目的是:

(1) 促进执法专家和金融监管专家知识和经验的交流;

(2) 确认现阶段亚太地区犯罪收益交易和洗钱的方式;

(3) 确定亚太地区新出现的洗钱趋势和特征;

(4) 考虑并提供反洗钱措施方面的建议;

(5) 考虑增进发现、调查和查封犯罪收益的国际合作,以及流到境外的犯罪收益返还问题。

与金融行动特别工作组洗钱类型报告一样,洗钱类型工作组会议结束后,也要出台一份洗钱类型报告。

2. 成员资格。作为亚太地区最有影响的反洗钱国际组织,亚太反洗钱小组在其章程中规定了成员资格条件:

(1) 承认需要采取行动反洗钱和打击恐怖主义融资;

(2) 承认反洗钱知识和经验的共享是有益的;

(3) 已经或正在发展、颁布和执行基于国际公认标准的反洗钱和打击恐怖主义融资的立法及其他措施;

(4) 根据本国法律,承诺执行亚太反洗钱小组通过的决议;

(5) 承诺参加相互评估计划;

(6) 根据亚太反洗钱小组预算分配决议,缴纳预算资金。

截至 2019 年 6 月,亚太反洗钱小组拥有 41 个成员。中国的香港特别行政区、澳门特别行政区和台湾地区都是亚太反洗钱小组成员。

3. 主要目标。亚太反洗钱小组在其章程中,将其目标定位在六个方面:

(1) 成为亚太地区反洗钱和打击恐怖主义融资的合作中心;

(2) 提供一个论坛,以讨论地区问题,共享经验和促进成员间的实质性合作;

(3) 加快成员采纳国际公认的反洗钱和打击恐怖主义融资措施;

(4) 在执行国际公认的反洗钱和打击恐怖主义融资措施时,能考虑到地区和成员内部因素;

(5) 鼓励成员在执行反洗钱和打击恐怖主义融资倡议时,能进行更有效的司法互助;

(6) 在成员和观察员需要的情况下,尽可能协调和提供实际支持。

早在 2002 年 2 月,亚太反洗钱小组提出了 2001—2004 年的战略计划,提出了七大战略目标:

(1) 更好地了解本地区洗钱的情况、程度和影响;

(2) 扩大本地区对洗钱和亚太反洗钱小组角色的了解;

(3) 确认并就适合本地区的综合反洗钱措施达成共识;

(4) 在所有成员中,指导和推动综合反洗钱措施得到执行;

(5) 在本地区各国家(地区)内,推动和协调综合反洗钱措施的技术援助和培训,并在必要情况下,协助综合执行反洗钱措施;

（6）评估各成员执行综合反洗钱措施的程度；

（7）在所有成员内，推动执行金融行动特别工作组打击恐怖主义融资的九项特别建议和其他相关的联合国文件。

二、欧亚反洗钱与反恐融资工作组（EAG）

欧亚反洗钱和反恐融资工作组（The Eurasian Group on Combating Money Laundering and Financing of Terrorism，EAG）由中国、俄罗斯、哈萨克斯坦、塔吉克斯坦、吉尔吉斯斯坦和白俄罗斯六国于2004年10月创建，秘书处设在莫斯科。EAG下设法律互评估事务工作组（WGEL）、洗钱类型及趋势研究工作组（WGTYP）和技术援助工作组（WGTA）三个常设工作组，并于2005年2月正式运作。2005年12月、2010年6月和12月，乌兹别克斯坦、土库曼斯坦和印度分别被接纳成为EAG正式成员。2011年，各成员国批准了《欧亚反洗钱和反恐融资组织协议》，成为一个正式的区域性政府间组织。EAG现有成员国9个。

目前，EAG观察员包括意大利、美国、乌克兰、摩尔多瓦、土耳其、亚美尼亚、阿富汗、立陶宛、波兰、塞尔维亚、黑山共和国、法国、蒙古、韩国、伊朗等15个国家和亚太反洗钱小组、亚洲开发银行、独联体国家反恐中心、集体安全条约组织、独联体、欧洲理事会评估反洗钱及恐怖融资措施专家委员会、联合国反恐委员会、艾格蒙特集团、欧亚开发银行、欧亚经济委员会、欧洲复兴开发银行、金融行动特别工作组、国际货币基金组织、国际刑警组织、中东和北非金融行动特别工作组、上海合作组织、欧洲安全与合作组织、联合国毒品犯罪控制办公室、世界银行、中亚地区禁毒信息协调中心、联合国分析支助和制裁监测组、金砖国家新开发银行等22个国际及区域性组织。

EAG作为欧亚地区的"FATF式的区域性反洗钱组织"（FATF-style Regional Bodies，FSRBs），其主要作用是对成员国的反洗钱和反恐融资体系按照FATF标准进行评估，并发布有关评估报告。

EAG的主要目标包括：在反洗钱和反恐融资方面参照地区的差异性协助推广国际标准；在金融情报中心的能力范围内开展联合行动；对成员国反洗钱和反恐融资体系进行评估；与国际组织、工作组和有兴趣的国家合作协调计划；对洗钱活动和恐怖主义融资的方法趋势进行研究和分析，并交流打击此类犯罪的经验。

EAG为中国与俄罗斯及中亚各国在反洗钱和反恐融资领域开展有效合作提供了多边平台，亦推动了中国与上述国家在该领域的双边合作，对于拓展并深化我国反洗钱和反恐融资国际合作，打击三股势力，维护国家安全方面起到了积极的促进作用。

2018年5月22—24日，EAG年会在中国江苏南京召开。

三、欧洲理事会评估反洗钱措施特设专家委员会（MONEYVAL）

欧洲理事会评估反洗钱措施特设专家委员会由欧洲理事会部长委员会于1997年创建，是欧洲理事会欧洲犯罪问题委员会（CDPC）的分委会。其主旨是监测反洗钱标准在欧洲理事会成员但非FATF成员国家的实施情况。2002年，欧洲理事会评估反洗钱措施特设专家委员会将其原名称"PCREV"正式变更为"MONEYVAL"。MONEYVAL现有28

个成员,与其他 FATF 式区域组织一样,MONEYVAL 也进行成员之间的互评,并评审成员国的自评工作。2001 年"9·11"事件之后,MONEYVAL 将其反洗钱工作内容扩展到打击恐怖融资领域。

四、加勒比地区反洗钱金融行动特别工作组(CFATF)

加勒比地区反洗钱金融行动特别工作组成立于 1992 年,是最早的 FATF 式区域组织,由加勒比海地区的 30 个国家组建而成。成立的目的是确保该地区正确实施和执行国际反洗钱与反恐融资标准。和其他 FATF 式区域组织一样,加勒比地区反洗钱金融行动特别工作组的一个核心职能是通过自评和互评监测其成员对国际标准的执行情况。加勒比地区反洗钱金融行动特别工作组 2004 年底结束了其第二轮互评工作。加勒比地区反洗钱金融行动特别工作组同时也就该地区的洗钱和恐怖融资的类型开展技术分析,并公布报告。除了实施 FATF 的 40 条建议外,该组织还执行自己制定的 19 条建议,这 19 条建议主要针对该地区洗钱和恐怖融资的特征而定。

五、东南非洲反洗钱工作组(ESAAMLG)

东南非洲反洗钱工作组成立于 1999 年,是东南非地区的 FATF 式区域组织。该组织包括 18 个成员国和一个常设秘书处。东南非洲反洗钱工作组成立的目的是通过自评和互评监测其成员国的国际标准实施情况。

六、南美反洗钱金融行动特别工作组(AFISUD)

南美反洗钱金融行动特别工作组成立于 2000 年 12 月,迄今共 18 个成员国,负责管理其成员国国际反洗钱标准实施情况。2003 年 7 月,南美反洗钱金融行动特别工作组结束了它的第一轮成员互评工作。

七、中东非和北非反洗钱金融行动特别工作组(MENAFATF)

2004 年 11 月 30 日,在巴林首都麦纳麦召开的第一次区域部长会议上,阿尔及利亚、巴林、埃及、约旦、科威特、黎巴嫩、摩洛哥、阿曼、卡塔尔、沙特阿拉伯、叙利亚、突尼斯、阿拉伯联合酋长国和也门政府决定在中东非和北非建立一个 FATF 类型的区域组织,即中东非和北非反洗钱金融行动特别工作组,总部设在巴林。该组织迄今共 21 个成员。

第五节 反洗钱国际合作之司法协助

一、司法协助的内涵及必要性

司法协助是国家间司法合作的形式之一,它特指各国在司法程序中相互提供协助的行为。按涉及的诉讼类别划分,有民(商)事司法协助、刑事司法协助、行政司法协助;按协助的内容划分,又可分为狭义的司法协助和广义的司法协助。狭义的司法协助仅指送达文书及调查取证;广义的司法协助,在民(商)事方面还包括判决的承认与执行,在刑事方面则涵盖引渡、刑事判决和没收令的执行、被判刑人移管、诉讼转移等。中国反洗钱法所指的司法协助即为涉及追究洗钱犯罪的广义的司法协助。

与其他形式的法律合作相比，司法协助的独特之处在于：第一，它是一国针对具体案件的诉讼程序有关的行为。各国司法机关之间的对口业务交流和一般性的情报交换，不属于司法协助。第二，它是正规法律程序进行的协助，协助结果具有法律上的权威性并在诉讼中产生法律效果。这一特征使之区别于执法合作（警察部门或其他行政机关之间的合作）、律师合作（民间渠道开展的合作）等。因此，它是较高层次的法律合作。

国家间为什么需要开展司法协助？这是由于一国的司法权具有严格的属地性。司法权与立法权、行政权，构成国家主权的最核心内容。任何一国的司法机关，其司法权的行使只能限于本国境内，否则，就有可能侵犯外国主权。然而，各国公民之间的交往早已超越了国家疆界的限制，国家间的相互依赖关系日益加深，一国司法程序中涉及的跨国因素急剧增多。只有加强各国司法机关之间的有效合作，才能及时、公正地解决国际交往中出现的各类案件，使当事人的合法权益得到保护。因此，国际司法协助是国际交往发展到一定阶段的必然产物，是构建良好国际秩序的需要，是实现司法公正的需要，是国际社会共同利益的需要。

打击跨国洗钱活动同样离不开国际司法协助。随着跨国洗钱活动的日益猖獗，以及洗钱犯罪手段的多样化和电子化，一国司法机关在没有国际司法协助的情况下难以独立有效地打击洗钱犯罪活动。无论是没收洗钱犯罪的财产、分配没收的财产，还是各国司法机关之间互助、引渡等都离不开国际司法协助。

反洗钱的双边司法协助通常包括使用强制性措施的请求，如搜查和查封，或在被请求国的司法程序中承诺进行取证，其中也包括了移送证人进行取证的请求。反洗钱的双边司法协助也涵盖了冻结及扣押犯罪所得、暂停没收执行及执行请求国已作出的没收和罚款决定等方面的内容。另外，对洗钱犯罪嫌疑人的引渡也是反洗钱双边司法协助的一种常见形式，许多重要的反洗钱文件及联合国相关条约中都对其进行了规定。

二、关于刑事司法协助的国际立法规范

20 世纪国际刑事司法协助发展的一个重要标志是立法规范的迅速发展，有关刑事司法协助的国际立法规范主要包括以下几方面的规定：

（一）规定有刑事司法协助内容的全球性国际公约

涉及刑事司法协助方面，联合国成立以来，联合国大会及其所辖的有关国际组织制定了大量的对国际社会或联合国成员国或缔约国有约束作用的国际公约，其中，涉及国际刑事司法协助原则的国际公约有《世界人权宣言》《妇女政治权利公约》《公民及政治权利国际公约》等；涉及具体刑事司法制度方面的国际公约有《关于战争罪及反人类罪不适用法定时效的公约》《国际刑事警察组织章程和总规则》等；含有对具体国际犯罪开展刑事司法协助方面条款的国际公约有《防止及惩治危害种族罪公约》《防止及惩治灭种罪公约》《消除一切形式种族歧视国际公约》《禁止及惩治种族隔离罪公约》《关于非法劫持航空器公约》《关于制止危害民用航空安全的非法行为公约》《关于在航空器内的犯罪和其他某些行为的公约》《关于防止和惩处侵害应受国际保护人员包括外交代表的罪行公约》《反对劫持

人质国际公约》《禁止酷刑和其他残忍、不人道或有辱人格的待遇或惩罚公约》《1961年麻醉品单一公约》《禁止非法贩运麻醉品和精神药物公约》《制止向恐怖主义提供资助的国际公约》《打击跨国有组织犯罪公约》《联合国反腐败公约》等。

国际公约中有关刑事司法协助的规定一是内容比较分散，二是比较原则化。这是因为各个国家和地区的法律制度不同，文化背景各异，要求国际组织制定一部国际社会普遍认同并含有系统内容的国际刑事司法协助公约，从某种角度上讲在目前的情况下几乎是不可能的，因而国际公约对有关刑事司法协助的规定尽量原则化。但《禁止非法贩运麻醉品和精神药物公约》《制止向恐怖主义提供资助的国际公约》《打击跨国有组织犯罪公约》《反腐败公约》等公约的有关条款对各缔约国就案件的管辖权、没收、引渡、相互法律协助、移交诉讼、情报交换、控制下交付等方面不仅规定了原则，而且用较大篇幅比较详细地规定了有关司法协助的形式、范围、条件和程序，具有可操作性，显示了国际公约对刑事司法协助的规定有向具体化发展的倾向。

与打击洗钱有关的各项联合国公约，包括1988年《联合国禁止非法贩运麻醉品和精神药物公约》、2000年《联合国打击跨国有组织犯罪公约》、2003年《联合国反腐败公约》等，都含有针对司法协助专门的规定。

（二）规范刑事司法协助的地区性公约

由于制定全球性司法协助公约比较困难，在一定区域内法律制度和文化传统相似的国家间达成有关的刑事司法协助协议不仅必要，而且也更有可能。为此，一些区域性组织作出了努力并取得了丰硕成果。

欧洲是第二次世界大战后在国际刑事司法协助方面发展最快的地区，有关刑事司法协助的立法数量和内容均居世界各大洲的首位。自20世纪50年代以来，欧洲理事会先后制定了《欧洲引渡公约》《欧洲刑事司法协助公约》《欧洲刑事判决国际效力公约》《欧洲刑事诉讼移管公约》《欧洲移管被判刑人公约》等一系列刑事司法协助方面的公约。这些公约不仅在欧洲国家内发挥作用，还吸引了欧洲以外的国家参加，美国、加拿大等国就参加了其中的有关公约。

美洲是地区性国家间开展刑事司法协助最早的地区，制定了《美洲国家间引渡公约》《美洲国家组织关于防止和惩治恐怖主义行为公约》等较为著名的含有刑事司法协助内容的区域性公约。

非洲的司法合作公约有《非洲和马尔加什共同体组织公约》及《西非国家经济共同体引渡公约》等。

三、中国刑事司法协助的体制及做法

我国刑事司法协助框架是在改革开放进程中建立和发展起来的。1987年，最高人民法院、最高人民检察院、公安部、国家安全部、司法部联合下发了《关于处理涉外案件若干问题的决定》。1988年，最高人民法院又下发了《关于执行中外司法协助协定的通告》。1996年新修改的《刑事诉讼法》对我国对外刑事司法协助协定的执行作了原则性的规定。2000年12月28日，《中华人民共和国引渡法》经中华人民共和国主席令形式正式公布实施，这标志着中国国际刑事司法协助的立法迈上了一个新的台阶。

1985 年,我国首次与外国开始谈判司法协助条约。截至 2018 年 2 月,我国已与 71 个国家缔结司法协助条约、资产返还和分享协定、引渡条约和打击"三股势力"协定共 138 项（116 项生效）。具体如下：

1. 民刑事司法协助条约 19 项（全部生效）；

2. 刑事司法协助条约 41 项（35 项生效）；

3. 资产返还和分享协定 1 项（尚未生效）；

4. 民商事司法协助条约 20 项（18 项生效）；

5. 引渡条约 50 项（37 项生效）；

6. 打击"三股势力"协定 7 项（全部生效）。

截至 2018 年 2 月,中国已对外缔结 50 项引渡条约（其中 37 项已生效）。

在我国国际司法合作实践中,中国司法部是中国缔结或参加的含有刑事司法协助内容的国际条约指定的中方"中央机关",负责接收外国向我国提出的刑事司法协助请求。涉及追究洗钱犯罪的司法协助,也是照此执行。在接到他国的刑事司法请求后,司法部将毫不延迟地依据相关条约对该请求进行形式审查。如果该请求符合条约规定的条件,司法部将及时根据案件的性质和国内相关部门的职能把该请求转往相关主管机关予以执行,并将跟踪执行情况,视情予以指导,而且就执行中遇到的问题与请求国进行沟通。如果经审查该请求不符合条约规定的条件,司法部将及时退回该请求并说明原因。

如果请求国和中国之间没有缔结或共同参加的含有刑事司法协助内容的国际条约,则请求国需通过外交途径向中国提出请求。在有关请求国向中方作出符合中方法律和司法实践要求的互惠承诺后,中国外交部将立即对有关请求及材料进行形式等方面的审查,在确定符合条件的情况下,即转有关司法机关办理及跟踪执行情况,直至获得结果并答复请求国。

上述刑事司法协助的办理适用于涉及追究洗钱犯罪的司法协助。因此,按照我国关于一般刑事司法协助的规定和处理原则,涉及追究洗钱犯罪的司法协助,由司法机关依照有关法律的规定办理。

第六节 反洗钱和反恐融资的国际评估方法

对于跨国洗钱进行法律控制是实现反洗钱国际合作的重要前提,但对具体的实践而言,建立一套行之有效的反洗钱国际评估方法也至关重要。金融行动特别工作组、国际货币基金组织和世界银行在这方面做出了努力。而鉴于反恐融资在当前国际反洗钱中的重要地位,以上国际组织所提供的评估方法也都是强调和侧重反恐融资问题的。

迄今,反洗钱和反恐融资的国际评论方法实际上是以金融行动特别工作组（FATF）的评估程序为标准范本的,具体内容如下：

承诺执行《40 项建议》是每个金融行动特别工作组成员国（地区）的义务。FATF 对于申请加入国（地区）和成员国（地区）采取了差异化的评估程序。

（一）对于申请加入国（地区）的评估程序

对于提出加入申请的国家（地区），FATF 首先会派遣一个高级代表团与该国（地区）有关反洗钱部门会谈，对其反洗钱和反恐融资的情况进行初步了解，重点则是了解该国（地区）是否将洗钱和资助恐怖活动列为刑事犯罪、客户尽职调查和记录保存情况以及可疑交易报告情况。随后，该代表团会将了解到的情况向 FATF 成员国（地区）报告，经各成员国（地区）同意后，申请国（地区）方可成为 FATF 的观察员。

在成为观察员的一年内，FATF 将对该国（地区）的反洗钱和反控融资系统进行全面评估。评估的标准是《40 项建议》。评估采取的方法则是对于《40 项建议》的细化，以便评估人员更好地评价被评估经济体遵守《40 项建议》的状况，协助其发现被评估经济体反洗钱和反恐融资体系的缺陷。

《评估方法》的特点：

《评估方法》包括超过 2000 条基本标准和 35 条附加标准，其中基本标准属于强制性标准，而附加标准则属于非强制性标准；

《评估方法》对于所有金融机构都采取同样的标准进行评估，避免差异和重复；

《评估方法》将反洗钱标准和反恐融资标准进行了区分；

《评估方法》对于反洗钱和反恐融资的基础要求和细节要求进行了区分，基础要求必须通过法律和条例进行执行，细节要求则可以通过其他实施手段予以实现；

《评估方法》对于基本标准规定了四种评估级别，即：合规、基本合规、部分合规和不合规。

《评估方法》的基本内容：

洗钱罪的上位犯罪应该包括所有严重的刑事犯罪，至少应该包括《40 项建议》所列出的 20 种特定犯罪；

凡是提供《40 项建议》所列举的金融服务机构，都应该承担反洗钱和反恐融资义务；

客户尽职调查措施的评估标准进一步细化，例如：对于现有客户的尽职调查措施、客户身份核实的时限等细节内容都有详细标准；

可疑交易报告要求更加明确，包括企图进行的交易都应该报告；

特定非金融行业和专业人士都应该承担反洗钱和反恐融资义务；

禁止与空壳银行建立或继续业务关系；

在保证银行、保险公司和证券公司在反洗钱和反恐融资方面受到充分监管的同时，对于其他类型的金融机构和非金融机构，监管机关可以根据这些机构所面临的洗钱和恐怖融资的风险程度，进行有效监管；

各经济体应该对于各自反洗钱和反恐融资系统的有效性进行定期评估，并为此保存全面的统计数据；

各经济体应该采取措施，以了解法人和法律协议，例如：信托协议的真实受益人和实际控制人，防止其用于非法目的；

司法互助的要求更加完善和准确，非司法方面的合作也更加具体。国际合作不应该局限在各经济体的金融情报机构之间，还应该包括执法机关、监管机构和其他有关部门。

《评估方法》的应用：

评估人员在使用《评估方法》展开评估的时候，首先要区分基本标准和附加标准。

基本标准属于《40项建议》中必须完全遵守的标准。对于基本标准规定了四种评估级别,即:**合规、基本合规、部分合规和不合规**。具体评估标准见表6-1。

表 6-1　FATF 评估的四个等级标准

合　规	建议的所有基本标准均得以完全遵守
基本合规	仅有少量缺陷,绝大部分基本标准得以完全遵守
部分合规	该国已经采取某些实质性行动,并已经遵守部分基本标准
不合规	存在严重缺陷,绝大部分基本标准未得以遵守
不适用	由于一国的结构性、法律或制度特点(例如该国没有某一特别类型的金融机构)的差异化存在,某一项要求的全部或者部分在该国不适用

评估人应该考察被评估经济体的法律法规是否符合适用标准,以及该经济体法律是否完善并得到充分执行。只有当该经济体相应的法律法规或其他措施在评估报告最终完成以前生效,才可认为该国完全遵守该项标准。

附加标准是指有利于加强反洗钱和反恐融资体系的可选择性标准。附加标准的来源是FATF建议中的非强制性条件、FATF或者其他国际标准制定组织,例如巴塞尔银行监管委员会,所发布的最佳实践和其他指引。需要指出的是,附加标准虽然是整体评估的组成部分,但是从性质上讲,它并不是强制性的,评估的目的也不是为了考察合规性。为了明确体现这一点,附加标准是以问题的形式出现在《评估方法》中的。评估人在考虑被评估经济体的特殊情况之后,可以用附加标准对该经济体已采取或未采取的措施进行评价。评估人还可指出其认为可能巩固反洗钱和反恐融资体系的其他事项。

(二) 对于金融行动特别工作组成员国(地区)的评估

FATF通常每三年对于全体成员进行一轮互评。在互评阶段,FATF将从被评估国(地区)以外的国家聘请若干名法律、金融和执法领域的专家,派遣到被评估国(地区)进行现场访问,以了解该国(地区)反洗钱系统的有效性和缺陷。对于没有遵守上述建议的成员国(地区),FATF将对其采取持续而渐进的强化措施。包括:要求该国(地区)向FATF全体成员会议提交进展报告;FATF主席向该国(地区)派遣一个高级代表团进行实地考察与了解;要求所有FATF成员的金融机构对与该国(地区)的个人、公司和金融机构发生的所有业务联系和交易保持特别关注;直至暂停该国(地区)的FATF成员资格。

本 章 小 结

本章在阐述反洗钱国际合作的必要性及其意义的基础上,论述了反洗钱国际合作中所涉的国际法和国内法的演变过程,列举了国际合作的原则和类型。本章分全球性组织和区域性组织两个板块对反洗钱国际组织进行了介绍。同时,对于反洗钱国际司法协助的体制和做法也做了呈现。反洗钱与反恐融资国际评估作为国际合作的重要基础,其程序与方法是构成国际合作的必要组成部分。

重 要 概 念

金融行动特别工作组(FATF) 亚太反洗钱小组(APG) 欧亚反洗钱与反恐融资工作组(EAG) 欧洲理事会评估反洗钱措施特设专家委员会(MONEYVAL) 司法协助

习题与思考题

1.反洗钱国际合作的原则是什么?

2.反洗钱国际合作的类型有哪些?

3.金融行动特别工作组(FATF)是一个什么性质的组织?其突出贡献和价值是什么?

4.反洗钱国际合作存在哪些突出障碍和问题?如何有效解决?

5.试述金融行动特别工作组(FATF)反洗钱评估的原则、目标、特点、程序和内容。

第三篇
实务——操作篇

第七章

了解你的客户(KYC)/
客户尽职调查(CDD)

学习目标

通过本章学习,重点掌握以下内容:
1. 何谓"了解你的客户"(KYC)
2. 业务全流程与 KYC 要求
3. 最终受益所有人(UBO)与 KYC 规范
4. 客户洗钱风险评估原则、标准和方法
5. 客户洗钱风险分类分级管理

第一节　客户身份识别制度概述

客户身份识别制度,也称"了解你的客户"(know your customers,KYC)或者"客户尽职调查"(customer due diligence,CDD),是指金融机构在与客户建立业务关系或与其进行交易时,应当根据法定的有效身份证件或其他身份证明文件,确认客户的真实身份,同时,了解客户的职业情况或经营背景、交易目的、交易性质以及资金来源等。

客户身份识别、报告大额交易和可疑交易、保存客户身份资料和交易信息是反洗钱国际标准和各国反洗钱立法确认的洗钱预防措施的三项基本制度。其中,客户身份识别制度又处于基础地位。没有有效的客户身份识别制度,发现和报告可疑交易无从谈起,保存客户身份资料和交易记录也就失去了实际意义。鉴于客户身份识别在洗钱预防措施中的基础地位,有关反洗钱国际标准和各国反洗钱立法对其进行了详细规定。

《联合国打击跨国有组织犯罪公约》第 7 条就明确规定:"各缔约国均应在其力所能及的范围内,建立针对银行和非银行金融机构以及其他在适当情况下特别容易被用于洗钱的机构的综合性国内管理和监督制度,以便制止并查明各种形式的洗钱。这种制度应强调验证客户身份、保持记录和报告可疑交易等项规定。"

金融行动特别工作组(FATF)《40 项建议》第 5 项规定,金融机构不应设立匿名账户或明显以假名设立的账户。金融机构在与客户建立业务关系、进行电汇或超过 1.5 万美元/欧元经常性交易、客户存在洗钱或恐怖融资嫌疑、怀疑先前所获客户身份资料的真实性或充分性等情形下,应实施尽职调查措施,以确定和验证客户身份。客户身份尽职调查措施包括:(1)确定客户身份,并利用可靠的、独立来源的文件、数据或信息来验证客户身份。(2)确定受益权人身份,并运用合理的手段进行验证,以使该金融机构明了受益权人的身份情况。对于法人和实体,金融机构应采用合理的措施了解该客户的所有权和控制权结构。(3)获得有关该项业务关系的目的和意图属性的信息。(4)对业务关系以及在这种业务关系的整个过程中进行的交易进行持续的尽职调查,以确保交易的进行符合该金融机构对客户及其风险状况(必要时还包括资金来源)的认识。金融机构可以根据客户、业务关系或交易的类型,并在风险敏感程度的基础上确定这些措施的应用范围。对于高风险类别,金融机构应实施更严格的尽职调查。在某些低风险情况下,各国可以决定让金融机构采取精简或简化措施。如果金融机构无法实施上述(1)—(3)项要求,则不应开设账户、开始业务关系或进行交易,或者应当终止业务关系,并应考虑提交相关客户的可疑交易报告。

1997 年巴塞尔银行监管委员会发表的《有效银行监管的核心原则》指出,随着关于内部控制的讨论日益广泛,银行应该有足够的政策、手段和措施,以"了解你的客户";尤其是监管人员应该鼓励银行采取相应的 FATF 政策。2001 年 3 月巴塞尔银行监管委员会发布了题为《银行客户尽职调查》的咨询文件。该文件以"了解你的客户"为核心,对银行监管当局和银行业提出了更加具体的对客户尽职调查的要求。巴塞尔银行监管委员会《关于防止利用银行系统用于洗钱的声明》《银行客户尽职调查文件》《账户开立和身份识别一般指引》《了解你的客户风险管理统一文件》指出,采取有效的"了解你的客户"措施是银行风险管理的基本要求,完整的"了解你的客户"措施包括四个基本要素:(1)客户接受政策(包括记录保存);(2)验证客户身份;(3)对高风险账户实施持续监测;(4)风险管理。国际证监会组织(IOSCO)发布的《客户和实际受益人身份识别原则》、国际保险监管协会(IAIS)发布的《反洗钱与反恐融资指引文件》也有类似规定。

英国《反洗钱条例》规定,反洗钱义务主体在三种情况下必须进行身份识别:(1)业务经营者和申请者之间建立业务关系;(2)经营者知道或怀疑交易涉嫌洗钱或支付超过 15 000 欧元;(3)关联交易累计超过 15 000 欧元。识别的具体要求是:(1)要求首次与申请者建立合同时,申请者依所列程序提供合格的身份证明;(2)当进行身份识别时,若申请者不在场,应关注洗钱风险;(3)不提供合格身份证明,不得建立业务关系和进行交易;(4)若申请者代理他人,则须采取合理措施核实被代理人身份。比利时《防止利用金融系统洗钱法》第 4 条规定,反洗钱义务主体在与客户建立长期的商业关系时或对其他任何希望交易数额超过 1 000 欧元的客户,必须对其身份进行核实。

在《反洗钱法》颁布并实施之前,我国的法律中虽然并未直接使用"客户身份识别"的字眼,但是禁止开立匿名或假名账户,通过有效身份证件或者其他证明文件和资料审查客户身份的要求是明确的。例如:《个人存款账户实名制规定》第 7 条明确,在金融机构开立个人存款账户的,金融机构应当要求其出示本人身份证件,进行核对,并登记其身份证件上的姓名和号码。代理他人在金融机构开立个人存款账户的,金融机构应当要求其出示被代理人和代理人的身份证件,进行核对,并登记被代理人和代理人的身份证件上的姓名和号码。不出示本人身份证件或者不使用本人身份证件上的姓名的,金融机构不得为其开立个人存款账户。《金融机构反洗钱规定》第 10 条明确,金融机构应建立客户身份登记制度,审查在本机构办理存款、结算等业务的客户身份。金融机构不得为客户开立匿名账户或假名账户,不得为身份不明确的客户提供存款、结算等服务。

《反洗钱法》在借鉴有关国际标准和其他国家反洗钱立法,总结个人存款账户实名制度实施经验的基础上,明确规定了金融机构应当按照规定建立客户身份识别制度。关于识别客户身份的有关所谓"按照规定",既包括《反洗钱法》的有关规定,也包括中国人民银行、银监会、证监会、保监会等部门制定的关于识别客户身份的有关具体规定。

从有关反洗钱国际标准和各国反洗钱立法对于客户身份识别制度的具体规定看,客户身份识别制度逐步呈现以风险为基础的发展趋势,即在与客户建立业务关系、提供规定金额以上的非经常性交易、法人客户业务、代理交易等情形下,规定金融机构应当识别客户身份及其具体措施;对于高风险业务和客户,金融机构应实施更严格的客户身份识别措施;对于低风险业务和客户,金融机构可以采取简化的客户身份识别措施,甚至免除实施客户身份识别措施;授权金融机构根据风险管理和审慎经营的需要,自主决定客户身份识别措施的实施范围和程度。以风险为基础的客户身份识别制度考虑了商业实践的需要,也适当平衡了反洗钱成本和收益之间的关系,应当成为反洗钱立法的发展方向。为了便于金融机构有效推行以风险为基础的客户身份识别制度,《反洗钱法》一方面规定了客户身份识别的原则要求,包括同时识别代理人或受益人的身份,重新识别客户身份,禁止开立匿名或者假名账户等;另一方面则授权国务院反洗钱行政主管部门会同国务院有关金融监督管理机构制定金融机构建立客户身份识别制度的具体办法。

第二节 对客户身份识别的理解

从客户身份识别制度的本质要求看,金融机构不仅需要了解客户的真实身份,还需要根据交易需要了解客户的职业或经营背景、履约能力、交易目的、交易性质以及资金来源等有关情况。在《反洗钱法》起草过程中,有些学者主张客户身份识别就是指核对有效的个人身份证件或者单位营业执照等证明文件,要求金融机构了解与交易有关的其他情况缺乏必要的法律基础。从诚实信用原则的要求、风险管理、审慎经营的目的以及商业拓展的需要出发,客户身份识别具有广泛的内涵,核对有效的个人身份证件或者单位营业执照等证明文件仅仅是客户身份识别的基本要求。要求金融机构在核对真实有效的个人身份证件或者单位营业执照等证明文件外,了解与交易有关的其他情况对于预防和打击洗钱等违法犯罪活动具有更为重要的意义。有效识别和及时报告可疑交易是洗钱预防措施的核心。可疑交易的判定往往不能简单地从交易性质、金额、流向和频率等交易记录中直接得出,而需要金融机构根据客户身份以及职业或经营背景、履约能力、交易目的、交易性质以及资金来源等有关情况,综合分析交易性质、流向、频率和金额等交易记录,做出交易是否确实可疑的合理判断。如果将客户身份识别仅仅归结为核对有效的个人身份证件或者单位营业执照等证明文件,金融机构将无从识别可疑交易,更谈不上及时报告可疑交易,执法和司法部门也就不可能及时对洗钱等违法犯罪活动展开调查或侦查,对违法犯罪分子给予适当的处罚,由此影响洗钱预防措施甚至整个反洗钱体系的有效性。同时,中国现行金融法律制度在规定金融机构应核对有效的个人身份证件或者单位营业执照等证明文件外,针对不同的金融业务,还规定了更为严格的要求。例如:《商业银行法》第35条规定,商业银行贷款,应当对借款人的借款用途、偿还能力、还款方式等情况进行严格审查。《保险法》第17条规定,订立保险合同,保险人应当向投保人说明保险合同的条款内容,并可以就保险标的或者被保险人的有关情况提出询问,投保人应当如实告知。《票据法》第57条规定,付款人及其代理付款人付款时,应当审查汇票背书的连续,并审查提示付款人的合法身份证明或者有效证件。因此,完整的客户身份识别制度要求金融机构不仅要了解客户的真实身份,还要根据交易需要了解客户的职业或经营背景、履约能力、交易目的、交易性质以及资金来源等有关情况。实践中,金融机构为客户办理金融业务,一般需要客户填写开户申请文件或业务申请表格,或者签订合同,而开户申请文件、业务申请表格以及合同的内容往往超过个人身份证件或者单位营业执照等证明文件上记载的身份信息,还包括职业、经营范围、收入来源、资金用途等其他信息。尽管上述部分内容不是我国现行法律制度的强制性要求,但足以表明金融机构在具体实施客户身份识别措施时,已不仅仅局限于核对有效的个人身份证件或者单位营业执照等证明文件。当然,由于不同客户和不同业务存在的洗钱风险不同,金融机构需要了解客户的其他信息的范围和程度应当根据风险管理以及特定交易的要求予以确定,并不存在统一的、固定的标准。

2003年1月,中国人民银行发布了《金融机构反洗钱规定》,规定金融机构应建立客户身份登记制度,审查在本机构办理存款、结算等业务的客户的身份。金融机构不得为客户开立匿名账户或假名账户,不得为身份不明确的客户提供存款、结算等服务。金融机构为个人客户开立存款账户、办理结算的,应当要求其出示本人身份证件,进行核对,并登记其身份证件上的姓名和号码。代理他人在金融机构开立个人存款账户的,金融机构应当要求其出示被代理人和代理人的身份证件,进行核对,并登记被代理人和代理人的身份证件上的姓名和号码。对不出示本人身份证件或者不使用本人身份证件上的姓名的,金融机构不得为其开立存款账户。金融机构为单位客户办理开户、存款、结算等业务的,应当按照中国人民银行的有关规定要求其提供有效的证明文件和资料,进行核对并登记。对未按照规定提供本单位有效证明文件和资料的,金融机构不得为其办理存款、结算等业务。《反洗钱法》关于客户身份识别制度的规定较《金融机构反洗钱规定》的要求更为严格,例如识别受益人的身份。

第三节　客户身份识别的要求

中国《反洗钱法》要求金融机构在与客户建立业务关系或者为客户提供规定金额以上一次性金融服务时,应要求客户出示真实有效的客户身份证件或者其他身份证明文件,进行核对并登记。这是关于客户身份识别的最基本要求。实践中,金融机构与客户的交易关系主要分为两类:

一是通过开立账户或签订合同建立较为稳定的金融业务关系,例如开立银行结算账户、证券账户或基金账户,申请期货交易编码,订立保险合同或信托合同等,该种交易关系的主要特征是具有一定的持续性。

二是客户直接要求金融机构为其提供金融服务,主要是指不通过账户发生的交易,例如现金汇款、现钞兑换、票据兑付等,该种交易关系的主要特征是交易完成时,金融业务关系也即随之终止。

以上两类交易关系存在的洗钱风险不同。在第一类情形下,由于交易关系具有一定的持续性,客户可以通过金融机构完成多笔交易,通过账户发生的交易尽管可以在金融机构内保留完整的交易记录,但一般无需客户再次与金融机构直接接触;而在第二类情形下,不通过账户发生的交易则需要客户与金融机构直接接触,交易涉及人民币现金或外汇现钞。经济生活又离不开人民币现金或外汇现钞的合理使用,立法不应对正常使用人民币现金或外汇现钞设置不必要的障碍。因此,《反洗钱法》采取了区别对待的态度,即金融机构与客户通过开立账户或签订合同建立业务关系时,统一要求识别客户身份,而金融机构为客户提供现金汇款、现钞兑换、票据兑付等金融服务时,仅在交易金额超过一定限额的情况下才要求识别客户身份。我国现行法律制度已经明确要求金融机构为客户办理开户、存款、结算等业务时,应当按照中国人民银行和国务院有关金融监督管理机构的规定,要求其提供有效身份证件或者证明文件和资料,进行核对并登记。客户未按照规定提供有效身份证件或者证明文件和资料的,金融机构不得为其办理开户、存款、结算等业务。例如:《个人存款账户实名制规定》《支付结算办法》《人民币银行结算账户管理办法》《证券登记结算管理办法》《结汇、售汇及付汇管理规定》等均有相应规定。《反洗钱法》实际上是在法律层次上的现行法规和规章。

关于规定金额以上的一次性金融服务,由于金融业务的多样性和复杂性,立法无法采取穷尽列举的方式,也没有对规定金额进行明确规定,而是授权国务院反洗钱行政主管部门会同国务院有关金融监督管理机构制定金融机构建立客户身份识别制度的具体办法,其中就包括对应当识别客户身份的金融业务的规定金额进行明确规定。由于规定金额的设定可能导致拆分交易以规避限额的现象,因此,这里的"规定金额以上"既包括单笔交易超过规定金额,也包括存在关联的多笔交易在规定期限内累计超过规定金额。

所谓身份证件或其他身份证明文件,是指法律、行政法规和规章规定的可以证明本人身份的真实有效证件或文件。身份证件是针对个人而言,其他身份证明文件是针对单位而言。根据我国现行法律制度,对不同的金融业务个人应向金融机构出示的真实有效身份证件基本是统一的。居住在境内的中国公民,为居民身份证或者临时居民身份证;居住在境内的 16 周岁以下的中国公民,为户口簿;中国人民解放军军人,为军人身份证件;中国人民武装警察,为武装警察身份证件;香港、澳门居民,为港澳居民往来内地通行证;中国台湾居民,为台湾居民来往大陆通行证或者其他有效旅行证件;外国公民,为护照。单位应向金融机构出示的其他身份证明文件因金融业务的不同或者单位法律地位的不同而不同。例如:根据《人民币银行结算账户管理办法》的有关规定,企业法人、非法人企业、机关、事业单位、团级(含)以上军队、武警部队及分散执勤的支(分)队、社会团体、民办非企业组织、异地常设机构、外国驻华机构、个体工商户、居民委员会、村民委员会、社区委员会、单位设立的独立核算的附属机构等在银行开立结算账户,向银行出示的证明文件是存在一定区别的。同时,同一性质的单位开立基本存款账户、一般存款账户、专用存款账户或临时存款账户,应向银行出示的证明文件也存在区别。根据《中国证券登记结算有限责任公司证券账户管理规则》的有关规定,通过证券公司等开户代理机构开立证券账户,境内法人应提交工商营业执照、社团法人注册登记证书、机关事业法人成立批文等,境外机构为有效商业登记证明文件。

客户向金融机构出示真实有效身份证件或者其他身份证明文件后,金融机构需要进行核对并登记。这实际上是要求金融机构应对客户出示的真实有效客户身份证件或者其他身份证明文件上记载的所有信息进行审核,并进行完整登记。这些信息包括:个人的身份证件种类、身份证件号码、姓名、性别、住所、身份证件有效期限等;法人、其他组织和个体工商户的身份证明文件种类、名称、住所、组织机构代码、注册资本、法定代表人或负责人姓名、经营范围、股权结构、身份证明文件有效期限、税务登记号码等。

在《反洗钱法》起草过程中,对客户出示的真实有效身份证件或者其他身份证明文件,金融机构应当承担"核对"还是"核实"义务存在很大争议。按照商务印书馆 2016 年第 7 版《现代汉语词典》的解释,"核对"是指"审核查对","核实"是指"审核属实"。两者的实质性区别在于是否确认真实性,即前者为**形式审核**,后者为**实质审核**。客户身份识别制度的本意是要求金融机构通过审核客户出示的身份证件或者其他身份证明文件进而确认客户的真实身份。由于金融机构不是执法机关和司法机关,不应当也没有能力承担审核确认身份证件或者其他身份证明文件上记载的信息是否真实的义务,同时,立法要求客户向金融机构出示有效的身份证件或者其他身份证明文件,由政府部门颁发的身份证件或者其他身份证明文件具有一定的公信力,通常情况下金融机构不应该怀疑其真实性。因此,《反洗钱法》最终采取了**"核对"**的措辞。《反洗钱法》第 18 条规定,金融机构认为必要时,可以向公安、工商行政管理等部门"核实"客户身份的有关信息。这意味着金融机构不仅需要对客户出示的身份证件或者其他身份证明文件进行简单的形式审核,而且还需要通过查询公安、工商行政管理等部门保存的客户身份信息,确认客户的真实身份。如果客户出示的身份证件或者其他身份证明文件存在明显瑕疵或者与客户自身情况存在严重差异,例如:在客户与身份证件记载的性别、年龄不符,身份证件已经失效,身份证件明显属于伪造、篡改等情形下,金融机构仍然与客户建立业务关系或为客户提供其他金融服务的,金融机构应当承担相应的法律责任。

《反洗钱法》要求金融机构同时核对和登记代理客户办理业务的代理人和被代理人的

身份信息。客户与金融机构之间的交易行为属于民事法律行为，在不涉及身份关系或者法律有特别规定以及当事人存在约定的情形下，应当允许客户委托他人代为办理。客户由他人代理办理业务，既包括代理开立账户、签订合同，也包括代理进行现金汇款、现钞兑换、票据兑付以及其他业务。在金融业务领域，代理关系已经非常普遍，例如：成年子女代理父母到银行存取款，朋友、同事之间代理办理汇款，金融机构之间的代理关系等。随着经济的发展和中介服务业务的扩张，代理关系在金融领域会更加普遍，形式也将更加多种多样。代理关系的产生既包括委托代理，也包括法定代理，如父母为未成年子女办理教育储蓄，以及指定代理，如人民法院指定上级主管部门为下属企业办理资金清算业务。通过代理人办理金融业务，金融机构不能直接接触客户本人，这就给客户利用他人身份提供了可乘之机，也给金融机构识别客户身份增加了难度。因此，金融机构不仅需要核对并登记客户的身份证件或者其他身份证明文件，还需要核对并登记代理人的身份证件或者其他身份证明文件。为有效控制信用风险和法律风险，金融机构实际上还需要对客户与代理人之间的代理关系予以确认，如要求代理人出具授权委托书等。我国现行法律制度对此已有明确规定。如《个人存款账户实名制规定》规定，代理他人在金融机构开立个人存款账户的，金融机构应当要求其出示被代理人和代理人的身份证件，进行核对，并登记被代理人和代理人的身份证件上的姓名和号码。《人民币银行结算账户管理办法》规定，存款人申请开立单位银行结算账户时，可由法定代表人或单位负责人直接办理，也可授权他人办理。授权他人办理的，除出具相应的证明文件外，还应出具其法定代表人或单位负责人的授权书及其身份证件，以及被授权人的身份证件。《中国证券登记结算有限责任公司证券账户管理规则》规定，自然人委托他人代办开立证券账户申请的，还需提供经公证的委托代办书、代办人的有效身份证明文件及复印件。证券公司、商业银行等开户代理机构应认真审核申请人所提供的开户注册资料，审核申请人身份证明文件是否有效，注册申请表所填写内容与身份证明文件相关内容是否一致。《反洗钱法》实际上是在法律层面对现行制度予以确认。实践中，可能存在客户由他人代为办理业务而金融机构并不知情的情形，例如：客户开通网上支付功能或网上证券委托交易功能后，将交易密码或密钥告知他人，委托他人通过网络下达交易指令。在此类情形下，由于金融机构无从了解代理关系的存在，金融机构也就不可能对代理人的身份证件或者其他身份证明文件进行核对并登记。

一、业务关系建立环节的客户身份识别

银行在以开立账户等方式与客户建立业务关系，或为不在本机构开立账户的客户提供一次性金融服务，且交易金额达到规定数量的，应对客户进行身份识别。

（一）业务关系建立环节的客户身份识别要求

银行在以开立账户等方式与客户建立业务关系时应当识别客户身份，基本措施包括了解实际控制客户的自然人和交易的实际受益人，核对客户的有效身份证件或者其他身份证明文件，登记客户身份基本信息以及留存有效身份证件或者其他身份证明文件的复印件或者影印件。

1. 了解实际控制客户的自然人和交易的实际受益人。实际控制客户的自然人和交易的实际受益人，包括（但不限于）以下两类人员：一是公司实际控制人；二是未被客户披

露,但实际控制着金融交易过程或最终享有相关经济利益的人员(被代理人除外)。

2. 核对客户的有效身份证件或其他身份证明文件。

(1)对私客户。居住在中国境内的16岁以上的中国公民出示居民身份证或临时身份证;军人、武装警察可出具军人、武装警察身份证件;中国籍的华侨,可出具中国护照。居住在中国境内的16岁以下公民应由监护人代理开户,出具监护人有效身份证件及使用人的居民身份证或户口簿。香港特别行政区、澳门特别行政区居民出具港澳居民往来内地通行证。台湾居民出具台湾居民往来大陆通行证或其他有效旅行证件。外国公民出具护照或外国人永久居留证,或者国家法律、法规及有关文件规定的其他有效证件。

(2)对公客户。① 境内对公客户。可证明该客户依法设立或者可依法开展经营、社会活动的执照、证件或者文件、组织机构代码证、税务登记证、法定代表人或单位负责人的有效身份证件。授权他人办理的,还需出具合法有效的授权委托书和授权经办人员的有效身份证件等。② 境外对公客户。经过公证的境外有效商业注册登记证明文件,或其他与商业注册登记证明文件具有同等法律效力的可证明其机构开立的文件;董事会或董事、主要股东及有权人士的授权委托书,能够证明授权人有权授权的文件,以及授权人的有效身份证明文件;代理人有效身份证明文件。

3. 登记客户身份基本信息。

(1)对私客户。对私客户须登记客户的姓名、性别、国籍、职业、住所地或者工作单位地址、联系方式,身份证件或者身份证明文件的种类、号码和有效期限。客户的住所地与经常居住地不一致的,登记客户的经常居住地。

(2)对公客户。对公客户须登记的基本信息包括:客户的名称、住所、经营范围、组织机构代码、税务登记证号码;可证明该客户依法设立或者可依法开展经营、社会活动的执照、证件或者文件的名称、号码和有效期限;法定代表人、负责人和授权办理业务人员的姓名、身份证件或者身份证明文件的种类、号码、有效期限。对于控股股东或者实际控制人,也应根据"勤勉尽责"的要求了解并登记上述有关信息。

4. 留存有效身份证件或其他身份证明文件的复印件或影印件。在与客户建立业务关系时,识别客户身份最后一个重要环节是留存有效身份证件或其他身份证明文件的复印件或影印件。这不仅是银行保留客户真实身份证明的重要途径,也是反洗钱主管部门和侦查机关开展相关案件调查和侦查工作的重要线索。

(二)建立对公人民币存款类业务关系的客户身份识别

识别银行应对通过开立对公人民币活期存款账户及定期存款账户方式与银行建立业务关系的客户进行身份识别。通常由银行营业网点经办人员、客户经理、经营部门负责人及其他相关业务人员对拟开立账户的对公客户及其法定代表人或单位负责人、开户经办人进行身份识别。识别要点包括如下内容。

1. 核对客户的身份证明文件并登记基本信息。

(1)开立基本存款账户的证明文件。申请开立基本存款账户的,银行应按照客户性质和类型,要求客户出具以下证明文件:① 企业法人——出具企业法人营业执照、企业组织机构代码证正本。② 非法人企业——出具企业营业执照、企业组织机构代码证正本。③ 机关和实行预算管理的事业单位——出具政府人事部门或编制委员会的批文或事业单位法人证书和财政部门同意其开户的证明。④ 非预算管理的事业单位——出具政府人事部门或编制委员会的批文或登记证书。⑤ 军队、武警团级(含)以上单位以及分散执勤的支(分)队——出具军队军级以上单位财务部门、武警总队财务部门的开户证明。⑥ 社会团体——出具社会团体登记证书,宗教组织还应出具宗教事务管理部门的批文或证明。⑦ 民办非企业组织——出具民办非企业登记证书。⑧ 外地常设机构——出具其驻在地政府主管部门的批文。⑨ 外国驻华机构——出具国家有关主管部门的批文或证明。⑩ 外资企业驻华代表处、办事处——出具国家登记机关颁发的登记证。⑪ 个体工商户——出具个体工商户营业执照正本。⑫ 居民委员会、村民委员会、社区委员会——出具其主管部门的批文或证明。⑬ 独立核算的附属机构——出具其主管部门的基本存款账户开户许可证和批文。⑭ 其他组织——出具政府主管部门的批文或证明。⑮ 存款人为从事生产、经营活动纳税人的,还应出具税务部门颁发的税务登记证("税务登记证"是指国税登记证或地税登记证,如根据国家有关规定无法取得税务登记证的,在申请开立基本存款账户时可不出具税务登记证)。⑯ 国家法律法规其他规定及有权机构规定的相关资料。

(2) 开立一般存款账户的证明文件。申请开立一般存款账户,应向银行出具开立基本存款账户规定的证明文件、基本存款账户开户许可证和下列证明文件:① 存款人因向银行借款需要,出具借款合同。② 存款人因其他结算需要,出具有关证明。

(3) 开立专用存款账户的证明文件。申请开立专用存款账户,应向银行出具其开立基本存款账户规定的证明文件、基本存款账户开户许可证和下列证明文件:① 基本建设资金、更新改造资金、政策性房地产开发资金、住房基金、社会保障基金——出具主管部门批文。② 财政预算外资金——出具财政部门的证明。③ 粮、棉、油收购资金——出具主管部门批文。④ 单位银行卡备用金——按照中国人民银行批准的银行卡章程的规定出具有关证明和资料。⑤ 证券交易结算资金——出具证券公司或证券管理部门的证明。⑥ 期货交易保证金——出具期货公司或期货管理部门的证明。⑦ 银行存放同业资金——出具其证明。⑧ 收入汇缴资金和业务支出资金——出具基本存款账户存款人有关的证明。⑨ 党、团、工会设在单位的组织机构经费——出具该单位或有关部门的批文或证明。⑩ 其他按规定需要专项管理和使用的资金——出具有关法规、规章或政府部门的有关文件。⑪ 合格境外机构投资者在境内从事证券投资开立的人民币特殊账户和人民币结算资金账户——纳入专用存款账户管理,其开立人民币特殊账户时出具国家外汇管理部门的批复文件,开立人民币结算资金账户时出具证券管理部门的证券投资业务许可证。

(4) 开立临时存款账户的证明文件。申请开立临时存款账户的,银行应要求客户出具以下基本证明文件:① 临时机构——出具其驻在地主管部门同意设立临时机构的批文。② 异地建筑施工及安装单位——出具其营业执照正本或其隶属单位的营业执照正本,以及施工及安装地建设主管部门核发的许可证或建筑施工及安装合同。③ 异地从事临时经营活动的单位——出具其营业执照正本以及临时经营地工商行政管理部门的批文。④ 注册验资资金——出具工商行政管理部门核发的企业名称预先核准通知书或有关部门的批文。

（5）异地开立单位银行结算账户证明文件。异地开立单位银行结算账户的，银行除根据不同账户类型核对以上规定的资料外，还包括：① 开立基本存款账户的——在中国人民银行账户管理系统核查开立基本存款账户情况。② 开立一般存款账户的——在中国人民银行账户管理系统核查开立基本存款账户情况，以及单位盖章的申请函；需要贷款的，还应核实当地取得贷款的借款合同情况。③ 开立专用存款账户的——在中国人民银行账户管理系统核查开立基本存款账户情况，以及隶属单位的证明。④ 因经营需要在异地办理收入汇缴和业务支出的存款人——在中国人民银行账户管理系统核查开立基本存款账户情况，以及隶属单位的证明。

（6）开立定期存款账户的证明文件。单位开立定期存款账户时，如果该单位未在经办银行开立过活期结算账户或临时存款账户的，银行营业网点经办人员应比照客户首次开立人民币账户的方式审核客户身份资料。

2. 留存客户及其代理人有效身份证件、其他身份证明文件的复印件或影印件。

3. 了解客户业务、控股股东或实际控制人。

4. 通过代理人办理开户的，应审核代理人有效身份证件、其他身份证明文件，并留存复印件或者影印件。特别注意，**知道或应当知道**客户的资金或者财产属于信托财产的，银行应当识别信托关系当事人的身份，要求信托关系当事人提供有效身份证件或其他身份证明文件，并登记信托委托人、受益人的姓名或者名称、联系方式。

（三）建立对公外汇存款类业务关系的客户身份识别

对公外汇账户按性质分为经常项目账户和资本项目账户。经常项目是指国际收支中涉及货物、服务、收益及经常转移的交易项目等。资本项目是指国际收支中引起对外资产和负债水平发生变化的交易项目，包括资本转移、直接投资、证券投资、衍生产品及贷款等。

1. 对公经常项目外汇账户的客户身份识别

当客户通过开立对公经常项目外汇账户的方式与银行建立业务关系时，银行应对其进行身份识别。通常由银行营业网点经办人员、国际业务结算人员、客户经理、经营部门负责人及其他相关业务人员负责对拟开立账户的对公客户及其法定代表人或单位负责人、开户经办人进行身份识别。识别要点包括以下内容：

（1）核对客户的身份证明文件并登记基本信息。

① 境内机构开立经常项目下外汇账户。境内机构（外商投资企业除外）开立经常项目下外汇账户，银行应审核：

● 根据开户单位性质分别提供工商行政管理部门颁发的营业执照或者民政部门颁发的社团登记证，或者国家授权机关批准成立的有效批件，组织机构代码证和税务登记证等。

● 公司章程、验资证明、股权证明。

● 国务院授权机关批准经营业务的批件。

● 外汇局审核时提供的相应合同、协议或者其他有关材料。

② 外商投资企业开立经常项目下外汇账户。外商投资企业开立经常项目下外汇账户，银行应审核：

- 国家外汇管理局核发的"开户通知书"。
- 《外商投资企业外汇登记证》。
- 中华人民共和国外商投资企业批准证书和外经委批文。
- 公司章程、验资证明、股权证明等。
- 根据开户单位性质分别提供工商行政管理部门颁发的营业执照或者民政部门颁发的社团登记证,或者国家授权机关批准成立的有效批件,组织机构代码证和税务登记证等。

③ 特定用途的经常项目账户。开立国际海运及船务运输代理、货物运输代理项下暂收代付的经常项目外汇账户,国际承包工程、国际劳务合作、国际招标项下的经常项目外汇账户,国际邮政汇兑项下经常项目外汇账户时,应确认其营业执照或事业单位客户法人证书具有相应的营业范围。为境内机构开立具有经常项目单方面转移性质的经常项目外汇账户时,如捐赠、援助外汇账户,应确认其符合国家相关规定。为境内机构开立临时经常项目外汇账户,如大型国际会议、运动会、博览会、展览会等需开立外汇账户的,应确认其营业执照或社团登记证上具有相应的营业范围,或要求其提供相关主管部门对有关项目的批准文件。为司法和行政执法机关开立外汇现钞账户,应审核开户所在地外汇管理局核发的"国家外汇管理局经常项目外汇业务核准件"的要项是否为"账户开立"。要求开立上述外汇账户的客户提供企业法定代表人(或单位负责人)有效身份证件或者其他身份证明文件;如企业法定代表人(或单位负责人)为中国公民,须联网核查其身份证。授权他人办理的,还应要求出具合法有效的授权书及代理人身份证件,并通过联网核查代理人身份证。

(2) 留存客户或代理人的有效身份证件、其他身份证明文件的复印件或影印件。

(3) 了解其关联企业、控股股东或者实际控制人。

(4) 了解客户业务、主要交易对手及所在国风险。

(5) 通过外汇账户信息交互平台查询客户是否已在开户地外汇管理局进行基本信息登记。基本信息已登记,且与实际情况一致的,可为其开立经常项目外汇账户;基本信息未登记,或登记的信息与实际情况不一致的,不得为其办理开户手续,同时通知客户到开户地外汇管理局办理基本信息登记或变更手续。

2. 对公资本项目外汇账户的客户身份识别

当客户通过开立对公资本项目外汇账户的方式与银行建立业务关系时,银行应对其进行身份识别。通常由银行营业网点经办人员、国际业务结算人员、客户经理、经营部门负责人及其他相关业务人员对拟开立账户的对公客户及其法定代表人或单位负责人、开户经办人进行身份识别。识别要点包括如下内容。

(1) 核对客户的身份证明文件并登记基本信息。

① 开立外商直接投资资本金账户,银行应审核:

- 开户所在地外汇管理局核发的"国家外汇管理局资本项目外汇业务核准件"的要项是否为"账户开立";
- 外商投资企业外汇登记证在有效期内并通过年检。

② 开立外国投资者账户,银行应审核:

● 投资项目所在地外汇管理局核发的"国家外汇管理局资本项目外汇业务核准件"的要项是否为"账户开立";

● 境外法人当地商业登记证明或境外自然人身份证明是否真实、有效;

● 工商部门出具的公司名称预先核准通知书上的投资人、投资额、投资比例与外汇管理局和相关部门的文件是否相符;

● 商务部门对外资非法人项目的批复文件;

● 外国投资者委托境内自然人或法人申请开户的,其依法办理涉外公证的授权委托书是否有效。

③ 开立外债专用账户,银行应审核:

● 国家外汇管理局核发的"国家外汇管理局资本项目外汇业务核准件"的要项是否为"账户开立";

● 国家外汇管理局核发的《外债登记证》是否有效;

● 外债借款合同上的要素与《外债登记证》是否相符。

要求开立上述外汇账户的客户提供企业法定代表人(或单位负责人)有效身份证件或者其他身份证明文件;如企业法定代表(或单位负责人)人为中国公民,须联网核查其身份证。

授权他人办理的,还应要求出具合法有效的授权书及代理人身份证件,并通过联网核查代理人身份证。

(2)留存客户或其代理人的有效身份证件、其他身份证明文件的复印件或影印件。

(3)了解其关联企业、控股股东或者实际控制人。

(4)了解其境外投资款项的资金来源及资金投入的真正目的。

(5)通过外汇账户信息交互平台进行核对。银行应将客户提供的国家外汇管理局开户核准件与外汇账户信息交互平台中所登记的信息进行核对,二者相一致的,可为其开立资本项目外汇账户;基本信息未登记或登记的信息与实际情况不一致的,不得为其办理开户手续,同时通知客户到开户地外汇管理局办理基本信息登记或变更手续。

(四)建立个人存款类业务关系的客户身份识别

个人存款账户按币种分为个人人民币账户和外汇账户。

1. 个人人民币账户。个人人民币账户按账户性质可分为人民币储蓄账户和个人人民币结算账户。当客户通过开立个人人民币储蓄账户或结算账户的方式与银行建立业务关系时,银行应对其进行身份识别。通常由银行营业网点经办人员、客户经理、经营部门负责人及其他相关业务人员对拟开立账户的自然人或其代理人进行身份识别。识别要点包括以下内容:

(1)核对客户的身份证明文件并登记基本信息。银行应要求客户出示真实有效的身份证件或者其他身份证明文件,通过身份证联网信息核查系统进行核对并登记其身份基本信息;授权他人办理的,银行应采取合理方式确认代理关系的存在,应当核对代理人的有效身份证件或者身份证明文件,登记代理人的姓名或者名称、联系方式、身份证件或者身份证明文件的种类、号码。通过开立个人人民币结算账户的方式与银行建立业务关系的,银行应与客户签订银行结算账户管理协议,明确双方在客户身份识别等反洗钱方面的权利与义务。在银行审核个人身份证件时，如果无法判断身份证件的真实性，银行应考虑拒绝为该客户办理相关业务。在联网核查身份证时，客户的姓名、证件号码、照片、有效期及签发机关等要素中一项或多项核对不一致，且能确切判断客户出示的居民身份证为虚假证件，银行应拒绝为该客户办理相关业务。

（2）留存客户及其代理人的有效身份证件、其他身份证明文件的复印件或者影印件。

（3）关注大额现金开户和异常开户的情况，关注存款的资金来源、金额与存款人身份背景、职业背景、收入情况是否相符。

2. 个人外汇账户。个人外汇账户按账户性质区分为外汇结算账户、资本项目账户和外汇储蓄账户。个人外汇结算账户是指个人对外贸易经营者、个体工商户按照规定开立的用于办理经常项目项下经营性外汇收支的账户。个人资本项目账户是指个人开立外国投资者投资专用账户、特殊目的公司专用账户及投资并购专用账户等，其账户内资金的境内划转、汇出境外应经外汇管理局核准。个人外汇储蓄账户是指个人凭本人有效身份证件在银行开立的账户，其收支范围为非经营性外汇收付、本人或与其直系亲属之间同一主体类别的外汇储蓄账户间的资金划转。

当客户以开立个人外汇账户与银行建立业务关系或为自由兑换货币在银行开立账户时，银行应对其进行身份识别。通常由银行营业网点经办人员、国际业务结算人员、客户经理、经营部门负责人及其他相关业务人员负责对拟开立账户的居民、非居民进行身份识别。识别要点包括以下内容：

（1）核对客户的身份证明文件并登记基本信息。对于开立外汇结算账户，从事货物进出口的个人对外贸易经营者，在商务部门办理对外贸易经营权登记备案后，其贸易外汇资金的收支按照对公客户的外汇收支进行管理。对于其他业务，银行应按国家对公经常项目外汇账户审核要点进行客户身份识别。

对于开立资本项目外汇账户的个人，银行应按国家外汇管理局要求审核开立账户所需资料，并审核以下内容：

● 国家外汇管理局核发的"国家外汇管理局资本项目外汇业务核准件"的要项是否为"账户开立"；

● 境内个人对外直接投资是否符合有关规定并办理境外投资外汇登记；

● 境内个人对外捐赠和财产转移需购付汇的，是否符合有关规定并经国家外汇管理局核准；

● 境外个人购买境内商品房，是否符合自用原则。

对于开立外汇储蓄账户的个人，银行应审核开户个人的有效身份证明文件。境内个人和境外个人开立的外汇储蓄联名账户按境内个人外汇储蓄账户进行管理。对开立以上外汇账户的客户，银行应要求客户出示有效的客户身份证件或者其他身份证明文件，通过身份证联网信息核查系统进行核对并登记其身份基本信息；授权他人办理的，银行应采取合理方式确认代理关系的存在，应当核对代理人的有效身份证件或者身份证明文件，登记代理人的姓名或者名称、联系方式、身份证件或者身份证明文件的种类、号码。

（2）留存客户及其代理人的有效身份证件、其他身份证明文件的复印件或者影印件。

（3）了解实际控制账户的自然人的身份基本信息。

（五）建立对公人民币贷款类业务关系的客户身份识别

对公客户申请人民币贷款业务时，银行营业网点经办人员、客户经理、信贷经营部门负责人及其他相关业务人员应对拟开申请贷款的对公客户及其法定代表人或单位负责人、开户经办人进行身份识别。识别要点包括以下内容：

1. 审核客户的身份证明文件并登记基本信息。银行应审核营业执照、组织机构代码证、税务登记证、公司合同或章程、全体股东的名单、会计师（审计师）事务所出具的验资报告、贷款卡（证），法定代表人、单位负责人和授权办理业务人员的姓名、身份证件（证明文件）等（关注法定代表人或者实际控制人是否存在道德风险，例如涉黑涉毒、赌博或其他涉及民事、刑事等个人不良记录）。

2. 审核方式。银行可采取审核相关证明文件和资料、到相关部门查询客户身份信息和资料、实地查看等多种形式。

3. 贷前调查。（1）申请流动资金贷款的对公客户。银行应审核对公客户的组织架构、公司治理、内部控制及法定代表人和经营管理团队的资信情况，对公客户的经营范围、核心主业、所在行业状况；审核近三个年度以及上月财务报表和审计报告，对公客户关联方及关联方交易等情况；了解客户财务状况是否符合申请贷款的理由，申请的贷款是否拟用于生产经营性或者临时性资金需求；测算申请的贷款金额是否与其实际需要相符，关注是否存在将贷款用于固定资产投资或其他不符合流动资金贷款用途的交易活动的可能性；了解还款来源情况，包括生产经营产生的现金流、综合收益及其他合法收入等。（2）申请项目贷款的客户。银行应对贷款使用的合法合规性进行审查，包括审核相关商务合同（合营合同、建设合同以及土地使用出让合同等），政府主管部门出具的项目土地使用、环境保护等方面的批准文件以及贷款项目预算资金（包括自有资金）已全部落实的证明文件。（3）申请固定资产贷款的客户。银行应审核对公客户的组织架构、公司治理、内部控制及法定代表人和经营管理团队的资信情况，对公客户的经营范围、核心主业、所在行业状况。国家对拟投资项目的投资主体资格和经营资质有要求的，对公客户是否符合其要求。审核借款用途及还款来源情况。（4）申请委托贷款的客户。银行应核实委托人和借款人提供的相关资质证明、身份证明文件等，对委托人提供的资金来源及借款人资金使用情况进行合法合规性审查。

（六）建立个人人民币贷款类业务关系的客户身份识别

个人客户申请人民币贷款业务时，银行营业网点经办人员、客户经理、信贷经营部门负责人及其他相关业务人员应对拟开申请贷款的个人客户及其代理人进行客户身份识别。识别要点包括以下内容：

1. 审核客户的身份证明文件并登记基本信息。银行应审核客户的身份证明文件，包括有效身份证件、职业、住所、收入证明、缴税证明等资料。在审核身份证明文件过程中，要注意审查以下要点：（1）在中国境内工作、投资或常住；其中境外借款人应在中国境内工作、投资或常住超过1年。（2）有明确合法的用途。（3）具备还款意愿和有合法、稳定的收入来源及按期偿还贷款本息的能力。（4）个人信用状况良好；个人信用报告中近2年连续逾期期数原则上不得超过2期，能够提供相应资料证明无恶意逾期行为的除外。（5）提供银行认可的担保或具备银行评定、认可的信用资格等。

2. 贷前调查。银行应审核借款人的真实身份、申请贷款用途,收集个人收入、缴税等证明。审核抵(质)押物评估报告、按《担保法》规定应出具的相关文件材料,审核客户交易是否合规,防止出现虚假贷款情况。审核借款人信用状况、有无重大不良信用记录。了解抵(质)押物与贷款个人的真实权属关系,了解客户还款资金来源、还款方式以及还款能力。在对收入状况进行调查时,可利用个人收入证明资料如个人税务凭证、公积金查询记录、社保记录、工资单并结合借款人的年龄、学历、工作年限、职业、在职年限、银行存折流水和资产等信息核实和判断借款人目前收入的真实性、稳定性、合理性及未来行业发展对收入水平的影响。

银行审核自雇人士或公司股东、董事的收入时,不能仅凭个人开具的收入证明来判断其还款能力,还可通过要求其提供有关资产证明、银行对账单、财务报表、税单证明和实地调查等方式以及上下游客户、同业等途径,了解其经营情况和真实财务状况,全面分析其收入的真实性、稳定性。

(七) 建立外汇贷款类业务关系的客户身份识别

银行营业网点经办人员、客户经理、国际业务结算人员、信贷经营部门负责人及其他相关业务人员应对办理减免保证金开立信用证、担保提货、进口押汇、出口打包放款、出口押汇、买入票据、福费廷、出口保理、贷款承诺等外汇贷款业务的客户及其代理人进行身份识别,识别要点包括以下内容:

1. 审核客户的身份证明文件并登记基本信息。银行在与客户办理信贷业务时,采取审核相关证明文件和资料、到相关部门查询客户身份信息和资料、实地查看等多种形式,核实客户的真实身份。审核的客户身份证明文件和资料包括:企业法人营业执照、批准证书(成立批复)、税务登记证、法人代码证书、法定代表人身份证件;审核公司合同或章程、全体董事的名单、《授权委托书》(授权委托人办理的)、签署并履行相关协议而出具的《董事会决议》(客户为责任有限公司、股份有限公司的)、会计师(审计师)事务所出具的验资报告;个人身份证件、收入证明、缴税证明等资料。客户应依法取得进出口贸易经营资格,在国家外汇管理局、海关、税务、商务部门无不良记录,如违反外汇管理政策、逃套汇、走私、拖欠关税及其他税收、骗取国家退税等。

2. 贷前调查。贷前调查审核以下方面,确保真实贸易背景:(1) 贸易产品。对融资的商品从数量、质量、许可证、价格、关税、市场等方面给予合理性分析。(2) 交易主体。对买卖双方的资信情况,生产、经销该产品的能力进行分析。(3) 结算环节。对运输、保险、仓储、销售、货物转移及资金结算方式等给予合理的分析及判断。(4) 单证条款。对申请或规定条款进行可行性评估,由银行评估部门提供经双人签字的审核建议,确定银行可以接受的条件。

(八) 建立非面对面银行业务关系的客户身份识别

当银行与客户建立网上银行、电话银行等非面对面服务的业务关系时,应对客户进行身份识别。通常银行营业网点经办人员、客户经理、经营部门负责人及其他相关业务人员负责对客户及其代理人进行身份识别。识别要点包括以下内容:

1. 个人客户。银行营业网点经办人员审核个人客户有效身份证件和客户提交的电子银行申请,检测注册账户凭证原件(银行卡或存折等)的真实性,在电子银行系统对客户的账户资料与身份证件进行一致性验证,并通过刷卡(或存折)验证磁道信息和密码。

2. 企业客户。企业、单位客户要成为注册客户,须到受理行提交业务申请,填写相关申请表,并由企业、单位法定代表人(或单位负责人、授权代理人)签章、加盖账户预留印鉴和单位公章。同时向受理行提供下述资料:

- 营业执照、事业单位法人证书或组织机构代码证等有效证照。
- 法定代表人(或单位负责人)、经办人及企业网上银行管理员、操作员的有效身份证件。
- 法定代表人(或单位负责人)授权委托书及代理人有效身份证件(法定代表人本人办理时不需要)。

受理行负责审查客户的注册资格及提供资料的真实性、完整性,审查内容及步骤包括:

- 确认申请表填写规范,必填栏目内容完整。核对客户基本信息与营业执照、事业单位法人证书或组织机构代码证等内容是否一致。
- 核对注册账户账号、户名、账户性质等内容与业务系统以及开户行印鉴卡内容是否相符,账户预留印鉴与开户行印鉴卡印鉴是否相符。
- 经办人以及企业网上银行管理员、操作员的有效身份证件及复印件。
- 审核代理人有效身份证件与申请表内容填写是否一致。若企业申请表中包括本城市其他开户行的账户,受理行必须将申请表交至各开户行进行账户信息和印鉴审核。

二、业务关系存续环节的客户身份识别

(一) 持续识别客户身份基础知识

在业务关系存续期间,银行应当采取持续的客户身份识别措施,出现需重新识别情形时,银行应当重新识别客户。

1. 持续识别客户身份的措施。银行持续的客户身份识别措施包括:

(1) 关注客户的金融交易情况及其日常经营活动,及时提示客户更新留存在银行的资料信息。

(2) 银行应按照客户特点或账户属性,考虑地域、业务、行业、客户是否为外国政要等因素,划分客户风险等级。

(3) 对于风险等级分类结果为高风险的客户或者高风险账户持有人,银行要了解其经济状况或者经营状况等信息,了解交易的资金来源、资金用途等。对符合可疑交易报告要素的交易,应了解资金交易对方的身份情况。客户为外国政要的,应采取合理措施了解其资金来源和用途。

(4) 在账户使用过程中,如果客户身份证件或身份证明文件过期,银行应通知客户在合理期限内及时更新,若超出合理期限,客户无法提出合理理由,又无法更新的,银行有权中止为客户办理业务。合理期限由各银行根据自身业务实际确定。

2. 重新识别客户身份。

(1) 需要对客户身份进行重新识别的情况。重新识别客户身份的情形可以概括为三类,第一类属于客户特征,包括下述第①项、第②项;第二类来自银行分析,包括第③项、第④项、第⑤项、第⑥项;第三类是其他情形。

①　客户要求变更有关信息的,包括姓名或者名称、身份证件或者身份证明文件种类、身份证件号码、注册资本、经营范围、法定代表人或者负责人。

②　客户行为或者交易情况出现异常的。

③　客户姓名或者名称与国务院有关部门、机构和司法机关依法要求进行协查或者关注的犯罪嫌疑人、洗钱和恐怖融资分子的姓名或者名称相同的。

④　客户有洗钱、恐怖融资活动嫌疑的。

⑤　银行获得的客户信息与先前已经掌握的相关信息存在不一致或者相互矛盾的。

⑥　先前获得的客户身份资料的真实性、有效性、完整性存在疑点的。

⑦　应重新识别客户身份的其他情形。

(2) 重新识别客户身份的方法。在需要对客户身份重新识别时,可采取以下手段:

①　要求客户补充其他身份资料或者身份证明文件。

②　回访客户。

③　实地查访。

④　向公安、工商行政管理等部门核实。

⑤　其他可依法采取的措施。

(3) 重新识别客户身份后的处理。重新识别客户身份后,应及时调整客户风险等级。对于重新识别后存在洗钱嫌疑的,应及时报告可疑交易。

(二) 对公人民币存款类业务关系存续期间的客户身份识别

在业务关系存续期间,对公客户办理人民币存款类业务时,应由银行营业网点经办人员、客户经理、经营部门负责人及其他相关业务人员对客户及其代理人进行持续的身份识别。银行可重点关注相关账户频繁且异常的大额存取款、有关票据和凭证是否存在疑点等方面。

1. 频繁且异常的大额存取款。对单位账户频繁且异常的大额存取款,如单笔或当日累计金额超过5万元(含)的现金存取①,银行应按照"勤勉尽责"要求考虑及时了解客户资金的来源、用途及相关的其他信息,如通过银行柜面处理,按规定对经办人的身份证件进行登记,并采取适当措施进行核实。

案例 7-1　•-•

某单位客户的开户资料显示这是一家小规模的个体经营的冷饮店。该户每周五预约提取现金20万元。为了避免因大额取现提供取现人身份证件的情况出现,有时两个取款经办人同一天分别提取部分现金,但总额均接近或超出20万元。银行营业网点经办人员在注意到上述有规律的大额提现情况后,采取如下措施进一步识别和了解有关资金、交易及客户身份:

● 查看其资金来源,发现该客户的账户每周四会收到某大型国有企业一笔20万元的大额转账款。

---

①　2016年12月颁布的"央行3号令"之前所执行的大额交易报送标准是20万元(含)现金单笔或当日累计;"3号令"实施后,自然人或非自然人皆按5万元(含)现金单笔或当日累计标准执行。

● 进一步了解该客户身份，发现该客户的法人代表是一名89岁的老妇人。

询问常来银行办理取款业务的两名年轻人，他们自称是该客户的财务人员，而一般小规模的个体户不会雇用专门的财务人员。

针对上述重新识别所了解的信息，银行认为客户身份和取现人身份情况异常，决定做进一步调查。

2. 票据和凭证。对于票据和凭证溯及的收（付）款人及交易情况，可按照"勤勉尽责"和"了解你的客户"原则，着重审核银行本票、汇票的兑付时间、机构、兑付人，以及兑付后资金的处理。关注票据背书、资金去向、资金规模与个人或公司的经营范围、背景、经济规模的关系，判断客户交易行为是否异常及获得的客户信息与先前已掌握的相关信息是否一致。

案例 7-2

中国人民银行某分支机构在对某银行支行检查时发现，有多家单位开出的多张商业汇票的背书情况存在异常，经分析发现其背书人与被背书人存在关联性，经调阅这些单位客户的开户资料，发现其开户验资时，多个出资人为同一批人，且这些账户中部分账户的开户和销户之间也存在时间的关联性。中国人民银行某分支机构责令该银行对这批客户进行全面清查，并对上述商业汇票的真实性进行重新审查，对商业汇票的背书人与被背书人的关系进行了解。该银行在全面清查这批账户后，报告了上述账户的可疑交易，并在本银行的各营业网点内部进行了风险提示，密切关注这些客户和客户涉及的出资人继续开户情况。

（三）对公外汇存款类业务关系存续期间的客户身份识别

1. 经常项目外汇账户和资本项目外汇账户。在业务关系存续期间，银行营业网点经办人员、国际业务结算人员、客户经理、经营部门负责人及其他相关业务人员应在经常项目外汇账户和资本项目外汇对公客户办理日常业务时，对客户及其代理人进行持续的身份识别。识别要点包括以下内容：

（1）经常项目外汇账户对经常项目外汇账户，银行应从以下两个方面审查其使用的合规性：

① 对公客户经常项目外汇收入，属于贸易项下的外汇收入是否经过出口联网核查系统待核查账户的核查。

② 国家外汇管理局核定的经常项目超过外汇账户限额的外汇收入是否按规定结汇。同一对公客户在不同开户银行开立的相同性质经常项目外汇账户之间可以相互划转外汇资金，但汇出银行必须在汇出凭证备注栏中加注账户性质，以供汇入银行审核。银行必须将汇入的外汇资金纳入该客户经常项目外汇账户限额管理。

（2）资本项目外汇账户对资本项目外汇账户，银行应从以下三个方面审查其使用的合规性：

① 外汇资本金账户的资金贷方发生额是否超过"国家外汇管理局资本项目外汇业务核准件"中规定的最高限额。

② 资产存量变现外汇账户收入为对公客户转让现有资产收入的外汇,支出是否为经批准的用途。

③ B 股专户收入是否为境外法人或自然人买卖股票收入的外汇和境外汇入或携入的外汇,支出是否被用于买卖股票。

2. 国际结算。在业务关系存续期间,银行营业网点经办人员、国际业务结算人员、客户经理、经营部门负责人及其他相关业务人员应对办理汇款、信用证等国际结算业务的客户及其代理人进行持续的身份识别。识别要点包括以下内容:

(1)受理并审核客户提交的书面委托和相关文件。

① 客户委托银行办理各项业务,应提交书面委托或申请。委托或申请书应对委托事项指示明确,同时应根据不同的业务确定银行与客户各自的权责范围,以达成委托与被委托关系的正式契约。凡委托事项不清楚或指示不明确以致银行不能执行的,应接洽客户澄清或修改。

② 对公客户的书面委托需加盖预留印鉴或公章。

③ 根据不同业务的规定要求,审核客户提交的相关凭证和文件,要求文件符合规定并相互一致,提交并留存复印件的应确认与原件相符。

(2)审查业务的贸易背景情况通过客户提交的合同、发票、申请书等商业单据及有效凭证,进一步了解有关基础交易信息,了解客户的主营业务范围、与银行之间开展的业务量、以往结算方式、业务往来记录等,确保相关业务具有真实贸易背景。

案例 7-3 ┉┉

某银行国际业务部为某中外合资企业办理一笔进口付汇业务,审核进口单证时,发现该笔进口贸易的结算金额远比该户以往办理的金额大,超出了日常单笔结算的 50%,且贸易合同显示的出口商不是以前常做贸易的出口商。银行国际结算业务人员通过向该企业的贸易部人员了解得知,该企业为做大规模,拓展业务范围,这单交易是新领域的业务。在经查验进口单证,确保真实性后,银行再为客户办理结算。

┉┉

(3)审核客户及其交易对手。业务涉及的交易对手,例如收款人、开证行、代收行、偿付行、申请人、付款人等,不得是被列入联合国安理会和监管机构制裁名单的实体(含银行)或个人。对于 FATF 发布的反洗钱不合作国家和地区,银行应慎重考虑是否继续与其交易。

案例 7-4 ┉┉

某外资银行的国际结算业务流程中规定,对客户每笔交易的对手均应查验其是否属于"黑名单"客户。如果是,银行必须根据自身风险偏好谨慎处理,作出是否拒绝办理该笔业务的决定。该外资银行的国际结算业务人员在为客户办理结算时,先登录该行的"黑名单"查询系统,录入相关信息,如系统反馈是"黑名单"客户,则应根据内部规定逐级上报,获得审批同意后办理。但应根据具体情况将该客户列入重点关注对象,持续跟踪分析其交易情况。

┉┉

（4）对空壳公司的识别。对于在注册地不从事任何商业、制造业或任何其他形式商业活动的机构、公司、基金会和信托公司等"空壳公司"，尤其是交易对手来自离岸中心时，银行应高度关注，除持续识别客户身份外，还应尽量了解交易对手的身份，发现可疑情况及时报告。

（四）个人人民币存款类业务关系存续期间的客户身份识别

在业务关系存续期间，银行营业网点经办人员、客户经理、经营部门负责人、其他相关业务人员应对办理日常存取款、结算、挂失等业务的客户及其代理人进行持续的身份识别。识别要点包括以下内容：

1. 长期闲置账户。长期闲置账户的客户来办理人民币业务的，银行可要求客户出示有效身份证件，核对客户身份信息是否发生变化，并及时更新本机构留存的信息。如有必要，可对客户的有效身份证件进行联网核查或采取其他方式审核，确保客户身份的真实性后再办理业务。

案例 7-5

某银行为确保长期闲置账户的客户身份识别工作能及时开展，在业务核心系统中对长期闲置账户做了标识，并对曾开办了银行卡、网上银行、电话银行等业务的长期闲置账户的客户，通过短信提示、对账单增补提示信息等方式，提示客户在来办理业务时，要带齐身份证件供银行核实，并规定银行营业网点经办人员对长期闲置账户的客户新办理的业务除要做身份联网核查外，还要关注其重新办理业务的频率、金额等是否符合其客户身份背景。

2. 规定金额以上业务。办理规定金额以上业务，银行应审查：

（1）对个人存款账户单笔金额超过 5 万元（含）的现金存取，银行应当核对客户的有效身份证件或者其他身份证明文件；若是身份证，则通过联网核查无误后方可支付。如为代办，还须审核代理人有效身份证件。

（2）单笔或当日累计金额 5 万元（含）以上的大额现金存取，银行营业网点经办人员、网点负责人应根据"勤勉尽责"要求，向客户经理了解该账户现金提取是否与其身份及背景信息相符，其账户交易是否曾发生可疑交易等信息。

案例 7-6

某银行支行所在地区是批发市场，其个人客户多数从事批发生意，为方便购销货，客户经常在银行存取大量现金。该支行为做好客户身份识别工作，除执行大额现金存取登记身份信息的有关规定外，还设立了大额现金存取监控表，持续跟踪监测客户的存取现金情况。如发现客户存取现金不符合其从事的职业，该银行支行则会要求客户经理对客户的身份、经营的业务进行实地查访。

3. 挂失业务。个人办理挂失业务，银行应根据行内有关规定审查客户有关身份证件资料、账号、户名、开户日期、开户地址、存款种类、余额、近期交易额等要素。为控制银行资金风险,还可进一步要求客户提供完税证明、单位出具的收入证明、驾驶证等,进一步了解其职业、收入等,及时发现可疑情况。

（五）个人外汇存款类业务关系存续期间的客户身份识别

在业务关系存续期间,银行营业网点经办人员、国际业务结算人员、客户经理、经营部门负责人及其他相关业务人员应对办理个人外汇结算、资本项目及外汇储蓄等相关业务的客户及其代理人进行持续的身份识别,识别要点包括以下内容:

1. 个人外汇存款账户的合规性。在个人外汇存款账户使用的合规性方面,银行应审查是否符合以下规定:

（1）个人进行工商登记或者办理其他执业手续后方可开立外汇结算账户。

（2）境外个人在境内直接投资,经国家外汇管理局核准,可以开立外国投资者专用外汇账户。账户内资金经国家外汇管理局核准可以结汇。

（3）直接投资项目获得国家主管部门批准后,境外个人可以将外国投资者专用外汇账户内的外汇资金划入外商投资企业资本金账户。

（4）外汇储蓄账户的收支范围为非经营性外汇收付、本人或与其直系亲属之间同一主体类别的外汇储蓄账户间的资金划转。境内个人和境外个人开立的外汇储蓄联名账户按境内个人外汇储蓄账户进行管理。

2. 办理规定金额以上业务。办理规定金额以上业务,银行应审核:

（1）对当日向个人外汇储蓄账户累计存入等值5 000美元以上外币现钞的,除要求存款人出具有效身份证明外,还需提供经海关签章的《中华人民共和国海关进境旅客行李物品申报单》或原银行外币现钞提取单据原件办理,在证明单据上标注存款银行、金额、日期后留存复印件。

（2）对当日累计提取外币现钞等值1万美元以上的,客户凭本人有效身份证件、提钞用途证明等材料向银行所在地外汇管理局事前报备。银行凭客户本人有效身份证件和经国家外汇管理局签章的《提取外币现钞备案表》为个人办理提取外币现钞手续,留存身份证件复印件和《提取外币现钞备案表》。另外,银行还应核对客户本人身份证件,经核实后办理。

案例 7-7 ·+·

某银行柜台人员在办理业务时发现某个人客户收到境外汇款后提取美元现钞,每次提款均为9 950美元。在某月内连续两日来办业务,隔一天再连续两日来办业务,共办理了16次同类业务。因其提取外汇现钞金额没有达到1万美元,按规定不需提交有关证明文件,但柜面人员分析后觉得异常,随后要求该客户提供有效身份证件并向公安机关查验。同时由客户经理向该客户了解其资金来源和用途,但客户拒绝提供相关信息,该银行即将上述交易作为可疑交易进行报告。

·+·

3. 自然人结售汇业务。对于自然人非经营性结汇、售汇业务,银行应从以下两个方面进行审核:

（1）客户年度总额等值5万美元以下(含)的非经营性结汇,核对并留存自然人提供的有效身份证明材料,也可以委托直系亲属代为办理,同时须核对并留存直系亲属关系证明。对境内个人应咨询客户的资金来源。对境外个人应咨询客户资金用途,并如实登记客户结汇资金属性。对于持现金结汇,如果存在资金来源与客户身份不相符的,要跟踪该项结汇资金的去向,并列入关注类。

(2) 对于客户年度总额等值 5 万美元以上的非经营性结汇,核对并留存自然人提供的有效身份证明材料,也可以委托他人代为办理,同时须核对并留存双方有效身份证件、委托书证明和国家外汇管理局核准的相关证明材料。对境内个人应咨询客户的资金来源,对境外个人应咨询客户资金用途,并如实登记客户结汇资金属性。同时境外个人结汇资金须划至交易对方账户,不得存入本人名下。境内个人售汇款项须直接汇出境外,可以通过汇票、旅行支票、信用卡等实现。

案例 7-8 •••

某银行在某一营业日,为 15 名客户办理了批量开立本外币银行卡的业务,并同时为每一名客户开办了网上银行业务。这 15 名客户办理业务时部分客户系由同一名代理人代办。银行卡业务办好后的 3 个营业日后,这 15 名客户的银行卡同时收到了 3 笔从同一个国家不同的两家银行汇入的欧元汇款,总额为 49 000 欧元,当时折合人民币约 40 万元;15 个账户收到汇款后的第二天即由开户代办人来柜面办理结汇,并通过网上银行将结汇后的人民币汇入同一人的账户;之后这些账户均没有再发生交易。银行营业网点经办人员查看了上述汇款的《涉外收入申报单(对私)》,申报单的附言部分均注明"员工 1 年薪酬";经进一步了解,15 名客户的身份均为一家外资企业的员工,而结汇人民币汇入的账户所属客户是这家外资企业的大股东。银行营业网点经办人员即将这批异常客户和账户交易作为可疑交易报告。

•••

(六)人民币贷款类业务关系存续期间的客户身份识别

在业务关系存续期间,银行营业网点经办人员、客户经理、信贷经营部门负责人及其他相关业务人员应对申请人民币贷款业务的单位和个人及其代理人进行持续的身份识别,识别要点包括以下内容:

(1) 动态关注借款方信用状况。按月或季度不定期地通过中国人民银行征信系统查询借款个人或单位的信用记录、贷款卡年检记录等。

(2) 贷后检查按贷后检查要求。客户经理每季度对客户进行贷后检查,检查客户的基本情况、贷款使用情况、财务状况等。应关注贷款用途与原申请用途是否一致,且交易背景是否真实存在,是否存在无真实交易背景而利用关联公司开立单位或者个人账户互相空转、制造贸易往来假象骗取贷款或者洗钱,项目贷款资金是否流入正常的项目情况。

案例 7-9 •••

2008 年 A 市多家商业银行在贷款后持续客户身份识别和检查工作中发现李氏兄弟利用辖内 H 公司骗取银行贷款,截至当时尚未归还,涉嫌贷款诈骗,遂向公安机关报案。

2009年6月5日,A市公安局请求中国人民银行A市中心支行协助核查李氏兄弟在A市各银行开立账户及相关交易、贷款情况。李氏兄弟还利用亲戚朋友的名义在各银行开立了多个银行账户。利用虚假购销合同,在毫无真实交易背景的情况下,将贷款资金在上述账户之间相互划转或存取现金。通过频繁交易,故意制造复杂的交易轨迹,从而达到掩饰隐瞒、意图非法占有贷款资金的目的。A市公安局果断抓捕李氏兄弟。经侦查审讯,该案所涉贷款总额高达3 000多万元。

+·+

上述案例中,A市多家商业银行认真履行客户身份持续识别义务,识破并发现了李氏兄弟的骗贷行为,说明贷款之前的调查、贷款后的持续识别和检查对于发现骗贷、洗钱等犯罪行为至关重要。

(七) 外汇货款类业务关系存续期间的客户身份识别

在业务关系存续期间,银行营业网点经办人员、客户经理、国际业务结算人员、信贷经营部门负责人及其他相关业务人员应对办理减免保证金开立信用证、担保提货、进口押汇、出口打包放款、出口押汇、买入票据、福费廷、出口保理、贷款承诺等业务的客户及其代理人进行持续的身份识别。银行应关注客户融资后资金流量和业务状况,避免客户利用融资资金从事高风险业务而给银行业务带来风险。在持续关注贷款流向、还贷情况及贷款人关联情况方面,一旦发现客户有洗钱可疑行为,则应填报可疑交易报告。

对于授信额度的条件要求控制货权和(或)回笼资金的,发生具体融资业务后,受理贸易融资授信的客户信贷人员和(或)贷后检查人员,应根据不同贸易融资种类进行跟踪,发现异常情况立即采取保全措施。

1. 进口业务。

(1) 进口到货处理情况,包括到货日、到货地、到货量;提货日、提货人、提货量;存仓日、存仓人、存仓地等。

(2) 货物使用情况,包括生产自用、销售、销售量、购货人、预收款、发货日、预期收款日等。

(3) 货款回笼情况,包括通过银行回笼款项、形成应收账款金额等。

(4) 归还融资情况,如已归还总金额、余额、到期日等。

2. 出口业务。

(1) 备货情况,如出口商品供货商、生产情况、预交货时间等。

(2) 出货情况,如装船日(交货日)、交单日、出运货物量交单金额、交单方式等。

(3) 收汇情况,如收汇日期、金额等。

(4) 还款情况,如已还款金额、日期、余额、到期日等。

3. 出现异常情形的识别。

(1) 如果贷款流向出现异常,银行应进一步确认贷款的性质,跟踪贷款的流向变化以及其申请贷款理由的合理性。

(2) 如果还贷情况出现异常,银行应审核还贷资金的来源是否正常,与客户身份背景及公司性质有否关联。

(3) 如果贷款关联情况出现异常,包括担保企业或质押物等是否与客户本身或客户贷款情况有不一致或疑点的,银行应及时分析识别。

案例 7-10 ·+

某外资银行通过其华南区总部介绍了一家外资企业在该银行融资,并通过了有关贷款资质等审核。该企业是有外贸经营权的企业,第一笔贷款是进口贸易所需的流动资金,但银行在跟踪其贷款流向时发现,贷款转入了国内另一家外贸企业在另一家外资银行的账户。该情形与该企业申请贷款时提供的有关单证、合同所示的不符。该银行结算部门的人员将情况及时向信贷部门做了报告,信贷部门的经办人和负责人进一步要求该贷款户提供相关资料,以证实其贷款流向的合理性,并对该贷款户的账户作了重点关注类的监控。

·+·

(八) 非面对面银行业务关系存续期间的客户身份识别

银行在提供网上银行、电话银行、ATM 自助机具等非面对面业务时,应实行严格的身份认证措施,采取相应的技术保障手段,强化内部管理程序,识别客户身份。识别主体包括银行营业网点经办人员、客户经理、经营部门负责人及其他相关业务人员。

1. 开通个人电子渠道服务或追加签约账户环节。开通各类个人电子渠道服务或追加签约账户时,银行应要求客户提供本人实名制账户介质、身份证件原件,并填写申请表格。签约过程需要客户验证账户密码,用于验证该账户是否属于客户本人。

2. 监控客户的交易行为异常情况。银行应分析客户的账户资金交易与客户身份、财务状况、经营业务是否相符。发现其资金往来存在可疑的,银行应及时调整客户风险等级分类并报告客户可疑交易行为。

3. 监控银行 ATM 等自助机具的异常提现活动。银行应关注客户通过 ATM 等自助机具频繁存取现金的情况,必要时调取监控录像,同时分析客户的资金来源与其身份背景是否相符。可调阅客户开立银行卡时留存的信息资料,包括客户本人身份信息和代办人身份信息,结合交易进行识别、分析。

案例 7-11 ·+

某银行在自查大额现金存取业务时发现,某客户持有的 3 张银行卡自开卡日后约 9 个月没有交易,但突然于某段时间内连续多天在 ATM 上发生多笔取现业务。银行调阅了该客户的开户资料,发现该客户为一名 9 岁的小孩,是其母亲代理开户的。进一步的分析显示,其最近的交易,除上述 ATM 提现外,还在柜面提取了 3 笔大额现金共 220 万元,并于某两日将提取的所有现金全数存入另一账户,该账户同样是其母亲代理开户的。该小孩在 ATM 上发生的提现交易时间十分密集,交易的当天不同的卡几乎同一时间段在某地段的两三家支行的 ATM 上操作,其中有两天的交易,时间从傍晚 6 点延续到晚上 9 点。银行结合上述情况,对该户以及其关联的账户交易进行了可疑交易报告,并持续监控。

·+·

可见,该银行认真履行了非面对面业务客户身份持续识别义务。

案例 7-12 ┼┼┼

2009 年 7 月,中国人民银行对某银行进行反洗钱检查时发现,2008 年 10 月,该银行为一名小孩(开户时仅 3 岁)开立个人结算账户,并相应办理了该银行的信用卡并开通了网上银行业务。开户时由其母亲(某房地产投资企业的高级管理人员)为监护人代办。

小孩的账户开立后一个月,收到某账户划入 500 万元现金。收款后第二天,账户发生了频繁提现和网上银行业务。分别以银行卡 ATM 取现方式提取 300 万元现金,取现金额每笔均为 5 000 元,且连续十天在同一网点的 3 台 ATM 上提取,取款时间在傍晚18:30至晚上 21:30,交易时间显示每笔取款均连续进行。ATM 提款业务发生一周后,该账户通过网上银行将 200 万元的余额分三天划出,分别划入 20 多人的银行卡中。对于上述一系列交易,中国人民银行在现场检查中询问银行工作人员发现,银行既未进一步识别监护人身份,也不了解交易实际操作人和控制人是谁,更没有关注过该账户资金的来源和去向。

┼┼

分析:针对上述情况,该银行首先应在开户时保持高度警觉,对无行为能力的小孩既开立信用卡又开通网上银行业务的异常行为给予高度关注,及时进行深入的客户身份识别。其次,在随后的系列交易中,应对账户资金的来源和去向进一步关注,在发生大额交易和可疑交易行为后及时重新识别客户身份,并在适当时机进行可疑交易报告。

客户在终止非面对面银行业务关系时,如果原柜面业务关系仍然存在,则无须单独识别客户身份;如果是在原柜面业务关系终止时发生,应按照终止原业务关系进行识别。

(九)跨境汇款业务关系存续期间的客户身份识别

对于跨境汇款业务,银行应审核客户身份证件或其他证明文件,并登记、留存重要信息,确保汇款人可跟踪稽核。

1. 汇出汇款业务。

(1) 登记汇款人的姓名或者名称、账号、住所和收款人的姓名、住所等信息,在汇兑凭证或者相关信息系统中留存上述信息。

(2) 向接收汇款的境外机构提供汇款人的姓名或者名称、账号、住所等信息。

(3) 汇款人没有在本银行开户,银行无法登记汇款人账号的,可登记并向接收汇款的境外机构提供其他相关信息,确保该笔交易可跟踪稽核。

(4) 境外收款人住所不明确的,银行可登记接收汇款的境外机构所在地名称。

2. 汇入汇款业务。

(1) 对于汇入汇款,银行应登记留存汇款人姓名或者名称、汇款人账号和汇款人住所三项信息,若其中任何一项缺失的,应要求境外机构补充。但若境外机构属于加入 FATF 的国家(地区),或虽未加入但承诺严格执行 FATF 有关反洗钱及反恐怖融资标准的国家(地区),银行可不必要求其补充缺失信息,可直接登记替代性信息。

(2) 如汇款人没有在办理汇出业务的境外机构开立账户,接收汇款的境内银行无法登记汇款人账号的,可登记其他相关信息,确保该笔交易可跟踪稽核。境外汇款人住所不明确的,银行可登记资金汇出地名称。

案例 7-13 ╌╌╌╌╌╌╌╌╌╌╌╌╌╌╌╌╌╌╌╌╌╌╌╌╌╌╌╌╌╌╌╌╌╌╌╌╌

　　某外资银行为某外贸企业办理境外汇入汇款业务,发现一笔资金的报单中没有写汇款人的住所,即通过境外机构了解该笔汇款的汇款人情况,境外机构没有如期反馈信息,并解释无法提供。该外资银行即在业务台账上登记了资金汇出地的名称,并注明了境外机构无法提供信息的相关解释及情况,以备查验,并对该户以后同类业务做进一步的跟踪了解。

╌╌

　　3. 规定金额以上汇款业务。境内个人从外汇储蓄账户办理外汇汇出境外并用于经常项目支出,当日累计等值 5 万美元以上的,银行应要求客户提供经常项目项下有交易额的真实性凭证,银行审核通过后办理业务。境内个人手持外币现钞汇出当日累计等值 1 万美元以上的,银行应要求客户提供经常项目项下有交易额的真实性凭证、经海关签章的《中华人民共和国海关进境旅客行李物品申报单》或本人原存款银行外币现钞提取单据,银行审核通过后办理业务。

　　境外个人手持外币现钞要求汇出汇款,汇出款项当日累计等值 1 万美元以上的,银行应要求客户提供经海关签章的《中华人民共和国海关进境旅客行李物品申报单》或本人原存款银行外币现钞提取单据办理业务。

　　个人境外汇入款业务,银行应登记收款人的姓名、账号、住所和汇款人的姓名、住所等信息,在汇兑凭证或者相关信息系统中留存上述信息;对超过单笔或者累计等值 2 000 美元以上的汇入款须进行涉外收入的申报,银行应审查《涉外收入申报单(对私)》。

三、业务关系终止环节的客户身份识别

(一) 终止对公账户存款类业务关系的客户身份识别

　　1. 对公人民币存款类业务。银行营业网点经办人员、客户经理、经营部门负责人及其他相关业务人员应对撤销人民币存款类银行账户的单位客户及其代理人进行客户身份识别,识别要点包括以下内容:

　　(1) 销户前。开户银行须与客户核对账户余额,收回各种重要空白票据、结算凭证和开户登记证。客户未按规定交回各种重要空白票据及结算凭证的,银行应要求其出具有关证明,造成损失的,由其自行承担。

　　若该账户为反洗钱合规部门一直关注的账户,则银行营业网点应在完成销户的同时,向反洗钱合规部门上报该客户的销户情况,以履行可疑交易持续监控职责。

　　一年未发生收付活动且未欠开户银行债务的银行结算"睡眠账户",开户银行应通知单位自发出通知之日起 30 日内办理销户手续,逾期视同自愿销户,未划转款项列入久悬未取专户管理。

　　对先前获得的客户身份资料不完整的,银行应要求客户补充完整;对先前获得的客户身份证件或者其他身份证明文件已过有效期的,要求客户重新提供有效的身份证件或其他身份证明文件。

　　(2) 销户时。涉及大额取现销户或大额转账销户的,应尤其关注销户行为是否可疑,

并根据要求完整填报交易方式、交易对手等信息,以记录销户后资金流向。

银行还应在客户基本存款账户开户许可证上注明销户日期并签章,同时于撤销银行结算账户之日起2个工作日内,向中国人民银行报告。

对于未获工商行政管理部门核准登记注册的验资户,如出资人以现金方式存入,需提取现金销户的,银行应要求其出具缴存现金时的现金缴款单原件及其有效身份证件。如为业务代办人,银行须记录代理人信息,以转账存入的,资金应退还原汇款人账户。

2. 对公外汇存款类业务。银行营业网点经办人员、国际业务结算人员、客户经理、经营部门负责人及其他相关业务人员应对客户及其代理人进行身份识别。识别要点包括以下内容:

(1) 销户前。对公外汇存款类业务销户前的识别措施同对公人民币存款类业务。

(2) 销户时。涉及大额取现销户或大额转账销户的,银行应尤其关注销户行为是否可疑,并根据要求完整填报交易方式、交易对手等信息,以记录销户后资金流向。

① 注销经常项目外汇账户。由法人代表直接办理的,审核法人代表身份证明文件的真实性;由授权代理人代为办理的,审核法人代表的授权书、身份证明以及代理人身份证明的真实性,其中,自然人的居民身份证应通过联网核查公民身份信息系统进行核查;对境内机构开立经常项目外汇账户后一年内没有任何外汇收支的,应在每年的1月将有关情况报所在地外汇管理局,并根据当地外汇管理局的销户通知书办理销户。开户机构在接到外汇管理局销户通知5个工作日后,境内机构仍未到银行办理关闭账户手续的,应将账户内资金结汇并强行关闭账户。

② 注销资本项目外汇账户。须凭外汇管理局出具的资本项目销户核准件由相关人员办理。其中,由法人代表直接办理的,审核法人代表身份证明文件的真实性,由授权代理人代为办理的,审核法人代表的授权书、身份证明以及代理人身份证明的真实性。对于自然人的居民身份证应通过联网核查公民身份信息系统进行核查。

③ 注销特殊外汇账户。由法人代表直接办理的,审核法人代表身份证明文件的真实性,由授权代理人代为办理的,审核法人代表的授权书、身份证明以及代理人身份证明的真实性,其中,自然人的居民身份证应通过联网核查公民身份信息系统进行核查;境内机构开立有特殊来源和指定用途的经常项目外汇账户,应当在账户内资金使用完毕后办理关闭账户手续。境内机构开立捐赠、援助、国际邮政汇兑等有特殊来源和指定用途的经常项目外汇账户,应当在账户内资金使用完毕后按规定办理关闭账户手续。外债专用账户,须在其外债使用及偿还完毕后销户。

(二) 终止个人账户存款类业务关系的客户身份识别

1. 个人人民币存款类业务。银行营业网点经办人员、客户经理、经营部门负责人及其他相关业务人员应对到柜台办理销户业务的个人客户及其代理人进行身份识别。识别要点包括以下内容:

(1) 销户前。银行要求客户提交销户申请书,对于个人支票结算账户还应回收未用的支票,并将支票进行作废处理。若该账户为一直关注的账户,银行营业网点应在完成销户的同时,向反洗钱合规部门上报该客户的销户情况,以履行可疑交易持续监控职责。对先前获得的客户身份资料不完整的,银行应要求客户补充完整;对先前获得的客户身份证件或者其他身份证明文件已过有效期的,要求客户重新提供有效的身份证件或其他身份证明文件。

(2)销户时。若该账户为一直受银行关注的账户,且销户时出现大额取现,银行应考虑提交可疑交易报告,并在可疑交易报告中注明取现销户;对大额转账销户的,可疑交易须完整填写交易对手信息,以记录销户后资金流向。对由代理人办理销户的,银行应核对代理人的有效身份证件,如为身份证的应通过联网核查公民身份信息系统进行核查。

2. 个人外汇存款类业务。当境内、境外自然人注销其在银行开立的外汇账户时,银行营业网点经办人员、国际业务结算人员、客户经理、经营部门负责人及其他相关业务人员应对客户及其代理人进行身份识别。识别要点包括以下内容:

(1)销户前。银行要求客户提交销户申请书,了解并判断销户理由是否合理。若为信贷客户,需确认贷款是否已偿还完毕。若该账户为一直关注的账户,银行营业网点应在完成销户的同时,向反洗钱合规部门上报该客户的销户情况,以履行可疑交易持续监控职责。

(2)销户时。注销个人外汇结算账户的客户身份识别措施同对公经常项目外汇账户。注销外汇储蓄账户的客户身份识别措施包括:销户款项如果办理转账,是否划入本人同名账户或直系亲属的账户,与相关身份证明文件是否相符;销户款项如果办理结汇,必须通过外汇管理局的个人结售汇系统查询个人结售汇情况,如在个人经常项目下的年度额度内,则审核有效身份证件即可办理,如超过年度额度,银行应要求客户提供相关证明材料;销户款项如果提取现金,现钞当日累计等值 1 万美元(含)以下的,可以直接办理;超过上述金额的,必须提供本人有效身份证件、经外汇管理局签章的《提取外币现钞备案表》;在销户过程中,如需对个人的身份证明文件进行识别,银行应参照开立外汇储蓄账户的相关措施。

注销资本项目账户的客户身份识别措施包括:外汇管理局核发的销户核准件是否有效;在销户过程中,如需对个人的身份证明文件进行识别,银行应参照开立外汇储蓄账户的相关措施。

(三)终止贷款类业务环节的客户身份识别

1. 人民币贷款类业务。银行营业网点经办人员、客户经理、经营部门负责人及其他相关业务人员应对偿还人民币贷款的对公客户和个人客户及其代理人进行身份识别。对于单位非经营所得或非正常渠道收入用于偿还贷款或提前还款的,银行应调查其还款资金来源,分析是否存在可疑情况。对客户未说明偿还贷款来源或与借款人资产状况不符的,银行应调查还贷资金来源与借款人的权属关系。由其他单位或他人代办分期还款的,应注意调查贷款是否被挪用。

2. 外汇贷款类业务。银行营业网点经办人员、国际业务结算人员、客户经理、经营部门负责人及其他相关业务人员应对向银行偿还外汇贷款的对公客户及其代理人进行身份识别。对单位非经营所得或非正常渠道收入用于偿还贷款或提前还款的,银行应调查其还款资金来源是否存在可疑情况。对客户未说明偿还贷款来源的,与借款人资产状况不符的,银行应深入调查。由法人代表直接办理的,审核法人代表身份证明文件的真实性,由授权代理人代为办理的,审核法人代表的授权书、身份证明以及代理人身份证明的真实性,其中,自然人的居民身份证应通过联网核查公民身份信息系统进行核查。

第四节　关于受益人身份的识别

《反洗钱法》要求金融机构对受益人非客户本人的,应同时核对并登记受益人的身份信息。识别受益人的身份是《反洗钱法》的一项制度创新,是对金融机构客户身份识别制度的更高要求,是对客户识别制度在理念和操作方面的重要发展。

根据金融行动特别工作组(FATF)发布的洗钱犯罪类型趋势研究报告,由于客户身份识别制度的广泛实施,违法犯罪分子利用法人和法律安排(如合伙、信托等)掩饰或隐瞒真实身份从事洗钱活动已经成为重要的发展趋势。违法犯罪分子以法人和法律安排的名义从事金融交易,对客户身份识别制度提出了严重挑战。为此,有关反洗钱国际标准做出了积极调整。例如:《联合国反腐败公约》第 14 条规定:"各缔约国均应在其权限范围内,对银行和非银行金融机构,包括对办理资金或者价值转移正规或非正规业务的自然人或者法人,并在适当情况下对特别易于涉及洗钱的其他机构,建立全面的国内管理和监督制度,以便遏制并监测各种形式的洗钱,这种制度应当着重就验证客户身份和根据情况验证实际受益人身份、保持记录和报告可疑交易做出规定。"金融行动特别工作组(FATF)《40 项建议》第 5 项规定,客户身份尽职调查措施包括确定受益权人身份,并运用合理的手段进行验证,以使该金融机构明了受益权人的身份情况。对于法人和其他法律实体,金融机构应采用合理的措施了解该客户的所有权和控制权结构。这表明,为有效识别可疑交易,防止违法犯罪收益进入金融系统,客户身份识别制度还应当包括对受益人身份的识别。多数国家的反洗钱立法也对识别受益人的身份进行了相应规定。例如:瑞士《联邦银行法》规定,任何银行在为客户开立账户或者与客户建立业务联系时,必须了解客户的姓名、家庭地址、工资、其他收入、账户资金的实际受益人、资金的来源等详细情况,禁止银行为客户开立匿名账户。比利时《防止利用金融系统洗钱法》规定,如果金融机构对其进行交易的客户是否真正代表自己产生怀疑,该机构或人员就应该采取所有合理的步骤对客户所代表人员的真实身份进行确认。

在中国,随着社会主义市场经济机制的不断完善、多种所有制经济形式的不断发展、经营权和所有权关系的不断变化,市场主体的组织形式日益丰富,所有权关系以及股权结构日益复杂。同时,金融市场的不断发展以及金融产品的不断创新提供了更多的投资(投机)选择,如资金信托、委托理财、资产管理、网络银行等业务也改变了客户持有资产的传统形式。计划经济时代金融机构与客户之间相对简单的关系呈现复杂化和多样化的发展趋势。因此,客户身份识别制度的概念和含义也应当与时俱进。金融机构识别受益人的身份,有利于加深其对客户关系的理解,佐证其对客户身份识别的结果,调整其对客户信用的评级和分类,及时发现可能涉及违法犯罪资金的交易,防止违法犯罪分子利用"法人面纱"掩饰、隐瞒资金的非法来源和性质。新修订的《公司法》就引入了"实际控制人"(actual controller)的概念。实际控制人,是指虽然不是公司的股东,但通过投资关系、协议或者其他安排,能够实际支配公司行为的人。《公司法》引入"实际控制人"概念的目的,就是为了防止个人和组织利用公司的法人地位和有限责任制度,实施违规担保、欺诈发行、内幕交易等违法犯罪行为,规避应承担的法律责任。《反洗钱法》对金融机构识别受益人的身份进行明确规定,既是对有关反洗钱国际公约和国外反洗钱立法经验的借鉴,也是对我国反洗钱工作实际需要的回应。

客户身份识别制度中的"受益人"(beneficial owner),也称"受益权人""实际受益人""最终受益人"(ultimate beneficial ownership,UBO)。按照金融行动特别工作组(FATF)《40项建议》的解释,**"受益人"指最终拥有或控制客户的自然人,以及代表其进行交易的人。**此外,还包括那些对法人或法律实体行使最终有效控制权的人。这里的"代表其进行交易的人"并不包括代理关系中的被代理人。因为,在代理关系中,被代理人无论在名义上还是实际上仍是金融机构的客户。客户身份识别制度引入"受益人"的概念,目的在于要求金融机构确认客户是否为他人利益进行交易,了解最终控制交易或享有交易利益的人是谁。该概念与保险合同和信托合同中的受益人(beneficiaries)概念并不完全相同,其外延范围更大。根据《保险法》和《信托法》的规定,保险合同中的受益人是指人身保险合同中由被保险人或者投保人指定的享有保险金请求权的人,投保人、被保险人可以为受益人。信托合同中的受益人是指在信托中享有信托受益权的人。委托人、受托人可以是受益人。该概念与《公司法》中的"实际控制人"概念也不完全相同,"受益人"应该包括所有因投资关系、协议或者其他安排,能够实际支配公司行为的人。

实践中,除信托、人身保险领域外,B股、基金、财产保险、遗赠、贸易融资等领域已经广泛存在所谓的"受益人",即最终控制交易或享有交易利益的人。在《反洗钱法》起草过程中,曾经对该法中的"受益人"概念进行了定义。但考虑到我国现行法律中已经存在受益人的概念,《保险法》和《信托法》的受益人概念与《反洗钱法》中的"受益人"实际上存在交叉,因此,为避免不必要的混淆,兼顾法律制度之间的衔接,《反洗钱法》最终取消了关于"受益人"概念的定义,而是规定"与客户建立人身保险、信托等业务关系,合同的受益人不是客户本人的",金融机构应同时核对并登记受益人的身份信息。因此,在两类情形下金融机构应识别受益人的身份:一是人身保险合同或信托合同的受益人不是客户本人,即人身保险合同的受益人包括投保人以外的人,信托合同的受益人包括委托人以外的人;二是金融机构与客户建立其他金融业务关系时,存在最终控制交易或享有交易利益的人。

识别受益人的身份在实际操作过程中可能会存在两方面的难题:一是对于是否存在所谓最终控制交易或享有交易利益的受益人,金融机构难以知晓,尤其在交易确实被利用从事洗钱活动、受益人与客户不存在股权关系、受益人不是公司客户的董事或高级管理人员等情形时;二是如何确定受益人的范围,受益人不仅可能是多人,而且由于股权或所有权关系的复杂性,受益人与客户之间可能存在复杂的层级结构。这也是困扰各国反洗钱立法的普遍性问题。有些国家的反洗钱立法就试图将受益人限定在控制20%以上股权的人,但法律实施的效果也不理想。如何有效识别受益人的身份还有待监管者通过实践积累经验,根据各行业的不同情况制定相应指引,以便法律规定能够在实践中得到有效实施。

第五节　客户洗钱风险评估与等级划分

一、客户洗钱风险划分的内涵

客户洗钱风险分类管理是指金融机构按照客户涉嫌洗钱风险因素或涉嫌恐怖融资活动特征,通过识别、分析、判断等方法,将客户划分为不同风险等级,并针对不同风险等级制定和采取不同措施的过程。

金融机构客户洗钱风险分类管理是一项系统性的工作,必须有相应的管理制度和工作制度、分类参数体系、评估计量体系以及系统控制体系的支持。金融机构通过建立本机构客户洗钱风险参数体系、计量评估体系以及风险控制体系,实现以下目标:

(1) 全面、真实、动态地掌控本机构客户洗钱风险程度。

(2) 提前预防和及时发现可疑线索,有效控制洗钱风险。

(3) 为本机构对洗钱风险进行全面管理提供依据。

客户洗钱风险分类管理是一项非常重要的风险管理工作,不仅可以帮助金融机构对洗钱风险进行提前预防,还可以使机构的反洗钱工作有的放矢,合理有效地配置资源。客户洗钱风险分类管理的必要性主要体现在以下两个方面:

一是客户洗钱风险分类是我国法律法规的明确要求。根据中国反洗钱有关规章的规定,银行进行客户洗钱风险分类是一项法定的义务,应按照客户的特点或者账户的属性,并考虑地域、业务、行业、客户是否为外国政要等因素,划分洗钱风险等级,并在持续关注的基础上,适时调整客户洗钱风险等级。

二是客户洗钱风险分类有助于金融机构在成本投入不变的情况下提高风险控制效果。针对所有客户,机构如不加区分地采取同样的管理措施进行管理,在人力和财力资源有限的情况下,势必在低风险或无风险的客户方面造成资源浪费,而对高风险的客户管理不足。通过对客户进行洗钱风险等级分类后,有区别地采取不同措施,有的放矢地做好反洗钱各项工作,在成本投入量固定为 C_0 的情况下取得风险控制的最大效果 P_2(如图7-1所示)。

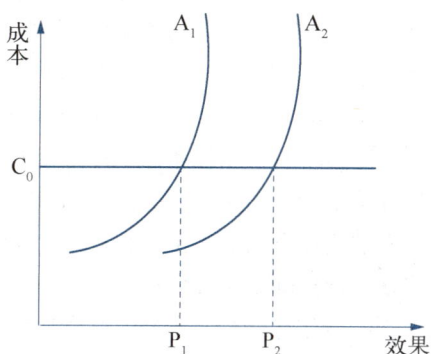

图7-1　投入与风险控制效果

说明:① 横坐标衡量收益,即机构控制洗钱风险的效果大小;② 纵坐标衡量成本,即机构投入反洗钱的人力、物力和财力多少;③ A_1 表示机构将反洗钱成本平均投入每一个客户时的洗钱风险控制效果曲线;④ A_2 表示机构运用客户洗钱风险分类管理时的洗钱风险控制效果曲线。

二、客户洗钱风险划分的原则和要素

1. 客户洗钱风险划分的原则。 相关原则主要有以下四项:

(1) 全面性原则。金融机构客户范围和业务种类的广泛性决定了客户洗钱风险分类工作必须以"了解你的客户"为原则,在综合考虑和分析客户的地域、行业、身份、交易目

的、交易特征等各类因素及信息的基础上进行分类。

(2) 定性与定量相结合原则。在对客户的国籍、行业、职业等定性指标进行分析的同时,还应对客户资金流量、交易规模等定量因素进行分析,定性与定量相结合,才能正确地评估客户的洗钱风险等级。

(3) 持续性原则。由于受到政治、经济、市场等各种因素的影响,客户洗钱风险分类的等级以及分类的标准并非一成不变。为确保客户洗钱风险分类的客观性和准确性,金融机构应对客户洗钱风险分类进行动态、持续的管理,根据影响因素的变化随时调整等级分类。

(4) 保密性原则。客户洗钱风险分类标准属于银行内部保密信息,尤其是风险因素和评分标准的设置,直接关系到客户风险分类,对于客户而言需要严格保密,以避免被犯罪分子知悉后有意规避有关的风险控制措施,从而降低风险管理的效果。

2. 客户洗钱风险划分的要素。 金融机构总部负责本机构客户洗钱风险分类因素和标准的制定、更新以及相关系统的建设与开发。由于各金融机构所处地区的政治、经济、法制环境存在差异,客户的结构、业务品种以及金融机构本身的风险承受能力也存在差异,因此,金融机构客户洗钱风险分类的指标没有统一的标准。但从目前业界的实践来看,客户洗钱风险分类因素包括以下几方面的内容:

(1) 国家或地区因素。国家或地区因素是指客户所属的国家或地区,这类因素通常包括但不限于:

① 被联合国列入制裁名单的国家或地区。例如,2010 年 10 月 15 日,联合国安理会通过第 1946 号决议,决定将对科特迪瓦的武器、钻石禁运以及金融、旅行等制裁措施延长至 2011 年 4 月 30 日。制裁名单可参见中国人民银行网站有关链接:www.pbc.gov.cn/publish/fanxiqianju/2837/index.html。

② 金融行动特别工作组(FATF)公布的反洗钱不合作国家或地区。目前,FATF 已经取消了原先发布"反洗钱不合作国家或地区名单"的做法,代之以陆续公布反洗钱及反恐怖融资制度存在缺陷的国家或地区的有关声明,金融机构可以参考。声明及相关内容参见 www.fatf-gafi.org。

③ 被美国财政部海外资产控制办公室(OFAC)列入制裁名单的国家或地区。OFAC 管理和执行所有基于美国国家安全和对外政策的经济和贸易制裁,包括对恐怖主义、跨国毒品和麻醉品交易、大规模杀伤性武器扩散行为进行金融领域的制裁。业务涉及美国市场的银行等金融机构应关注 OFAC 发布的制裁名单,这是因为美国可通过"长臂管辖"影响这些机构的业务。具体内容参见 OFAC 网站:www.treas.gov/about/organizational-structure/offices/pages/Office-of-Foreign-Assets-Control.aspx。

④ 毒品贩卖活动猖獗的国家或地区。具体内容可参见联合国毒品与犯罪控制办公室网站 www.unodc.org。

⑤ 欺诈或腐败猖獗的国家或地区。对各国腐败程度排序的情况可参考非政府、非营利的透明国际组织(Transparency International)给出的两项评估指标,一是清廉指数(CPI),二是行贿指数(BPI),反映全球各国商人、学者及风险分析人员对世界各国腐败状况的观察和感受。CPI 采用 10 分制,每年度发布一次。2010 年,透明国际组织对 178 个国家或地区进行了调查,丹麦获最高 9.3 分,索马里最低 1.1 分。自 2012 年起,CPI 改为

100分制。2016年起,通过对全球180个国家和地区的评估,位列第一的是丹麦(90分),最末一位是索马里(10分);2017年第一名是新西兰(89分),最后一名仍是索马里(9分);2018年,第一名是丹麦(88分),末位索马里(10分);2016—2018年,中国大陆的得分名次分别是79(40分)、77(41分)、87(39分)。BPI不定期发布,最近一次发布时间是2011年,评估对象为28个主要工业国家和新兴工业国家。排名前五的国家是荷兰、瑞士、比利时、德国、日本。

⑥ 被称为"避税天堂"的国家或地区。2000年,经济合作与发展组织(OECD)公布了"避税天堂"名单。2009年5月,OECD金融事务委员会取消了"不合作避税天堂"名单上的所有国家或地区。尽管目前已经没有"不合作避税天堂"的名单发布,但由于一些国家或地区仍具有金融监管宽松、资金流动放任等特点,银行仍可将其作为参考因素之一。

(2) 行业因素。行业因素是指客户所属的行业,这类因素通常包括但不限于:

- 赌场或其他赌博机构。
- 彩票销售行业。
- 贵金属、稀有矿石或珠宝行业。
- 与武器有关的行业。
- 房地产行业。
- 艺术品、古董批发、零售交易商。
- 汇款机构、外币兑换行等。
- 进出口贸易公司。
- 典当行。
- 拍卖行。
- 离岸公司。
- 现金使用密集的行业和业务。
- 卡拉OK、夜总会、按摩、桑拿等行业。
- 律师、会计师、投资顾问、旅游经纪公司等中介机构。

(3) 客户因素。客户因素包括个人客户和企业客户,个人客户的参考因素是指客户职业、职位、收入、背景、地位、信誉和外界评价等;企业客户的参考因素是指企业的组织架构、经营规模、经营范围、所处行业、信用评级以及中介机构的评价等因素,这类因素通常包括但不限于:

① 个人因素。这类因素包括:

- 外国政要、政党要员、国企高管、司法和军事高级官员等。
- 洗钱高风险行业,如上述行业因素中涉及的企业中的经营管理人员或重要部门如财务部门人员。
- 被联合国、政府部门等列入"黑名单"的客户。
- 已经或正在接受行政或司法调查的客户。
- 有犯罪嫌疑或其他犯罪记录的客户。

② 企业因素。这类因素包括:

- 其经营活动或资金来源合法性受到怀疑的客户。

- 股权结构过于复杂,使实际受益人难以辨认的客户。
- 与高风险国家、地区或客户有密切贸易往来的客户。
- 被联合国、政府部门等列入"黑名单"的客户。
- 已经或正在接受行政或司法调查的客户。
- 有犯罪嫌疑或其他犯罪记录的客户。

③ 业务因素。业务因素是指客户所办理的业务类型,这类因素通常包括但不限于:

- 自助业务。
- 电子银行业务。
- 现金业务。
- 跨境汇款、票据业务。
- 代理业务。
- 投资性业务。
- 团体性业务,如批量开户等。
- 无记名业务。
- 汇兑业务。

④ 其他因素。其他因素包括客户在办理业务过程中的行为或交易习惯等,这类因素通常包括:

- 偏好办理非面对面业务。
- 要求开立匿名账户。
- 要求开立虚假名称账户。
- 拒绝提供银行所要求信息和文件。
- 利用虚假证件办理业务。
- 在一定时期内频繁办理一次性金融业务。
- 资金收付金额、频率与业务规模、所处行业不符。
- 在一定时期内,现金交易累计金额超过本机构同类客户平均值的一定倍数。
- 在一定时期内,交易频率超过本机构同类客户交易频率平均值的一定倍数。根据本机构的实际情况,可对上述各类参考因素进行调整和充实,为客户洗钱风险等级分类提供基础依据。

三、客户洗钱风险评估的方法和步骤

金融机构根据实际情况考虑各项参考因素后,采用一定的方法对客户洗钱风险进行评估,根据评估结果,对客户洗钱风险进行等级划分。评估方法分为定性和定量评估。一般来说,评分制比较简单有效,结合定性和定量两种方法,在实践中运用较多,银行可参考使用。评分制的具体做法和步骤如下:

(1) 细化参考因素。银行根据自身实际情况,将国家或地区因素、行业因素、客户自身特征、业务种类以及其他因素进行细化。例如,将个人客户自身特征分解为客户职业、职位、收入、信誉和外界评价等。

(2) 确定参考因素的分值。针对每一项大类参考因素,银行可根据其重要程度确定

不同的分值,对于各类参考因素下细化后的每一项因素,也可根据其重要程度确定不同的分值。例如,对于个人客户而言,国家或地区因素分值为10分,行业因素为10分,客户自身特征因素为15分,其中客户自身特征因素分为客户职业(2分)、客户职位(5分)、收入(2分)、信誉(3分)、外界评价(3分)。

(3) 对各类客户的每一项参考因素进行评分。对于不同类别的客户,银行可选取不同的参考因素进行评分。每一项参考因素确定分值后,银行应慎重评分。评分是否准确,与客户真实洗钱风险的吻合度高低,是评判整个客户洗钱风险分类是否科学有效的基石,因此,银行应尽可能挖掘内、外部信息和参考资源,提高评分的准确度。在暂时无法找到相关信息和资料时,建议在不降低风险的前提下进行评分,即都选取最高分值,待后续管理工作中找到相关信息和资料后再进行有区别的评分。

(4) 加总各项评分得到总评分,银行完成每一项评分后,加总各项评分,从而得到总评分。根据评分高低,确定不同的洗钱风险等级。

对于客户风险等级的判断和划分可以采用以下方法和步骤:

第一,根据每个客户的总评分高低进行划分。

第二,根据是否属于全面禁止的各类黑名单进行判断。

第三,调整得出最终等级类别。调整原则:当总评分和黑名单两个方面得出的等级不一致时,应选取等级高的作为最终分类。

第六节　如何根据客户洗钱风险划分进行管控

目前,金融业对客户洗钱风险的分类尚无统一标准。以银行为例,银行应在符合反洗钱法律法规有关规定及满足自身风险管理要求的基础上,对客户洗钱风险进行分类。以下将客户洗钱风险分为四类,以供参考:

(1)正常类客户。所处的国家、地区、行业、职业等均不涉及洗钱风险或风险程度较低,身份背景情况正常、交易符合其身份情况的客户可列为正常类客户。

(2)关注类客户。银行在客户身份识别、交易监测及报告工作中发现有异常情形并拟上报或已上报的账户所涉及的客户。

(3)可疑类客户。银行在客户身份识别、交易监测及报告工作中发现的有合理理由认为与洗钱、恐怖主义活动及其他违法犯罪活动有关的客户。

(4)禁止类客户。一般指联合国决议、OFAC全面禁止的客户或发布的恐怖组织和恐怖分子名单中的客户,以及我国认定的"东突"等恐怖组织,如公安部发布的恐怖组织和恐怖分子名单。

客户洗钱风险分类是对客户身份更高层次的识别和分析。银行应当根据客户洗钱风险等级的不同采取"标准型尽职调查"(Standard Due Diligence, SDD)或"强化型尽职调查"(Enhanced Due Diligence, EDD)措施,确保有效地预防和发现洗钱犯罪行为。

标准型尽职调查指识别客户身份的一般程序,这是对银行所有客户都应履行的尽职调查程序,如核对客户的身份证明文件。强化型尽职调查不仅要对客户身份进行识别,而且还应了解该客户或有关账户更多的信息,包括资金来源、资金用途、经济状况或者经营状况,了解公司客户的所有人或实际控制人、拥有该账户的人等。

对于被确认为不同风险的客户,银行应考虑采用不同的尽职调查程序和审批程序(见图 7-2)。

(1)对于被确认为低风险的正常类客户,银行采取查看身份证明文件、核实客户身份两种标准的尽职调查方式,并由业务部门审批。

(2)对于被确认为中等风险的关注类客户,银行除采取查看身份证明文件、核实客户身份两种标准的尽职调查方式外,进一步了解资金来源和用途,也由业务部门进行审批。

(3)对于被确认为高风险的可疑类客户,银行采取所有尽职调查方式,进一步了解其实际所有人或控制人,审批权限升级到反洗钱合规部门。银行为外国政要开立账户时还应经高级管理层批准。

(4)对于被确认为高风险的禁止类客户,银行采取所有的尽职调查方式,审批权限进一步升级到银行总部。

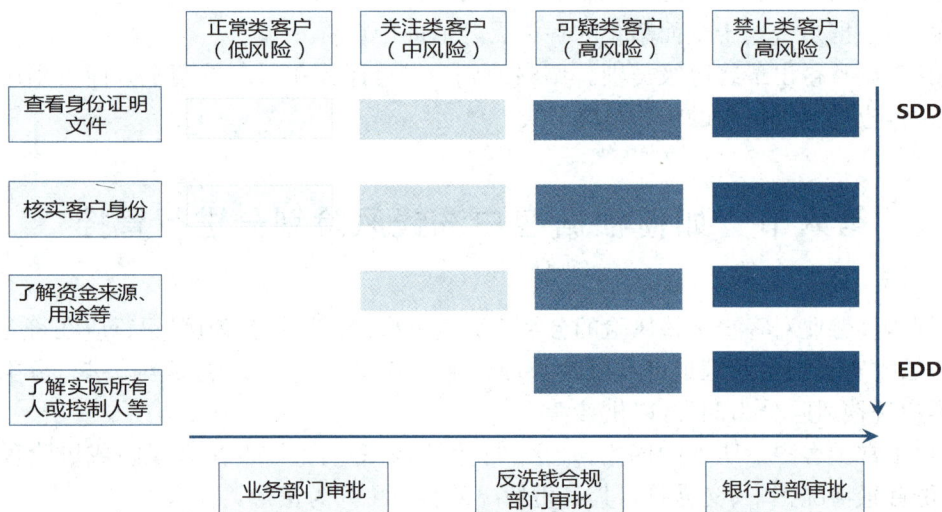

图 7-2　尽职调查程序和审批程序

一、对正常类客户洗钱风险的管控

对正常类客户采取标准型尽职调查措施,包括以下三个方面:

(1)开户识别。按照本机构客户身份识别的一般措施处理,审核客户身份证明文件和资料等,并按照正常业务处理程序进行办理。

(2)持续识别。定期对正常类开户的身份信息以及资金交易进行审核,并根据审核结果更新客户身份信息资料,调整客户洗钱风险等级。定期审核的频率可根据各银行的实际情况进行确定。但其间如果发现了法规规定的重新识别情形,则应及时作出身份资料的审核,并调整风险等级。

(3)异常情况处理。正常类客户及其金融交易活动如在风险等级评定周期内出现异常情况,银行应当立即采取强化型尽职调查措施,重新对客户洗钱风险进行全面评估,及时调增客户洗钱风险等级,若核查后确认为可疑的,应报告可疑交易。

二、对关注类客户洗钱风险的管控

对于关注类客户,应在标准型尽职调查措施基础上视情况采取一些强化型措施,包括以下三个方面:

(1)开户识别。按照本机构的一般客户身份识别措施处理,审核客户身份证明文件和资料等,并按照正常业务处理程序进行办理。对于个别参考因素风险评分值稍高,但总评分值相对不高的客户,可在采取标准型尽职调查措施的基础上增加一些强化型尽职调查措施,并按照本机构正常的或特定的业务处理程序进行办理。

(2)持续识别。在关注类客户的业务存续期间,应当了解客户的资金来源、资金用途、经济状况或者经营状况等信息,关注客户的金融交易活动;定期对其身份信息以及资金交易状况进行审核,并根据审核结果更新客户身份信息资料,调整客户洗钱风险等级。定期审核频率可根据各银行的实际情况进行确定,但应高于对正常类客户的审核频率。

(3)异常情况处理。关注类客户及其金融交易活动如在风险等级评定周期内出现异常情况,银行应当立即采取一切可行的调查和检查措施,重新对客户洗钱风险进行全面评估,调增客户洗钱风险等级,进一步控制客户的交易种类与额度,确认为可疑的,应及时报告可疑交易。银行调减关注类客户洗钱风险等级,必须经过本机构反洗钱管理部门的审批。

三、对可疑类客户洗钱风险的管控

对可疑类客户采取强化型尽职调查措施,包括如下三个方面:

(1)开户识别。与可疑类客户建立业务关系时,应当采取强化型尽职调查措施以识别客户身份,并按照本机构特定的业务处理程序进行办理。

(2)持续识别。在可疑类客户的业务关系存续期间,应当全面了解客户的身份、背景、经营范围、经济状况、资金来源、资金用途、经营状况、交易规模、交易对手以及账户的实际控制人或资金交易的实际受益人等信息,加强监控其日常各项交易情况和操作行为。对于可疑类客户,银行应当对其身份信息以及资金交易状况进行审核,频率应高于关注类客户,并根据审核结果更新客户身份信息资料,调整客户洗钱风险等级。

(3)异常情况处理。可疑类客户及其金融交易活动如在风险等级评定周期内再出现可疑交易,应持续进行报告。对于客户要求将资金转移国(境)外的,银行应立即报告中国人民银行当地分支机构,并采取一切合理可行的措施暂缓交易发生,等待中国人民银行决定是否启动反洗钱调查中的临时冻结措施。银行调减可疑类客户洗钱风险等级,必须经过本机构反洗钱管理部门的审批。

四、对禁止类客户洗钱风险的管控

银行对确认为禁止类的客户,原则上应不予办理业务或拒绝建立业务关系。如遇客户与禁止类客户同名,但经过进一步调查分析,并经本机构反洗钱管理部门和高级管理层审批后,排除禁止类客户嫌疑的,可与其建立业务关系或办理业务。如本机构无法判断,还应上报其总部审批。对于已有客户被确认为禁止类客户的,应立即全面停办业务并按规定进行报告。

本 章 小 结

本章从操作实务出发,重点介绍了反洗钱的三大核心手段之一,即"了解你的客户"(KYC)/客户尽职调查(CDD)。在对 KYC/CDD 的提出、原则、作用及意义阐述的基础上,进一步具体介绍了客户账户的开立环节、业务存续环节、业务终止环节的 KYC 要求和流程。为了管控洗钱风险,金融机构应该依据对客户洗钱风险进行评估和等级划分的结果,将客户分为四个不同的类别:正常类、关注类、可疑类和禁止类进行对应的分类处置。

重 要 概 念

KYC　CDD　UBO　客户洗钱风险评估

习题与思考题

1. 何谓"了解你的客户"(KYC)?
2. 在客户账户的开立环节、业务存续环节和业务终止环节,KYC 分别应如何做?
3. KYC 手段如何在识别最终受益所有人(UBO)中体现?
4. 试述客户洗钱风险评估的原则、标准和方法。
5. 对正常类、关注类、可疑类和禁止类四种不同的洗钱风险客户,应采取哪些差异化的管控措施?

第八章

反洗钱监测与报告：大额和可疑交易

学习目标

通过本章学习，重点掌握以下内容：
1. 反洗钱交易报告制度的形成
2. 大额交易报告的标准与方式
3. 可疑交易的发现、识别、分析和报告标准与方法
4. 涉恐融资的发现、识别、分析和报告标准及方法

第一节 反洗钱交易报告制度的形成与发展

大额和可疑交易报告制度是预防和控制洗钱的基础工作和主要措施。大额和可疑交易报告制度是指要求金融机构将其在业务经营过程中经办的超过规定金额以上或者有洗钱嫌疑的金融交易信息报告给反洗钱主管部门的制度。大额交易报告制度是指向反洗钱主管部门报告规定金额以上的交易的制度。可疑交易报告制度是指向反洗钱主管部门报告金额、频率、流向、性质等异常情形，或与客户身份或经营性质不符的资金交易的制度。

目前世界通行的反洗钱交易报告制度主要有两种形式：一是以美国、澳大利亚等国为代表的大额交易和可疑交易报告制度，二是以英国为代表的可疑交易报告制度。

在美国，金融机构所承担的交易报告义务包括四类：**货币交易报告（CRT）、货币或者金融票据国际转移报告（CMIR）、外国银行和海外金融账户（FBAR）和可疑行为报告（SAR）**。在货币交易报告中规定：超过 1 万美元以上的现金缴存一律需要申报登记，金融机构有权对大额现钞的来源和用途进行调查。1986 年 8 月，美国又调整了申报和记录现金交易的要求，规定各银行必须做到：记录所有超过 3000 美元的用现金购买本票、汇票和旅行支票的情况；交易总额在一天超过 1 万美元的，必须向有关部门申报；客户在一天以内以任何形式的多种金融交易总额超过 1 万美元的，必须向有关部门申报。根据 1994年禁止洗钱法要求，金融机构还必须对可疑交易进行报告。

澳大利亚预防洗钱的方法与措施主要有两项：金融交易的报告制度和开立账户的客

户身份识别制度。其中,金融交易的报告制度是指现金交易商报告制度,现金交易商包括金融机构、期货经纪人、黄金交易人、现金运送人、赌场主以及注册赌注经营人等。1988年澳大利亚颁布的《现金交易法》规定,凡涉及1万澳元以上的现金交易,5 000澳元以上的货币流入和流出以及当事人认为是可疑的现金交易,都要按照该法的规定向管理机关如实报告,如果违反上述规定,就要受到非常严厉的处罚。

一般来说,可疑资金交易报告包括四个部分的内容:一是涉及可疑交易者的个人资料(例如姓名、身份证件的名称和号码、住所、电话、银行账户号等)或者公司资料(例如公司名称、法定代表人或者负责人姓名及其有效身份证件的名称和号码、开户的证明文件、住所、注册资金、经营范围、主要交易对象等);二是可疑交易活动的具体情况;三是判断为可疑交易的原因,例如该交易符合哪一项或者哪几项可疑交易标准;四是客户的解释。如果有对客户进行提问后客户所做的解释,并且这些解释是判断该交易属于可疑的依据之一,那么也应该将这些解释进行报告。一般来说,接受报告的主管部门会提供包括以上内容的标准格式供报告者进行填写。

英国反洗钱措施有其明显特点,它实行的是基于对交易真实性怀疑的可疑交易报告制度。这种制度要求金融机构的员工在处理客户提示的各类金融交易的时候,应该进行必要的审查,如果这些业务交易没有明显的经济或者合法理由,应该尽可能检查这种业务的背景和目的,并及时向国家犯罪情报中心(NCIS)下设的经济犯罪处(FIU)报告。但是英国的这种可疑交易报告模式与美国的大额交易报告模式相比,存在一定的缺陷,因为它完全依赖于金融机构工作人员的业务素质和执法的自觉性。此外,缺乏大额交易报告制度,不可避免地导致金融情报分析部门掌握的数据范围和数量十分有限,不利于充分发挥情报分析部门的技术分析作用。

交易报告制度的形成与发展与国际组织制定的一系列文件紧密相关。

1988年,联合国主持制定了《联合国禁止非法贩运麻醉药品和精神药物公约》,该公约是第一个全球性的反洗钱公约。在交易报告方面,该公约第5条第3款明确规定:"各缔约国应该授权法院或者其他主管当局下令提供或者扣押银行财务记录或者商务记录。任一缔约国不得以保守银行秘密为由拒绝按照本款规定采取行动。"虽然《联合国禁止非法贩运麻醉药品和精神药物公约》将反洗钱的上位犯罪限定为毒品犯罪有些狭隘,也没有明确提出交易报告的概念与内涵,但它是最早认识到反洗钱必须取得金融机构合作的一个国际性文件,第一个提出与交易报告有关的内容,因此,可以说它是交易报告制度形成的基础。

第二节　大额资金交易报告标准[①]

大额支付交易是指规定金额以上的支付交易。从中国的现实国情出发,曾经分为人民币大额支付交易和大额外汇资金交易,分别由《人民币大额和可疑支付交易报告管理办

---

① 参见本章附录(一)"大额交易报告要素内容列表"。

法》和《金融机构大额和可疑外汇资金交易报告管理办法》对其监测标准进行规定。2007年3月1日起实行的《金融机构大额交易和可疑交易报告管理办法》则将两者统一在一个框架下，不再分立。

支付交易报告制度的设计既要有利于收集足够的信息，也要充分考虑商业银行的承受能力和监管部门处理信息的能力。从反洗钱的角度出发，收集的支付交易信息越完整，就越有利于发现洗钱的线索。但是从另一角度看，如果收集所有的支付交易信息，将会大大增加商业银行的信息报送成本和监管部门的信息处理成本。因此，规范大额支付交易的报告，关键是要确定一个合理的起点金额标准。标准过高，报告的交易信息太少，可能会漏掉许多有用的信息；标准过低，报告的交易信息太多，反而降低了信息报告、加工和分析的效率，使得信息失去了应有的作用。

根据《金融机构大额交易和可疑交易报告管理办法》（中国人民银行令〔2016〕第3号）第5条的规定，金融机构应当向中国反洗钱监测分析中心报告下列大额交易：（1）当日单笔或者累计交易人民币5万元以上（含5万元）、外币等值1万美元以上（含1万美元）的现金缴存、现金支取、现金结售汇、现钞兑换、现金汇款、现金票据解付及其他形式的现金收支。（2）非自然人客户银行账户与其他的银行账户发生当日单笔或者累计交易人民币200万元以上（含200万元）、外币等值20万美元以上（含20万美元）的款项划转。（3）自然人客户银行账户与其他的银行账户发生当日单笔或者累计交易人民币50万元以上（含50万元）、外币等值10万美元以上（含10万美元）的境内款项划转。（4）自然人客户银行账户与其他的银行账户发生当日单笔或者累计交易人民币20万元以上（含20万元）、外币等值1万美元以上（含1万美元）的跨境款项划转。累计交易金额以客户为单位，按资金收入或者支出单边累计计算并报告。中国人民银行另有规定的除外。中国人民银行根据需要可以调整本条第1款规定的大额交易报告标准。为直观明了，特将上述内容制成以下表格。

表 8-1　大额交易报告标准

交易类型	交易主体	金　额		备　注
		人民币	外　币	
现金收支	不区分自然人或非自然人	单笔或当日累计≥5万元	单笔或当日累计≥1万美元	现金交易指现金缴存、现金结售汇、现钞兑换、现金汇款、现金票据解付及其他
境内款项划转	非自然人	单笔或当日累计≥200万元	单笔或当日累计≥20万美元	
	自然人	单笔或当日累计≥50万元	单笔或当日累计≥10万美元	
跨境款项划转	自然人	当日单笔或者累计≥人民币20万元	单笔或当日累计≥1万美元	自然人可在境内或境外
	非自然人	当日单笔或者累计≥人民币200万元	单笔或当日累计≥20万美元	

同时,其第 7 条又规定:对符合下列条件之一的大额交易,如未发现交易或行为可疑的,金融机构可以不报告:(1)定期存款到期后,不直接提取或者划转,而是本金或者本金加全部或者部分利息续存入在同一金融机构开立的同一户名下的另一账户。活期存款的本金或者本金加全部或者部分利息转为在同一金融机构开立的同一户名下的另一账户内的定期存款。定期存款的本金或者本金加全部或者部分利息转为在同一金融机构开立的同一户名下的另一账户内的活期存款。(2)自然人实盘外汇买卖交易过程中不同外币币种间的转换。(3)交易一方为各级党的机关、国家权力机关、行政机关、司法机关、军事机关、人民政协机关和人民解放军、武警部队,但不包含其下属的各类企事业单位。(4)金融机构同业拆借、在银行间债券市场进行的债券交易。(5)金融机构在黄金交易所进行的黄金交易。(6)金融机构内部调拨资金。(7)国际金融组织和外国政府贷款转贷业务项下的交易。(8)国际金融组织和外国政府贷款项下的债务掉期交易。(9)政策性银行、商业银行、农村合作银行、农村信用社、村镇银行办理的税收、错账冲正、利息支付。(10)中国人民银行确定的其他情形。

还有几点需要注意的:

- 累计交易金额以客户为单位,按资金收入或者支出单边累计计算并报告。
- 现仅需根据本机构客户的账户属性确定统计方式,无需根据本机构客户和交易对手的账户属性采取不同的统计方式。
- 同时符合两项以上大额交易标准的交易,金融机构应当分别提交大额交易报告。
- 既属大额交易又属可疑交易的,金融机构应当分别提交大额和可疑交易报告。

第三节　可疑交易报告标准和识别标准

一、可疑交易标准的确定

如何判断、认定一笔交易是可疑的,有关国际组织、各个国家或地区的反洗钱规定和指引中都作了重点表述,但总的来看并没有形成统一的标准。这在很大程度上是因为各国的金融体系、经济运行机制和法律规范有所不同,更加重要的是洗钱者的洗钱手法不尽相同和不断变换花样。然而从反洗钱角度看,无论如何,对于可疑交易的认定应该有一个较为明确或者原则性的可操作规定。金融机构可以根据这些规定,对于其日常活动进行判断。可疑交易的识别标准,是金融监管部门和金融机构根据其日常业务中发现的洗钱活动的常见形式,进行归纳和总结出的洗钱活动的一般表现。这些标准一般由金融监管部门提出,作为被监管者对其业务活动进行分析和判断的标准。这些标准也可以由金融机构归纳提出,或者结合自身的业务特点及特殊要求,参考监管部门的标准进行补充、完善后提出。

各个国家或地区可疑交易的标准不尽相同,例如 1989 年,加拿大金融机构管理办公室(OSFI)向所有一类和二类银行、部分信托机构、贷款公司和其他有关部门调查了解了它们对于可疑的、尤其是可能与洗钱有关的活动的处理程序和措施。在此基础上,金融机构管理办公室制定了《加拿大金融业防止和发现洗钱手册》,从而以联邦政府的名义协助金融机构改善和加强发现和阻止洗钱活动的能力。该手册根据金融机构在经营过程中发现的洗钱活动的代表形式，提出了金融机构可疑交易的识别标准，共分七大类，包括：通过现金交易进行的洗钱活动；利用银行或信托公司账户进行的洗钱活动；通过保险产品进行的洗钱活动；通过与投资有关的交易进行的洗钱活动；通过离岸国际活动进行的洗钱活动；涉及金融机构职员和经纪人的洗钱活动；通过有担保或无担保贷款进行的洗钱活动。

　　2006 年 11 月 14 日，中国人民银行发布了《金融机构大额交易和可疑交易报告管理办法》（中国人民银行令〔2006〕第 2 号）；2007 年 6 月 11 日又发布了《金融机构报告涉嫌恐怖融资的可疑交易管理办法》（中国人民银行令〔2007〕第 1 号）；2016 年 12 月 28 日，央行在前述两个"银行令"的基础上，对相关内容重新进行了系统的梳理、融合和归并，发布了整合后的最新版《金融机构大额交易和可疑交易报告管理办法》（中国人民银行令〔2016〕第 3 号）。针对可疑交易，3 号令要求，金融机构要以合理怀疑为基础，结合人工分析，"制定本机构的交易监测标准，并对其有效性负责"。这就意味着，中国人民银行作为目前国内的反洗钱监管部门，自此将不再机械地发布所有反洗钱义务履行主体应当执行的可疑交易监测和报送标准，而是删除了之前规定的银行业可疑交易报告 18 项标准、证券期货业可疑交易报告 13 项标准、保险业可疑交易报告 17 项标准，代之以原则、建议或指引。3 号令的发布，标志着中国的反洗钱监管正式从规则监管向原则监管过渡与切换。

　　总之，可疑交易的识别，没有一个绝对的、客观的、不变的、能穷尽所有可能的完全标准，但是它相对于一般的正常支付交易又具有许多不同的特征和疑点，而这些具有不同特征和疑点的支付交易极可能是洗钱行为的表现。

二、银行业可疑交易报告的内涵[①]

　　商业银行、城市信用合作社、农村信用合作社、邮政储汇机构、政策性银行、信托投资公司可以将下列交易或者行为，作为可疑交易监测的参照标准：

- 短期内资金分散转入、集中转出或者集中转入、分散转出，与客户身份、财务状况、经营业务明显不符。
- 短期内相同收付款人之间频繁交易中的"**频繁**"系指交易行为营业日每天发生 3 次以上，或者营业日每天发生持续 3 天以上。发生资金收付，且交易金额接近大额交易标准。
- 法人、其他组织和个体工商户短期内频繁收取与其经营业务明显无关的汇款，或者自然人客户短期内频繁收取法人、其他组织的汇款。
- 长期闲置的账户原因不明地突然启用或者平常资金流量小的账户突然有异常资金流入，且短期内出现**大量**资金收付系指交易金额单笔或者累计低于但接近大额交易标准。
- 与来自贩毒、走私、恐怖活动、赌博严重地区或者避税型离岸金融中心的客户之间的资金往来活动在短期内明显增多，或者频繁发生大量资金收付。
- 没有正常原因的多头开户、销户，且销户前发生大量资金收付。
- 提前偿还贷款，与其财务状况明显不符。

---

　　①　参见本章附录（二）"银行业金融机构可疑交易报告要素内容列表"。

- 客户用于境外投资的购汇人民币资金大部分为现金或者从非同名银行账户转入。
- 客户要求进行本外币间的掉期业务,而其资金的来源和用途可疑。
- 客户经常存入境外开立的旅行支票或者外币汇票存款,与其经营状况不符。
- 外商投资企业以外币现金方式进行投资或者在收到投资款后,在短期内将资金迅速转到境外,与其生产经营支付需求不符。
- 外商投资企业外方投入资本金数额超过批准金额或者借入的直接外债,从无关联企业的第三国汇入。
- 证券经营机构指令银行划出与证券交易、清算无关的资金,与其实际经营情况不符。
- 证券经营机构通过银行频繁大量拆借外汇资金。
- 保险机构通过银行频繁大量对同一家投保人发生赔付或者办理退保。
- 自然人银行账户频繁进行现金收付且情形可疑,或者一次性大额存取现金且情形可疑。
- 居民自然人频繁收到境外汇入的外汇后,要求银行开具旅行支票、汇票,或者非居民自然人频繁存入外币现钞并要求银行开具旅行支票、汇票带出,或者频繁订购、兑现大量旅行支票、汇票。
- 多个境内居民接受一个离岸账户汇款,其资金的划转和结汇均由一人或者少数人操作。

三、证券、期货、基金等可疑交易报告的内涵[①]

证券公司、期货经纪公司、基金管理公司可以将下列交易或行为,作为可疑交易监测和报告的参考标准:

- 客户资金账户原因不明地频繁出现接近于大额现金交易标准的现金收付,明显逃避大额现金交易监测。
- 没有交易或者交易量较小的客户,要求将大量资金划转到他人账户,且没有明显的交易目的或者用途。
- 客户的证券账户长期闲置不用,而资金账户却频繁发生大额资金收付。
- 长期闲置的账户原因不明地突然启用,并在短期内发生大量证券交易。
- 与洗钱高风险的国家和地区有业务联系。
- 开户后短期内大量买卖证券,然后迅速销户。
- 客户长期不进行或者少量进行期货交易,其资金账户却发生大量的资金收付。
- 长期不进行期货交易的客户突然在短期内原因不明地频繁进行期货交易,而且资金量巨大。
- 客户频繁地以同一种期货合约为标的,在以一价位开仓的同时在相同或者大致相同价位、等量或者接近等量反向开仓后平仓出局,支取资金。
- 客户作为期货交易的卖方以进口货物进行交割时,不能提供完整的报关单证、完税

---

① 参见本章附录(三)"证券期货业金融机构可疑交易报告要素内容列表"。

凭证，或者提供伪造、变造的报关单证、完税凭证。

- 客户要求基金份额非交易过户且不能提供合法证明文件。
- 客户频繁办理基金份额的转托管且无合理理由。
- 客户要求变更其信息资料但提供的相关文件资料有伪造、变造嫌疑。

四、保险业可疑交易报告的内涵[①]

保险公司可以将下列交易或者行为，作为可疑交易监测和报告的参考标准：

- 短期内分散投保、集中退保或者集中投保、分散退保且不能合理解释。
- 频繁投保、退保、变换险种或者保险金额。
- 对保险公司的审计、核保、理赔、给付、退保规定异常关注，而不关注保险产品的保障功能和投资收益。
- 犹豫期退保时称大额发票丢失，或者同一投保人短期内多次退保遗失发票总额达到大额。
- 发现所获得的有关投保人、被保险人和受益人的姓名、名称、住所、联系方式或者财务状况等信息不真实。
- 购买的保险产品与其所表述的需求明显不符，经金融机构及其工作人员解释后，仍坚持购买。
- 以趸交方式购买大额保单，与其经济状况不符。
- 大额保费保单犹豫期退保，保险合同生效日后短期内退保或者提取现金价值，并要求退保金转入第三方账户或者非缴费账户。
- 不关注退保可能带来的较大金钱损失，而坚决要求退保，且不能合理解释退保原因。
- 明显超额支付当期应缴保险费并随即要求返还超出部分。
- 保险经纪人代付保费，但无法说明资金来源。
- 法人、其他组织坚持要求以现金或者转入非缴费账户方式退还保费，且不能合理解释原因。
- 法人、其他组织首期保费或者趸交保费从非本单位账户支付或者从境外银行账户支付。
- 通过第三人支付自然人保险费，而不能合理解释第三人与投保人、被保险人和受益人的关系。
- 与洗钱高风险的国家和地区有业务联系。
- 没有合理的原因，投保人坚持要求用现金投保、赔偿、给付保险金、退还保险费和保单现金价值以及支付其他资金数额较大。
- 保险公司支付赔偿金、给付保险金时，客户要求将资金汇往被保险人、受益人以外的第三人；或者客户要求将退还的保险费和保单现金价值汇往投保人以外的其他人。

---

① 参见本章附录（四）"保险业金融机构可疑交易报告要素内容列表"。

五、涉嫌恐怖融资可疑交易报告的内涵

金融机构怀疑客户、资金、交易或者试图进行的交易与恐怖主义、恐怖活动犯罪以及恐怖组织、恐怖分子、从事恐怖融资活动的人相关联的,无论所涉及资金金额或者财产价值大小,都应当提交涉嫌恐怖融资的可疑交易报告。提交可疑交易报告的具体情形包括但不限于以下种类:

● 怀疑客户为恐怖组织、恐怖分子以及恐怖活动犯罪募集或者企图募集资金或者其他形式财产的。

● 怀疑客户为恐怖组织、恐怖分子、从事恐怖融资活动的人以及恐怖活动犯罪提供或者企图提供资金或者其他形式财产的。

● 怀疑客户为恐怖组织、恐怖分子保存、管理、运作或者企图保存、管理、运作资金或者其他形式财产的。

● 怀疑客户或者其交易对手是恐怖组织、恐怖分子以及从事恐怖融资活动人员的。

● 怀疑资金或者其他形式财产来源于或者将来源于恐怖组织、恐怖分子、从事恐怖融资活动人员的。

● 怀疑资金或者其他形式财产用于或者将用于恐怖融资、恐怖活动犯罪及其他恐怖主义目的,或者怀疑资金或者其他形式财产被恐怖组织、恐怖分子、从事恐怖融资活动人员使用的。

● 金融机构及其工作人员有合理理由怀疑资金、其他形式财产、交易、客户与恐怖主义、恐怖活动犯罪、恐怖组织、恐怖分子、从事恐怖融资活动人员有关的其他情形。

第四节 可疑交易的发现、识别、分析与判断方法

可疑交易通常可分为三个类型:

一是客户行为可疑。客户的可疑行为表现是银行发现可疑交易的一个重要渠道。如客户在交易时不愿提供真实、深入的身份信息或其他信息;客户不是真实的交易者,或者交易被人控制;客户试图与银行工作人员发展密切且不正常的关系,如要求银行职员不要记录其交易等。

二是账户可疑。账户是资金活动的载体,客户在账户的开立、使用、注销等方面的可疑特征,也会暴露出其潜藏的一些信息。如开立假名账户;客户请他人代理开立异地账户;客户开立过多的个人账户等。

三是交易可疑。洗钱分子从事的是非正常活动,因此其交易行为与一般客户的交易行为往往有一定的差别。如交易与客户的身份、财务状况、经营业务等明显不符;客户的交易明显规避银行或有关行政管理部门监管要求;交易违反通常可理解的商业原则或惯例,如不计成本和效率的异常交易等。

反洗钱实践中,可疑交易的发现、识别、分析和判断方法可以分为两大类:一是客观标准分析判断法,二是主观分析判断法。

客观标准分析判断法就是指根据监管部门的指引标准以及机构本身自定义的可疑交易和可疑行为标准，去加以对照执行的分析方法。下面，就以银行类金融机构为例，从标准描述、识别要点、关注业务和识别主体几方面加以阐释说明。

● 短期内资金分散转入、集中转出或者集中转入、分散转出，与客户身份、财务状况、经营业务明显不符。

识别要领：第一，短期内"资金分散转入、集中转出"是指 10 个工作日内从多个账户向一个账户转入资金后，又将与所转入资金累计金额大致相当的资金转向另一个账户；"资金集中转入、分散转出"是指 10 个工作日内向某一账户转入资金后，又分多次将与所转入资金金额大致相当的资金转往其他多个账户（此处"一个账户"的定义，在实践中应根据具体情况确定，可以是"一个账户"，也可以是"少数账户"）。第二，走访客户，查阅客户的开户资料文件、走访记录、客户财务报表和客户交易流水清单。

关注业务：汇款、转账、国际结算。

识别主体：由银行反洗钱合规人员对所筛选数据进行人工判断。

● 短期内相同收付款人之间频繁系指交易行为营业日每天发生 3 次以上，或者营业日每天发生且持续 3 天以上。发生资金收付，且交易金额接近大额交易标准。

识别要点：第一，10 个工作日内（含）相同收付款人之间（不含同名账户之间的交易）营业日发生 3 次以上，或者营业日发生持续 3 天以上的资金收付，且交易金额接近大额交易标准。第二，查阅客户的开户资料文件和客户交易流水清单。

关注业务：汇款、转账。

识别主体：由银行反洗钱合规人员对所筛选数据进行人工判断。

● 法人、其他组织和个体工商户短期内频繁收取与其经营业务明显无关的汇款，或者自然人客户短期内频繁收取法人、其他组织的汇款。

识别要点：第一，法人、其他组织和个体工商户 10 个工作日内营业日发生 3 次以上，或者营业日发生持续 3 天以上收取与其经营业务明显无关的汇款；自然人客户 10 个工作日内营业日发生 3 次以上，或者营业日发生持续 3 天以上收取法人、其他组织的汇款。第二，对交易对手进行识别判断，并查阅客户的开户资料文件，或要求客户提供相关业务凭证。

关注业务：汇款、转账、国际结算。

识别主体：由银行反洗钱合规人员对所筛选数据进行人工判断。

● 长期闲置的账户原因不明地突然启用或者平常资金流量小的账户突然有异常资金流入，且短期内出现大量资金收付系指交易金额单笔或者累计低于但接近大额交易标准的。

识别要点：第一，1 年（含）以上闲置的账户原因不明地突然启用或者平常资金流量小的账户突然有异常资金流入，且 10 个工作日内单笔交易金额或者累计交易金额接近大额交易标准的资金收付。第二，走访客户，查阅客户的开户资料文件、走访记录、客户财务报表。

关注业务：现金存取款、汇款、转账、国际结算。

识别主体：由银行反洗钱合规人员对所筛选数据进行人工判断。

● 与来自贩毒、走私、恐怖活动、赌博严重地区或者避税型离岸金融中心的客户之间的资金往来活动在短期内明显增多,或者频繁发生大量资金收付。

识别要点:与来自贩毒、走私、恐怖活动、赌博严重地区或者避税型离岸金融中心的客户之间的资金往来活动在 10 个工作日内明显增多,营业日每天发生 3 次以上,或者营业日每天发生持续 3 天以上且金额单笔或者累计低于但接近大额交易标准的资金收付。

关注业务:汇款、转账、国际结算。

识别主体:由银行反洗钱合规人员对所筛选数据进行人工判断。

● 没有正常原因的多头开户、销户,且销户前发生大量资金收付。

识别要点:第一,没有正常原因的多头开户、销户,且销户前发生金额单笔或者累计低于但接近大额交易标准的资金收付。第二,查阅开销户资料文件。

关注业务:开户、销户。

识别主体:由银行反洗钱合规人员对所筛选数据进行人工判断。

● 提前偿还贷款,与其财务状况明显不符。

识别要点:第一,客户未到期偿还贷款,与其财务状况明显不符。第二,查阅客户授信文档、走访(电话)记录及客户财务报表。

关注业务:贷款。

识别主体:由银行贷款部门反洗钱合规人员对所筛选数据进行人工判断。

● 客户用于境外投资的购汇人民币资金大部分为现金或者从非同名银行账户转入。

识别要点:第一,客户用于境外投资的购汇人民币大部分资金为现金或者从非同名银行账户转入。第二,查阅客户的开户资料文件,相关业务凭证及交易流水。

关注业务:现金、汇款、转账和结售汇。

识别主体:由银行反洗钱合规人员对所筛选数据进行人工判断。

● 客户要求进行本外币间的掉期业务,而其资金的来源和用途可疑。

识别要点:由客户经理或业务部门对客户的资金来源和用途进行审核。

关注业务:本外币掉期业务。

识别主体:银行掉期业务部门反洗钱合规人员对所筛选数据进行人工判断。

● 客户经常存入境外开立的旅行支票或者外币汇票存款,与其经营状况不符。

识别要点:审核客户开户资料文件,客户经营范围和业务地域。

关注业务:国际结算。

识别主体:由银行国际结算业务部门反洗钱合规人员对所筛选数据进行人工判断。

● 外商投资企业以外币现金方式进行投资或者在收到投资款后,在短期内将资金迅速转到境外,与其生产经营支付需求不符。

识别要点:第一,外商投资企业以外币现金方式进行投资或者在收到投资款后,在 10 个工作日内将资金迅速转到境外,与其生产经营支付需求不符。第二,审核客户开户资料文件、投资项目合同及相关交易凭证。

关注业务:跨境转账和汇款。

识别主体:由银行国际结算业务部门反洗钱合规人员对所筛选数据进行人工判断。

● 外商投资企业外方投入资本金数额超过批准金额或者借入的直接外债,从无关联企业的第三国汇入。

识别要点：审核客户开户资料文件及相关交易凭证。

关注业务：跨境转账和汇款。

识别主体：由银行国际结算业务部门反洗钱合规人员对所筛选数据进行人工判断。

● 证券经营机构指令银行划出与证券交易、清算无关的资金，与其实际经营情况不符。

识别要点：审核客户交易规模、查阅相关业务凭证及客户开户资料文件。

关注业务：汇款、转账。

识别主体：由金融同业部门反洗钱合规人员对所筛选数据进行人工判断。

● 证券经营机构通过银行频繁大量拆借外汇资金。

识别要点：证券经营机构通过银行营业日每天拆借3次以上，或者营业日每天拆借持续3天以上金额单笔或者累计低于但接近大额交易标准的外汇资金。

关注业务：资金拆借。

识别主体：由银行资金拆借部门反洗钱合规人员对所筛选数据进行人工判断。

● 保险机构通过银行、频繁大量对同一家投保人发生赔付或者办理退保。

识别要点：保险机构通过银行营业日每天发生3次以上，或者营业日每天发生持续3天以上对同一家投保人的赔付或者退保，金额单笔或者累计低于但接近大额交易标准。

关注业务：转账。

识别主体：由银行反洗钱合规人员对所筛选数据进行人工判断。

● 自然人银行账户频繁进行现金收付且情形可疑，或者一次性大额存取现金且情形可疑。

识别要点：第一，自然人银行账户营业日每天发生3次以上，或者营业日每天发生持续3天以上的现金收付且情形可疑，或者一次性大额存取现金且情形可疑。第二，查阅客户开户资料档案，对自然人的身份、职业和收入进行审核。

关注业务：现金存取。

识别主体：由银行反洗钱合规人员对所筛选数据进行人工判断。

● 居民自然人频繁收到境外汇入的外汇后，要求银行开具旅行支票、汇票或者非居民自然人频繁存入外币现钞并要求银行开具旅行支票、汇票带出，或者频繁订购、兑现大量旅行支票、汇票。

识别要点：第一，居民自然人账户营业日每天发生3次以上，或者营业日每天发生持续3天以上的境外汇入外汇后，要求银行开具旅行支票、汇票或者非居民自然人营业日每天存入3次以上，或者营业日每天存入持续3天以上的外币现钞并要求银行开具旅行支票、汇票带出或者营业日每天发生3次以上，或者营业日每天发生持续3天以上定购、兑现金额单笔或者累计低于但接近大额交易标准的旅行支票、汇票。第二，查阅客户开户资料档案，对自然人的身份、职业和收入进行审核。

关注业务：国际结算。

识别主体：由银行国际结算业务部反洗钱合规人员对所筛选数据进行人工判断。

● 多个境内居民接受一个离岸账户汇款，其资金的划转和结汇均由一人或者少数人操作。

    识别要点：第一，一个离岸账户向多个境内居民账户汇款，离岸账户资金的划转和境内多个居民账户结汇都是由一个人或少数人操作。第二，查阅相关业务凭证及客户开户资料文件。

    关注业务：国际结算和结汇。

    识别主体：由银行国际结算业务部反洗钱合规人员对所筛选数据进行人工判断。

    主观分析判断法，就是指除反洗钱规章明确列出的异常交易客观标准以外，工作人员还可根据客户和交易的实际情况进行主观推断，认为涉嫌洗钱或恐怖融资的，也应该进行报告。

第五节　可疑交易报告的撰写与报送

    可疑资金交易线索的移送是监测分析工作的成果体现。

一、可疑资金交易线索的来源及移送对象

    内部移送是目前主要的线索移送方式，即分析人员将在对大额资金交易数据和可疑资金交易报告进行甄别中发现的可疑资金交易线索，向中国人民银行有关部门移送。这种移送是人民银行部门间的，所以称为"内部移送"。所移送的线索是初步的、未经人民银行地方分支机构补充调查的线索，此类移送需经补充调查完善相关要素后再对外移送。

    除了内部移送外，还有所谓"外部移送"，这是指由反洗钱监测分析中心直接向有关部门移送。包括：上级领导指示的事项，反洗钱监测分析中心即迅速展开分析形成可疑资金交易线索并专报；根据社会单位或者个人举报，通过分析人员筛选、分析，根据举报内容向相应的部门移送；接受国内纪检监察、司法机关、行政监管部门以及国际组织、国外 FIU 或者国外其他有关部门委托，依托监测分析系统和其他方式的信息匹配，分析形成可疑资金交易线索，并向委托部门移送。

二、移送程序、方式及格式

    为确保对外移送可疑资金交易线索的质量，反洗钱监测分析中心内部对拟移送的可疑资金交易线索有一套完整的分析、会商、检查复核程序。

    可疑资金交易线索对外移送的方式分为两种：机要函移送和反洗钱监测分析中心网站移送。机要函移送主要是以纸质文件形式通过公文往来进行移送，而反洗钱监测分析中心网站移送则是通过电子文档形式通过专线网络进行移送。

    根据可疑资金交易线索对象的不同，反洗钱监测分析中心对外移送的可疑资金交易线索所采用的格式会略有不同，但是一般都会包括可疑交易线索移送函和可疑交易线索移送表。对于上级领导指示、督办或者受托和协助调查取得的可疑交易线索移送时还会包括相关资金交易统计表。

三、可疑资金交易线索处理结果的反馈

有关部门对反洗钱监测分析汇总新移送的可疑资金交易线索的反馈，包括补充调查结果的反馈和对可疑资金交易线索结论性结果的反馈。对于前者，反洗钱监测分析中心会根据补充调查结果继续跟踪分析，形成新的、更完整的可疑资金交易线索；对于后者，反洗钱监测分析中心会根据结论性结果作相应处理。但是无论哪种方式，有关部门的反馈都会成为反洗钱监测分析中心进一步分析的重要依据。

四、统计管理

对移送和反馈的可疑资金交易线索，反洗钱监测分析中心建立了严格的统计管理制度，定期检查数据的准确性、完整性，并对所有的移送和反馈数据进行汇总分析，撰写分析报告，进行各类的统计，并及时总结洗钱的特征手法、趋势和涉嫌的犯罪类型等。

第六节　反恐怖融资：识别、分析与报告

恐怖融资的表现形式分为以下四类。前两类是从融资主体来划分，后两类是从融资目的来划分。

第一类是恐怖组织、恐怖分子自身的融资行为。指恐怖组织、恐怖分子募集、占有、使用资金或者其他形式财产。因此，只要该客户被确定为恐怖组织或恐怖分子，其在金融机构保有的全部资金和其他形式的财产，都属于恐怖融资范畴。

第二类是其他组织或个人协助恐怖活动的融资行为。指以资金或者其他形式财产协助恐怖组织、恐怖分子以及恐怖主义、恐怖活动犯罪。从此项内容可以看出，金融机构的客户即使不是恐怖组织或恐怖分子，也可能涉及恐怖融资，只要其资金或财产用作协助恐怖组织、恐怖分子或者被用作协助恐怖主义或恐怖活动犯罪。因此，金融机构应从各类有关信息中分析提炼，了解客户资金用途，才能有效甄别客户交易是否属于恐怖融资行为。

第三类是资助恐怖主义或恐怖活动的融资行为。指为恐怖主义和实施恐怖活动犯罪占有、使用以及募集资金或者其他形式财产。从资金筹集和使用目的来分析，无论是恐怖组织、恐怖分子自身，还是其他人或组织，只要其目的是为恐怖主义和实施恐怖活动犯罪，则其有关的资金或财产都属于恐怖融资。

第四类是资助恐怖组织或恐怖分子的融资行为。指为恐怖组织、恐怖分子占有、使用以及募集资金或者其他形式财产。此类融资行为范围较第三类融资行为更加广泛，即使该项资金或财产没有真正用于恐怖主义和恐怖活动犯罪的实施，但只要是实际接收和使用资金或财产的对方是恐怖组织或恐怖活动，金融机构都应将其确定为恐怖融资行为。

综上所述，我们不难看出，恐怖融资界定始终遵循的原则是：尽最大努力切断恐怖组织或恐怖分子的一切资金来源，从经济上彻底消除恐怖活动犯罪的生存土壤，从而达到有效遏制恐怖活动的最终目的。

一、涉嫌恐怖融资的异常交易报告标准

对于涉嫌恐怖融资的异常交易报告标准,可分为以下两类。一类是涉嫌有关恐怖组织和恐怖分子名单的情形;另一类是非"涉恐黑名单"的异常情形。

1. 涉嫌有关恐怖组织和恐怖分子名单的情形。根据《金融机构报告涉嫌恐怖融资的可疑交易管理办法》第9条规定,金融机构发现或者有合理理由怀疑客户或者其交易对手与下列名单相关的,应当立即向中国反洗钱监测分析中心和中国人民银行当地分支机构提交可疑交易报告,并且按相关主管部门的要求依法采取措施:

(1) 国务院有关部门、机构发布的恐怖组织、恐怖分子名单。

(2) 司法机关发布的恐怖组织、恐怖分子名单。

(3) 联合国安理会决议中所列的恐怖组织、恐怖分子名单。

(4) 中国人民银行要求关注的其他恐怖组织、恐怖分子嫌疑人名单。

法律、行政法规对上述名单的监控另有规定的,遵守其规定。上述各类有关恐怖组织、恐怖分子的名单可简称为"涉恐黑名单"。

2. 非"涉恐黑名单"的异常情形。根据《金融机构报告涉嫌恐怖融资的可疑交易管理办法》第8条规定,金融机构怀疑客户、资金、交易或者试图进行的交易与恐怖主义、恐怖活动犯罪以及恐怖组织、恐怖分子、从事恐怖融资活动的人相关联的,无论所涉及资金金额或者财产价值大小,都应当提交涉嫌恐怖融资的可疑交易报告。提交可疑交易报告的具体情形包括但不限于以下种类:

(1) 怀疑客户为恐怖组织、恐怖分子以及恐怖活动犯罪募集或者企图募集资金或者其他形式财产的。

(2) 怀疑客户为恐怖组织、恐怖分子、从事恐怖融资活动的人以及恐怖活动犯罪提供或者企图提供资金或者其他形式财产的。

(3) 怀疑客户为恐怖组织、恐怖分子保存、管理、运作或者企图保存、管理、运作资金或者其他形式财产的。

(4) 怀疑客户或者其交易对手是恐怖组织、恐怖分子以及从事恐怖融资活动人员的。

(5) 怀疑资金或者其他形式财产来源于或者将来源于恐怖组织、恐怖分子、从事恐怖融资活动人员的。

(6) 怀疑资金或者其他形式财产用于或者将用于恐怖融资、恐怖活动犯罪及其他恐怖主义目的,或者怀疑资金或者其他形式财产被恐怖组织、恐怖分子、从事恐怖融资活动人员使用的。

(7) 金融机构及其工作人员有合理理由怀疑资金、其他形式财产、交易、客户与恐怖主义、恐怖活动犯罪、恐怖组织、恐怖分子、从事恐怖融资活动人员有关的其他情形。

二、涉嫌恐怖融资交易的主要特征

为确保金融机构不会在不知情的情况下为隐藏或转移恐怖资金提供服务,FATF于2002年4月公布了《金融机构防范恐怖融资指引》,该指引成为全世界金融机构统一的规范指导。为了让金融机构在实际工作中做到有的放矢,FATF在指引中制定了与恐怖融

资有关交易的特征表，一旦出现表中的特征，金融机构就需要切实履行特别检查措施。金融机构在考虑这些特征时，应结合其他有关信息进行考虑，如被怀疑的恐怖分子和恐怖组织名单、与恐怖活动有关的个人和企业名单等。涉嫌恐怖融资可疑交易的主要特征有以下几个：

1. 账户特征。从账户开立和使用的特征来看，以下几种情形可能涉及恐怖融资交易：

（1）账户的使用有固定的规律，在一定时期内收到资金，而在另外的时期段内却没有任何资金流动。这些账户看似进行合法的金融交易，但往往可能存在洗钱风险。

（2）长期闲置的账户仅保有最低余额，突然间接收一笔存款或一系列存款，随后每日提取现金存款，直到所存资金全部提取完毕。

（3）账户开立时，开户人不愿意提供金融机构要求的有关必备资料，或者故意提供最为简单的资料，或者提供容易被误解或不容易被验证的资料。

（4）法人实体或组织开设账户时，使用同其他法人实体和组织相同的地址和法定代表人或控制人，而没有明显的经济或合法理由。

（5）用新成立的法人实体名义开立账户，而存入该账户的存款金额远超出该实体创办者的收入水平。

（6）同一个人开立多个账户，存入多笔小额存款，而总额同其收入水平不相符。

（7）开立账户的法人实体，参与一个组织或基金会的活动，而该组织或基金会的宗旨同恐怖组织有关。

（8）可能与恐怖组织有关系的法人实体、基金会或者组织开立账户，且转移资金量超过其预期收入水平。

2. 取款特征。从存取款角度而言，以下几种情况可能涉嫌恐怖融资：

（1）法人实体采用多种金融票据存款，而这些票据不属于正常业务活动所采用的典型金融工具。

（2）某企业账户突然出现提取大量现金的现象。

（3）大量现金存款存入个人或者法人实体的账户，而在一般情况下，该业务活动的付款方式应采用支票或其他金融工具。

（4）同一账户同时出现现金存款和金融票据存款，而这些交易似乎又与该账户的正常使用没有任何关系。

（5）一天内在金融机构同一个营业网点企图通过不同的银行柜员进行交易，规避监管。

（6）通过同一家金融机构多个营业网点存款，或有多人同时进入同一个营业网点进行存款。

（7）现金存取款金额经常性略低于反洗钱及相关监测标准。

（8）交易前，资金未经过清点。资金清点后，有意把交易金额降低到反洗钱及相关监测标准限额以下。

（9）存取多张金融票据，但金额却都略低于反洗钱及相关监测标准，尤其是连续编号的票据。

3. 资金电子汇兑特征。通过电子汇款形式进行资金转移，当出现以下情形时，可能涉嫌恐怖融资交易：

（1）有规律地进行小额电汇，明显地企图规避反洗钱及相关监测标准。

（2）当需要随附有关电汇始发人或电汇代办人的信息时，客户不予配合提供。

（3）使用多个个人和企业往来账户或非营利组织、慈善机构账户汇集资金，然后立即在短时间内把资金转给少数外国受益人。

（4）第三方代理客户将资金电汇到与客户没有明显业务联系的地方或敏感国家和地区。

案例 8-1

X 国的一个恐怖组织被发现利用电汇将资金转移到 Y 国，这些资金最终在 Y 国被用来为恐怖分子支付房租、购买车辆以及购买组装爆炸装置的电子元件。该组织利用在 X 国的过渡账户，作为在不同国家之间转移资金的一个载体或通道。汇款人和收款人双方开户所使用的人名与恐怖组织机构没有明显联系，但实际上这些人之间是亲属关系。正是这种明显的家族联系成为他们相互转账的理由。

恐怖组织将资金（通常是现金存款）存入银行，并利用该账户进行转账。一旦收款人收到资金，收款人或将钱仍存留在银行账户中，或将钱投资于共同基金。无论是继续储蓄还是投资，这些资金仍然可以保持隐蔽，并能在将来需要时为恐怖组织所利用。另外，资金还被划转到由恐怖组织财务人员管理的其他银行账户，用来购买装置和物资，或用于掩盖恐怖组织开展秘密活动所花费的其他特别开支。

4. 客户交易行为的异常表现。从客户交易行为分析，以下情形可能涉嫌恐怖融资交易：

（1）涉及现金交易的多人地址相同，且该地址同时是某经营性机构的地址。如果没有人真正在该地址工作，则属于高度可疑。

（2）交易人员所称职业与交易量或交易类型不符，比如学生或失业人员接收或汇出大量电汇，或者在很多地区的多个场所取款，取款额达到每日最高取款限额。

（3）非营利性组织或慈善组织所进行的金融交易活动没有合理目的。

（4）以法人实体身份开设银行保管箱，但其经营活动却不为人知或不必使用银行保管箱。

（5）在客户身份验证或核实过程中发现无法解释、原因不明的矛盾。例如，过去或现在居住国家、护照颁发国家、护照载明的旅途记录，以及证明其姓名、地址和出生日期等信息的文件之间存在矛盾。

案例 8-2

L 国的金融情报中心收到某银行报告的关于一家离岸投资公司的可疑交易报告。该离岸公司经理以多种外币现金形式存入多笔大额资金，引起了银行的怀疑。该离岸公司经理称其资金准备用来资助一些传媒公司。金融情报中心从多个金融机构调取信息，发现该离岸公司的经理居住地为 L 国及与其交界的一个国家。他们在 L 国多家银行以一些传媒公司及一家促进文化活动的非营利性组织的名义开立了账户。

根据该金融情报中心分析，该离岸投资公司的经理以及一些其他客户都曾经向上述账户存入现金，对外宣称这些资金是用来资助传媒方面的项目。进一步分析发现，该非营利性组织的账户几乎每天都能收到第三方存入的小额存款，该组织的主管称这些资金是其会员用来赞助有关文化活动的。

该金融情报部门从警方获取的信息表明，该离岸账户的经理与洗钱活动有关联，而且警方已经对他们的活动展开了调查。这些经理可能是某恐怖组织成员，该组织的资金来源为敲诈勒索及毒品走私。案件有关的嫌疑人向该非营利性组织存入款项，从而完成资金归集。

5. 交易中的地区因素。从交易涉及的地区分析，以下情形可能涉嫌恐怖融资可疑交易：

（1）外币汇兑交易后立刻把汇兑资金电汇到敏感国家或地区，或者经由敏感国家或地区汇到其他国家或地区。

（2）在很短的时间内以电子汇兑的形式把资金汇到敏感国家或地区，或者经由敏感国家或地区汇到其他国家或地区。

（3）企业往来账户发生批量汇入和汇出交易而又没有合理目的，尤其是该电汇往返或途经敏感国家或地区。

（4）使用多个账户汇集资金，然后把资金转给少数外国受益人（包括个人和企业），尤其是敏感国家或地区的受益人。

（5）客户获取的贷款或所从事的商业金融交易涉及或往返于敏感国家或地区的资金转移活动，但又无合理理由说明与这些国家或地区存在业务往来。

（6）账户开设于来自敏感国家或地区的金融机构。

（7）通过国际转账向敏感国家或地区划拨资金，或从敏感国家或地区接收资金。

案例 8-3

一个巧克力工厂（CHOCCo）的经理向其开户行介绍了两位客户，他们分别是两家公司的经理，两位经理都要开立银行账户。这两家公司成立的时间仅相隔数日，但却在不同的国家成立。第一家公司（TEXTCo）经营纺织品贸易；第二家公司（REALCo）是房地产公司，不经营贸易业务。两家公司业务上没有关系。

该银行为两家公司分别开立了账户，但账户开立后一直处于休眠状态。几年以后，CHOCCo 的经理突然声称有一笔由 REALCo 转到 TEXTCo 账户的款项，转账的名义是购买桌布预付款，但没有出示任何发票。当资金一到 TEXTCo 的账户，TEXTCo 的经理便要求在该银行靠近边境的一家分支机构提取现金，然后这位经理在 CHOCCo 经理的陪同下将现金提走。

该银行将以上信息向金融情报中心进行报告。经调查发现，两人提现后携款出境。这一边境地区属恐怖分子活动地带。其他情报部门提供的信息进一步显示，REALCo 和 TEXTCo 的经理们与恐怖组织在这一地区联系密切。

6. 关注慈善机构及非营利性组织。多国破获的案件表明，目前恐怖组织最常用的融资方式之一是通过正规的银行机构、慈善机构、非营利性组织转移涉恐资金。这种运作不仅转移迅速,手续简便,还能达到掩饰最终收款人的目的。因此,银行应高度关注慈善机构及非营利性组织的相关账户和交易。

案例 8-4 ···

　　俄罗斯FIU从银行提交的可疑交易报告中发现,一家小公司与北高加索地区的一家慈善机构之间发生了大量资金转移,多数资金流向是从该公司转移至该慈善机构。进一步调查发现,该公司还以咨询费的名义从其他慈善机构获得资金。另外,某极端组织活动较活跃地区的个人也向该公司提供资金。银行更进一步关注后发现,一名居住在俄罗斯的外国人定期收到低于监管部门监测限额、从极端组织活动高发地区汇来的现金,然后批量转给该慈善机构。

　　后期调查表明,该慈善机构的资金去向包括:取现后运送到北高加索地区;直接转移给一家知名非法军事机构的"福利单位";继续转移给表面合法的北高加索地区的其他慈善机构。据此,有关部门阻止了该慈善机构的相关活动。

···

三、涉嫌恐怖融资可疑交易报告

　　金融机构报告涉嫌恐怖融资可疑交易,具体的报告要素及报告格式、填报要求参照《金融机构大额交易和可疑交易报告管理办法》及相关规定执行(参见本书第五章有关内容)。

　　1. 涉恐黑名单的来源。涉恐黑名单指有关组织和部门列明的恐怖组织、恐怖分子名单。在我国,涉恐黑名单通常来源于国务院有关部门和机构、司法机关、联合国安理会决议以及中国人民银行要求关注的其他恐怖组织、恐怖分子嫌疑人名单。

专栏8-1

公安部公布的恐怖组织和恐怖分子名单

　　截至2012年,公安部公布了三批恐怖组织、恐怖分子名单。

第一批公布的"东突"组织和恐怖分子名单

　　2003年12月15日,公安部公布第一批认定的"东突"恐怖组织名单包括以下四个组织:东突厥斯坦伊斯兰运动、东突厥斯坦解放组织、世界维吾尔青年代表大会、东突厥斯坦新闻信息中心。

　　公布的"东突"恐怖分子名单包括以下11名个人:艾山·买合苏木、买买提明·艾孜来提、多里坤·艾沙、阿不都吉力力·卡拉卡西、阿不都卡德尔·亚甫泉、阿不都米吉提·买买提克里木、阿不都拉·卡日阿吉、阿不力米提·吐尔逊、胡达拜尔地·阿西尔白克、亚生·买买提、阿塔汗·阿不都艾尼。

第二批公布的恐怖分子名单

　　2008年10月21日,公安部公布了第二批认定的"东突"恐怖分子名单以及其主要犯罪活动。名单包括以下8名个人:买买提明·买买提、艾买提·亚库甫、买买提吐尔逊·依明、买买提吐尔逊·阿布杜哈力克、夏米斯丁艾合麦提·阿布都米吉提、艾可米来·吾买尔江、牙库甫·买买提、吐尔孙·托合提。

第三批公布的恐怖活动人员名单

2012年4月5日，根据全国人民代表大会常务委员会《关于加强反恐怖工作有关问题的决定》的规定，公安部发布公告，公布了《第三批认定的恐怖活动人员名单》，并对其资金及其他资产予以冻结。

此批认定的恐怖活动人员名单包括努尔麦麦提·麦麦提敏、阿布都克尤木·库尔班、帕如哈·吐尔逊、吐送江·艾比布拉、努尔麦麦提·热西提、麦麦提依明·努尔麦麦提等6人，均系"东伊运"恐怖活动组织的骨干成员，均曾参与组织、策划和实施了针对中国境内外目标的各种恐怖活动。其中，有的领导恐怖活动组织实施各种暴力恐怖活动；有的组织恐怖训练，制定恐怖袭击计划并下达行动指令；有的招募成员，筹集恐怖活动经费，积极开展制爆活动；有的在互联网上大肆宣扬暴力恐怖思想，煽动暴力恐怖活动。

2. 涉恐黑名单信息。2006年6月，中国人民银行转发了联合国安理会1267委员会最新制裁名单（联合国安理会1267委员会是负责制裁"基地"组织和塔利班的专门委员会），其信息要素包括名称（Name）、称号（Title）、职务（Position）、出生日期（DOB, Date of Birth）、出生地（POB, Place of Birth）、高匹配型名字（Good Quality also known as）、低匹配型名字（Low Quality a.k.a）、国籍（Nationality）、护照号码（Passport no.）、身份证号（Identification no.）、地址（Address）、列入名单时间及其他信息。

联合国安理会于2019年5月更新了1267委员会最新制裁名单，详情请参见以下链接：https://scsanctions.un.org/fop/fop?xml=htdocs/resources/xml/ch/consolidated.xml&xslt=htdocs/resources/xsl/ch/al-qaida.xsl

案例 8-5

联合国安理会涉恐黑名单

- Name：1：MOHAMMAD 2：RABBANI 3：na 4：na
- Title：Mullah Designation：Chairman of the Ruling Council, Head of the Council of Ministers DOB：Approximately 1961 POB：Kandahar, Afghanistan Good quality a.k.a.：na. Low quality a.k.a.：na. Nationality：Afghan Passport no.：na National Identification no.：na. Address：na Listed on：25 Jan. 2001（amended on 20 Dec. 2005）Other information：Reportedly deceased in April 2001.

分析：该黑名单信息包括如下内容：

- 名称：包括若干个名字，第一节为"MOHAMMAD"，第二节为"RABBANI"。一般而言，阿拉伯人名由三或四节组成。第一节为本人名字，第二节为父名，第三节为祖父名，第四节以上为家族、部落、出生地、职业等名称。
- 称号：称号是表示社会地位的头衔。Mullah，是伊斯兰教高级神职人员的敬称，或对老师、先生、学者的敬称。
- 职务：管制委员会主席，部长理事会主席。
- 出生日期：约为1961年。

● 出生地：阿富汗坎大哈。

● 高匹配型名字：指与该恐怖组织或恐怖分子名称最接近的写法。na. 表示"无"（在另一个名单中，一个名称为 DIN MOHAMMAD HANIF，称号为 Qari 的恐怖分子，其高匹配型名字为 Qari Din Mohammad）。

● 低匹配型名字：无。

● 国籍：阿富汗。

● 护照号：无。

● 身份证号：无。

● 地址：无。

● 列入名单时间：2001 年 1 月 25 日（2005 年 12 月 20 日更新）。

● 其他信息：据称 2001 年 4 月死亡。

案例 8-6

公安部于 2008 年 10 月 21 日通报了公安部"第二批认定的'东突'恐怖分子名单"以及其主要犯罪活动。该名单对恐怖分子的描述如下：

● 照片：（有但此处省略）

● 名称：买买提明·买买提（MEMETIMING MEMETI）。

● 曾用名：买买提明·阿西木（MEMETIMING AXIMU）。

● 化名：阿不都哈克（ABUDUHAKE）、买买提明·切克曼（MEMETIMING QEKEMAN）、木合里斯（MUHELISI）、赛甫丁（SAIFUDING）。

● 性别：男。

● 出生日期：1971 年 10 月 10 日。

● 国籍：中国。

● 身份证号码：653225197110100533。

● 职务：联合国认定的恐怖组织"东突厥斯坦伊斯兰运动"（简称"东伊运"）头目。

● 其他信息：小学文化。

3. 涉恐黑名单的处理。银行应制定涉恐黑名单内部控制风险管理制度，将涉恐黑名单嵌入业务系统，在办理业务时匹配比对名单，实现黑名单及时更新以及事前预警、事中监控和事后报告管理功能，对于符合名单信息的客户应及时报告。

（1）监控管理措施。银行应就涉恐黑名单管理制定明确的内部控制管理制度，就名单包括的范围、涉及名单人员开户的审批流程、管理权限、涉及名单人员身份识别、风险等级管理、涉及名单人员可疑交易分析报告、信息保密等工作作出明确的规范。

（2）操作步骤。

① 将涉恐黑名单嵌入业务系统。银行在收到有关部门印发的或在官网发布的涉恐黑名单之后，应当立即将名单所列个人、实体信息要素嵌入业务系统。当名单更新时，银行应相应更新系统中的名单，完善客户（包括控制客户的自然人或交易的实际受益人）身份识别制度，采取持续的客户身份识别措施。对于恐怖组织或恐怖分子的多个名字，须在

名单匹配系统中全部体现。

如果主管部门转发联合国安理会涉恐黑名单，机构也可查询中国人民银行网站反洗钱网页的**"风险提示与金融制裁"**栏目，链接到联合国安理会网站下载有关名单的电子版。网址：www.pbc.gov.cn/fanxiqianju/135153/135267/index.html。

金融机构也可购买有关专业公司提供的名单管理系统，借助专业外部力量，能比较及时地更新名单信息和日常维护。

② 办理业务时匹配比对名单。在与客户建立业务关系前，应在上述名单库中检索，确定该客户是否涉及名单中的人员。在办理各类业务和进行交易过程中，应将交易主体、代办人及交易对手等信息与上述名单库进行比对核查，及时进行风险提示。在使用公安部联网身份证查询系统进行查询时，如遇到涉恐黑名单上所列人员名称（或公安部通缉人员名单），系统将自动报警，当地警方将迅速赶到银行营业网点进行核实追踪。因此，银行一线员工除在正常处理客户业务过程中使用身份证联网系统进行查询外，切勿随意使用有关黑名单所列名称进行查询。

③ 及时提交涉恐可疑交易报告。将上述两个环节筛查出的人员纳入反洗钱业务系统的监控名单，并将其涉及的交易资料及时形成可疑交易报告，在规定的时限内向中国反洗钱监测分析中心和中国人民银行当地分支机构报告。

④ 对可疑交易的后续处理。

● 客户涉及联合国安理会涉恐决议名单的处理

如发现或有合理理由怀疑客户或其交易对手属于联合国安理会第 1267 号决议、第 1333 号决议及第 1373 号决议名单，银行应按规定报送可疑交易报告，同时应立即采取相应的交易限制措施（包括但不限于停止金融账户的开立、变更、撤销和使用，暂停金融交易，拒绝转移、转换金融资产），并于当日将有关情况报告中国人民银行总行。客户有异议的，银行可告知其客户通过本行向中国人民银行总行申请核实确认。银行有合理理由怀疑客户属于名单范围，但不能确认的，应当立即采取交易限制措施，并于当日向中国人民银行总行申请核实确认。

银行申请核实确认的，中国人民银行总行在收到申请之日起 15 个工作日内，将核实确认结果通知银行；需要延长核实确认期限的，中国人民银行总行在期限届满前通知银行。核实确认不属于名单范围的，银行应当在收到核实确认通知之日，立即终止交易限制措施。银行在上述 15 个工作日内或延长期限届满时，未收到中国人民银行总行通知的，自期限届满次日起终止交易限制措施。银行采取交易限制措施的，应当采取适当方式告知客户（外交部、中国人民银行、金融监管部门或司法机关另有保密要求的除外）。

银行采取交易限制措施得到中国人民银行总行核实确认后，客户仍有异议的，银行可告知其客户直接向中国人民银行总行申请核实确认。经核实确认，客户不属于名单范围的，中国人民银行总行将通知银行立即终止交易限制措施。

因生活基本支出或特殊原因需要进行资金收付等金融交易的，银行应直接向中国人民银行总行提出申请，或由银行告知其客户向中国人民银行总行提出申请。情况属实的，由中国人民银行总行通知银行按照指定用途、指定金额、指定账户进行金融交易。

对于金融监管部门转发的外交部根据上述安理会决议通知执行的个人、实体名单发生变更（包括名单实效、增列或除名），银行应当及时对相关业务系统的个人及实体信息要素进行更新。银行认为客户不再属于名单范围的，可以终止交易限制措施，并于当日由银行总行或其指定的一个机构将有关情况报告中国人民银行总行。银行对客户是否仍属于名单范围存在疑问的，可向中国人民银行总行申请核实确认。

银行采取交易限制措施后，认为符合《中华人民共和国刑事诉讼法》第 84 条规定情形的（即银行发现有犯罪事实或者犯罪嫌疑人），应当向当地公安机关报案，依法配合公安机关立案侦查，协助公安机关采取查询、扣押、冻结等措施。

银行收到境外有关部门与上述安理会决议通知有关的冻结资产或提供客户信息要求时，应当告知对方与外交部门联系，不得擅自采取措施。

● 客户涉及国内涉恐名单的处理

如发现或有合理理由怀疑客户或其交易对手与我国司法机关、国务院有关部门和机构发布的涉恐名单相关，银行在按规定报送可疑交易报告的同时，应从自身风险管理角度出发慎重考虑是否继续办理业务。我国法律和行政法规规定或者司法机关、国务院有关部门和机构依法要求金融机构不得继续办理业务的除外。

如银行客户及其交易对手、境外代理行被某国家或国际组织列入制裁对象，但该制裁名单超出我国承认的制裁名单范围，银行应自行评估风险，采取恰当的应对措施。

案例 8-7 ━━━━━━━━━━━━━━━━━━━━━━━━━━━━━━━━

某人在 N 国有一个活期账户和一个储蓄账户。上述账户开户行注意到其账户从 2001 年 4 月底开始不断取出存款，于是决定对其账户进行进一步关注。该开户行的怀疑很快得到了印证，有个与此人名字非常相似的名字出现在联合国安理会对阿富汗有关个人和实体制裁的综合名单（联合国 2000 年 1333 号决议）中。该银行立即报告了 N 国金融情报中心。

N 国金融情报中心通过从该银行获取的记录分析了与该客户账户有关的金融活动，发现两个账户皆为此人 1990 年开立，其资金来源主要是现金存入。2000 年 3 月，此人从他的储蓄账户转了一大笔钱到他的支票账户（活期账户），这些钱用来购买一份趸交的人寿保险保单以及存款凭证。

2001 年 4 月中旬以后，此人从储蓄账户转了多笔大额资金到他的活期账户，这些资金接下来被转给了邻近国家及一些其他地区的个人及公司。

2001 年 5 月和 6 月，此人将其前期购买的存款凭证卖出，将所得收益转往一些亚洲公司和其国内的一家公司。

此人还在其人寿保险单到期之前提取了现金价值，存入其国内一家银行的某账户。最后一笔交易是在 2001 年 8 月 30 日，也就是美国"9·11"事件前不久。

最后，此人所属国的反洗钱部门通报了关于此人以及接收其汇款的公司存在可疑交易的有关信息，其中有许多名字也出现在 N 国金融情报中心的档案中。

案例 8-8　·—·

　　A 国金融机构从联合国安理会获得了最新列入的全部恐怖人员与组织名单。名单中的一个组织在许多国家以同一名称的不同变体进行运作。该组织属于非营利性组织，其宣称的目的是在全世界范围内运作人道主义救济项目。联合国名单列出了该组织分支机构的多个地址，其中几个分支机构位于 A 国。

　　金融情报中心接到某金融机构提交的关于该非营利性组织的可疑交易报告。报告显示，该组织在 A 国的银行账户以及拥有控股权的三个自然人股东的地址。其中一个人（M 先生）的地址与联合国涉恐名单中所标明的地址相同，其他两个人的地址在另外两个不同的国家。金融情报中心调查后发现。M 先生与这些组织及其他四个国际非营利性组织有联系。金融情报中心接收到的报告详细指出，从上述慈善机构的各个分支机构发出了多次电汇，汇款的收款人均为 M 先生。

·—·

　　总之，对于涉恐黑名单的管理，必须按照以下原则执行："**主动获取，实时监测，动态调整，回溯性核查，确保有效**"。

第七节　反大规模杀伤性武器扩散融资

　　反大规模杀伤性武器扩散融资是反洗钱和反恐怖融资的延伸和扩展。

一、大规模杀伤性武器扩散融资

　　"大规模杀伤性武器"（亦称"大规模毁灭性武器"）是指用来大规模屠杀的武器，一般针对的是平民，但也可以针对军事人员，其英文全称是 weapons of mass destruction，缩写为 WMD。这一说法最早出现于 1937 年，是年，德国在西班牙内战中针对非军事目标进行了战略轰炸，因此"大规模杀伤性武器"在当时只是指这种轰炸行为。冷战时期，"大规模杀伤性武器"系指核武器。由于核武器的杀伤力、毁灭范围和速度要比生物或化学武器大得多，一些人认为大规模杀伤性武器应该只包括核武器。

　　1991 年的联合国安理会第 687 号决议第一次将核武器（包括放射性武器）、生物武器和化学武器并称为大规模杀伤性武器，并提到了三个相关的国际条约：《核不扩散条约》（NPT）、《禁止化学武器公约》（CWC）、《禁止生物武器公约》（BTWC）。大规模杀伤性武器不具备实用性，因为一旦使用就意味着被实施方也将以类似武器回击，伤害规模之大足以摧毁整个人类文明。

　　根据 FATF 在其犯罪类型研究报告中的定义，大规模杀伤性武器扩散是指转移、出口核生化武器及其运载工具和相关材料，包括技术、物品、软件、服务或专业知识。根据联合国安理会第 1540 C(2004) 号决议，"相关材料"指有关多边协议和安排涵盖的或国家管制清单载列的可用于设计、开发、生产或使用核生化武器及其运载工具的材料、设备和技术；"运载工具"指专门设计的能够运载核生化武器的导弹、火箭和其他无人驾驶系统。

　　大规模杀伤性武器扩散的表现形式具备多样性,但不管采用何种形式,对全球安全都会构成严重威胁。从 20 世纪 90 年代开始,国际恐怖主义所追求的最大化杀伤效果与大规模杀伤性武器的巨大杀伤能力相互交织,恐怖组织控制或渗透的一系列跨国有组织犯罪集团,甚至跨国公司和自然人,都参与到了获取大规模杀伤性武器技术、零部件、设备和原材料的行动或交易之中。恐怖组织与恐怖武器结合的趋势日趋明显。因此,若不能针对敏感材料、技术、服务和专业知识建立和执行恰当的安全保护和约束规制,相关材料或成品就极易落入不法个人、机构实体、亚国家形态的组织乃至某些国家实体手中,而后者既可以通过获取、转售或用于大规模杀伤性武器项目而获利,也可以通过直接使用它们实施核讹诈。有联合国安理会的调查结果佐证,恐怖组织正在不断尝试追求核生化能力的提升。

　　大规模毁灭性武器私有化扩散[①]表现出一系列新特点和新规律:参与主体多元、融资渠道多元、交易方式多元、武器来源多元。这些特点完全不同于主权国家间的武器扩散情形。传统防扩散机制的核心理论——"确保相互摧毁"在核生化恐怖主义猖獗泛滥的后冷战时代,其"双边""对称""威慑"的控制逻辑丧失了基本的落实空间。这是因为,非国家行为主体不同于主权国家,没有稳定居民和固定领土,无需担心实施恐怖袭击后会遭到无法承受的报复性打击。对于这种游离于传统军控机制范围之外的威胁,核国家乃至整个国际社会都无从威慑、无从谈判、无从应对。在防扩散条约体系上,传统军控条约的缔约方均为主权国家,义务主体均为主权国家,控制措施也仅着眼于以主权国家为单位的国与国之间,这就为从主权国家到非国家行为体之间的纵向、横向、交叉的武器扩散留下了交易空间和规范空白,从而导致大规模杀伤性武器扩散在相当程度上无法受到有效的遏制。同时,越来越多的国家在大国"核威慑"的阴影下"拥核自保"成为恐怖武器的"潜在扩散源"或潜在动力,也进一步使得"国际核黑市已经达到了无所不包的程度",核技术和核武器走私的严重程度远超人们的想象。

　　"大规模杀伤性武器扩散融资"简称"扩散融资"。扩散融资是指为转移、出口核生化武器及其运载工具和相关材料提供金融服务,主要是为扩散敏感物品的交易提供融资,也包括为涉及扩散的个人或实体提供其他金融支持。融资是手段,扩散是结果,伤害甚至毁灭是目的。扩散融资在本质上助推了扩散。与国际犯罪网络类似,扩散支持网络也经常通过国际金融系统来进行交易和开展商业活动。扩散融资是推动敏感物品扩散流转的核心要素,它进一步加剧了全球的不稳定和不安全。

二、反大规模杀伤性武器扩散融资

　　早在 2008 年 6 月,金融行动特别工作组(FATF)就发布了关于扩散融资的类型研究报告,以补充和完善当时"建议"中的不足。2012 年 2 月,FATF 基于对原"40＋9 项建议"的重新梳理和整合,修订发布了新版"FATF 建议——反洗钱、反恐融资及反扩散融资的国际标准"。虽然新版建议在数量上恢复为过去的 40 条,但在内容上,却得到了扩充和丰富,形成了反洗钱、反恐融资和反扩散融资"三位一体"的组合新架构,由此,FATF 的职责、目标和影响也相应得到了拓展。

---

　　① 于飞:"反大规模毁灭性武器扩散融资研究",复旦大学博士学位论文,2014 年。

　　针对反大规模杀伤性武器扩散融资，FATF 新版建议第 7 条作了这样的阐述："各国应当执行定向金融制裁，以遵守联合国安理会关于防范、制止、瓦解大规模杀伤性武器扩散及扩散融资的决议。这些决议要求各国毫不迟延地冻结被指定个人或实体的资金或其他资产，并确保没有任何资金或其他资产，直接或间接地提供给被指定的个人或实体，或者使其受益。根据《联合国宪章》第七章，这些个人或实体由联合国安理会指定或由其授权指定。"

　　从逻辑上说，FATF 提出的这一新的建议，是在贯彻联合国安理会关于防范、制止、瓦解大规模杀伤性武器扩散及扩散融资的决议的基础上，继续沿袭反洗钱的一贯政策原则——从银行为主体的金融系统的预防和监控入手，杜绝筹集大规模杀伤性武器扩散资金的经济渠道和金融技术渠道。防范、制止、瓦解大规模杀伤性武器扩散的主要手段就是原先作用于恐怖融资的"定向金融制裁"，即"毫不迟延地冻结被指定的个人或实体的资金或其他资产，并确保没有任何资金直接或间接地提供给被指定的个人或实体"。

　　综上，以银行为主体的金融机构必须以"了解你的客户"（KYC）、大额及可疑交易报告、客户身份信息和交易数据的记录与保存为核心手段，勤勉尽职履行义务，在反大规模杀伤性武器扩散融资中充分发挥先导作用，为维护国家、区域和全球安全做出应有的贡献。

本章附录　金融机构大额交易和可疑交易报告要素内容

（一）大额交易报告要素内容列表

编号	要素名称	编号	要素名称
1	金融机构名称	2	金融机构代码类型
3	金融机构代码	4	客户名称/姓名
5	客户身份证件/证明文件类型	6	客户身份证件/证明文件号码
7	客户国籍	8	代办人姓名
9	代办人身份证件/证明文件类型	10	代办人身份证件/证明文件号码
11	代办人国籍	12	账户类型
13	账号	14	交易日期
15	业务标示号	16	交易方式
17	资金收付标志	18	交易去向
19	资金用途	20	币种
21	交易金额	22	对方金融机构名称
23	对方金融机构代码类型	24	对方金融机构代码
25	交易对手姓名/名称	26	交易对手身份证件/证明文件类型
27	交易对手身份证件/证明文件号码	28	交易对手账户类型
29	交易对手账号	30	报告日期

（二）银行业金融机构可疑交易报告要素内容列表

编号	要 素 名 称	编号	要 素 名 称
1	金融机构名称	2	金融机构代码类型
3	金融机构代码	4	客户名称/姓名
5	客户身份证件/证明文件类型	6	客户身份证件/证明文件号码
7	客户类型	8	客户联系方式
9	客户国籍	10	代办人姓名
11	代办人身份证件/证明文件类型	12	代办人身份证件/证明文件号码
13	代办人国籍	14	对私客户的职业
15	对公客户的行业类别	16	对公客户注册资金
17	对公客户法定代表人姓名	18	对公客户法定代表人身份证件类型
19	对公客户法定代表人身份证件号码	20	账户类型
21	账号	22	开户时间
23	销户时间	24	交易日期
25	交易方式	26	业务标示号
27	资金收付标志	28	资金来源和用途
29	币种	30	交易金额
31	对方金融机构名称	32	对方金融机构代码类型
33	对方金融机构代码	34	交易对手身份证件/证明文件类型
35	交易对手姓名/名称	36	交易对手账户类型
37	交易对手身份证件/证明文件号码	38	交易对手账号
39	可疑交易特征描述	40	填报人
41	报告日期		

（三）证券期货业金融机构可疑交易报告要素内容列表

编号	要 素 名 称	编号	要 素 名 称
1	金融机构名称	2	金融机构代码类型
3	金融机构代码	4	金融机构联系方式
5	客户名称/姓名	6	客户身份证件/证明文件类型
7	客户身份证件/证明文件号码	8	客户类型
9	客户联系方式	10	客户职业或行业

编号	要　素　名　称	编号	要　素　名　称
11	代办人姓名	12	代办人身份证件/证明文件类型
13	代办人身份证件/证明文件号码	14	对公客户主要股东信息
15	对公客户法定代表人姓名	16	对公客户法定代表人身份证件号码
17	对公客户法定代表人身份证件类型	18	证券/基金/期货账户号码
19	资金/结算账户号码	20	资金/结算账户开户行名称
21	交易日期	22	交易种类
23	交易品种代码	24	业务标示号
25	币种	26	交易金额
27	资金进出方向	28	资金进出方式
29	经办人/交易指示人姓名	30	经办人/交易指示人身份证件类型
31	经办人/交易指示人身份证件号码	32	可疑交易特征描述
33	填报人	34	报告日期

（四）保险业金融机构可疑交易报告要素内容列表

编号	要　素　名　称	编号	要　素　名　称
1	金融机构名称	2	金融机构代码类型
3	金融机构代码	4	金融机构联系方式
5	业务发生地	6	投保人名称/姓名
7	投保人身份证件/证明文件类型	8	投保人身份证件/证明文件号码
9	投保人类型	10	客户联系方式
11	客户职业或行业	12	被保险人名称/姓名
13	被保险人身份证件/证明文件类型	14	被保险人身份证件/证明文件号码
15	投保人与被保险人关系	16	受益人名称/姓名
17	受益人身份证件/证明文件类型	18	受益人身份证件/证明文件号码
19	对公客户主要股东信息	20	对公客户法定代表人姓名
21	对公客户法定代表人身份证件号码	22	对公客户法定代表人身份证件类型
23	险种名称	24	保险合同号
25	保险期间	26	保险内容概述
27	交易日期	28	交易类型
29	币种	30	交易金额

续　表

编号	要　素　名　称	编号	要　素　名　称
31	资金进出方向	32	资金进出方式
33	资金账户开户行	34	银行转账资金账号
35	经办人/交易指示人身份证件类型	36	经办人/交易指示人姓名
37	可疑交易特征描述	38	经办人/交易指示人身份证件号码
39	报告日期	40	填报人

本 章 小 结

本章从操作实务出发,重点介绍了反洗钱的三大核心手段之第二大手段,即"大额和可疑交易报告"。在介绍反洗钱交易报告制度从形成到发展的过程基础上,系统阐述了大额交易的报告标准与方法,以及针对不同金融机构其可疑交易的发现、识别、分析和报告应该执行不完全相同的标准和要求。最后单列一节,对涉恐融资交易的发现、识别、分析和报告做了说明。

重 要 概 念

可疑交易报告(STR)　　可疑行为报告(SAR)　　涉恐融资

习题与思考题

1. 大额交易报告制度是否全世界通行?为什么?
2. 大额交易报告标准恒久保持不变吗?为什么?
3. 可疑交易报告(STR)和可疑行为报告(SAR)有何关联和异同点?
4. 银行业、证券业、保险业在进行可疑交易识别和报告过程中存在哪些重要的不同点?
5. 在可疑交易的发现和识别过程中,如何区分洗钱与涉恐融资?
6. 发现和识别涉恐融资的异常交易应该把握哪些要点?

第九章

客户身份资料与交易信息记录保存

学习目标

通过本章学习，重点掌握以下内容：

1. 客户身份资料的记录与保存：标准、要求与方法
2. 客户交易信息的记录与保存：标准、要求与方法

第一节　客户身份资料与交易记录
保存的基础要求

《中华人民共和国反洗钱法》《金融机构客户身份识别和客户身份资料及交易记录保存管理办法》对于金融机构如何履行客户身份资料与交易记录保存义务作出了原则性的规定及具体要求。

一、保存制度

银行应当建立健全客户身份资料与交易记录保存制度，妥善保管客户身份资料、交易记录等文件资料和数据，便于反洗钱调查、侦查和监督管理，杜绝非法修改客户资料。

二、保存原则

1. 完整原则。银行保存的客户身份资料和交易记录应当全面、完整，能够还原客户身份识别的全部过程和结果，足以再现客户交易的全貌，不得缺失、遗漏。

2. 真实原则。银行保存的客户身份资料和交易记录应当真实、准确，严格识别和审核，不得弄虚作假。资料发生变更的，应当及时更新。

3. 安全原则。银行应当采取必要的管理措施和技术措施，如多介质保存、异地备份、规范调阅流程等，防止客户身份资料和交易记录缺失、损毁、泄露。

4. 从严原则。银行在保存客户身份资料与交易记录时，法律、行政法规和其他规章对保存期限要求更长的，应当遵守其规定。

三、保存内容

1. 银行应当保存的客户身份资料包括记载客户身份的各类信息、资料以及反映银行开展客户身份识别工作情况的各种记录和资料。

2. 银行应当保存的交易记录包括关于每笔交易的数据信息、业务凭证、账簿以及有关规定要求的反映交易真实情况的合同、单据、业务函件和其他资料。

四、保存期限

1. 一般情况下的客户身份资料与交易记录保存。

（1）客户身份资料。自业务关系结束当年或一次性交易记账当年计起至少保存5年。

（2）客户交易记录。自交易记账当年计起至少保存5年。需要注意的是，如客户身份资料和交易记录涉及正在被反洗钱调查的可疑交易活动，且反洗钱调查工作在前款规定的最低保存期届满时仍未结束的，银行应将其保存至反洗钱调查工作结束。同一介质上有不同保存期限客户身份资料或者交易记录的，应当按最长期限保存。同一客户身份资料或者交易记录采用不同介质保存的，至少应当有一种介质的客户身份资料或者交易记录符合保存期限的要求。法律、行政法规和其他规章对客户身份资料和交易记录有更长保存期限要求的，遵守其规定。

2. 特殊情况下的客户身份资料与交易记录处理。银行破产或者解散时，应当将客户身份资料和交易记录移交中国银行保险监督管理委员会、中国证券监督管理委员会或其指定的机构。

五、法律责任

按照《中华人民共和国反洗钱法》第32条的规定，银行违反《金融机构客户身份识别和客户身份资料及交易记录保存管理办法》规定的，将受到相应处罚：

（1）银行未按照规定保存客户身份资料和交易记录的，由中国人民银行总行及地（市）以上分支机构责令限期改正；情节严重的，处二十万元以上五十万元以下罚款，并对直接负责的董事、高级管理人员和其他直接责任人员，处一万元以上五万元以下罚款。

（2）银行未按照规定保存客户身份资料和交易记录致使洗钱后果发生的，处五十万元以上五百万元以下罚款，并对直接负责的董事、高级管理人员和其他直接责任人员处五万元以上五十万元以下罚款；情节特别严重的，中国人民银行可以建议有关金融监督管理机构责令停业整顿或者吊销其经营许可证。

（3）对未按规定保存客户身份资料和交易记录的部门直接负责董事、高级管理人员和其他直接责任人员处五万元以上五十万元以下罚款。情节特别严重的，中国人民银行可以建议有关金融监督管理机构责令停业整顿或者吊销其经营许可证。

案例 9-1 ━━◆━

中国人民银行某分行对某商业银行的反洗钱现场检查发现，某企业销户一年，其账户资料中没有保存企业的营业执照、销户时业务办理人的身份证等复印件;在银行的客户信息电子数据库中,许多个人客户的身份证件号码一栏空白,或者用"＊＊＊""＃＃＃""123456789"等符号或数字记录。

　　简评:《中华人民共和国反洗钱法》等法律规章要求,金融机构对于客户身份资料和交易记录,应自业务关系结束当年计起至少保存5年。因此,即使该企业已销户,但商业银行仍应在销户后5年的法定时间内,按要求保存客户身份资料。因此,该商业银行未按照法律规定履行保存义务。

　　中国人民银行检查组对该银行提出了整改要求,对销户资料不完整的要补充完整;客户信息数据库中的客户身份信息要补齐,以完整再现客户身份识别所取得的客户身份资料和信息。

第二节　客户身份资料与交易记录保存措施

一、保存方式

　　银行应当建立数据信息安全备份制度,采取多介质备份与异地备份相结合的数据备份方式,确保交易数据的安全、准确、完整。应当建立可靠完备的应急处理机制并定期修订、演练。客户身份资料与交易记录保存方式,按照不同的保存介质区分有以下几种:纸质保存介质、电子保存介质、磁带保存介质以及不可更改的介质。系统数据库中账户管理、客户信息、报表管理、交易信息等内容的备份,必须转储到不可更改的介质上进行保存。

二、保存环境

　　纸质档案保存环境应保持一定的温度、湿度,做到防霉、防蛀、防火。磁带、光盘、硬盘等介质的保存环境应注意防磁、防潮。

三、调阅管理

　　借阅档案要按规定办理登记手续。借阅的档案必须妥善保管,不得遗失,不得转借、涂改、圈划、损坏和擅自翻印,如有遗失,要及时报告,立即作出处理。

　　借阅者借出的档案用完后应按期归还,过期不还者必须说明理由,办理续借手续。档案管理人员应对借阅档案到期未还的及时催还,归还时要当面验清,并及时放回原处。

　　监管部门或上级部门在进行反洗钱现场检查时,如需调阅档案,应按照反洗钱资料、文件保密和借阅管理方面的规定,严格掌握调阅范围和履行调阅手续。对反洗钱档案的管理,既要满足各项工作对档案的利用需求,又要保证档案的完整、安全。

四、资料销毁

　　对超过保管期限的反洗钱档案,定期进行鉴定和销毁。根据档案保管期限的有关规定,对档案作初步鉴定,确定档案的存毁;应销毁处理的档案必须经主管领导审批。档案销毁时,应由两人负责现场监销,监销人员要在销毁清册上签字,档案材料销毁登记表应当归档保存。任何单位和个人不得出售、变卖或随意处理应销毁的档案材料。

本 章 小 结

本章从操作实务出发,重点介绍了反洗钱三大核心手段之第三大手段,即客户身份资料与交易信息的记录保存。其中,较系统地介绍了客户身份资料与交易信息的记录保存应有的制度,包括保存原则、保存内容、保存期限以及法律责任。具体措施方面,阐述了保存方式、保存环境、调阅管理和资料销毁等标准要求。

重 要 概 念

客户身份资料的记录保存　客户交易信息的记录保存

习题与思考题

1. 客户身份资料记录与保存的标准、要求与方法是什么?
2. 试述客户交易信息记录与保存的标准、要求与方法。

第十章

反洗钱现场检查、非现场监管与调查

学习目标

通过本章学习,重点掌握以下内容:
1. 反洗钱现场检查的内涵、原则、标准与方法
2. 反洗钱非现场监管:原则、标准与方法
3. 反洗钱调查的执行主体、标准与流程

现场检查制度对于掌握商业银行开展反洗钱工作的第一手资料,推动基层单位开展反洗钱工作具有重要的意义。同时,现场检查制度也是反洗钱事中控制工作的核心制度,因而在反洗钱过程中占据相当重要的地位。2007 年 6 月 15 日,中国人民银行正式颁布了《反洗钱现场检查管理办法(试行)》。而在实践中,还存在一个与反洗钱检查既有区别又有联系的概念——反洗钱调查,本章将对两者进行明确的区分。

第一节 反洗钱现场检查的法律事务

在中国的反洗钱实践中,反洗钱现场检查制度是由中国人民银行实施的具体行政行为,是中国人民银行行政执法检查的一种手段。因此,该项制度首先必须符合《中华人民共和国行政处罚法》等相关法律法规的有关规定。而在具体的专业法律框架下,则要遵循《中华人民共和国中国人民银行法》《中华人民共和国商业银行法》《中华人民共和国反洗钱法》《个人存款账户实名制规定》等法律法规的有关规定。

就中国人民银行具体的现场检查行为而言,要使其生效,则要符合以下四个条件。

一、现场检查的主体必须合法

根据《中华人民共和国中国人民银行法》《中华人民共和国商业银行法》《金融违法行为处罚办法》等规定,中国人民银行及其分支机构具有对银行、信用合作社等金融机构进行现场检查的主体资格,并依法可以作出行政处理包括行政处罚。但是必须注意到以下两点:一是在国务院的授权下,中国人民银行及其分支机构虽具有现场检查的主体资格,

但各级人民银行内设的职能部门不能单独对外实施现场检查,只能代表人民银行对外行使对金融机构的监督检查职能;二是中国人民银行及其分支机构必须在法律、法规和规章的授权范围内开展现场检查活动。所谓授权范围包括两层含义:第一层含义是中国人民银行及其分支机构不能未经授权对金融机构开展现场检查;第二层含义是人民银行的各级分支机构也必须在其上级行授权的管辖范围内开展现场检查。例如,中国人民银行南京分行不能未经中国人民银行总行授权就对中国人民银行江西分行监管的金融机构进行现场检查。

二、现场检查的法律法规和规章要准确

具体来讲,包括三个方面:一是人民银行现场检查的客体必须是法定的,且法律法规和规章规定是人民银行的监管对象。如非法金融机构的查处就不在现场检查范围。二是对现场检查查出的问题必须要有确凿的证据,即对查证事实的认定要清楚、准确,不能有半点含糊,尤其是现场检查发现的问题涉及行政处罚的时候更应该如此。证据与结论之间要有"只要证据存在,检查结论必定成立"的充分严密的逻辑关系。三是现场检查作出行政处理尤其是行政处罚适用的法律、法规和规章的条文要准确,裁量要适度。选用适用的法律、法规和规章要注意遵循两条原则:一是不同层次的法律适用**"法大优先"**的原则;二是同一层次的法律适用**"后法优于前法"**的原则。

三、现场检查的程序必须合法

人民银行的现场检查要有效,还必须遵循法定的流程和步骤。按照《中华人民共和国行政处罚法》的规定,人民银行现场检查尤其是涉及行政处罚时必须符合《行政处罚法》规定的"一般程序",如果拟作出较大数额罚款等行政处罚,在作出决定之前,当事人要求举行听证会的,还要遵循"听证程序"。

四、现场检查的形式要合法

一般来说,人民银行的现场检查行为必须以相应的法律文书的形式表现出来。主要的法律文书有《金融行政执法检查通知书》《金融行政处罚意见告知书》《金融行政处罚决定书》《金融行政执法检查问题整改通知书》等。这些法律文书都必须有法律、法规和规章所规定的基本要素,否则所作出的现场检查行为无效。

第二节　反洗钱现场检查的具体内容和方法

一、对被检查机构反洗钱组织机构建设方面进行判断和评估

检查的内容包括查阅被检查机构的有关会议记录、会议决定等资料,同时要求被查机构制作分级的反洗钱组织机构图;

通过查看会议记录、会议决定,核实反洗钱机构实际活动情况的真实性;

通过与不同部门、不同业务的临柜人员谈话,了解其对于反洗钱职责的理解度,判断

反洗钱体系传导机制的有效性,评估反洗钱机构职能的可靠性;

通过谈话听取反洗钱专职人员的意见,评判反洗钱资源的充足性;如果反洗钱专职机构负责人认为人员配备不适应工作需要,则应该视作反洗钱人员不足;

抽查部分辖属机构的反洗钱专职机构。

检查的方法可以采用谈话、调阅资料等。

评估人员可以根据被检查机构提供的情况,给出评估结果,并给出明确的理由。

二、对反洗钱内控制度作出判断和评估

检查的内容包括检查被检查单位的反洗钱工作机制、业务部门、反洗钱部门和分管行领导的工作分工,调阅反洗钱制度批准文件;

反洗钱内控制度建设及实施情况,是否有针对性地制定本机构的洗钱风险控制措施,关注具体程序;

解释自查发现问题的原因,例如交易报告漏报、错报,可疑交易报告偏少等;

针对不同岗位人员的具体反洗钱培训;

新设分支机构的反洗钱工作开展情况,调阅有关资料。

检查的方法则是分别与被检查机构主管行政领导、反洗钱部门成员和业务部门成员进行独立谈话,询问各自职责范围内,反洗钱内控体系、工作程序、运转和报告程序等,调阅有关资料。

三、对被检查机构客户尽职调查方面进行判断和评估

检查的内容包括抽查一个时段内被检查机构各类账户开立的原始凭证,检查客户登记信息;

对被检查机构已经报告的可疑交易或者大额交易中涉及的客户,被检查机构是否进行了充分的客户尽职调查。

检查的方法则主要是查账和调阅资料。

四、对被检查机构大额和可疑交易报告的情况进行判断和评估

检查的内容包括每个检查组分析被检查机构的实际情况,确定检查的业务种类,检查可以交易的报告程序和核准程序;

检查大额交易报告是否完整,有无漏报、错报情况;

对已经报告的可疑交易记录进行重新审核,对比可疑交易报告和原始交易凭证,判断被检查机构是否及时、完整进行报告;

每个支行以上单位提供本单位反洗钱岗位职工名单,检查组就交易识别和报告程序等问题与其谈话。

检查的方法主要是查账、谈话、调阅资料和测试。

五、对账户资料及交易记录保存情况进行判断和评估

检查的内容是抽查被检查机构一个时段内的账户开户记录和交易记录,核对完整性

和真实性。

检查的方法是查账和调阅资料。

六、对反洗钱宣传和业务培训情况进行判断和评估

检查的内容包括检查正在使用的培训教材和宣传资料；

调阅培训计划和总结；

与员工谈话，了解培训效果。

检查的方法是谈话和调阅资料。

第三节　反洗钱现场检查的程序

以银行为例，反洗钱现场检查程序一般包括检查准备、检查实施、检查报告、检查处理和档案整理五个阶段。

一、检查准备阶段

1. 确定被检查机构和检查立项。对辖区内各银行整体反洗钱工作情况作出初步判断，从中发现苗头性问题，确定被检查机构及检查的重点。

收集被检查机构的有关资料。包括：被检查机构的反洗钱自查报告、监管机构的检查报告和整改要求、反洗钱检查报告和整改要求、大额和可疑交易报告情况、被检查机构的各项反洗钱内控制度、反洗钱岗位说明书、被检查机构的各项会计制度和会计信息系统资料、被检查机构内部稽核部门的审计报告、其他监管机构掌握的相关资料以及有关群众举报等。

确定被检查机构后，进行检查立项，填写《现场检查立项审批表》，经本级行长办公会批准后实施。

2. 成立检查组。根据检查任务、对象和立项要求，抽调业务精干、作风扎实的若干人员组成检查组。检查组成员应由反洗钱职能部门、法律、支付结算、外汇管理、现金管理等部门的工作人员组成。检查组应指定检查组组长和主查人。并可根据实际情况在检查组下成立若干专项检查小组，每个专项检查小组组员不能少于2人。每小组设1名小组长，负责专项检查工作。

组长职责：负责对检查组的领导及有关重要事项的协调，全面负责检查组的工作，包括对现场检查报告负全责。

主查人职责：对检查工作的具体组织和实施、检查报告的撰写和检查处理文件的起草、检查资料整理等全程工作负责。

检查人员职责：对检查组长和主查人分派的检查工作负责。

3. 制定《现场检查的实施方案》。制定现场检查实施方案的目的主要是明确现场检查的具体内容、程序和总体安排。方案经行领导审查后批准，作为检查的工作任务和授权。

4. 发出《中国人民银行现场检查通知书》。告知被检查机构有关事项，以便做好相应

的准备。《通知书》正式文本在进驻前五天送达被检查机构。通知书可附有检查的初步时间、步骤安排和要求被检查机构应准备的材料清单。

5. 现场检查前培训。现场检查工作开始前，要组织检查人员学习反洗钱的有关法律规定、现场检查方案，通报被检查机构的有关情况和现场检查要求及注意事项。

二、检查实施阶段

1. 进驻。检查组应该按照《通知书》指定的时间进入被检查机构现场实施现场检查工作。

（1）表明检查意图及身份。检查组长介绍检查组成员，出示执法证或其他有关证件。检查组长说明此次检查的目的、范围、内容、时间安排。

（2）听取被检查机构汇报。被检查机构应该进行专项工作汇报（应附有文字材料）。主查人应做好《中国人民银行现场检查进点会谈纪要》，于会谈结束后交检查组长和被查单位负责人签字确认。

2. 现场检查工作。

（1）调阅资料。检查组根据现场检查的内容，确定需要从被检查机构资金交易及会计系统中剥离的数据范围和要求及方式（例如电子版），需调阅的原始凭证、统计资料，以及与反洗钱业务管理、工作计划和文件总结等有关的资料，并应填制《中国人民银行现场检查资料调阅清单》一式两份，由主管人和被查单位负责人分别签字并保存。调阅电子数据不应影响被检查单位的正常经营。

（2）现场检查的内容和方法。对于检查中发现的可疑交易信息，应要求商业银行按照有关规定进行报告；对于检查中发现的具有重大犯罪嫌疑的可疑交易信息，应要求商业银行立即按照规定移交当地公安机关。

（3）制作并填写工作底稿。《中国人民银行现场检查》是检查人员对检查工作记录的重要依据，其内容应包括：被查单位名称；检查项目名称及实施时间；检查查实的主要事实及其来源，计算和分析的结果，认定事实依据；检查人员的签名及编制日期；复核人员签名及日期等。

（4）检查取证。《中国人民银行现场检查取证记录》是检查发现问题并经核实的事实记载，是检查处罚的主要依据。内容包括证据的种类、数量、来源、依据、过程等文字记录，由检查人员、主查人员及被查单位负责人签字。并附证据资料，包括账、表、凭证等足以证实问题的复制件和检查工作底稿、反馈资料、会谈纪要、笔录等具有法律效力的证明资料（调阅材料需加盖被检查机构的公章或复印章）。如证据可能灭失或者以后难以取得的情况下，检查组可对有关证据材料予以先行登记保存，先封后查。登记保存时，需要填写《中国人民银行登记保存证据材料通知书》一式两份，加盖派出检查行公章，送被检查单位签收。

（5）分析评价。对检查中认定的事实及有关资料进行整理核对、分析、比较，并进行综合判断，然后根据检查依据对检查出来的问题进行定性，做出检查结论。对未涉及的具体事项、证据不足、评价依据或标准不明确的事项不作结论性评价。取证记录及证据附件由主查人编制《中国人民银行现场检查取证材料清单》，统一汇总、统一管理，并签字负责。

（6）退出现场。检查组原则上按检查方案规定的时间结束现场检查。如需延期,应报检查方案审批人批准。退出现场时间应告知被检查机构。

在现场检查过程中,检查组长要及时掌握工作进度,检查情况,查看检查人员的检查记录,根据需要及时调整分工以确保如期完成检查任务。检查全部结束时应全部退还借阅资料,并经双方签章,再退出金融机构。退出前,检察组长对检查工作进行小结,并向被检查机构通报下一步工作程序。

三、检查报告阶段

现场检查结束后,检查组应就检查的基本情况和检查查证的事实和问题进行全面的梳理、核实、总结,并将检查情况、事实向被检查机构反馈,向主管领导报告。

1. 确认检查发现事实。检查组应根据《检查组工作底稿》进行分类整理,形成各项目的现场检查小结,将检查小结和《检查工作底稿》一并交主查人审核。

主查人组织检查组人员对检查小组提交的各专项检查小结内容进行复核、综合分析,形成对被检查机构的整体的检查发现事实清单,并制作《中国人民银行现场检查事实确认书》。《确认书》由检查组组长组织检查人员对各小组检查发现事实进行汇总、分析和判断。其内容包括被检查机构名称、查实的基本情况等。《确认书》最迟在现场检查结束后15个工作日内完成。

检查组完成《确认书》后,应将《确认书》发给被检查机构,被检查机构对《确认书》中认定的事实,应在5个工作日内以书面形式进行确认或提出异议。超过时限未反馈的,视为无异议。《确认书》应由检查组长和被检查机构法定代表人或主要负责人签字,并在每一页加盖被检查机构行政公章予以确认。

《确认书》形成后,经有关行领导批准后,检查组可视情况与被检查机构交换意见,由检查组组长或主查人向被检查机构通报《确认书》的主要内容,被检查机构可就有关事项进行说明。检查组应将双方谈话内容如实记录,编入《检查工作底稿》,并在《现场检查报告》中如实加以说明。

2. 撰写《中国人民银行现场检查报告》报上级行。《现场检查报告》是检查组报告现场检查工作情况的文书,报告撰写以现场检查事实和评价为基础,结合现场检查工作的开展情况、被检查机构的反馈意见以及金融反洗钱检查的有关要求,起草现场检查工作报告,经报告行领导审定后,报送上级人民银行。

《现场检查报告》的主要内容包括:

① 检查实施基本情况。包括检查人员、检查内容、范围、检查期、现场作业时间、工作方式、工作量、检查方案的执行和调整情况等。

② 被检查机构基本情况。包括内部组织结构、与检查项目相关的工作开展情况、内控情况等。

③ 查出的问题和检查组做出的评价。

④ 提出拟作出的行政处罚或者行政强制处理措施、纪律处分及整改意见的依据和建议。

⑤ 总结分析现场检查中发现的深层次问题,提出改进反洗钱工作的政策建议。

检查报告最迟在总结会谈后15个工作日内完成,经检查组长审核定稿后报分管领导审阅。

四、检查处理阶段

现场检查结束后,检查部门根据检查事实认为可能或应该给予行政处罚的,应当予以立案,并制作《中国人民银行现场检查行政处罚意见书》交本行行政处罚委员会,按照《中国人民银行行政处罚程序规定》办理。违反反洗钱规定事实不清的不得给予行政处罚。

五、档案整理阶段

检查人员应对整个现场检查过程中的所有资料按照中国人民银行档案管理的有关规定立卷归档,妥善保存,以备查考。

（1）立卷建档。原则上一个被检查机构建立一个档案,档案资料按附件顺序整理装订。

（2）档案目录。编目一般应根据检查项目的类型、特点及相互之间的历史联系进行。卷内目录一律用统一格式打印,并放在卷首,档案资料应按顺序编制页码。

利用电脑开展的检查项目,电脑文档整理、拷贝、压缩在光盘上,连同立卷档案一并保管存档。

第四节　反洗钱非现场监管

一、反洗钱非现场监管的基本内涵

1. 反洗钱非现场监管的概念。反洗钱非现场监管是指中国人民银行及其分支机构依法收集金融机构报送的反洗钱信息,分析评估其执行反洗钱法律制度的状况,根据评估结果采取相应的风险预警、限期整改等监管措施的行为。

2. 反洗钱非现场监管的意义。对监管者本身而言,反洗钱非现场监管能够使中国人民银行在建立监管档案的基础上,评估洗钱风险、发出预警信号、增强现场检查的针对性、提高监管效果。对被监管对象而言,它能够帮助银行合理分配洗钱风险管理成本。具体而言,中国人民银行开展反洗钱非现场监管的意义体现在如下五方面:

第一,健全监管信息档案。中国人民银行通过非现场监管持续地收集、整理反洗钱监管报表信息和银行的其他背景资料,对监管报表信息实施集中处理,形成非现场分析结果和风险评估结果,以健全银行监管信息档案。中国人民银行建立的监管信息档案,应当包括银行报送的全部反洗钱信息资料、中国人民银行在非现场监管中下发的各类文书和采取的非现场监管措施以及银行对上述文书和监管措施的应对情况、中国人民银行及其他监管部门开展的现场检查中与反洗钱有关的内容、中国人民银行从其他渠道收集的与银行反洗钱工作有关的信息。健全的监管信息档案,应能够基本反映银行反洗钱工作的全部情况。

第二,有效评估洗钱风险。中国人民银行通过非现场监管对银行的反洗钱工作进行全面、动态的监测,分析评估银行报送的反洗钱信息,掌握银行反洗钱工作状况、突出问题和风险因素,对发现的异常情况,及时向银行发出预警信号,要求其采取防范和纠正措施。

第三，指导现场检查。中国人民银行通过非现场监管，在分析银行洗钱风险状况的基础上，为现场检查提供依据和指导，更集中地针对存在高风险的业务领域、客户群体开展深入的现场检查，有利于合理分配有限的监管资源。

第四，实现持续有效监管。非现场监管是持续监管的重要内容和集中体现，中国人民银行可跟进反洗钱现场检查整改和处罚的落实情况，以及持续监测的情况，从而评估整个监管计划的执行效果，及时发现问题，从而提高监管的有效性。

第五，帮助银行合理分配洗钱风险管理成本。中国人民银行通过非现场监管对银行洗钱风险状况进行评估，并及时将评估结果反馈银行以有利于银行合理分配洗钱风险管理成本，将成本集中于高风险的业务领域和客户群体，从而有效降低总成本，提高风险管理效果。

3. 反洗钱非现场监管主体。反洗钱非现场监管的主体包括中国人民银行总行及其分支机构。中国人民银行总行负责对全国性金融机构总部进行非现场监管。中国人民银行分支机构负责对本辖区内的金融机构分支机构、地方性金融机构总部以及总行授权的金融机构进行非现场监管（全国性金融机构总部目前由中国人民银行总行授权的分支机构按照属地原则进行监管）。中国人民银行分支机构包括中国人民银行上海总部、分行、营业管理部、省会（首府）城市中心支行、副省级城市中心支行、地（市）中心支行和县（市）支行。

4. 银行应配合反洗钱非现场监管。反洗钱非现场监管工作业务环节包括信息收集、信息分析评估、非现场监管措施、信息归档等。其中，需要银行重点参与和配合的环节是信息收集与非现场监管措施环节。

反洗钱非现场监管应收集的银行反洗钱信息，包括反洗钱内部控制制度建设、反洗钱工作机构和岗位设立、反洗钱宣传和培训、反洗钱内部审计、执行客户身份识别制度的情况、协助司法机关和行政机关打击洗钱活动的情况、向公安机关报告涉嫌犯罪的情况、报告可疑交易的情况、配合中国人民银行及其分支机构开展反洗钱调查的情况、执行中国人民银行及其分支机构临时冻结措施的情况、向中国人民银行及其分支机构报告涉嫌犯罪的情况以及其他反洗钱工作信息。

二、反洗钱非现场监管执行要求

中国人民银行对所收集的非现场监管信息进行分析时，发现有疑问或需要进一步确认的，可根据情况采取一些具体措施进行确认和核实，银行应给予积极配合。对于核实的问题，中国人民银行将及时采取相应的非现场监管措施，如下达《反洗钱非现场监管意见书》进行风险提示、限期整改、行政处罚等，银行也应积极配合并执行。

1. 配合确认和核实非现场监管信息。

（1）答复电话询问。中国人民银行电话询问银行反洗钱非现场监管信息时，银行对已了解掌握的信息应即时回答。

（2）答复书面询问。银行收到中国人民银行下达的《反洗钱非现场监管质询通知书》后，应自送达之日起 5 个工作日内，书面回复被询问的问题。

（3）接受监管走访。银行收到中国人民银行下达的《反洗钱非现场监管质询通知书》

后,应于 2 个工作日后接受监管单位的监管走访,并按照《反洗钱非现场监管质询通知书》的要求,收集需要提供的资料和说明的情况。

走访时,中国人民银行反洗钱工作人员不得少于 2 人,并应出示执法证。人员少于 2 人或未出示执法证的,银行有权拒绝。

走访结束后,银行有关人员应在《反洗钱非现场监管走访调查登记记录》上签字、盖章确认。

(4)高级管理人员接受监管谈话约见。银行收到中国人民银行下达的《约见金融机构高级管理人员谈话通知书》后,应于 2 个工作日后按照上述通知书写明的谈话内容、参加人员、时间、地点接受谈话约见。

谈话结束后,银行被约见人员应在《反洗钱非现场监管约见谈话记录》上签字确认。

2.配合反洗钱非现场监管措施。中国人民银行在评估中发现银行在反洗钱工作中存在问题,列明应采取的非现场监管措施,银行有关单位应积极配合并执行。

(1)《反洗钱非现场监管意见书》。中国人民银行在评估中发现银行在反洗钱工作中存在问题的,将会发出《反洗钱非现场监管意见书》,对银行进行风险提示,要求其采取防范措施。

银行收到《反洗钱非现场监管意见书》后,应由反洗钱合规管理部门对意见书进行认真分析,并将所有存在的问题及时通知相关部门,相关部门在收到通知后应向反洗钱合规部门反馈意见。反洗钱合规部门在收到反馈意见后决定是否提出异议。

如有异议,应当在收到之日起 10 日内向发出文书的中国人民银行提出申述、申辩意见。银行陈述的事实、理由以及提交的证据成立的,监管机构应当予以采纳。银行在规定期限内未提出异议的,中国人民银行可根据相关非现场监管信息对银行有关事实或行为进行认定和处理。对于有整改要求的,如无异议,银行应会同相关部门制定予以落实,并将整改情况报告中国人民银行。

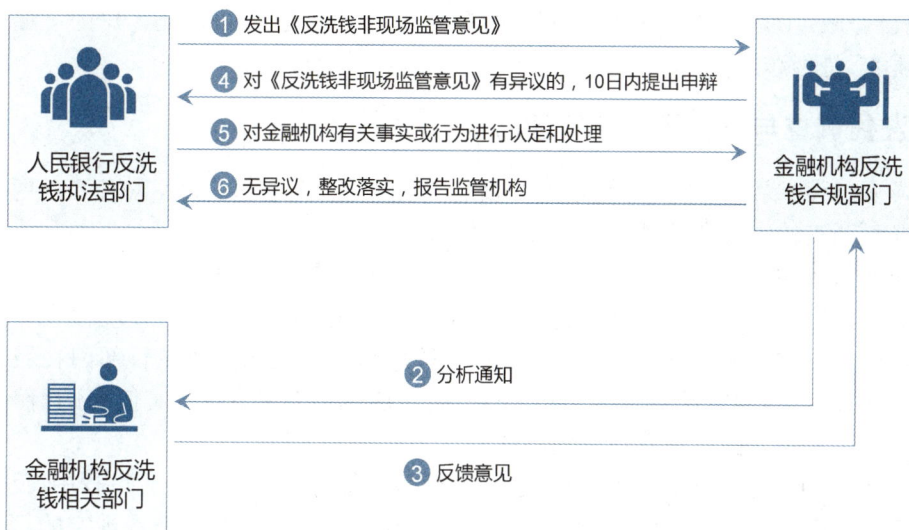

图 10-1　反洗钱非现场监管流程

（2）限期整改。对违反反洗钱规定的行为情节轻微且不需要给予行政处罚的，中国人民银行将要求银行及时纠正错误，限期改正。

（3）行政处罚。对违反反洗钱规定事实清楚、证据确凿并应给与行政处罚的，中国人民银行将按照《中国人民银行行政处罚程序规定》办理。

（4）现场检查。当中国人民银行发现银行反洗钱工作问题严重且需要进一步收集证据的，作为反洗钱重点监督检查对象，将对该银行进行现场检查。银行应配合做好反洗钱现场检查。

第五节　反洗钱调查与配合反洗钱调查

从广义上讲，反洗钱调查是指在国务院的授权下，中国人民银行及其分支机构在履行反洗钱行政职责过程中，为实现特定的行政目的而实施的收集资料、核实信息的行为。具体而言，在履行反洗钱职责过程中，反洗钱行政主管部门实施调查行为主要表现为三种形式：其一，为指导、部署反洗钱工作，而向不特定相对人收集资料、了解情况的调查行为，如为了制定反洗钱规章而在有关行业进行的社会调查，为了解边境贸易中的洗钱风险而开展的专题调研等；其二，为检查监督执行反洗钱规定的情况，而向特定的行政相对人（金融机构以及其他单位和个人）收集资料、核实情况的调查行为，如对违反反洗钱规定的金融机构进行处罚前的调查取证等；其三，为确定可疑交易信息是否属实，而向有关的金融机构收集资料、核实信息的调查行为，如针对某人的可疑交易活动而向其开户银行调阅该人的开户资料和交易信息等。

从狭义上理解，反洗钱调查专指反洗钱行政主管部门向金融机构了解核实可疑交易活动的行为。简单分析，此概念可以从以下四个方面理解：其一，反洗钱调查的主体是中国人民银行或者其省一级派出机构；其二，客体是可疑交易活动；其三，调查对象（或称为被调查机构）限定为金融机构；其四，调查的目的是为了收集资料，查证客户的可疑交易活动是否属实、是否涉嫌洗钱犯罪。

一、反洗钱调查与反洗钱检查的区别

形式上，反洗钱调查与反洗钱检查的概念颇为相似，但通过比较，我们可以更清晰地厘清反洗钱调查的内涵和外延，体现其独立价值。

反洗钱检查，是反洗钱行政主管部门对金融机构以及其他单位和个人执行有关反洗钱规定的行为进行检查监督的具体行政行为，是反洗钱行政主管部门行使检查监督权的具体体现。从形式上看，反洗钱检查与反洗钱调查都是反洗钱行政主管部门在履行反洗钱行政职责过程中，为实现特定的行政目的，而实施的收集资料、核实信息的行政行为。但两者在以下几个方面存在着显著的不同：

1. 客体不同。反洗钱调查的客体是可疑交易活动；而在反洗钱检查过程中，反洗钱行政主管部门检查的客体是金融机构以及其他单位和个人执行有关反洗钱规定的行为。以商业银行为例，反洗钱行政主管部门在对商业银行进行反洗钱检查时，检查的应该是商业

银行履行反洗钱义务的情况;而进行反洗钱调查时,调查的应该是商业银行的客户的可疑交易活动。

2. 对象不同。按照《反洗钱法》的规定,反洗钱调查的对象仅限于金融机构;而按照《中国人民银行法》的规定,反洗钱检查的对象除了金融机构外,还包括其他单位和个人。也就是说,从对象上看,反洗钱检查要比反洗钱调查宽泛。

3. 目的不同。反洗钱调查的目的是通过收集资料、核实信息,来确定可疑交易活动是否属实、是否涉嫌洗钱犯罪。而反洗钱检查的目的是通过检查监督金融机构以及其他单位和个人履行反洗钱义务的情况,对违反反洗钱规定的行为进行惩戒和教育,从而促进反洗钱规定的落实。

4. 结果不同。反洗钱调查的结果有二:其一,通过调查,排除洗钱嫌疑;其二,不能排除洗钱嫌疑的,立即向有管辖权的侦查机关报案。而反洗钱检查的结果也有两种:其一,通过检查,认定被检查机构符合反洗钱规定的要求,必要时予以表彰;其二,认定被检查机构违反反洗钱规定的要求,从而依法进行教育或处罚。

二、反洗钱调查的主体

反洗钱调查主体为国务院反洗钱行政主管部门或者其省一级派出机构,目前为中国人民银行总行、上海总部、分行、营业管理部、省会(首府)城市中心支行、副省级城市中心支行。根据《中国人民银行法》第 4 条的规定和国务院对各部门的职责安排[中央机构编制委员会办公室《关于人民银行主要职责内设机构和人员编制调整意见的通知》(中编办发〔2003〕14 号)],中国人民银行是国务院反洗钱行政主管部门,因此被认定为反洗钱行政调查的主体。

同时,根据《中国人民银行法》第 13 条对中国人民银行的分支机构依总行授权履行职责的规定,在中国人民银行授权的情况下,其分支机构(省一级分支机构)也可成为合法的反洗钱调查主体。

此外,在理论上,如果法律、法规授权某些组织行使反洗钱监督管理职能,其在行政法上也具有行政主体资格,因此也可成为反洗钱调查的主体。当然,由于反洗钱行政主管部门的反洗钱调查职权均是通过其调查人员行使的,这些个人才是反洗钱行政调查的直接实施者,但根据行政主体的基本理论,其并非反洗钱调查的主体,而因国家公职关系由反洗钱行政主管部门负其行为之责。也就是说,某调查人员在反洗钱调查过程中,出现了行政违法行为,其行为的主体在法律上认为是反洗钱行政主管部门,因而应由反洗钱行政主管部门承担相应的法律责任。

确定反洗钱调查主体,在实践中的意义在于为后续的一系列制度奠定组织基础。具体表现在:确定了反洗钱调查主体,实际上就确定了反洗钱调查权的享有者、调查行为的组织和实施者;当反洗钱调查中出现异议时,就成为行政复议的被申请人和行政诉讼的被告;当反洗钱调查违法,造成相对人合法权益损害时,就成为行政赔偿的义务主体。

三、反洗钱调查的适用条件

《反洗钱法》规定,国务院反洗钱行政主管部门或者其省一级派出机构发现可疑交易

活动,需要调查核实的,可以向金融机构进行调查。可见,反洗钱行政调查的适用条件有以下两个:

1. 反洗钱调查只针对可疑交易活动。所谓可疑交易活动,是指符合反洗钱法律、法规、规章等规范性文件中,以及符合金融机构自定义的可疑交易标准的资金活动。可疑交易活动的来源包括国务院反洗钱行政主管部门或者其派出机构在信息分析中获知的、金融机构提交的报告中涉及的,以及通过国际合作以及其他渠道获得的,甚至包括在调查其他可疑交易过程中引起疑问,认为需要调查的交易信息等。可疑交易活动是反洗钱情报信息的主要来源,也是发现洗钱犯罪线索的基础。

因此,中国人民银行或者其省一级派出机构仅可针对可疑交易活动进行反洗钱调查,采取各项调查措施,而不能以反洗钱调查的名义调查其他事项(如金融机构本身的经营状况等),否则即构成行政越权。如前所述,反洗钱行政主管部门为制定反洗钱规章而进行的专题调研,在反洗钱行政处罚前进行的调查取证等调查活动,因其调查的客体并非可疑交易活动,因而不是《反洗钱法》所规定的反洗钱调查行为。此外,在司法机关请求反洗钱行政主管部门协助调查洗钱案件的情况下,反洗钱行政主管部门实施调查的客体是洗钱案件事实或证据(立案之后),并非可疑交易活动(尚未立案),因此,也不是真正意义上的反洗钱调查。

2. 可疑交易活动需要调查核实。中国人民银行或者其省一级派出机构启动反洗钱调查,除了需要发现可疑交易活动外,还必须判断该可疑交易活动是否需要调查核实。这点与侦查机关立案的标准类似——除了发现有犯罪行为发生外,还必须认定该犯罪行为依法应追究刑事责任。对于可疑交易是否需要开展调查核实,由反洗钱行政主管部门根据案件的具体情况决定。如果反洗钱行政主管部门认为可疑交易数额不大,不构成洗钱犯罪,或者确认是银行工作程序失误等引起的问题,没有必要调查核实的,可以不启动调查核实程序。如果可以通过其他简单方式,比如打电话通知和询问银行能够解决的,也可以不启动这种正式的调查程序,而通过其他方式查明或者解决。

客观上讲,这一条件是个主观判断标准,事实上给予了反洗钱行政专管部门一定的自由裁量权。这种自由裁量权是必要的,这也正是反洗钱调查的目的所在。因为在一般情况下可疑交易活动不同于其他事项,它关系到单位秘密或个人隐私,因此反洗钱行政主管部门在处理可疑交易活动时应持慎重态度,有必要采取进一步调查,以确认可疑交易活动是否属实、是否涉嫌洗钱犯罪,从而决定排除可疑或向侦查机关报案。这样才能最大限度地降低在处理可疑交易活动中所可能引发的法律风险。当然,也有特殊情况,例如发现的可疑交易活动的交易人已经死亡,一般则没有进一步调查核实的必要。

四、反洗钱调查时的程序要求

《反洗钱法》对反洗钱调查的程序进行了严格的规定。获授权的反洗钱行政主管部门或者其省一级派出机构在调查过程中,要严格依照法定程序展开调查,否则即构成程序违法,影响调查的合法性。具体而言,应注意以下三个方面:

1. 调查人员不得少于2人。调查人员应当符合《反洗钱法》规定的人数。根据《反洗钱法》的规定,调查可疑交易活动,调查人员不得少于2人。根据上述规定,调查人员单独进行的调查核实活动是违反法律规定的。这样规定,有利于约束调查人员依法进行调查工作,便于调查人员互相监督,防止出现非法调查和妨害金融机构正常业务活动的情况。同时,也有利于调查人员和金融机构工作人员发生不同意见时的处理,确保双方权益不受侵害。

调查人员不得少于2人,是指反洗钱行政主管部门或者其省一级派出机构在进行反洗钱调查时,实际到场进行调查的工作人员,至少应当为2人,或者在2人以上。规定调查人员不得少于2人,并不排除其他人员参与调查活动。对于文件和资料的调查核实工作,调查人员单独就可以完成。但由于金融工作专业性较强、操作流程也很复杂,调查人员为了更好地查明情况,也可以吸收金融机构的工作人员协助调查。另外,有些工作也需要其他人员的协助,比如根据《反洗钱法》的规定,调查人员可以要求金融机构有关人员说明可疑交易的有关情况。在进一步核查中,可以查阅、复制、封存有关的文件、资料,这些都需要金融机构工作人员在场协助。不过,即使有其他人员参与调查活动,也应当保证至少有两名国务院反洗钱行政主管部门或者其省一级派出机构的调查人员。

2. 出示合法证件。合法证件是指合法调查主体的工作人员身份证件,如工作证、执法证等。调查人员在实施反洗钱调查时,向被调查机构出示合法证件就是表明该人是反洗钱行政主管部门工作人员,同时也使被调查机构明晰调查人员的身份。这是表明身份的要求,在行政法上的意义在于:通过表明执法身份,从外在形式意义上说明调查的正当性与合法性,使被调查机构产生协助调查的义务;如果被调查机构妨碍执行公务,则可依据有关法律追究其相应责任。更为重要的是,从宪法意义上讲,表明身份是公民、法人或其他组织知情权的内在要求,促进行政相对人监督行政管理的参与度,积极地推进行政民主化的实现。本项规定,旨在防止他人冒充反洗钱行政主管部门工作人员,以调查的名义非法获取有关信息,或者进行其他侵害有关单位和个人合法权益的行为。

3. 出示反洗钱行政主管部门或者其省一级派出机构出具的调查通知书。调查通知书是指反洗钱行政主管部门出具的、告知被调查机构对其进行调查的书面文件。调查通知书应当载明调查的事由、对象、范围、时间等内容,具体格式由国务院反洗钱行政主管部门制定。调查人员在实施反洗钱调查时,向被调查机构出示调查通知书,就是表明该执法人员是在依法履行职责,而不是个人随意行为。这是行政法上关于侵益性行政行为"令状主义"的要求。当某项具体行政行为将对行政相对人的合法权益造成侵害时,执法人员必须持有法定的令状,以证明行为的合法性。具体到反洗钱行政调查中,要求调查人员在出示合法证件的同时,出示调查令状(即调查通知书)。理论上,合法证件表明的是调查人员自身的执法资格,即人员的合法性;调查令状表明的是调查行为的合法性。本项规定旨在防止反洗钱行政主管部门工作人员擅自调查,侵害有关单位和个人的合法权益。

本 章 小 结

本章从操作实务出发,重点介绍了反洗钱现场检查、非现场监管及反洗钱调查三个方面的内容。首先,从法律角度,阐述了反洗钱现场检查主体的合法性、相关规章、程序和形式。其次,说明了执行现场检查通常应该包含六个方面的评估:组织架构、内控制度、客户尽职调查、大额和可疑交易报告、账户资料及交易记录保存、宣传与培训。第三就是列举了现场检查的准备、实施、报告、处理和档案整理五个阶段的执行要求。随后,将反洗钱非现场监管的内涵和执行要求做了介绍。最后,就反洗钱调查和被监管机构配合反洗钱调查过程中应该遵循的原则、标准和程序进行了概括和总结。

重 要 概 念

反洗钱现场检查　反洗钱非现场监管　反洗钱调查

习题与思考题

1. 试述反洗钱现场检查主体的合法性、相关程序和形式。
2. 执行反洗钱现场检查通常应对哪几个方面进行评估?
3. 反洗钱调查与反洗钱检查有何区别?
4. 配合反洗钱调查有哪些注意点?

附　录

一、FATF 建议：反洗钱、反恐怖融资及反扩散融资的国际标准

（修订并发布于 2012 年 2 月）

引言

金融行动特别工作组（FATF）成立于 1989 年，是由成员国①部长发起设立的政府间组织。FATF 的主要任务是制定国际标准，促进有关法律、监管、行政措施的有效实施，以打击洗钱、恐怖融资、大规模杀伤性武器扩散融资（扩散融资）等危害国际金融体系的活动。FATF 还与其他国际利益相关方密切合作，识别国家②层面的薄弱环节，保护国际金融体系免遭滥用。

FATF 建议为各国打击洗钱、恐怖融资和扩散融资设定了全面、完整的措施框架。各国的法律体系、行政管理、执行框架以及金融体系各不相同，难以采取相同的威胁应对措施。因此，各国应当根据本国国情，制定相应措施执行 FATF 建议。FATF 建议规定了各国应当建立的基本措施：

　　＊ 识别风险、制定政策和国内协调；

　　＊ 打击洗钱、恐怖融资及扩散融资；

　　＊ 在金融领域和其他特定领域实施预防措施；

　　＊ 规定主管部门（如：调查、执法和监管部门）的权力与职责范围，及其他制度性措施；

　　＊ 提高法人和法律安排的受益所有权信息的透明度和可获得性；

　　＊ 推动国际合作。

FATF 最初的 40 项建议颁布于 1990 年，旨在打击滥用金融体系清洗毒品资金。1996 年，为应对不断变化更新的洗钱趋势和手段，FATF 第一次对建议进行了修订，将打击范围扩大到清洗毒资外的其他犯罪领域。2001 年 10 月，FATF 进一步将其职责扩大到打击恐怖融资领域，并制定了反恐怖融资 8 项特别建议（之后扩充为 9 项）。2003 年，FATF 建议进行了第二次修订，这些建议共同组成了国际公认的反洗钱与反恐怖融资国

---

①② FATF 建议、释义及术语表出现的"国家""各国""一国""成员国"等，包含国家、司法辖区或海外领地，如无特定含义，不再特别说明。——译者注。

际标准,得到全球 180 多个国家的认可。

在完成对成员的第三轮互评估后,FATF 与区域性反洗钱组织以及包括国际货币基金组织、世界银行和联合国在内的观察员密切合作,共同对 FATF 建议进行了修订及更新。修订后的建议在保持稳定和严谨的同时,致力于应对新出现的威胁,也明确并强化了许多现有义务。

FATF 标准也进行了相应修订,以加强对高风险情况的要求,允许各国对高风险领域采取更加有针对性的措施,或强化有关标准的实施。各国首先应识别、评估、了解面临的洗钱及恐怖融资风险,然后制定降低风险的适当措施。风险为本的原则允许各国在FATF 要求的框架下,采取更加灵活的措施,以有效地分配资源、实施与风险相适应的预防措施,最大限度地提高有效性。

打击恐怖融资是一项严峻的挑战。有效的反洗钱与反恐怖融资体系对于打击恐怖融资十分重要,之前针对恐怖融资的大多数措施已经在建议中进行了整合,不再需要专门制定特别建议。但是,在 FATF 建议第 C 节,还是规定了一些专门针对恐怖融资的建议。这些建议包括:建议 5(恐怖融资刑罚化)、建议 6(与恐怖主义及恐怖融资相关的定向金融制裁)、建议 8(防止滥用非营利性组织的相关措施)。大规模杀伤性武器扩散是我们关注的另一个严重威胁,2008 年,FATF 将职责范围扩大到防范扩散融资。为应对这一威胁,FATF 通过了一条新建议(建议 7),旨在确保有效实施定向金融制裁,与联合国安理会有关要求保持一致。

FATF 标准包括建议本身、释义以及术语表中的定义。所有 FATF 成员及区域性反洗钱组织成员必须执行 FATF 标准规定的措施,并按照 FATF 通用的评估方法,通过FATF 互评估程序或国际货币基金组织和世界银行的评估程序,对各成员的执行情况进行严格评估。释义及术语表中的定义包括如何实施标准的举例。这些举例不是强制性要求,只起到指引作用。举例无意包罗万象,尽管可作为参考指标,但并非适用于所有情况。

FATF 还制定了指引、最佳实践文件等,以帮助各国执行 FATF 标准。但上述文件并不是评估一国标准执行情况的强制性依据,仅供各国在考虑如何有效执行 FATF 标准时参考。FATF 现行指引和最佳实践文件含在 FATF 建议附录里,也可在 FATF 网站上查询。

FATF 致力于与私营部门、社会团体及其他感兴趣各方保持密切的、建设性的对话,它们是维护金融体系完整的重要伙伴。建议的修订进行了广泛咨询,并且从这些利益相关方的评论和意见中获益。今后,FATF 会继续根据其职责,以及全球金融系统面临的威胁及薄弱环节,在适当时候对标准进行再次修订。

FATF 呼吁各成员采取有效措施,执行打击洗钱、恐怖融资和扩散融资的新建议。

A. 反洗钱与反恐怖融资的政策和协调

1. 评估风险与适用风险为本的方法(新建议)∗

各国应当识别、评估和了解本国的洗钱与恐怖融资风险,并采取相应措施,包括指定某一部门或建立相关机制协调行动以评估风险,配置资源,确保有效降低风险。在风险评估基础上,各国应适用风险为本的方法,确保防范或降低洗钱和恐怖融资风险的措施与已识别出的风险相适应。该方法应当作为在反洗钱与反恐怖融资体制内有效配置资源,实施 FATF 建议要求的风险为本措施的必要基础。如发现风险较高,各国应确保其反洗钱与反恐怖融资体系能充分解决这些风险。如发现风险较低,各国可以决定在特定情况下,允许对某些 FATF 建议采取简化的措施。

各国应当要求金融机构和特定非金融行业与职业,识别、评估,并采取有效措施降低洗钱与恐怖融资风险。

2. 国家层面的合作与协调(原建议 31)

各国应当根据已经识别出的风险,制定并定期审查本国反洗钱与反恐怖融资政策,指定某一部门,或者建立协调机制或其他机制负责该政策的实施。

各国应当确保政策制定者、金融情报中心、执法机关、监管机构和其他相关主管部门,在政策制定和执行层面,建立有效机制,加强合作和必要的协调,打击洗钱、恐怖融资和扩散融资。

B. 洗钱与没收

3. 洗钱犯罪(原建议 1、2)*

各国应当根据《维也纳公约》《巴勒莫公约》,将洗钱行为规定为犯罪。各国应当将洗钱罪适用于所有的严重罪行,以涵盖最广泛的上游犯罪。

4. 没收与临时措施(原建议 3)*

各国应当采取类似于《维也纳公约》《巴勒莫公约》和《反恐怖融资公约》规定的措施,包括立法,使主管部门能够在不损害无过错第三方合法权益的情况下,冻结、扣押或没收以下财产:(a) 被清洗的财产;(b) 来自洗钱或上游犯罪的收益,用于或企图用于洗钱或上游犯罪的工具;(c) 属于犯罪收益的财产,或用于、企图用于、调拨用于资助恐怖主义、恐怖行为、恐怖组织的财产;或者(d) 同等价值的财产。

这些措施应当包括授权有关部门:(a) 识别、追查和评估应予没收的财产;(b) 采取冻结、扣押等临时措施,防止该财产被出售、转移或处置;(c) 采取措施,防止或避免可能有损国家追回应被没收、冻结或扣押财产的能力的行为;(d) 采取其他适当的调查措施。

各国应当考虑采取措施,允许不经过刑事定罪判决即可没收此类财产或工具(不以刑事判决为基础的没收),或者在符合本国法律原则的范围内,要求违法者证明应被没收财产的合法来源。

C. 恐怖融资与扩散融资

5. 恐怖融资犯罪(原特别建议 II)*

各国应当根据《反恐怖融资公约》,将恐怖融资行为规定为犯罪,不仅应当将资助恐怖活动的行为规定为犯罪,而且也应当将资助恐怖组织和单个恐怖分子的行为规定为犯罪,即使该行为并未与特定的恐怖活动相联系。各国应当确保将这些犯罪规定为洗钱犯罪的上游犯罪。

6. 与恐怖主义和恐怖融资相关的定向金融制裁(原特别建议 III)*

各国应当建立定向金融制裁机制,以遵守联合国安理会关于防范和制止恐怖主义和恐怖融资的决议。这些决议要求各国毫不迟延地冻结被指定个人或实体的资金或其他资产,并确保没有任何资金或其他资产,直接或间接地提供给被指定的个人或实体,或者使其受益,包括:(i) 根据《联合国宪章》第七章,由联合国安理会指定,或者由其授权指定的个人或实体,包括第 1267(1999)号决议及其后续决议;(ii) 根据第 1373(2001)号决议由该国指定的个人或实体。

7. 与扩散融资相关的定向金融制裁(新建议)*

各国应当执行定向金融制裁,以遵守联合国安理会关于防范、制止、瓦解大规模杀伤性武器扩散及扩散融资的决议。这些决议要求各国毫不迟延地冻结被指定个人或实体的资金或其他资产,并确保没有任何资金或其他资产,直接或间接地提供给被指定的个人或实体,或者使其受益。根据《联合国宪章》第七章,这些个人或实体由联合国安理会指定或由其授权指定。

8. 非营利性组织(原特别建议 VIII)*

对于可能被恐怖融资滥用的实体,各国应当审查有关法律法规是否完备。非营利性组织尤其容易被滥用,各国应当确保非营利性组织不会以下列方式被滥用:

(a) 恐怖组织利用非营利性组织的合法身份;

(b) 利用合法实体作为恐怖融资的渠道,包括以逃避资产冻结措施为目的;

(c) 利用非营利性组织,将合法用途的资金秘密转移至恐怖组织予以掩饰或混淆。

D. 预防措施

9. 金融机构保密法(原建议 4)

各国应当确保金融机构保密法不妨碍 FATF 建议的实施。

客户尽职调查与记录保存

10. 客户尽职调查(原建议 5)*

各国应当禁止金融机构保持匿名账户或明显以假名开立的账户。

各国应当要求金融机构在出现下列情形时,采取客户尽职调查(CDD)措施:

(i) 建立业务关系;

(ii) 进行一次性交易:(1)超过适用的规定限额(15 000 美元/欧元);(2)建议 16 释义规定的特定情况下的电汇;

(iii) 有洗钱或恐怖融资嫌疑;

(iv) 金融机构怀疑先前获得的客户身份数据的真实性或完整性。

金融机构实施客户尽职调查的原则应由法律做出规定。各国可以决定如何通过法律或强制性措施设定具体的客户尽职调查义务。

可采取的客户尽职调查措施如下:

(a) 确定客户身份,并利用可靠的、独立来源的文件、数据或信息核实客户身份;

(b) 确定受益所有人身份,并采取合理措施核实受益所有人身份,以使金融机构确信了解其受益所有人。对于法人和法律安排,金融机构应当了解其所有权和控制权结构;

(c) 了解并在适当情形下获取关于业务关系目的和意图的信息;

(d) 对业务关系采取持续的尽职调查,对整个业务关系存续期间发生的交易进行详细审查,以确保进行的交易符合金融机构对客户及其业务、风险状况(必要时,包括资金来源)等方面的认识。

金融机构应当采取上述(a)至(b)项规定的每项客户尽职调查措施,但应当根据本条建议和建议 1 的释义,通过风险为本的方法,决定采取这些措施的程度。

各国应当要求金融机构在建立业务关系之前、业务关系存续期间或者与临时客户进行交易时,核实客户和受益所有人身份。在洗钱与恐怖融资风险得到有效管理,并且为不打断正常交易所必需的情况下,各国可以允许金融机构在建立业务关系之后,尽快完成身份核实。

如果金融机构不能遵循上述(a)至(b)项规定的措施(根据风险为本的方法调整所采取措施的程度),则不应当开立账户、建立业务关系或进行交易;或者应当终止业务关系;并应当考虑提交相关客户的可疑交易报告。

这些要求应当适用于所有新客户,但金融机构还应当根据重要性和风险程度,将本建议适用于现有客户,并在适当时候对现有业务关系开展尽职调查。

11. 记录保存(原建议 10)

各国应当要求金融机构将所有必要的国内和国际交易记录至少保存五年,以使其能迅速提供主管部门所要求的信息。这些信息必须足以重现每一笔交易的实际情况(包括所涉金额和币种),以便在必要时提供起诉犯罪活动的证据。

各国应当要求金融机构在业务关系终止后,或者一次性交易之日起至少五年内,继续保留通过客户尽职调查措施获得的所有记录(如护照、身份证、驾驶执照等官方身份证明文件或类似文件的副本或记录),账户档案和业务往来信函,以及分析结论(如关于复杂的异常大额交易的背景和目的的调查函)。

法律应当要求金融机构保存交易记录和通过客户尽职调查措施获取的信息记录。

在职权范围内,本国主管部门可以查阅、使用交易记录和通过客户尽职调查措施获取的信息记录。

针对特定客户和活动的额外措施

12. 政治公众人物(原建议 6)*

对于外国的政治公众人物(作为客户或受益所有人),除采取正常的客户尽职调查措施外,各国还应当要求金融机构:

(a) 建立适当的风险管理系统,以确定客户或受益所有人是否为政治公众人物;

(b) 获得高级管理层的批准方可建立(或维持现有)业务关系;

(c) 采取合理措施确定其财产和资金来源;

(d) 对业务关系进行强化的持续监测。

金融机构应当采取合理措施,确定客户或受益所有人是否为本国的政治公众人物,或者在国际组织担任或曾经担任重要公职的人员。如果与这些人的业务关系出现较高风险,金融机构应当采取(b)至(d)项规定的措施。

对所有类型的政治公众人物的要求,也应当适用于其家庭成员或关系密切的人。

13. 代理行(原建议 7)*

对于跨境代理行及其他类似的业务关系,除采取正常的客户尽职调查措施外,各国还应当要求金融机构:

(a) 收集代理机构的充分信息,以全面了解代理机构的业务性质,并通过公开信息判断代理机构的信誉和监管质量,包括是否因洗钱或恐怖融资遭受调查或监管;

(b) 评估代理机构的反洗钱与反恐怖融资控制制度;

(c) 在建立新的代理业务关系之前,获得高级管理层的批准;

(d) 明确规定每个机构的相应职责;

(e) 关于"过路账户",确信代理行已对可以直接使用委托行账户的客户实施客户尽职调查,确信代理行能够应委托行要求提供其通过客户尽职调获取的有关信息。

各国应当禁止金融机构与空壳银行建立或维持代理行关系。各国应当要求金融机构确信代理机构不允许空壳银行使用其账产。

14. 资金或价值转移服务(原特别建议 VI) *

各国应当采取措施,确保本国提供资金或价值转移服务的自然人或法人获得许可或进行注册,并受到有效系统的监测,以符合 FATF 建议要求的相关措施。各国应当采取行动,发现未经许可或登记注册而提供资金或价值转移服务的自然人和法人,并给予适当处罚。

在资金或价值转移服务提供商及其代理商开展业务的国家,任何作为资金或价值转移服务代理商的自然人、法人必须获得主管部门的许可或登记注册;资金或价值转移服务提供商必须保存一份可以随时被相关主管机构获得的代理商名单。各国应当采取措施,确保资金或价值转移服务提供商将其代理商纳入自身反洗钱与反恐怖融资计划,并对其合规情况进行监测。

15. 新技术(原建议 8)

各国和金融机构应当识别、评估可能由下列情形带来的洗钱与恐怖融资风险:

(a) 新产品、新业务以及新交割机制的发展;

(b) 新产品、现有产品中新技术或研发中技术的应用;金融机构应当在发布新产品、开展新业务以及应用新技术(研发中的技术)前进行风险评估,采取适当措施管理和降低此类风险。

16. 电汇(原特别建议 VII) *

各国应当确保金融机构在办理电汇和处理相关报文时,填写规定的、准确的汇款人信息,以及规定的受益人信息,并确保这些信息保留在支付链条的每一个环节。

各国应当确保金融机构对电汇进行监控,以发现电汇交易中是否缺乏汇款人和受益人信息,并采取适当的措施。

各国应当确保金融机构在处理电汇过程中,按照联合国安理会第 1267(1999)号决议及其后续决议,和第 1373(2001)号决议中有关防范、打击恐怖主义和恐怖融资的规定,采取冻结措施,禁止与指定个人和实体进行交易。

依托第三方的尽职调查、内控和金融集团

17. 依托第三方的尽职调查(原建议 9) *

各国可允许金融机构依托第三方实施建议 10 中规定的(a)至(c)项客户尽职调查措施或引荐业务,但应确保满足以下四项标准。如允许由第三方实施客户尽职调查,客户尽职调查的最终责任仍由依托第三方的金融机构承担。

(a) 依托第三方的金融机构应可以立即获得建议 10 中(a)至(c)项措施取得的必要信息;

(b) 金融机构应当采取适当措施,确信可在需要时立即获得第三方实施客户尽职调查时取得的身份证明和其他资料复印件；

（c）金融机构应当确信第三方机构受到监督、管理或监测，并根据建议10和11的要求，在客户尽职调查和资料保存方面采取措施；

（d）当决定哪些国家的第三方机构可依托时，各国应当参考可以获得的国家风险等级等信息。

如果金融机构与所依托的第三方机构属于同一金融集团，同时，(i)该集团已按照建议10、11、12的要求采取客户尽职调查和资料保存措施，按照建议18采取反洗钱与反恐怖融资措施；(ii)当主管部门在集团层面上对其反洗钱与反恐怖融资相关措施有效性进行监管时，主管部门可以认为金融机构已通过其集团开展上述(b)、(c)项措施；当该集团采取的反洗钱与反恐怖融资措施已显著降低原本较高的国家风险时，则(d)项可以不作为依托第三方开展客户身份识别的必要前提。

18. 内部控制、境外分支机构和附属机构（原建议15和22）＊

各国应当要求金融机构执行反洗钱与反恐怖融资措施，同时，各国应当要求金融集团在集团层面执行反洗钱与反恐怖融资措施，包括在集团内部共享反洗钱与反恐怖融资信息的政策和程序。

各国应当要求金融机构确保其境外分支机构和控股附属机构通过金融集团整体反洗钱与反恐怖融资措施，执行与母国落实FATF建议相一致的反洗钱与反恐怖融资要求。

19. 高风险国家（原建议21）＊

应FATF呼吁，各国应当要求金融机构在与特定国家的自然人、法人、金融机构建立业务关系或交易时，采取强化的客户尽职调查措施。所采取的强化措施应有效并与风险相适应。

应FATF呼吁，各国应当有能力采取适当的反制措施。FATF未做呼吁，各国也应当有能力采取反制措施。所采取的反制措施应有效并与风险相适应。

可疑交易报告

20. 可疑交易报告（原建议13和特别建议Ⅳ）

如果金融机构怀疑或有合理理由怀疑资金为犯罪收益，或与恐怖融资有关，金融机构应当依据法律要求，立即向金融情报中心报告。

21. 泄密与保密（原建议14）

金融机构及其董事、管理人员和雇员应当：

（a）在依法报告可疑交易时，即便无法确定是何种犯罪以及犯罪活动是否实际发生，均应受到法律保护，不会因未遵守合同、法律、法规或行政性规定关于信息披露的限制，而承担民事或刑事责任。

（b）依法严禁向外界泄露向金融情报中心报告可疑交易或相关信息的事实。

特定非金融行业和职业

22. 特定非金融行业和职业：客户尽职调查（原建议12）＊

建议10,11,12,15,17中规定的客户尽职调查和交易记录保存要求适用于以下特定非金融行业和职业：

（a）赌场——当客户从事规定金额及以上的交易时；

（b）不动产中介——为其客户从事不动产买卖交易；

（c）贵金属和珠宝交易商——当客户从事规定金额及以上的现金交易时；

（d）律师、公证人、其他独立法律专业人士及会计师——在为客户准备或实施与下列活动相关的交易时：

○ 买卖不动产；

○ 管理客户资金、证券或其他财产；

○ 管理银行账户、储蓄或证券账户；

○ 为公司设立、运营或管理进行出资安排；

○ 法人或法律安排的设立、运营或管理，以及经营性实体买卖。

（e）信托和公司服务提供商——在为客户准备或实施与下列活动相关的交易时：

○ 担任法人设立的代理人；

○ 担任（或安排其他人担任）公司董事、董事会秘书、合伙人或其他法人单位中同级别的职务时；

○ 为公司、合伙或其他法人或法律安排提供注册地址、公司地址或办公场所、通信方式或办公地址的；

○ 担任（或安排他人担任）书面信托的受托人或在其他法律安排中承担同样职能的；

○ 担任（或安排他人担任）他人的名义持股人。

23. 特定非金融行业和职业：其他措施（原建议 16）*

建议 18—21 规定的要求适用于所有特定非金融行业和职业：

（a）各国应当要求律师、公证人、其他独立法律专业人士和会计师在代表客户（或为客户）进行建议 22 中（d）项所列的交易时，报告可疑交易。强烈鼓励各国将报告要求扩展到包括审计在内的会计师的其他专业活动。

（b）当贵金属和珠宝交易商从事规定金额及以上的现金交易时，应当报告可疑交易。

（c）当信托与公司服务提供商在代表客户（或为客户）进行建议 22 中（e）项所列的交易时，应当报告可疑交易。

E. 透明度、法人和法人安排的受益所有权

24. 透明度和法人的受益所有权（原建议 33）*

各国应当采取措施防止法人被洗钱和恐怖融资活动滥用，应当确保主管部门可以及时掌握或获取法人受益所有权和控制权的完整准确信息。特别是在允许法人发行不记名股票或不记名股权证，以及允许名义股东和名义董事存在的国家，应当采取有效措施，确保此类法人不被洗钱和恐怖融资活动滥用。各国应当考虑采取措施，使金融机构和特定非金融行业和职业可以便利地获取建议 10、建议 22 要求的受益所有权及控制权信息。

25. 透明度和法律安排的受益所有权（原建议 34）*

各国应当采取措施防止法律安排被洗钱和恐怖融资活动滥用。特别是，各国应当确保主管部门能及时掌握或获取关于书面信托（包括委托人、受托人和受益人）的完整准确信息。各国应当考虑采取措施，使金融机构和特定非金融行业和职业可以便利地获取建议 10、建议 22 要求的受益所有权及控制权信息。

F. 主管部门的权力、职责及其他制度性措施

监督和管理

26. 对金融机构的监督和管理（原建议 23 和 18）*

各国应当确保金融机构受到充分的监督和管理，并且有效地执行 FATF 建议。主管部门或金融监管机构应当采取必要的法律或监管措施，防止犯罪分子或其同伙持有金融机构的重要或多数股权，或成为金融机构重要或多数股权的受益所有人，或掌握金融机构实际管理权。各国不应当批准空壳银行的设立或允许空壳银行继续运营。

对遵守核心原则的金融机构，在实施与洗钱和恐怖融资相关的审慎监管措施时，应当采用与反洗钱和反恐怖融资监管相类似的措施。对并表集团的反洗钱与反恐怖融资监管，同样适用以上方法。

各国应当对其他金融机构进行许可、登记注册和充分管理，应考虑本行业的洗钱与恐怖融资风险而进行监管。至少应当要求提供资金或价值转移或货币兑换服务的金融机构进行许可或注册，并须受到有效监测，以确保符合国家反洗钱与反恐怖融资合规要求。

27. 监管机构的权力（原建议 29）

监管机构应当拥有足够的权力，监督、监测包括检查金融机构，确保金融机构遵守打击洗钱和恐怖融资的要求。监管机构应当有权要求金融机构提交所有与合规监管相关的信息，并有权按照建议 35 要求，对不遵守要求的行为进行处罚。监管机构应当有实施一系列惩戒和经济处罚的权力，包括吊销执照、限制或中止金融机构业务的权力。

28. 对特定非金融行业和职业的监管（原建议 24）*

对特定非金融行业和职业，应当采取下列监督管理措施：

（a）对赌博业应当采取全面的监督管理制度，确保其有效实施必要的反洗钱与反恐怖融资措施。至少应做到：

- ○ 赌场应当经过许可；
- ○ 主管部门应当采取适当的法律或监管措施，防止犯罪分子或同伙持有重要或多数股权，或成为重要或多数股权的受益所有人，或担任管理职务，或成为运营者；
- ○ 主管部门应当确保赌场受到有效的反洗钱与反恐怖融资监管。

（b）各国应当根据行业和职业风险敏感性，对其他类型的特定非金融行业和职业建立有效的监测体系，并确保其符合反洗钱与反恐怖融资合规要求。监测可由：（a）监管机构执行；（b）如行业自律机构能确保其成员履行反洗钱与反恐怖融资义务，也可由适当的行业自律机构执行。

监管机构或行业自律机构还应该：（a）采取必要措施，防止犯罪分子及其同伙获得专业认证，或持有重要或多数股权，或成为重要或多数股权的受益所有人，或担任管理职务，例如通过"适宜和恰当"测试来评价人员；（b）如未遵守反洗钱与反恐怖融资要求，应按照建议 35 要求，实施有效、适当和劝诫性的处罚。

操作与执法措施

29. 金融情报中心（原建议 26）*

各国应当建立金融情报中心（FIU），作为全国性中心，负责接受和分析：（a）可疑交易报告；（b）其他洗钱、相关上游犯罪和恐怖融资相关的信息，并负责分发分析结果。金

融情报中心应当能够从报告实体获取额外信息,并能够及时获得其恰当履职所需要的金融、管理和执法信息。

30. 执法和调查部门职责(原建议27)*

各国应当确保赋予指定的执法部门在国家反洗钱与反恐怖融资政策框架内调查洗钱和恐怖融资的职责。至少在所有主要涉及产生收益的犯罪案件中,这些被指定的执法部门应主动开展并行的金融调查,以追查洗钱、恐怖融资或上游犯罪。调查范围应当包括上游犯罪发生在执法部门所属司法辖区以外的案件。各国应当确保主管部门有责任立即识别、追踪并采取行动冻结和扣押应被没收资产,或可能属于没收范围的资产,或被怀疑为犯罪所得的资产。各国还应当在必要时利用专门从事金融或资产调查的常设或临时性多领域专家小组来开展调查。各国应当确保必要时能够与其他国家相应主管部门开展合作调查。

31. 执法和调查部门权力(原建议28)

在对洗钱、相关上游犯罪和恐怖融资调查的过程中,主管部门应当拥有为实施调查、起诉和相关行动获取所有必要文件和信息的权力。这些权力应包括采取强制措施从金融机构、特定非金融行业和职业、其他法人或自然人获取相关记录,搜查个人和场所,采集证人证言以及搜集证据。

各国应当确保主管部门有能力运用一系列适用于洗钱、相关上游犯罪和恐怖融资的调查方法。这些调查方法包括:卧底行动、通信窃听、侵入计算机系统和控制下交付。此外,各国还应当建立有效机制,以及时确定是否是自然人或法人持有或控制账户。各国还应当建立相应机制,确保主管部门拥有在不预先告知所有人的情况下,对资产进行识别的程序。在针对洗钱、相关上游犯罪和恐怖融资开展调查时,主管部门应当能够要求金融情报中心提供所有相关信息。

32. 现金跨境运送(原特别建议IX)*

各国应当采取措施,包括通过申报和/或披露制度,发现现金和不记名可转让金融工具的跨境携带活动。

如果怀疑现金或不记名可转让金融工具与恐怖融资、洗钱或上游犯罪有关,或者查出属于虚假申报或披露,各国应当确保主管部门拥有阻止或限制这些现金或不记名可转让金融工具跨境携带的法定权力。

各国应当确保能对虚假申报或披露的个人采取有效、适当和劝诫性的处罚措施。对查处的与恐怖融资、洗钱或上游犯罪有关的现金或不记名可转让金融工具,各国应当采取措施,包括建议4规定的法律措施,没收相关现金或不记名可转让金融工具。

一般要求

33. 数据统计(原建议32)

各国应当保存与本国反洗钱与反恐怖融资体系有效性相关的全面数据。其中应包括接受与分发的可疑交易报告数据,洗钱与恐怖融资调查数据,起诉与判决数据,资产冻结、扣押和没收数据,以及双边司法协助或其他国际合作请求的数据。

34. 指引与反馈(原建议25)

主管部门、监管机构和行业自律组织应当制定指引并提供反馈,以帮助金融机构和特定非金融行业和职业落实国家有关打击洗钱和恐怖融资的措施,特别是发现和报告可疑交易。

处罚

35. 处罚(原建议 17)

各国应当确保对建议 6 和建议 8—23 中涵盖的、未能遵守反洗钱与反恐怖融资要求的自然人和法人,实施一系列有效、适当和劝诫性的刑事、民事或行政处罚。处罚应不仅适用于金融机构和特定非金融行业和职业,也应适用于其董事和高级管理人员。

G. 国际合作

36. 国际公约(原建议 35 和特别建议 II)

各国应当立即采取行动,加入并全面实施《维也纳公约》(1988)、《巴勒莫公约》(2000)、《联合国反腐败公约》(2003)和《反恐怖融资公约》(1999)。在适当情况下,鼓励各国批准并实施其他有关国际公约,比如《欧洲理事会打击网络犯罪公约》(2001)、《泛美反恐公约》(2002)、《欧洲理事会关于打击洗钱,调查、扣押和没收犯罪收益及打击恐怖融资公约》(2005)。

37. 双边司法协助(原建议 36、37 和特别建议 V)

在涉及洗钱、相关上游犯罪以及恐怖融资调查、起诉和有关诉讼过程中,各国应当迅速、有效并富有建设性地提供最大可能范围的司法协助。各国还应当具备充分的法律基础以提供协助,并在适当情况下,签订公约、协定或其他机制强化合作。各国尤其:

(a) 不应禁止提供司法协助或者为提供司法协助设置不合理或过分的限制条件。

(b) 应当确保具有明确有效的程序,以及时优先考虑和处理双边司法协助请求。应当通过某一中央机关或现有其他官方机制有效传递和处理这些请求。应当建立一套案件管理系统,以跟踪请求处理的进展情况。

(c) 不应仅以犯罪涉及财政问题为由拒绝执行协助请求。

(d) 不应以法律要求金融机构对客户资料保密为由拒绝执行协助请求。

(e) 对收到的司法协助请求及其所包含的信息,应当按照本国法律基本原则的要求进行保密,以保护调查不受干扰。如果被请求国无法遵守保密要求,应当及时告知请求国。

如果协助不涉及强制行动,即使不构成双重犯罪,各国也应当提供司法协助。各国应当考虑采取必要措施,在不构成双重犯罪时,尽可能提供广泛的协助。

如果一国将双重犯罪作为提供协助的必要条件,则不论两国是否将此犯罪纳入同一类罪,或规定为同一罪名,只要两国均将该行为规定为犯罪,即可视为满足该条件。

各国应当确保主管部门拥有建议 31 所要求的权力和调查手段,以及任何其他权力和调查手段:

(a) 所有向金融机构和其他个人获取、搜查和扣押信息、资料或证据(包括财务记录),以及与采取证人证言相关的权力和调查手段;

(b) 范围广泛的其他权力和调查手段。

上述权力和调查手段同样适用于对双边司法协助请求的回应。并且,如不违背本国法律框架,上述权力和调查手段也可适用于外国司法或执法机关向本国对应部门的直接调查请求。

如果被告面临被多国起诉,为避免管辖权的冲突,应当考虑设计和适用相应的机制,在不影响司法公正的情况下选择最佳起诉地点。

各国在发起协助调查请求时,应当尽最大可能提供真实、完整、合法的信息,以帮助协查请求快速有效地处理。如有紧急需求,应当通过快捷方式发送请求。在发送请求前,各国应当尽最大努力了解对方的法律要求和正式手续。

各国应当为负责协助调查的部门(例如:中央机关)提供充足的财政、人力和技术支持。应当采取措施确保这些部门的工作人员在保密、诚信、廉洁、专业等方面具有较高的水准。

38. 双边司法协助:冻结和没收

各国应当确保有权应外国请求采取迅速行动,对清洗的资产、洗钱、上游犯罪及恐怖融资收益、实施或计划用于实施犯罪的工具或同等价值的财产予以识别、冻结、扣押和没收。该权力应该包括接受不以刑事判决为基础的收益没收请求,和其他临时措施基础上做出的请求,除非这与被请求国国内法律基本原则不一致。各国还应当建立管理上述财产、工具或同等价值财产的有效机制;应当做出协调查封和没收资产的制度安排,其中应当包括分享没收资产的安排。

39. 引渡(原建议 39 以及特别建议 1 部分内容)

各国应当无不当延迟、有效和富有建设性地处理与洗钱和恐怖融资相关的引渡请求。各国还应当采取所有可能的措施,确保不为被指控参与恐怖融资、恐怖活动或恐怖组织的个人提供庇护所。各国尤其:

(a) 应当确保洗钱和恐怖融资是可引渡的犯罪行为;

(b) 应当确保拥有及时处理引渡请求的明确、有效程序,包括适当时候优先处理程序,应当设立一套案件管理系统,以跟踪请求的处理进展情况;

(c) 不应当对引渡请求设置不合理或过分严格的条件;

(d) 应当确保建立实施引渡的充分法律框架。

各国应当允许引渡本国国民;如果仅出于国籍原因而拒绝引渡本国国民,则应当应请求国要求将案件无不当延迟地移交本国主管部门,以便对请求中阐明的罪行做出检控。有关当局应当根据本国法律规定的、与处理其他严重犯罪相同的方式做出决定和进行诉讼程序。相关国家应当互相合作,特别是应当在司法程序和证据方面互相配合,确保此类检控的效率。

如果一国将双重犯罪作为引渡的必要条件,则不论两国是否将此犯罪纳入同一类罪,或规定为同一罪名,只要两国均将此行为规定为犯罪,即可视为满足该条件。

在符合本国法律基本原则的情况下,各国应当制定简化的引渡机制,例如,允许在对口部门之间直接提交临时逮捕请求,仅凭逮捕或判决文书便可执行引渡,或在当事人自愿放弃正式引渡时执行简化引渡程序。各国应当为负责引渡的部门提供充分的财政、人力和技术支持。应当采取措施确保这些部门的工作人员在保密、诚信、廉洁、专业等方面具有较高水准。

40. 其他形式的国际合作(原建议 40)*

各国应当确保其主管部门在洗钱、有关上游犯罪和恐怖融资方面能够迅速、有效和富有建设性地提供最广泛的国际合作,不管是自发地还是应别国请求,并且应当具备提供合作的法律基础。各国应当授权其主管部门通过最有效的方式开展合作。如果主管部门需签订谅解备忘录等双边或多边协议或约定,各国则应当及时与最广泛的国外对口部门协商并签订这些协议或约定。

主管部门应当通过明确的渠道或机制有效传递并执行有关信息或其他方面的协助请求。应当制定明确有效的程序,优先并及时处理协助请求,以及保护所接收的信息。

二、中华人民共和国反洗钱法

中华人民共和国主席令(第 56 号)

《中华人民共和国反洗钱法》已由中华人民共和国第十届全国人民代表大会常务委员会第二十四次会议于 2006 年 10 月 31 日通过,现予公布,自 2007 年 1 月 1 日起施行。

中华人民共和国主席　胡锦涛

2006 年 10 月 31 日

目　录

第一章　总　则

第一条　为了预防洗钱活动,维护金融秩序,遏制洗钱犯罪及相关犯罪,制定本法。

第二条　本法所称反洗钱,是指为了预防通过各种方式掩饰、隐瞒毒品犯罪、黑社会性质的组织犯罪、恐怖活动犯罪、走私犯罪、贪污贿赂犯罪、破坏金融管理秩序犯罪、金融诈骗犯罪等犯罪所得及其收益的来源和性质的洗钱活动,依照本法规定采取相关措施的行为。

第三条　在中华人民共和国境内设立的金融机构和按照规定应当履行反洗钱义务的特定非金融机构,应当依法采取预防、监控措施,建立健全客户身份识别制度、客户身份资料和交易记录保存制度、大额交易和可疑交易报告制度,履行反洗钱义务。

第四条　国务院反洗钱行政主管部门负责全国的反洗钱监督管理工作。国务院有关部门、机构在各自的职责范围内履行反洗钱监督管理职责。

国务院反洗钱行政主管部门、国务院有关部门、机构和司法机关在反洗钱工作中应当相互配合。

第五条　对依法履行反洗钱职责或者义务获得的客户身份资料和交易信息,应当予以保密;非依法律规定,不得向任何单位和个人提供。

　　反洗钱行政主管部门和其他依法负有反洗钱监督管理职责的部门、机构履行反洗钱职责获得的客户身份资料和交易信息,只能用于反洗钱行政调查。

　　司法机关依照本法获得的客户身份资料和交易信息,只能用于反洗钱刑事诉讼。

　　第六条　履行反洗钱义务的机构及其工作人员依法提交大额交易和可疑交易报告,受法律保护。

　　第七条　任何单位和个人发现洗钱活动,有权向反洗钱行政主管部门或者公安机关举报。接受举报的机关应当对举报人和举报内容保密。

第二章　反洗钱监督管理

　　第八条　国务院反洗钱行政主管部门组织、协调全国的反洗钱工作,负责反洗钱的资金监测,制定或者会同国务院有关金融监督管理机构制定金融机构反洗钱规章,监督、检查金融机构履行反洗钱义务的情况,在职责范围内调查可疑交易活动,履行法律和国务院规定的有关反洗钱的其他职责。

　　国务院反洗钱行政主管部门的派出机构在国务院反洗钱行政主管部门的授权范围内,对金融机构履行反洗钱义务的情况进行监督、检查。

　　第九条　国务院有关金融监督管理机构参与制定所监督管理的金融机构反洗钱规章,对所监督管理的金融机构提出按照规定建立健全反洗钱内部控制制度的要求,履行法律和国务院规定的有关反洗钱的其他职责。

　　第十条　国务院反洗钱行政主管部门设立反洗钱信息中心,负责大额交易和可疑交易报告的接收、分析,并按照规定向国务院反洗钱行政主管部门报告分析结果,履行国务院反洗钱行政主管部门规定的其他职责。

　　第十一条　国务院反洗钱行政主管部门为履行反洗钱资金监测职责,可以从国务院有关部门、机构获取所必需的信息,国务院有关部门、机构应当提供。

　　国务院反洗钱行政主管部门应当向国务院有关部门、机构定期通报反洗钱工作情况。

　　第十二条　海关发现个人出入境携带的现金、无记名有价证券超过规定金额的,应当及时向反洗钱行政主管部门通报。

　　前款应当通报的金额标准由国务院反洗钱行政主管部门会同海关总署规定。

　　第十三条　反洗钱行政主管部门和其他依法负有反洗钱监督管理职责的部门、机构发现涉嫌洗钱犯罪的交易活动,应当及时向侦查机关报告。

　　第十四条　国务院有关金融监督管理机构审批新设金融机构或者金融机构增设分支机构时,应当审查新机构反洗钱内部控制制度的方案;对于不符合本法规定的设立申请,不予批准。

第三章　金融机构反洗钱义务

　　第十五条　金融机构应当依照本法规定建立健全反洗钱内部控制制度,金融机构的负责人应当对反洗钱内部控制制度的有效实施负责。

　　金融机构应当设立反洗钱专门机构或者指定内设机构负责反洗钱工作。

　　第十六条　金融机构应当按照规定建立客户身份识别制度。

　　金融机构在与客户建立业务关系或者为客户提供规定金额以上的现金汇款、现钞兑换、票据兑付等一次性金融服务时,应当要求客户出示真实有效的身份证件或者其他身份证明文件,进行核对并登记。

客户由他人代理办理业务的,金融机构应当同时对代理人和被代理人的身份证件或者其他身份证明文件进行核对并登记。

与客户建立人身保险、信托等业务关系,合同的受益人不是客户本人的,金融机构还应当对受益人的身份证件或者其他身份证明文件进行核对并登记。

金融机构不得为身份不明的客户提供服务或者与其进行交易,不得为客户开立匿名账户或者假名账户。

金融机构对先前获得的客户身份资料的真实性、有效性或者完整性有疑问的,应当重新识别客户身份。

任何单位和个人在与金融机构建立业务关系或者要求金融机构为其提供一次性金融服务时,都应当提供真实有效的身份证件或者其他身份证明文件。

第十七条　金融机构通过第三方识别客户身份的,应当确保第三方已经采取符合本法要求的客户身份识别措施;第三方未采取符合本法要求的客户身份识别措施的,由该金融机构承担未履行客户身份识别义务的责任。

第十八条　金融机构进行客户身份识别,认为必要时,可以向公安、工商行政管理等部门核实客户的有关身份信息。

第十九条　金融机构应当按照规定建立客户身份资料和交易记录保存制度。

在业务关系存续期间,客户身份资料发生变更的,应当及时更新客户身份资料。

客户身份资料在业务关系结束后、客户交易信息在交易结束后,应当至少保存五年。

金融机构破产和解散时,应当将客户身份资料和客户交易信息移交国务院有关部门指定的机构。

第二十条　金融机构应当按照规定执行大额交易和可疑交易报告制度。

金融机构办理的单笔交易或者在规定期限内的累计交易超过规定金额或者发现可疑交易的,应当及时向反洗钱信息中心报告。

第二十一条　金融机构建立客户身份识别制度、客户身份资料和交易记录保存制度的具体办法,由国务院反洗钱行政主管部门会同国务院有关金融监督管理机构制定。金融机构大额交易和可疑交易报告的具体办法,由国务院反洗钱行政主管部门制定。

第二十二条　金融机构应当按照反洗钱预防、监控制度的要求,开展反洗钱培训和宣传工作。

第四章　反洗钱调查

第二十三条　国务院反洗钱行政主管部门或者其省一级派出机构发现可疑交易活动,需要调查核实的,可以向金融机构进行调查,金融机构应当予以配合,如实提供有关文件和资料。

调查可疑交易活动时,调查人员不得少于二人,并出示合法证件和国务院反洗钱行政主管部门或者其省一级派出机构出具的调查通知书。调查人员少于二人或者未出示合法证件和调查通知书的,金融机构有权拒绝调查。

第二十四条　调查可疑交易活动,可以询问金融机构有关人员,要求其说明情况。

询问应当制作询问笔录。询问笔录应当交被询问人核对。记载有遗漏或者差错的，被询问人可以要求补充或者更正。被询问人确认笔录无误后，应当签名或者盖章；调查人员也应当在笔录上签名。

第二十五条 调查中需要进一步核查的，经国务院反洗钱行政主管部门或者其省一级派出机构的负责人批准，可以查阅、复制被调查对象的账户信息、交易记录和其他有关资料；对可能被转移、隐藏、篡改或者毁损的文件、资料，可以予以封存。

调查人员封存文件、资料，应当会同在场的金融机构工作人员查点清楚，当场开列清单一式二份，由调查人员和在场的金融机构工作人员签名或者盖章，一份交金融机构，一份附卷备查。

第二十六条 经调查仍不能排除洗钱嫌疑的，应当立即向有管辖权的侦查机关报案。客户要求将调查所涉及的账户资金转往境外的，经国务院反洗钱行政主管部门负责人批准，可以采取临时冻结措施。

侦查机关接到报案后，对已依照前款规定临时冻结的资金，应当及时决定是否继续冻结。侦查机关认为需要继续冻结的，依照刑事诉讼法的规定采取冻结措施；认为不需要继续冻结的，应当立即通知国务院反洗钱行政主管部门，国务院反洗钱行政主管部门应当立即通知金融机构解除冻结。

临时冻结不得超过四十八小时。金融机构在按照国务院反洗钱行政主管部门的要求采取临时冻结措施后四十八小时内，未接到侦查机关继续冻结通知的，应当立即解除冻结。

第五章　反洗钱国际合作

第二十七条 中华人民共和国根据缔结或者参加的国际条约，或者按照平等互惠原则，开展反洗钱国际合作。

第二十八条 国务院反洗钱行政主管部门根据国务院授权，代表中国政府与外国政府和有关国际组织开展反洗钱合作，依法与境外反洗钱机构交换与反洗钱有关的信息和资料。

第二十九条 涉及追究洗钱犯罪的司法协助，由司法机关依照有关法律的规定办理。

第六章　法律责任

第三十条 反洗钱行政主管部门和其他依法负有反洗钱监督管理职责的部门、机构从事反洗钱工作的人员有下列行为之一的，依法给予行政处分：

（一）违反规定进行检查、调查或者采取临时冻结措施的；

（二）泄露因反洗钱知悉的国家秘密、商业秘密或者个人隐私的；

（三）违反规定对有关机构和人员实施行政处罚的；

（四）其他不依法履行职责的行为。

第三十一条 金融机构有下列行为之一的，由国务院反洗钱行政主管部门或者其授权的设区的市一级以上派出机构责令限期改正；情节严重的，建议有关金融监督管理机构依法责令金融机构对直接负责的董事、高级管理人员和其他直接责任人员给予纪律处分：

（一）未按照规定建立反洗钱内部控制制度的；

（二）未按照规定设立反洗钱专门机构或者指定内设机构负责反洗钱工作的；

（三）未按照规定对职工进行反洗钱培训的。

第三十二条　金融机构有下列行为之一的,由国务院反洗钱行政主管部门或者其授权的设区的市一级以上派出机构责令限期改正；情节严重的,处二十万元以上五十万元以下罚款,并对直接负责的董事、高级管理人员和其他直接责任人员,处一万元以上五万元以下罚款：

（一）未按照规定履行客户身份识别义务的；

（二）未按照规定保存客户身份资料和交易记录的；

（三）未按照规定报送大额交易报告或者可疑交易报告的；

（四）与身份不明的客户进行交易或者为客户开立匿名账户、假名账户的；

（五）违反保密规定,泄露有关信息的；

（六）拒绝、阻碍反洗钱检查、调查的；

（七）拒绝提供调查材料或者故意提供虚假材料的。

金融机构有前款行为,致使洗钱后果发生的,处五十万元以上五百万元以下罚款,并对直接负责的董事、高级管理人员和其他直接责任人员处五万元以上五十万元以下罚款；情节特别严重的,反洗钱行政主管部门可以建议有关金融监督管理机构责令停业整顿或者吊销其经营许可证。

对有前两款规定情形的金融机构直接负责的董事、高级管理人员和其他直接责任人员,反洗钱行政主管部门可以建议有关金融监督管理机构依法责令金融机构给予纪律处分,或者建议依法取消其任职资格、禁止其从事有关金融行业工作。

第三十三条　违反本法规定,构成犯罪的,依法追究刑事责任。

第七章　附　则

第三十四条　本法所称金融机构,是指依法设立的从事金融业务的政策性银行、商业银行、信用合作社、邮政储汇机构、信托投资公司、证券公司、期货经纪公司、保险公司以及国务院反洗钱行政主管部门确定并公布的从事金融业务的其他机构。

第三十五条　应当履行反洗钱义务的特定非金融机构的范围、其履行反洗钱义务和对其监督管理的具体办法,由国务院反洗钱行政主管部门会同国务院有关部门制定。

第三十六条　对涉嫌恐怖活动资金的监控适用本法；其他法律另有规定的,适用其规定。

第三十七条　本法自 2007 年 1 月 1 日起施行。

三、金融机构大额交易和可疑交易报告管理办法(中国人民银行令〔2016〕第 3 号)

根据《中华人民共和国反洗钱法》、《中华人民共和国中国人民银行法》、《中华人民共和国反恐怖主义法》等法律规定,中国人民银行对《金融机构大额交易和可疑交易报告管理办法》(中国人民银行令〔2006〕第 2 号发布)进行了修订,经 2016 年 12 月 9 日第 9 次行长办公会议通过,现予发布,自 2017 年 7 月 1 日起施行。

行　长　周小川

2016 年 12 月 28 日

金融机构大额交易和可疑交易报告管理办法

第一章　总　则

第一条　为了规范金融机构大额交易和可疑交易报告行为,根据《中华人民共和国反洗钱法》、《中华人民共和国中国人民银行法》、《中华人民共和国反恐怖主义法》等有关法律法规,制定本办法。

第二条　本办法适用于在中华人民共和国境内依法设立的下列金融机构:

(一)政策性银行、商业银行、农村合作银行、农村信用社、村镇银行。

(二)证券公司、期货公司、基金管理公司。

(三)保险公司、保险资产管理公司、保险专业代理公司、保险经纪公司。

(四)信托公司、金融资产管理公司、企业集团财务公司、金融租赁公司、汽车金融公司、消费金融公司、货币经纪公司、贷款公司。

(五)中国人民银行确定并公布的应当履行反洗钱义务的从事金融业务的其他机构。

第三条　金融机构应当履行大额交易和可疑交易报告义务,向中国反洗钱监测分析中心报送大额交易和可疑交易报告,接受中国人民银行及其分支机构的监督、检查。

第四条　金融机构应当通过其总部或者总部指定的一个机构,按本办法规定的路径和方式提交大额交易和可疑交易报告。

第二章　大额交易报告

第五条　金融机构应当报告下列大额交易:

(一)当日单笔或者累计交易人民币5万元以上(含5万元)、外币等值1万美元以上(含1万美元)的现金缴存、现金支取、现金结售汇、现钞兑换、现金汇款、现金票据解付及其他形式的现金收支。

(二)非自然人客户银行账户与其他的银行账户发生当日单笔或者累计交易人民币200万元以上(含200万元)、外币等值20万美元以上(含20万美元)的款项划转。

(三)自然人客户银行账户与其他的银行账户发生当日单笔或者累计交易人民币50万元以上(含50万元)、外币等值10万美元以上(含10万美元)的境内款项划转。

(四)自然人客户银行账户与其他的银行账户发生当日单笔或者累计交易人民币20万元以上(含20万元)、外币等值1万美元以上(含1万美元)的跨境款项划转。

累计交易金额以客户为单位,按资金收入或者支出单边累计计算并报告。中国人民银行另有规定的除外。

中国人民银行根据需要可以调整本条第一款规定的大额交易报告标准。

第六条　对同时符合两项以上大额交易标准的交易,金融机构应当分别提交大额交易报告。

第七条　对符合下列条件之一的大额交易,如未发现交易或行为可疑的,金融机构可以不报告:

(一)定期存款到期后,不直接提取或者划转,而是本金或者本金加全部或者部分利息续存入在同一金融机构开立的同一户名下的另一账户。

活期存款的本金或者本金加全部或者部分利息转为在同一金融机构开立的同一户名下的另一账户内的定期存款。

定期存款的本金或者本金加全部或者部分利息转为在同一金融机构开立的同一户名下的另一账户内的活期存款。

（二）自然人实盘外汇买卖交易过程中不同外币币种间的转换。

（三）交易一方为各级党的机关、国家权力机关、行政机关、司法机关、军事机关、人民政协机关和人民解放军、武警部队，但不包含其下属的各类企事业单位。

（四）金融机构同业拆借、在银行间债券市场进行的债券交易。

（五）金融机构在黄金交易所进行的黄金交易。

（六）金融机构内部调拨资金。

（七）国际金融组织和外国政府贷款转贷业务项下的交易。

（八）国际金融组织和外国政府贷款项下的债务掉期交易。

（九）政策性银行、商业银行、农村合作银行、农村信用社、村镇银行办理的税收、错账冲正、利息支付。

（十）中国人民银行确定的其他情形。

第八条　金融机构应当在大额交易发生之日起 5 个工作日内以电子方式提交大额交易报告。

第九条　下列金融机构与客户进行金融交易并通过银行账户划转款项的，由银行机构按照本办法规定提交大额交易报告：

（一）证券公司、期货公司、基金管理公司。

（二）保险公司、保险资产管理公司、保险专业代理公司、保险经纪公司。

（三）信托公司、金融资产管理公司、企业集团财务公司、金融租赁公司、汽车金融公司、消费金融公司、货币经纪公司、贷款公司。

第十条　客户通过在境内金融机构开立的账户或者境内银行卡所发生的大额交易，由开立账户的金融机构或者发卡银行报告；客户通过境外银行卡所发生的大额交易，由收单机构报告；客户不通过账户或者银行卡发生的大额交易，由办理业务的金融机构报告。

第三章　可疑交易报告

第十一条　金融机构发现或者有合理理由怀疑客户、客户的资金或者其他资产、客户的交易或者试图进行的交易与洗钱、恐怖融资等犯罪活动相关的，不论所涉资金金额或者资产价值大小，应当提交可疑交易报告。

第十二条　金融机构应当制定本机构的交易监测标准，并对其有效性负责。交易监测标准包括并不限于客户的身份、行为，交易的资金来源、金额、频率、流向、性质等存在异常的情形，并应当参考以下因素：

（一）中国人民银行及其分支机构发布的反洗钱、反恐怖融资规定及指引、风险提示、洗钱类型分析报告和风险评估报告。

（二）公安机关、司法机关发布的犯罪形势分析、风险提示、犯罪类型报告和工作报告。

（三）本机构的资产规模、地域分布、业务特点、客户群体、交易特征，洗钱和恐怖融资风险评估结论。

（四）中国人民银行及其分支机构出具的反洗钱监管意见。

（五）中国人民银行要求关注的其他因素。

第十三条 金融机构应当定期对交易监测标准进行评估，并根据评估结果完善交易监测标准。如发生突发情况或者应当关注的情况的，金融机构应当及时评估和完善交易监测标准。

第十四条 金融机构应当对通过交易监测标准筛选出的交易进行人工分析、识别，并记录分析过程；不作为可疑交易报告的，应当记录分析排除的合理理由；确认为可疑交易的，应当在可疑交易报告理由中完整记录对客户身份特征、交易特征或行为特征的分析过程。

第十五条① 金融机构应当在按本机构可疑交易报告内部操作规程确认为可疑交易后，及时以电子方式提交可疑交易报告，最迟不超过 5 个工作日。

第十六条 既属于大额交易又属于可疑交易的交易，金融机构应当分别提交大额交易报告和可疑交易报告。

第十七条 可疑交易符合下列情形之一的，金融机构应当在向中国反洗钱监测分析中心提交可疑交易报告的同时，以电子形式或书面形式向所在地中国人民银行或者其分支机构报告，并配合反洗钱调查：

（一）明显涉嫌洗钱、恐怖融资等犯罪活动的。

（二）严重危害国家安全或者影响社会稳定的。

（三）其他情节严重或者情况紧急的情形。

第十八条 金融机构应当对下列恐怖活动组织及恐怖活动人员名单开展实时监测，有合理理由怀疑客户或者其交易对手、资金或者其他资产与名单相关的，应当在立即向中国反洗钱监测分析中心提交可疑交易报告的同时，以电子形式或书面形式向所在地中国人民银行或者其分支机构报告，并按照相关主管部门的要求依法采取措施。

（一）中国政府发布的或者要求执行的恐怖活动组织及恐怖活动人员名单。

（二）联合国安理会决议中所列的恐怖活动组织及恐怖活动人员名单。

（三）中国人民银行要求关注的其他涉嫌恐怖活动的组织及人员名单。

恐怖活动组织及恐怖活动人员名单调整的，金融机构应当立即开展回溯性调查，并按前款规定提交可疑交易报告。

法律、行政法规、规章对上述名单的监控另有规定的，从其规定。

第四章　内部管理措施

第十九条 金融机构应当根据本办法制定大额交易和可疑交易报告内部管理制度和操作规程，对本机构的大额交易和可疑交易报告工作做出统一要求，并对分支机构、附属机构大额交易和可疑交易报告制度的执行情况进行监督管理。

金融机构应当将大额交易和可疑交易报告制度向中国人民银行或其总部所在地的中

---

① 2018 年 7 月 26 日，中国人民银行正式发布中国人民银行令〔2018〕第 2 号《关于修改〈金融机构大额交易和可疑交易报告管理办法〉的决定》。该《决定》将此第十五条修改为："金融机构应当在按本机构可疑交易报告内部操作规程确认为可疑交易后，及时以电子方式提交可疑交易报告。"

国人民银行分支机构报备。

第二十条 金融机构应当设立专职的反洗钱岗位,配备专职人员负责大额交易和可疑交易报告工作,并提供必要的资源保障和信息支持。

第二十一条 金融机构应当建立健全大额交易和可疑交易监测系统,以客户为基本单位开展资金交易的监测分析,全面、完整、准确地采集各业务系统的客户身份信息和交易信息,保障大额交易和可疑交易监测分析的数据需求。

第二十二条 金融机构应当按照完整准确、安全保密的原则,将大额交易和可疑交易报告、反映交易分析和内部处理情况的工作记录等资料自生成之日起至少保存5年。

保存的信息资料涉及正在被反洗钱调查的可疑交易活动,且反洗钱调查工作在前款规定的最低保存期届满时仍未结束的,金融机构应将其保存至反洗钱调查工作结束。

第二十三条 金融机构及其工作人员应当对依法履行大额交易和可疑交易报告义务获得的客户身份资料和交易信息,对依法监测、分析、报告可疑交易的有关情况予以保密,不得违反规定向任何单位和个人提供。

第五章 法律责任

第二十四条 金融机构违反本办法的,由中国人民银行或者其地市中心支行以上分支机构按照《中华人民共和国反洗钱法》第三十一条、第三十二条的规定予以处罚。

第六章 附 则

第二十五条 非银行支付机构、从事汇兑业务和基金销售业务的机构报告大额交易和可疑交易适用本办法。银行卡清算机构、资金清算中心等从事清算业务的机构应当按照中国人民银行有关规定开展交易监测分析、报告工作。

本办法所称非银行支付机构,是指根据《非金融机构支付服务管理办法》(中国人民银行令〔2010〕第2号发布)规定取得《支付业务许可证》的支付机构。

本办法所称资金清算中心,包括城市商业银行资金清算中心、农信银资金清算中心有限责任公司及中国人民银行确定的其他资金清算中心。

第二十六条 本办法所称非自然人,包括法人、其他组织和个体工商户。

第二十七条 金融机构应当按照本办法所附的大额交易和可疑交易报告要素要求(要素内容见附件),制作大额交易报告和可疑交易报告的电子文件。具体的报告格式和填报要求由中国人民银行另行规定。

第二十八条 中国反洗钱监测分析中心发现金融机构报送的大额交易报告或者可疑交易报告内容要素不全或者存在错误的,可以向提交报告的金融机构发出补正通知,金融机构应当在接到补正通知之日起5个工作日内补正。

第二十九条 本办法由中国人民银行负责解释。

第三十条 本办法自2017年7月1日起施行。中国人民银行2006年11月14日发布的《金融机构大额交易和可疑交易报告管理办法》(中国人民银行令〔2006〕第2号)和2007年6月11日发布的《金融机构报告涉嫌恐怖融资的可疑交易管理办法》(中国人民银行令〔2007〕第1号)同时废止。中国人民银行此前发布的大额交易和可疑交易报告的其他规定,与本办法不一致的,以本办法为准。

四、联合国反腐败公约

序言

本公约缔约国，关注腐败对社会稳定与安全所造成的问题和构成的威胁的严重性，它破坏民主体制和价值观、道德观和正义并危害着可持续发展和法治，

并关注腐败同其他形式的犯罪特别是同有组织犯罪和包括洗钱在内的经济犯罪的联系，

还关注涉及巨额资产的腐败案件，这类资产可能占国家资源的很大比例，并对这些国家的政治稳定和可持续发展构成威胁，

确信腐败已经不再是局部问题，而是一种影响所有社会和经济的跨国现象，因此，开展国际合作预防和控制腐败是至关重要的，

并确信需要为有效地预防和打击腐败采取综合性的、多学科的办法，

还确信提供技术援助可以在增强国家有效预防和打击腐败的能力方面发挥重要的作用，其中包括通过加强能力和通过机构建设，

确信非法获得个人财富特别会对民主体制、国民经济和法治造成损害，

决心更加有效地预防、查出和制止非法获得的资产的国际转移，并加强资产追回方面的国际合作，

承认在刑事诉讼程序和判决财产权的民事或者行政诉讼程序中遵守正当法律程序的基本原则，

铭记预防和根除腐败是所有各国的责任，而且各国应当相互合作，同时应当有公共部门以外的个人和团体的支持和参与，例如民间社会、非政府组织和社区组织的支持和参与，只有这样，这方面的工作才能行之有效，

还铭记公共事务和公共财产妥善管理、公平、尽责和法律面前平等各项原则以及维护廉正和提倡拒腐风气的必要性，

赞扬预防犯罪和刑事司法委员会和联合国毒品和犯罪问题办事处在预防和打击腐败方面的工作，

回顾其他国际和区域组织在这一领域开展的工作，包括非洲联盟、欧洲委员会、海关合作理事会（又称世界海关组织）、欧洲联盟、阿拉伯国家联盟、经济合作与发展组织和美洲国家组织所开展的活动，

赞赏地注意到关于预防和打击腐败的各种文书，其中包括：美洲国家组织于 1996 年 3 月 29 日通过的《美洲反腐败公约》（见 E/1996/99）、欧洲联盟理事会于 1997 年 5 月 26 日通过的《打击涉及欧洲共同体官员或欧洲联盟成员国官员的腐败行为公约》《欧洲共同体官方公报》（C 195, 1997 年 6 月 25 日）、经济合作与发展组织于 1997 年 11 月 21 日通过的《禁止在国际商业交易中贿赂外国公职人员公约》（见《发展中国家的反腐倡廉举措》联合国出版物，出售品编号：E.98.III.B.18）、欧洲委员会部长委员会于 1999 年 1 月 27 日通过的《反腐败刑法公约》（欧洲委员会《欧洲条约集》第 173 号）、欧洲委员会部长委员会于 1999 年 11 月 4 日通过的《反腐败民法公约》（同上，第 174 号）和非洲联盟国家和政府首脑于 2003 年 7 月 12 日通过的《非洲联盟预防和打击腐败公约》，

欢迎《联合国打击跨国有组织犯罪公约》于 2003 年 9 月 29 日生效（大会第 55/25 号决议，附件一），

一致议定如下：

第一章　总则

第一条　宗旨声明

本公约的宗旨是：

（一）促进和加强各项措施，以便更加高效而有力地预防和打击腐败；

（二）促进、便利和支持预防和打击腐败方面的国际合作和技术援助，包括在资产追回方面；

（三）提倡廉正、问责制和对公共事务和公共财产的妥善管理。

第二条　术语的使用

在本公约中：

（一）"公职人员"系指：1. 无论是经任命还是经选举而在缔约国中担任立法、行政、行政管理或者司法职务的任何人员，无论长期或者临时，计酬或者不计酬，也无论该人的资历如何；2. 依照缔约国本国法律的定义和在该缔约国相关法律领域中的适用情况，履行公共职能，包括为公共机构或者公营企业履行公共职能或者提供公共服务的任何其他人员；3. 缔约国本国法律中界定为"公职人员"的任何其他人员。但就本公约第二章所载某些具体措施而言，"公职人员"可以指依照缔约国本国法律的定义和在该缔约国相关法律领域中的适用情况，履行公共职能或者提供公共服务的任何人员；

（二）"外国公职人员"系指外国无论是经任命还是经选举而担任立法、行政、行政管理或者司法职务的任何人员；以及为外国，包括为公共机构或者公营企业行使公共职能的任何人员；

（三）"国际公共组织官员"系指国际公务员或者经此种组织授权代表该组织行事的任何人员；

（四）"财产"系指各种资产，不论是物质的还是非物质的、动产还是不动产、有形的还是无形的，以及证明对这种资产的产权或者权益的法律文件或者文书；

（五）"犯罪所得"系指通过实施犯罪而直接或间接产生或者获得的任何财产；

（六）"冻结"或者"扣押"系指依照法院或者其他主管机关的命令暂时禁止财产转移、转换、处分或者移动或者对财产实行暂时性扣留或者控制；

（七）"没收"，在适用情况下还包括充公，系指根据法院或者其他主管机关的命令对财产实行永久剥夺；

（八）"上游犯罪"系指由其产生的所得可能成为本公约第二十三条所定义的犯罪的对象的任何犯罪；

（九）"控制下交付"系指在主管机关知情并由其监控的情况下允许非法或可疑货物运出、通过或者运入一国或多国领域的做法，其目的在于侦查某项犯罪并查明参与该项犯罪的人员。

第三条　适用范围

一、本公约应当根据其规定适用于对腐败的预防、侦查和起诉以及根据本公约确立的犯罪的所得的冻结、扣押、没收和返还。

二、为执行本公约的目的,除非另有规定,本公约中所列犯罪不一定非要对国家财产造成损害或者侵害。

第四条　保护主权

一、缔约国在履行其根据本公约所承担的义务时,应当恪守各国主权平等和领土完整原则以及不干涉他国内政原则。

二、本公约任何规定概不赋予缔约国在另一国领域内行使管辖权和履行该另一国本国法律规定的专属于该国机关的职能的权利。

第二章　预防措施

第五条　预防性反腐败政策和做法

一、各缔约国均应当根据本国法律制度的基本原则,制定和执行或者坚持有效而协调的反腐败政策,这些政策应当促进社会参与,并体现法治、妥善管理公共事务和公共财产、廉正、透明度和问责制的原则。

二、各缔约国均应当努力制订和促进各种预防腐败的有效做法。

三、各缔约国均应当努力定期评估有关法律文书和行政措施,以确定其能否有效预防和打击腐败。

四、缔约国均应当根据本国法律制度的基本原则,酌情彼此协作并同有关国际组织和区域组织协作,以促进和制订本条所述措施。这种协作可以包括参与各种预防腐败的国际方案和项目。

第六条　预防性反腐败机构

一、各缔约国均应当根据本国法律制度的基本原则,确保设有一个或酌情设有多个机构通过诸如下列措施预防腐败:

(一)实施本公约第五条所述政策,并在适当情况下对这些政策的实施进行监督和协调;

(二)积累和传播预防腐败的知识。

二、各缔约国均应当根据本国法律制度的基本原则,赋予本条第一款所述机构必要的独立性,使其能够有效地履行职能和免受任何不正当的影响。各缔约国均应当提供必要的物资和专职工作人员,并为这些工作人员履行职能提供必要的培训。

三、各缔约国均应当将可以协助其他缔约国制订和实施具体的预防腐败措施的机关的名称和地址通知联合国秘书长。

第七条　公共部门

一、各缔约国均应当根据本国法律制度的基本原则,酌情努力采用、维持和加强公务员和适当情况下其他非选举产生公职人员的招聘、雇用、留用、晋升和退休制度,这种制度:

(一)以效率原则、透明度原则和特长、公正和才能等客观标准原则为基础;

(二)对于担任特别容易发生腐败的公共职位的人员,设有适当的甄选和培训程序以及酌情对这类人员实行轮岗的适当程序；

（三）促进充分的报酬和公平的薪资标准，同时考虑到缔约国的经济发展水平；

（四）促进对人员的教育和培训方案，以使其能够达到正确、诚实和妥善履行公务的要求，并为其提供适当的专门培训，以提高其对履行其职能过程中所隐含的腐败风险的认识。这种方案可以参照适当领域的行为守则或者准则。

二、各缔约国均应当考虑采取与本公约的目的相一致并与本国法律的基本原则相符的适当立法和行政措施，就公职的人选资格和当选的标准作出规定。

三、各缔约国还应当考虑采取与本公约的目的相一致并与本国法律的基本原则相符的适当立法和行政措施，以提高公职竞选候选人经费筹措及适当情况下的政党经费筹措的透明度。

四、各缔约国均应当根据本国法律的基本原则，努力采用、维持和加强促进透明度和防止利益冲突的制度。

第八条　公职人员行为守则

一、为了打击腐败，各缔约国均应当根据本国法律制度的基本原则，在本国公职人员中特别提倡廉正、诚实和尽责。

二、各缔约国均尤其应当努力在本国的体制和法律制度范围内适用正确、诚实和妥善履行公务的行为守则或者标准。

三、为执行本条的各项规定，各缔约国均应当根据本国法律制度的基本原则，酌情考虑到区域内、区域间或者多边组织的有关举措，例如大会 1996 年 12 月 12 日第 51/59 号决议附件所载《公职人员国际行为守则》。

四、各缔约国还应当根据本国法律的基本原则，考虑制定措施和建立制度，以便于公职人员在履行公务过程中发现腐败行为时向有关部门举报。

五、各缔约国均应当根据本国法律的基本原则，酌情努力制订措施和建立制度，要求公职人员特别就可能与其公职人员的职能发生利益冲突的职务外活动、任职、投资、资产以及贵重馈赠或者重大利益向有关机关申报。

六、各缔约国均应当考虑根据本国法律的基本原则，对违反依照本条确定的守则或者标准的公职人员采取纪律措施或者其他措施。

第九条　公共采购和公共财政管理

一、各缔约国均应当根据本国法律制度的基本原则采取必要步骤，建立对预防腐败特别有效的以透明度、竞争和按客观标准决定为基础的适当的采购制度。这类制度可以在适用时考虑到适当的最低限值，所涉及的方面应当包括：

（一）公开分发关于采购程序及合同的资料，包括招标的资料与授标相关的资料，使潜在投标人有充分时间准备和提交标书；

（二）事先确定参加的条件，包括甄选和投标标准以及投标规则，并予以公布；

（三）采用客观和事先确定的标准作出公共采购决定，以便于随后核查各项规则或者程序是否得到正确适用；

（四）建立有效的国内复审制度，包括有效的申诉制度，以确保在依照本款制定的规则未得到遵守时可以诉诸法律和进行法律救济；

（五）酌情采取措施，规范采购的负责人员的相关事项，例如特定公共采购中的利益关系申明、筛选程序和培训要求。

二、各缔约国均应当根据本国法律制度的基本原则采取适当措施，促进公共财政管理的透明度和问责制。这些措施应当包括下列方面：

（一）国家预算的通过程序；

（二）按时报告收入和支出情况；

（三）由会计和审计标准及有关监督构成的制度；

（四）迅速而有效的风险管理和内部控制制度；

（五）在本款规定的要求未得到遵守时酌情加以纠正。

三、各缔约国均应当根据本国法律的基本原则，采取必要的民事和行政措施，以维持与公共开支和财政收入有关的账簿、记录、财务报表或者其他文件完整无缺，并防止在这类文件上作假。

第十条　公共报告

考虑到反腐败的必要性，各缔约国均应当根据本国法律的基本原则采取必要的措施，提高公共行政部门的透明度，包括酌情在其组织结构、运作和决策过程方面提高透明度。这些措施可以包括下列各项：

（一）施行各种程序或者条例，酌情使公众了解公共行政部门的组织结构、运作和决策过程，并在对保护隐私和个人资料给予应有考虑的情况下，使公众了解与其有关的决定和法规；

（二）酌情简化行政程序，以便于公众与主管决策机关联系；

（三）公布资料，其中可以包括公共行政部门腐败风险问题定期报告。

第十一条　与审判和检察机关有关的措施

一、考虑到审判机关独立和审判机关在反腐败方面的关键作用，各缔约国均应当根据本国法律制度的基本原则并在不影响审判独立的情况下，采取措施加强审判机关人员的廉正，并防止出现腐败机会。这类措施可以包括关于审判机关人员行为的规则。

二、缔约国中不属于审判机关但具有类似于审判机关独立性的检察机关，可以实行和适用与依照本条第一款所采取的具有相同效力的措施。

第十二条　私营部门

一、各缔约国均应当根据本国法律的基本原则采取措施，防止涉及私营部门的腐败，加强私营部门的会计和审计标准，并酌情对不遵守措施的行为规定有效、适度而且具有警戒性的民事、行政或者刑事处罚。

二、为达到这些目的而采取的措施可以包括下列内容：

（一）促进执法机构与有关私营实体之间的合作；

（二）促进制定各种旨在维护有关私营实体操守的标准和程序，其中既包括正确、诚实和妥善从事商业活动和所有相关职业活动并防止利益冲突的行为守则，也包括在企业之间以及企业与国家的合同关系中促进良好商业惯例的采用的行为守则；

（三）增进私营实体透明度，包括酌情采取措施鉴定参与公司的设立和管理的法人和自然人的身份；

（四）防止滥用对私营实体的管理程序,包括公共机关对商业活动给予补贴和颁发许可证的程序;

（五）在合理的期限内,对原公职人员的职业活动或者对公职人员辞职或者退休后在私营部门的任职进行适当的限制,以防止利益冲突,只要这种活动或者任职同这些公职人员任期内曾经担任或者监管的职能直接有关;

（六）确保私营企业根据其结构和规模实行有助于预防和发现腐败的充分内部审计控制,并确保这种私营企业的账目和必要的财务报表符合适当的审计和核证程序。

三、为了预防腐败,各缔约国均应当根据本国关于账簿和记录保存、财务报表披露以及会计和审计标准的法律法规采取必要措施,禁止为实施根据本公约确立的任何犯罪而从事下列行为:

（一）设立账外账户;

（二）进行账外交易或者账实不符的交易;

（三）虚列支出;

（四）登录负债账目时谎报用途;

（五）使用虚假单据;

（六）故意在法律规定的期限前销毁账簿。

四、鉴于贿赂是依照本公约第十五条和第十六条确立的犯罪构成要素之一,各缔约国均应当拒绝对贿赂构成的费用实行税款扣减,并在适用情况下拒绝对促成腐败行为所支付的其他费用实行税款扣减。

第十三条　社会参与

一、各缔约国均应当根据本国法律的基本原则在其力所能及的范围内采取适当措施,推动公共部门以外的个人和团体,例如民间团体、非政府组织和社区组织等,积极参与预防和打击腐败,并提高公众对腐败的存在、根源、严重性及其所构成的威胁的认识。这种参与应当通过下列措施予以加强:

（一）提高决策过程的透明度,并促进公众在决策过程中发挥作用;

（二）确保公众有获得信息的有效渠道;

（三）开展有助于不容忍腐败的公众宣传活动,以及包括中小学和大学课程在内的公共教育方案;

（四）尊重、促进和保护有关腐败的信息的查找、接收、公布和传播的自由。这种自由可以受到某些限制,但是这种限制应当仅限于法律有规定而且也有必要的下列情形:

1. 尊重他人的权利或者名誉;

2. 维护国家安全或公共秩序,或者维护公共卫生或公共道德。

二、各缔约国均应当采取适当的措施,确保公众知悉本公约提到的相关的反腐败机构,并应当酌情提供途径,以便以包括匿名举报在内的方式向这些机构举报可能被视为构成根据本公约确立的犯罪的事件。

第十四条　预防洗钱的措施

一、各缔约国均应当:

（一）在其权限范围内,对银行和非银行金融机构,包括对办理资金或者价值转移正规或非正规业务的自然人或者法人,并在适当情况下对特别易于涉及洗钱的其他机构,建立全面的国内管理和监督制度,以便遏制并监测各种形式的洗钱,这种制度应当着重就验证客户身份和视情况验证实际受益人身份、保持记录和报告可疑交易作出规定;

(二)在不影响本公约第四十六条的情况下,确保行政、管理、执法和专门打击洗钱的其他机关(在本国法律许可时可以包括司法机关)能够根据本国法律规定的条件,在国家和国际一级开展合作和交换信息,并应当为此目的考虑建立金融情报机构,作为国家中心收集、分析和传递关于潜在洗钱活动的信息。

二、缔约国应当考虑实施可行的措施,监测和跟踪现金和有关流通票据跨境转移的情况,但必须有保障措施,以确保信息的正当使用而且不致以任何方式妨碍合法资本的移动。这类措施可以包括要求个人和企业报告大额现金和有关流通票据的跨境转移。

三、缔约国应当考虑实施适当而可行的措施,要求包括汇款业务机构在内的金融机构:

(一)在电子资金划拨单和相关电文中列入关于发端人的准确而有用的信息;

(二)在整个支付过程中保留这种信息;

(三)对发端人信息不完整的资金转移加强审查。

四、吁请缔约国在建立本条所规定的国内管理和监督制度时,在不影响本公约其他任何条款的情况下将区域、区域间和多边组织的有关反洗钱举措作为指南。

五、缔约国应当努力为打击洗钱而在司法机关、执法机关和金融监管机关之间开展和促进全球、区域、分区域及双边合作。

第三章　定罪和执法

第十五条　贿赂本国公职人员

各缔约国均应当采取必要的立法措施和其他措施,将下列故意实施的行为规定为犯罪:

(一)直接或间接向公职人员许诺给予、提议给予或者实际给予该公职人员本人或者其他人员或实体不正当好处,以使该公职人员在执行公务时作为或者不作为;

(二)公职人员为其本人或者其他人员或实体直接或间接索取或者收受不正当好处,以作为其在执行公务时作为或者不作为的条件。

第十六条　贿赂外国公职人员或者国际公共组织官员

一、各缔约国均应当采取必要的立法和其他措施,将下述故意实施的行为规定为犯罪:直接或间接向外国公职人员或者国际公共组织官员许诺给予、提议给予或者实际给予该公职人员本人或者其他人员或实体不正当好处,以使该公职人员或者该官员在执行公务时作为或者不作为,以便获得或者保留与进行国际商务有关的商业或者其他不正当好处。

二、各缔约国均应当考虑采取必要的立法和其他措施,将下述故意实施的行为规定为犯罪:外国公职人员或者国际公共组织官员直接或间接为其本人或者其他人员或实体索取或者收受不正当好处,以作为其在执行公务时作为或者不作为的条件。

第十七条　公职人员贪污、挪用或者以其他类似方式侵犯财产

各缔约国均应当采取必要的立法和其他措施,将下述故意实施的行为规定为犯罪:

公职人员为其本人的利益或者其他人员或实体的利益,贪污、挪用或者以其他类似方式侵犯其因职务而受托的任何财产、公共资金、私人资金、公共证券、私人证券或者其他任何贵重物品。

第十八条　影响力交易

各缔约国均应当考虑采取必要的立法和其他措施,将下列故意实施的行为规定为犯罪:

(一)直接或间接向公职人员或者其他任何人员许诺给予、提议给予或者实际给予任何不正当好处,以使其滥用本人的实际影响力或者被认为具有的影响力,为该行为的造意人或者其他任何人从缔约国的行政部门或者公共机关获得不正当好处;

(二)公职人员或者其他任何人员为其本人或者他人直接或间接索取或者收受任何不正当好处,以作为该公职人员或者该其他人员滥用本人的实际影响力或者被认为具有的影响力,从缔约国的行政部门或者公共机关获得任何不正当好处的条件。

第十九条　滥用职权

各缔约国均应当考虑采取必要的立法和其他措施,将下述故意实施的行为规定为犯罪:滥用职权或者地位,即公职人员在履行职务时违反法律,实施或者不实施一项行为,以为其本人或者其他人员或实体获得不正当好处。

第二十条　资产非法增加

在不违背本国宪法和本国法律制度基本原则的情况下,各缔约国均应当考虑采取必要的立法和其他措施,将下述故意实施的行为规定为犯罪:资产非法增加,即公职人员的资产显著增加,而本人无法以其合法收入作出合理解释。

第二十一条　私营部门内的贿赂

各缔约国均应当考虑采取必要的立法和其他措施,将经济、金融或者商业活动过程中下列故意实施的行为规定为犯罪:

(一)直接或间接向以任何身份领导私营部门实体或者为该实体工作的任何人许诺给予、提议给予或者实际给予该人本人或者他人不正当好处,以使该人违背职责作为或者不作为;

(二)以任何身份领导私营部门实体或者为该实体工作的任何人为其本人或者他人直接或间接索取或者收受不正当好处,以作为其违背职责作为或者不作为的条件。

第二十二条　私营部门内的侵吞财产

各缔约国均应当考虑采取必要的立法和其他措施,将经济、金融或者商业活动中下述故意实施的行为规定为犯罪:以任何身份领导私营部门实体或者在该实体中工作的人员侵吞其因职务而受托的任何财产、私人资金、私人证券或者其他任何贵重物品。

第二十三条　对犯罪所得的洗钱行为

一、各缔约国均应当根据本国法律的基本原则采取必要的立法和其他措施,将下列故意实施的行为规定为犯罪:

(一)1.明知财产为犯罪所得,为隐瞒或者掩饰该财产的非法来源,或者为协助任何参与实施上游犯罪者逃避其行为的法律后果而转换或者转移该财产;

2.明知财产为犯罪所得而隐瞒或者掩饰该财产的真实性质、来源、所在地、处分、转移、所有权或者有关的权利。

（二）在符合本国法律制度基本概念的情况下：

1. 在得到财产时，明知其为犯罪所得而仍获取、占有或者使用；

2. 对本条所确立的任何犯罪的参与、协同或者共谋实施、实施未遂以及协助、教唆、便利和参谋实施。

二、为实施或者适用本条第一款：

（一）各缔约国均应当寻求将本条第一款适用于范围最为广泛的上游犯罪；

（二）各缔约国均应当至少将其根据本公约确立的各类犯罪列为上游犯罪；

（三）就上文第（二）项而言，上游犯罪应当包括在有关缔约国管辖范围之内和之外实施的犯罪。但是，如果犯罪发生在一缔约国管辖权范围之外，则只有当该行为根据其发生地所在国法律为犯罪，而且根据实施或者适用本条的缔约国的法律该行为若发生在该国也为犯罪时，才构成上游犯罪；

（四）各缔约国均应当向联合国秘书长提供其实施本条的法律以及这类法律随后的任何修改的副本或说明；

（五）在缔约国本国法律基本原则要求的情况下，可以规定本条第 1 款所列犯罪不适用于实施上游犯罪的人。

第二十四条　窝赃

在不影响本公约第二十三条的规定的情况下，各缔约国均应当考虑采取必要的立法和其他措施，将下述故意实施的行为规定为犯罪：行为所涉及的人员虽未参与根据本公约确立的任何犯罪，但在这些犯罪实施后，明知财产是根据本公约确立的任何犯罪的结果而窝藏或者继续保留这种财产。

第二十五条　妨害司法

各缔约国均应当采取必要的立法措施和其他措施，将下列故意实施的行为规定为犯罪：

（一）在涉及根据本公约确立的犯罪的诉讼中使用暴力、威胁或者恐吓，或者许诺给予、提议给予或者实际给予不正当好处，以诱使提供虚假证言或者干扰证言或证据的提供；

（二）使用暴力、威胁或恐吓，干扰审判或执法人员针对根据本公约所确立的犯罪执行公务。本项规定概不影响缔约国就保护其他类别公职人员进行立法的权利。

第二十六条　法人责任

一、各缔约国均应当采取符合其法律原则的必要措施，确定法人参与根据本公约确立的犯罪应当承担的责任。

二、在不违反缔约国法律原则的情况下，法人责任可以包括刑事责任、民事责任或者行政责任。

三、法人责任不应当影响实施这种犯罪的自然人的刑事责任。

四、各缔约国均应当特别确保使依照本条应当承担责任的法人受到有效、适度而且具有警戒性的刑事或者非刑事制裁，包括金钱制裁。

第二十七条　参与、未遂和中止

一、各缔约国均应当采取必要的立法和其他措施,根据本国法律将以共犯、从犯或者教唆犯等任何身份参与根据本公约确立的犯罪规定为犯罪。

二、各缔约国均可以采取必要的立法和其他措施,根据本国法律将实施根据本公约确立的犯罪的任何未遂和中止规定为犯罪。

三、各缔约国均可以采取必要的立法和其他措施,根据本国法律将为实施根据本公约确立的犯罪进行预备的行为规定为犯罪。

第二十八条　作为犯罪要素的明知、故意或者目的

根据本公约确立的犯罪所需具备的明知、故意或者目的等要素,可以根据客观实际情况予以推定。

第二十九条　时效

各缔约国均应当根据本国法律酌情规定一个较长的时效,以便在此期限内对根据本公约确立的任何犯罪启动诉讼程序,并对被指控犯罪的人员已经逃避司法处置的情形确定更长的时效或者规定不受时效限制。

第三十条　起诉、审判和制裁

一、各缔约国均应当使根据本公约确立的犯罪受到与其严重性相当的制裁。

二、各缔约国均应当根据本国法律制度和宪法原则采取必要措施以建立或者保持这样一种适当的平衡:即既照顾到为公职人员履行其职能所给予的豁免或者司法特权,又照顾到在必要时对根据本公约确立的犯罪进行有效的侦查、起诉和审判的可能性。

三、在因根据本公约确立的犯罪起诉某人而行使本国法律规定的任何法律裁量权时,各缔约国均应当努力确保针对这些犯罪的执法措施取得最大成效,并适当考虑到震慑这种犯罪的必要性。

四、就根据本公约确立的犯罪而言,各缔约国均应当根据本国法律并在适当尊重被告人权利的情况下采取适当措施,力求确保就判决前或者上诉期间释放的裁决所规定的条件已经考虑到确保被告人在其后的刑事诉讼中出庭的需要。

五、各缔约国均应当在考虑已经被判定实施了有关犯罪的人的早释或者假释可能性时,顾及这种犯罪的严重性。

六、各缔约国均应当在符合本国法律制度基本原则的范围内,考虑建立有关程序,使有关部门得以对被指控实施了根据本公约确立的犯罪的公职人员酌情予以撤职、停职或者调职,但应当尊重无罪推定原则。

七、各缔约国均应当在符合本国法律制度基本原则的范围内,根据犯罪的严重性,考虑建立程序,据以通过法院令或者任何其他适当手段,取消被判定实施了根据本公约确立的犯罪的人在本国法律确定的一段期限内担任下列职务的资格:

(一)公职;

(二)完全国有或者部分国有的企业中的职务。

八、本条第一款不妨碍主管机关对公务员行使纪律处分权。

九、本公约的任何规定概不影响下述原则:对于根据本公约确立的犯罪以及适用的法定抗辩事由或者决定行为合法性的其他法律原则,只应当由缔约国本国法律加以阐明,而且对于这种犯罪应当根据缔约国本国法律予以起诉和惩罚。

十、缔约国应当努力促进被判定实施了根据本公约确立的犯罪的人重新融入社会。

第三十一条 冻结、扣押和没收

一、各缔约国均应当在本国法律制度的范围内尽最大可能采取必要的措施，以便能够没收：

（一）来自根据本公约确立的犯罪的犯罪所得或者价值与这种所得相当的财产；

（二）用于或者拟用于根据本公约确立的犯罪的财产、设备或者其他工具。

二、各缔约国均应当采取必要的措施，辨认、追查、冻结或者扣押本条第一款所述任何物品，以便最终予以没收。

三、各缔约国均应当根据本国法律采取必要的立法和其他措施，规范主管机关对本条第一款和第二款中所涉及的冻结、扣押或者没收的财产的管理。

四、如果这类犯罪所得已经部分或者全部转变或者转化为其他财产，则应当以这类财产代替原犯罪所得而对之适用本条所述措施。

五、如果这类犯罪所得已经与从合法来源获得的财产相混合，则应当在不影响冻结权或者扣押权的情况下没收这类财产，没收价值最高可以达到混合于其中的犯罪所得的估计价值。

六、对于来自这类犯罪所得、来自这类犯罪所得转变或者转化而成的财产或者来自已经与这类犯罪所得相混合的财产的收入或者其他利益，也应当适用本条所述措施，其方式和程度与处置犯罪所得相同。

七、为本条和本公约第五十五条的目的，各缔约国均应当使其法院或者其他主管机关有权下令提供或者扣押银行记录、财务记录或者商业记录。缔约国不得以银行保密为理由拒绝根据本款的规定采取行动。

八、缔约国可以考虑要求由罪犯证明这类所指称的犯罪所得或者其他应当予以没收的财产的合法来源，但是此种要求应当符合其本国法律的基本原则以及司法程序和其他程序的性质。

九、不得对本条的规定作损害善意第三人权利的解释。

十、本条的任何规定概不影响其所述各项措施应当根据缔约国法律规定并以其为准加以确定和实施的原则。

第三十二条 保护证人、鉴定人和被害人

一、各缔约国均应当根据本国法律制度并在其力所能及的范围内采取适当的措施，为就根据本公约确立的犯罪作证的证人和鉴定人并酌情为其亲属及其他与其关系密切者提供有效的保护，使其免遭可能的报复或者恐吓。

二、在不影响被告人权利包括正当程序权的情况下，本条第一款所述措施可以包括：

（一）制定为这种人提供人身保护的程序，例如，在必要和可行的情况下将其转移，并在适当情况下允许不披露或者限制披露有关其身份和下落的资料；

（二）规定允许以确保证人和鉴定人安全的方式作证的取证规则，例如允许借助于诸如视听技术之类的通信技术或者其他适当手段提供证言。

三、缔约国应当考虑与其他国家订立有关本条第一款所述人员的移管的协定或者安排。

四、本条各项规定还应当适用于作为证人的被害人。

五、各缔约国均应当在不违背本国法律的情况下，在对罪犯提起刑事诉讼的适当阶段，以不损害被告人权利的方式使被害人的意见和关切得到表达和考虑。

第三十三条　保护举报人

各缔约国均应当考虑在本国法律制度中纳入适当措施，以便对出于合理理由善意向主管机关举报涉及根据本公约确立的犯罪的任何事实的任何人员提供保护，使其不致受到任何不公正的待遇。

第三十四条　腐败行为的后果

各缔约国均应当在适当顾及第三人善意取得的权利的情况下，根据本国法律的基本原则采取措施，消除腐败行为的后果。在这方面，缔约国可以在法律程序中将腐败视为废止或者撤销合同、取消特许权或撤销其他类似文书或者采取其他任何救济行动的相关因素。

第三十五条　损害赔偿

各缔约国均应当根据本国法律的原则采取必要的措施，确保因腐败行为而受到损害的实体或者人员有权为获得赔偿而对该损害的责任者提起法律程序。

第三十六条　专职机关

各缔约国均应当根据本国法律制度的基本原则采取必要的措施，确保设有一个或多个机构或者安排了人员专职负责通过执法打击腐败。这类机构或者人员应当拥有根据缔约国法律制度基本原则而给予的必要独立性，以便能够在不受任何不正当影响的情况下有效履行职能。这类人员或者这类机构的工作人员应当受到适当培训，并应当有适当资源，以便执行任务。

第三十七条　与执法机关的合作

一、各缔约国均应当采取适当措施，鼓励参与或者曾经参与实施根据本公约确立的犯罪的人提供有助于主管机关侦查和取证的信息，并为主管机关提供可能有助于剥夺罪犯的犯罪所得并追回这种所得的实际具体帮助。

二、对于在根据本公约确立的任何犯罪的侦查或者起诉中提供实质性配合的被告人，各缔约国均应当考虑就适当情况下减轻处罚的可能性作出规定。

三、对于在根据本公约确立的犯罪的侦查或者起诉中提供实质性配合的人，各缔约国均应当考虑根据本国法律的基本原则就允许不予起诉的可能性作出规定。

四、本公约第三十二条的规定，应当变通适用于为这类人员提供的保护。

五、如果本条第一款所述的、处于某一缔约国的人员能够给予另一缔约国主管机关以实质性配合，有关缔约国可以考虑根据本国法律订立关于由对方缔约国提供本条第二款和第三款所述待遇的协定或者安排。

第三十八条　国家机关之间的合作

各缔约国均应当采取必要的措施，根据本国法律鼓励公共机关及其公职人员与负责侦查和起诉犯罪的机关之间的合作。这种合作可以包括：

（一）在有合理的理由相信发生了根据本公约第十五条、第二十一条和第二十三条确立的任何犯罪时，主动向上述机关举报；

（二）根据请求向上述机关提供一切必要的信息。

第三十九条 国家机关与私营部门之间的合作

一、各缔约国均应当采取必要的措施，根据本国法律鼓励本国侦查和检察机关与私营部门实体特别是与金融机构之间就根据本公约确立的犯罪的实施所涉的事项进行合作。

二、各缔约国均应当考虑鼓励本国国民以及在其领域内有惯常居所的其他人员向国家侦查和检察机关举报根据本公约确立的犯罪的实施情况。

第四十条 银行保密

各缔约国均应当在对根据本公约确立的犯罪进行国内刑事侦查时，确保本国法律制度中有适当的机制，可以用以克服因银行保密法的适用而可能产生的障碍。

第四十一条 犯罪记录

各缔约国均可以采取必要的立法或者其他措施，按其认为适宜的条件并为其认为适宜的目的，考虑另一国以前对被指控罪犯作出的任何有罪判决，以便在涉及根据本公约确立的犯罪的刑事诉讼中利用这类信息。

第四十二条 管辖权

一、各缔约国均应当在下列情况下采取必要的措施，以确立对根据本公约确立的犯罪的管辖权：

（一）犯罪发生在该缔约国领域内；

（二）犯罪发生在犯罪时悬挂该缔约国国旗的船只上或者已经根据该缔约国法律注册的航空器内。

二、在不违背本公约第四条规定的情况下，缔约国还可以在下列情况下对任何此种犯罪确立其管辖权：

（一）犯罪系针对该缔约国国民；

（二）犯罪系由该缔约国国民或者在其领域内有惯常居所的无国籍人实施；

（三）犯罪系发生在本国领域以外的、根据本公约第二十三条第一款第（二）项第2目确立的犯罪，目的是在其领域内实施本公约第二十三条第一款第（一）项第1目或者第2目或者第（二）项第1目确立的犯罪；

（四）犯罪系针对该缔约国。

三、为了本公约第四十四条的目的，各缔约国均应当采取必要的措施，在被指控罪犯在其领域内而其仅因该人为本国国民而不予引渡时，确立本国对根据本公约确立的犯罪的管辖权。

四、各缔约国还可以采取必要的措施，在被指控罪犯在其领域内而其不引渡该人时确立本国对根据本公约确立的犯罪的管辖权。

五、如果根据本条第一款或者第二款行使管辖权的缔约国被告知或者通过其他途径获悉任何其他缔约国正在对同一行为进行侦查、起诉或者审判程序，这些缔约国的主管机关应当酌情相互磋商，以便协调行动。

六、在不影响一般国际法准则的情况下，本公约不排除缔约国行使其根据本国法律确立的任何刑事管辖权。

第四章　国际合作

第四十三条　国际合作

一、缔约国应当依照本公约第四十四条至第五十条的规定在刑事案件中相互合作。在适当而且符合本国法律制度的情况下,缔约国应当考虑与腐败有关的民事和行政案件调查和诉讼中相互协助。

二、在国际合作事项中,凡将双重犯罪视为一项条件的,如果协助请求中所指的犯罪行为在两个缔约国的法律中均为犯罪,则应当视为这项条件已经得到满足,而不论被请求缔约国和请求缔约国的法律是否将这种犯罪列入相同的犯罪类别或者是否使用相同的术语规定这种犯罪的名称。

第四十四条　引渡

一、当被请求引渡人在被请求缔约国领域内时,本条应当适用于根据本公约确立的犯罪,条件是引渡请求所依据的犯罪是按请求缔约国和被请求缔约国本国法律均应当受到处罚的犯罪。

二、尽管有本条第一款的规定,但缔约国本国法律允许的,可以就本公约所涵盖但依照本国法律不予处罚的任何犯罪准予引渡。

三、如果引渡请求包括几项独立的犯罪,其中至少有一项犯罪可以依照本条规定予以引渡,而其他一些犯罪由于其监禁期的理由而不可以引渡但却与根据本公约确立的犯罪有关,则被请求缔约国也可以对这些犯罪适用本条的规定。

四、本条适用的各项犯罪均应当视为缔约国之间现行任何引渡条约中的可以引渡的犯罪。缔约国承诺将这种犯罪作为可以引渡的犯罪列入它们之间将缔结的每一项引渡条约。在以本公约作为引渡依据时,如果缔约国本国法律允许,根据本公约确立的任何犯罪均不应当视为政治犯罪。

五、以订有条约为引渡条件的缔约国如果接到未与之订有引渡条约的另一缔约国的引渡请求,可以将本公约视为对本条所适用的任何犯罪予以引渡的法律依据。

六、以订有条约为引渡条件的缔约国应当:

(一)在交存本公约批准书、接受书、核准书或者加入书时通知联合国秘书长,说明其是否将把本公约作为与本公约其他缔约国进行引渡合作的法律依据;

(二)如果其不以本公约作为引渡合作的法律依据,则在适当情况下寻求与本公约其他缔约国缔结引渡条约,以执行本条规定。

七、不以订有条约为引渡条件的缔约国应当承认本条所适用的犯罪为它们之间可以相互引渡的犯罪。

八、引渡应当符合被请求缔约国本国法律或者适用的引渡条约所规定的条件,其中包括关于引渡的最低限度刑罚要求和被请求缔约国可以据以拒绝引渡的理由等条件。

九、对于本条所适用的任何犯罪,缔约国应当在符合本国法律的情况下,努力加快引渡程序并简化与之有关的证据要求。

十、被请求缔约国在不违背本国法律及其引渡条约规定的情况下,可以在认定情况必要而且紧迫时,根据请求缔约国的请求,拘留被请求缔约国领域内的被请求引渡人,或者采取其他适当措施,确保该人在进行引渡程序时在场。

十一、如果被指控罪犯被发现在某一缔约国而该国仅以该人为本国国民为理由不就本条所适用的犯罪将其引渡,则该国有义务在寻求引渡的缔约国提出请求时将该案提交本国主管机关以便起诉,而不得有任何不应有的延误。这些机关应当以与根据本国法律针对性质严重的其他任何犯罪所采用的相同方式作出决定和进行诉讼程序。有关缔约国应当相互合作,特别是在程序和证据方面,以确保这类起诉的效率。

十二、如果缔约国本国法律规定,允许引渡或者移交其国民须以该人将被送还本国,按引渡或者移交请求所涉审判、诉讼中作出的判决服刑为条件,而且该缔约国和寻求引渡该人的缔约国也同意这一选择以及可能认为适宜的其他条件,则这种有条件引渡或者移交即足以解除该缔约国根据本条第十一款所承担的义务。

十三、如果为执行判决而提出的引渡请求由于被请求引渡人为被请求缔约国的国民而遭到拒绝,被请求缔约国应当在其本国法律允许并且符合该法律的要求的情况下,根据请求缔约国的请求,考虑执行根据请求缔约国本国法律判处的刑罚或者尚未服满的刑期。

十四、在对任何人就本条所适用的任何犯罪进行诉讼时,应当确保其在诉讼的所有阶段受到公平待遇,包括享有其所在国本国法律所提供的一切权利和保障。

十五、如果被请求缔约国有充分理由认为提出引渡请求是为了以某人的性别、种族、宗教、国籍、族裔或者政治观点为理由对其进行起诉或者处罚,或者按请求执行将使该人的地位因上述任一原因而受到损害,则不得对本公约的任何条款作规定了被请求国引渡义务的解释。

十六、缔约国不得仅以犯罪也被视为涉及财税事项为由而拒绝引渡。

十七、被请求缔约国在拒绝引渡前应当在适当情况下与请求缔约国磋商,以使其有充分机会陈述自己的意见和提供与其陈述有关的资料。

十八、缔约国应当力求缔结双边和多边协定或者安排,以执行引渡或者加强引渡的有效性。

第四十五条　被判刑人的移管

缔约国可以考虑缔结双边或多边协定或者安排,将因实施根据本公约确立的犯罪而被判监禁或者其他形式剥夺自由的人移交其本国服满刑期。

第四十六条　司法协助

一、缔约国应当在对本公约所涵盖的犯罪进行的侦查、起诉和审判程序中相互提供最广泛的司法协助。

二、对于请求缔约国中依照本公约第二十六条可能追究法人责任的犯罪所进行的侦查、起诉和审判程序,应当根据被请求缔约国有关的法律、条约、协定和安排,尽可能充分地提供司法协助。

三、可以为下列任何目的而请求依照本条给予司法协助:

(一)向个人获取证据或者陈述;

(二)送达司法文书;

(三)执行搜查和扣押并实行冻结;

(四)检查物品和场所;

(五)提供资料、物证以及鉴定结论;

（六）提供有关文件和记录的原件或者经核证的副本,其中包括政府、银行、财务、公司或者商业记录;

（七）为取证目的而辨认或者追查犯罪所得、财产、工具或者其他物品;

（八）为有关人员自愿在请求缔约国出庭提供方便;

（九）不违反被请求缔约国本国法律的任何其他形式的协助;

（十）根据本公约第五章的规定辨认、冻结和追查犯罪所得;

（十一）根据本公约第五章的规定追回资产。

四、缔约国主管机关如果认为与刑事事项有关的资料可能有助于另一国主管机关进行或者顺利完成调查和刑事诉讼程序,或者可以促成其根据本公约提出请求,则在不影响本国法律的情况下,可以无须事先请求而向该另一国主管机关提供这类资料。

五、根据本条第四款的规定提供这类资料,不应当影响提供资料的主管机关本国所进行的调查和刑事诉讼程序。接收资料的主管机关应当遵守对资料保密的要求,即使是暂时保密的要求,或者对资料使用的限制。但是,这不应当妨碍接收缔约国在其诉讼中披露可以证明被控告人无罪的资料。在这种情况下,接收缔约国应当在披露前通知提供缔约国,而且如果提供缔约国要求,还应当与其磋商。如果在特殊情况下不可能事先通知,接收缔约国应当毫不迟延地将披露一事通告提供缔约国。

六、本条各项规定概不影响任何其他规范或者将要规范整个或部分司法协助问题的双边或多边条约所规定的义务。

七、如果有关缔约国无司法协助条约的约束,则本条第九款至第二十九款应当适用于根据本条提出的请求。如果有关缔约国有这类条约的约束,则适用条约的相应条款,除非这些缔约国同意代之以适用本条第九款至第二十九款。大力鼓励缔约国在这几款有助于合作时予以适用。

八、缔约国不得以银行保密为理由拒绝提供本条所规定的司法协助。

九、（一）被请求缔约国在并非双重犯罪情况下对于依照本条提出的协助请求作出反应时,应当考虑到第一条所规定的本公约宗旨。

（二）缔约国可以以并非双重犯罪为理由拒绝提供本条所规定的协助。然而,被请求缔约国应当在符合其法律制度基本概念的情况下提供不涉及强制性行动的协助。如果请求所涉事项极为轻微或者寻求合作或协助的事项可以依照本公约其他条款获得,被请求缔约国可以拒绝这类协助。

（三）各缔约国均可以考虑采取必要的措施,以使其能够在并非双重犯罪的情况下提供比本条所规定的更为广泛的协助。

十、在一缔约国领域内被羁押或者服刑的人,如果被要求到另一缔约国进行辨认、作证或者提供其他协助,以便为就与本公约所涵盖的犯罪有关的侦查、起诉或者审判程序取得证据,在满足下列条件的情况下,可以予以移送:

（一）该人在知情后自由表示同意;

（二）双方缔约国主管机关同意,但须符合这些缔约国认为适当的条件。

十一、就本条第十款而言:

（一）该人被移送前往的缔约国应当有权力和义务羁押被移送人,除非移送缔约国另有要求或者授权；

（二）该人被移送前往的缔约国应当毫不迟延地履行义务，按照双方缔约国主管机关事先达成的协议或者其他协议，将该人交还移送缔约国羁押；

（三）该人被移送前往的缔约国不得要求移送缔约国为该人的交还而启动引渡程序；

（四）该人在被移送前往的国家的羁押时间应当折抵在移送缔约国执行的刑期。

十二、除非依照本条第十款和第十一款的规定移送某人的缔约国同意，否则，不论该人国籍为何，均不得因其在离开移送国领域前的作为、不作为或者定罪而在被移送前往的国家领域使其受到起诉、羁押、处罚或者对其人身自由进行任何其他限制。

十三、各缔约国均应当指定一个中央机关，使其负责和有权接收司法协助请求并执行请求或将请求转交主管机关执行。如果缔约国有实行单独司法协助制度的特区或者领域，可以另指定一个对该特区或者领域具有同样职能的中央机关。中央机关应当确保所收到的请求迅速而妥善地执行或者转交。中央机关在将请求转交某一主管机关执行时，应当鼓励该主管机关迅速而妥善地执行请求。各缔约国均应当在交存本公约批准书、接受书、核准书或者加入书时，将为此目的指定的中央机关通知联合国秘书长。司法协助请求以及与之有关的任何联系文件均应当递交缔约国指定的中央机关。这项规定不得影响缔约国要求通过外交渠道以及在紧急和可能的情况下经有关缔约国同意通过国际刑事警察组织向其传递这种请求和联系文件的权利。

十四、请求应当以被请求缔约国能够接受的语文以书面形式提出，或者在可能情况下以能够生成书面记录的任何形式提出，但须能够使该缔约国鉴定其真伪。各缔约国均应当在其交存本公约批准书、接受书、核准书或者加入书时，将其所能够接受的语文通知联合国秘书长。在紧急情况下，如果经有关缔约国同意，请求可以以口头方式提出，但应当立即加以书面确认。

十五、司法协助请求书应当包括下列内容：

（一）提出请求的机关；

（二）请求所涉及的侦查、起诉或者审判程序的事由和性质，以及进行该项侦查、起诉或者审判程序的机关的名称和职能；

（三）有关事实的概述，但为送达司法文书提出的请求例外；

（四）对请求协助的事项和请求缔约国希望遵循的特定程序细节的说明；

（五）可能时，任何有关人员的身份、所在地和国籍；

（六）索取证据、资料或者要求采取行动的目的。

十六、被请求缔约国可以要求提供按照其本国法律执行该请求所必需或者有助于执行该请求的补充资料。

十七、请求应当根据被请求缔约国的本国法律执行。在不违反被请求缔约国本国法律的情况下，如有可能，应当按照请求书中列明的程序执行。

十八、当在某一缔约国领域内的某人需作为证人或者鉴定人接受另一缔约国司法机关询问，而且该人不可能或者不宜到请求国领域出庭时，被请求缔约国可以依该另一缔约国的请求，在可能而且符合本国法律基本原则的情况下，允许以电视会议方式进行询问，缔约国可以商定由请求缔约国司法机关进行询问，询问时应当有被请求缔约国司法机关人员在场。

十九、未经被请求缔约国事先同意，请求缔约国不得将被请求缔约国提供的资料或者证据转交或者用于请求书所述以外的侦查、起诉或者审判程序。本款规定不妨碍请求缔约国在其诉讼中披露可以证明被告人无罪的资料或者证据。就后一种情形而言，请求缔约国应当在披露之前通知被请求缔约国，并依请求与被请求缔约国磋商。如果在特殊情况下不可能事先通知，请求缔约国应当毫不迟延地将披露一事通告被请求缔约国。

二十、请求缔约国可以要求被请求缔约国对其提出的请求及其内容保密，但为执行请求所必需的除外。如果被请求缔约国不能遵守保密要求，应当立即通知请求缔约国。

二十一、在下列情况下可以拒绝提供司法协助：

（一）请求未按本条的规定提出；

（二）被请求缔约国认为执行请求可能损害其主权、安全、公共秩序或者其他基本利益；

（三）如果被请求缔约国的机关依其管辖权对任何类似犯罪进行侦查、起诉或者审判程序时，其本国法律已经规定禁止对这类犯罪采取被请求的行动；

（四）同意这项请求将违反被请求缔约国关于司法协助的法律制度。

二十二、缔约国不得仅以犯罪也被视为涉及财税事项为理由而拒绝司法协助请求。

二十三、拒绝司法协助时应当说明理由。

二十四、被请求缔约国应当尽快执行司法协助请求，并应当尽可能充分地考虑到请求缔约国提出的、最好在请求中说明了理由的任何最后期限。请求缔约国可以合理要求被请求缔约国提供关于为执行这一请求所采取措施的现况和进展情况的信息。被请求缔约国应当依请求缔约国的合理要求，就其处理请求的现况和进展情况作出答复。请求国应当在其不再需要被请求国提供所寻求的协助时迅速通知被请求缔约国。

二十五、被请求缔约国可以以司法协助妨碍正在进行的侦查、起诉或者审判程序为理由而暂缓进行。

二十六、被请求缔约国在根据本条第二十一款拒绝某项请求或者根据本条第二十五款暂缓执行请求事项之前，应当与请求缔约国协商，以考虑是否可以在其认为必要的条件下给予协助。请求缔约国如果接受附有条件限制的协助，则应当遵守有关的条件。

二十七、在不影响本条第十二款的适用的情况下，对于依请求缔约国请求而同意到请求缔约国领域就某项诉讼作证或者为某项侦查、起诉或者审判程序提供协助的证人、鉴定人或者其他人员，不应当因其离开被请求缔约国领域之前的作为、不作为或者定罪而在请求缔约国领域内对其起诉、羁押、处罚，或者使其人身自由受到任何其他限制。如该证人、鉴定人或者其他人员已经得到司法机关不再需要其到场的正式通知，在自通知之日起连续十五天内或者在缔约国所商定的任何期限内，有机会离开但仍自愿留在请求缔约国领域内，或者在离境后又自愿返回，这种安全保障即不再有效。

二十八、除非有关缔约国另有协议，执行请求的一般费用应当由被请求缔约国承担。如果执行请求需要或者将需要支付巨额或者异常费用，则应当由有关缔约国进行协商，以确定执行该请求的条件以及承担费用的办法。

二十九、被请求缔约国：

（一）应当向请求缔约国提供其所拥有的根据其本国法律可以向公众公开的政府记录、文件或者资料；

（二）可以自行斟酌决定全部或部分地或者按其认为适当的条件向请求缔约国提供其所拥有的根据其本国法律不向公众公开的任何政府记录、文件或者资料。

三十、缔约国应当视需要考虑缔结有助于实现本条目的、具体实施或者加强本条规定的双边或多边协定或者安排的可能性。

第四十七条　刑事诉讼的移交

缔约国如果认为相互移交诉讼有利于正当司法，特别是在涉及数国管辖权时，为了使起诉集中，应当考虑相互移交诉讼的可能性，以便对根据本公约确立的犯罪进行刑事诉讼。

第四十八条　执法合作

一、缔约国应当在符合本国法律制度和行政管理制度的情况下相互密切合作，以加强打击本公约所涵盖的犯罪的执法行动的有效性。缔约国尤其应当采取有效措施，以便：

（一）加强并在必要时建立各国主管机关、机构和部门之间的联系渠道，以促进安全、迅速地交换有关本公约所涵盖的犯罪的各个方面的情报，在有关缔约国认为适当时还可以包括与其他犯罪活动的联系的有关情报；

（二）同其他缔约国合作，就下列与本公约所涵盖的犯罪有关的事项进行调查：

1. 这类犯罪嫌疑人的身份、行踪和活动，或者其他有关人员的所在地点；

2. 来自这类犯罪的犯罪所得或者财产的去向；

3. 用于或者企图用于实施这类犯罪的财产、设备或者其他工具的去向；

（三）在适当情况下提供必要数目或者数量的物品以供分析或者侦查之用；

（四）与其他缔约国酌情交换关于为实施本公约所涵盖的犯罪而采用的具体手段和方法的资料，包括利用虚假身份、经变造、伪造或者假冒的证件和其他旨在掩饰活动的手段的资料；

（五）促进各缔约国主管机关、机构和部门之间的有效协调，并加强人员和其他专家的交流，包括根据有关缔约国之间的双边协定和安排派出联络官员；

（六）交换情报并协调为尽早查明本公约所涵盖的犯罪而酌情采取的行政和其他措施。

二、为实施本公约，缔约国应当考虑订立关于其执法机构间直接合作的双边或多边协定或者安排，并在已经有这类协定或者安排的情况下考虑对其进行修正。如果有关缔约国之间尚未订立这类协定或者安排，这些缔约国可以考虑以本公约为基础，进行针对本公约所涵盖的任何犯罪的相互执法合作。缔约国应当在适当情况下充分利用各种协定或者安排，包括利用国际或者区域组织，以加强缔约国执法机构之间的合作。

三、缔约国应当努力在力所能及的范围内开展合作，以便对借助现代技术实施的本公约所涵盖的犯罪作出反应。

第四十九条　联合侦查

缔约国应当考虑缔结双边或多边协定或者安排，以便有关主管机关可以据以就涉及一国或多国侦查、起诉或者审判程序事由的事宜建立联合侦查机构。如无这类协定或者安排,可以在个案基础上商定进行这类联合侦查。有关缔约国应当确保拟在其领域内开展这种侦查的缔约国的主权受到充分尊重。

第五十条　特殊侦查手段

一、为有效地打击腐败,各缔约国均应当在其本国法律制度基本原则许可的范围内并根据本国法律规定的条件在其力所能及的情况下采取必要措施,允许其主管机关在其领域内酌情使用控制下交付和在其认为适当时使用诸如电子或者其他监视形式和特工行动等其他特殊侦查手段,并允许法庭采信由这些手段产生的证据。

二、为侦查本公约所涵盖的犯罪,鼓励缔约国在必要情况下为在国际一级合作时使用这类特殊侦查手段而缔结适当的双边或多边协定或者安排。这类协定或者安排的缔结和实施应当充分遵循各国主权平等原则,执行时应当严格遵守这类协定或者安排的条款。

三、在无本条第二款所述协定或者安排的情况下,关于在国际一级使用这种特殊侦查手段的决定,应当在个案基础上作出,必要时还可以考虑到有关缔约国就行使管辖权所达成的财务安排或者谅解。

四、经有关缔约国同意,关于在国际一级使用控制下交付的决定,可以包括诸如拦截货物或者资金以及允许其原封不动地继续运送或将其全部或者部分取出或者替换之类的办法。

第五章　资产的追回

第五十一条　一般规定

按照本章返还资产是本公约的一项基本原则,缔约国应当在这方面相互提供最广泛的合作和协助。

第五十二条　预防和监测犯罪所得的转移

一、在不影响本公约第十四条的情况下,各缔约国均应当根据本国法律采取必要的措施,以要求其管辖范围内的金融机构核实客户身份,采取合理步骤确定存入大额账户的资金的实际受益人身份,并对正在或者曾经担任重要公职的个人及其家庭成员和与其关系密切的人或者这些人的代理人所要求开立或者保持的账户进行强化审查。对这种强化审查应当作合理的设计,以监测可疑交易从而向主管机关报告,而不应当将其理解为妨碍或者禁止金融机构与任何合法客户的业务往来。

二、为便利本条第一款所规定措施的实施,各缔约国均应当根据其本国法律和参照区域、区域间和多边组织的有关反洗钱举措:

(一)就本国管辖范围内的金融机构应当对哪类自然人或者法人的账户实行强化审查,对哪类账户和交易应当予以特别注意,以及就这类账户的开立、管理和记录应当采取哪些适当的措施,发出咨询意见;

(二)对于应当由本国管辖范围内的金融机构对其账户实行强化审查的特定自然人或者法人的身份,除这些金融机构自己可以确定的以外,还应当酌情将另一缔约国所请求的或者本国自行决定的通知这些金融机构。

三、在本条第二款第(一)项情况下,各缔约国均应当实行措施,以确保其金融机构在适当期限内保持涉及本条第一款所提到人员的账户和交易的充分记录,记录中应当至少包括与客户身份有关的资料,并尽可能包括与实际受益人身份有关的资料。

四、为预防和监测根据本公约确立的犯罪的所得的转移,各缔约国均应当采取适当而有效的措施,以在监管机构的帮助下禁止设立有名无实和并不附属于受监管金融集团的银行。此外,缔约国可以考虑要求其金融机构拒绝与这类机构建立或者保持代理银行关系,并避免与外国金融机构中那些允许有名无实和并不附属于受监管金融集团的银行使用其账户的金融机构建立关系。

五、各缔约国均应当考虑根据本国法律对有关公职人员确立有效的财产申报制度,并应当对不遵守制度的情形规定适当的制裁。各缔约国还应当考虑采取必要的措施,允许本国的主管机关在必要时与其他国家主管机关交换这种资料,以便对根据本公约确立的犯罪的所得进行调查、主张权利并予以追回。

六、各缔约国均应当根据本国法律考虑采取必要的措施,要求在外国银行账户中拥有利益、对该账户拥有签名权或者其他权力的有关公职人员向有关机关报告这种关系,并保持与这种账户有关的适当记录。这种措施还应当对违反情形规定适当的制裁。

第五十三条　直接追回财产的措施

各缔约国均应当根据本国法律:

(一)采取必要的措施,允许另一缔约国在本国法院提起民事诉讼,以确立对通过实施根据本公约确立的犯罪而获得的财产的产权或者所有权;

(二)采取必要的措施,允许本国法院命令实施了根据本公约确立的犯罪的人向受到这种犯罪损害的另一缔约国支付补偿或者损害赔偿;

(三)采取必要的措施,允许本国法院或者主管机关在必须就没收作出决定时,承认另一缔约国对通过实施根据本公约确立的犯罪而获得的财产所主张的合法所有权。

第五十四条　通过没收事宜的国际合作追回资产的机制

一、为依照本公约第五十五条就通过或者涉及实施根据本公约确立的犯罪所获得的财产提供司法协助,各缔约国均应当根据其本国法律:

(一)采取必要的措施,使其主管机关能够执行另一缔约国法院发出的没收令;

(二)采取必要的措施,使拥有管辖权的主管机关能够通过对洗钱犯罪或者对可能发生在其管辖范围内的其他犯罪作出判决,或者通过本国法律授权的其他程序,下令没收这类外国来源的财产;

(三)考虑采取必要的措施,以便在因为犯罪人死亡、潜逃或者缺席而无法对其起诉的情形或者其他有关情形下,能够不经过刑事定罪而没收这类财产。

二、为就依照本公约第五十五条第二款提出的请求提供司法协助,各缔约国均应当根据其本国法律:

(一)采取必要的措施,在收到请求缔约国的法院或者主管机关发出的冻结令或者扣押令时,使本国主管机关能够根据该冻结令或者扣押令对该财产实行冻结或者扣押,但条件是该冻结令或者扣押令须提供合理的根据,使被请求缔约国相信有充足理由采取这种行动,而且有关财产将依照本条第一款第(一)项按没收令处理;

(二)采取必要的措施,在收到请求时使本国主管机关能够对该财产实行冻结或者扣押,条件是该请求须提供合理的根据,使被请求缔约国相信有充足理由采取这种行动,而且有关财产将依照本条第一款第(一)项按没收令处理;

（三）考虑采取补充措施，使本国主管机关能够保全有关财产以便没收，例如基于与获取这种财产有关的、外国实行的逮捕或者提出的刑事指控。

第五十五条　没收事宜的国际合作

一、缔约国在收到对根据本公约确立的犯罪拥有管辖权的另一缔约国关于没收本公约第三十一条第一款所述的、位于被请求缔约国领域内的犯罪所得、财产、设备或者其他工具的请求后，应当在本国法律制度的范围内尽最大可能：

（一）将这种请求提交其主管机关，以便取得没收令并在取得没收令时予以执行；

（二）将请求缔约国领域内的法院依照本公约第三十一条第一款和第五十四条第一款第（一）项发出的没收令提交本国主管机关，以便按请求的范围予以执行，只要该没收令涉及第三十一条第一款所述的、位于被请求缔约国领域内的犯罪所得、财产、设备或者其他工具。

二、对根据本公约确立的一项犯罪拥有管辖权的缔约国提出请求后，被请求缔约国应当采取措施，辨认、追查和冻结或者扣押本公约第三十一条第一款所述的犯罪所得、财产、设备或者其他工具，以便由请求缔约国下令或者根据本条第一款所述请求由被请求缔约国下令予以没收。

三、本公约第四十六条的规定以经过适当变通适用于本条。除第四十六条第十五款规定提供的资料以外，根据本条所提出的请求还应当包括下列内容：

（一）与本条第一款第（一）项有关的请求，应当有关于应当予以没收财产的说明，尽可能包括财产的所在地和相关情况下的财产估计价值，以及关于请求缔约国所依据的事实的充分陈述，以便被请求缔约国能够根据本国法律取得没收令；

（二）与本条第一款第（二）项有关的请求，应当有请求缔约国发出的据以提出请求的法律上可以采信的没收令副本、关于事实和对没收令所请求执行的范围的说明、关于请求缔约国为向善意第三人提供充分通知并确保正当程序而采取的措施的具体陈述，以及关于该没收令为已经生效的没收令的陈述；

（三）与本条第二款有关的请求，应当有请求缔约国所依据的事实陈述和对请求采取的行动的说明；如有据以提出请求的法律上可以采信的没收令副本，应当一并附上。

四、被请求缔约国依照本条第一款和第二款作出的决定或者采取的行动，应当符合并遵循其本国法律及程序规则的规定或者可能约束其与请求缔约国关系的任何双边或多边协定或者安排的规定。

五、各缔约国均应当向联合国秘书长提供有关实施本条的任何法律法规以及这类法律法规随后的任何修订或者修订说明。

六、缔约国以存在有关条约作为采取本条第一款和第二款所述措施的条件时，应当将本公约视为必要而充分的条约依据。

七、如果被请求缔约国未收到充分和及时的证据，或者如果财产的价值极其轻微，也可以拒绝给予本条规定的合作，或者解除临时措施。

八、在解除依照本条规定采取的任何临时措施之前，如果有可能，被请求缔约国应当给请求缔约国以说明继续保持该措施的理由的机会。

九、不得对本条规定作损害善意第三人权利的解释。

第五十六条 特别合作

在不影响本国法律的情况下,各缔约国均应当努力采取措施,以便在认为披露根据本公约确立的犯罪的所得的资料可以有助于接收资料的缔约国启动或者实行侦查、起诉或者审判程序时,或者在认为可能会使该缔约国根据本章提出请求时,能够在不影响本国侦查、起诉或者审判程序的情况下,无须事先请求而向该另一缔约国转发这类资料。

第五十七条 资产的返还和处分

一、缔约国依照本公约第三十一条或者第五十五条没收的财产,应当由该缔约国根据本公约的规定和本国法律予以处分,包括依照本条第三款返还其原合法所有人。

二、各缔约国均应当根据本国法律的基本原则,采取必要的立法和其他措施,使本国主管机关在另一缔约国请求采取行动时,能够在考虑到善意第三人权利的情况下,根据本公约返还所没收的财产。

三、依照本公约第四十六条和第五十五条及本条第一款和第二款:

(一)对于本公约第十七条和第二十三条所述的贪污公共资金或者对所贪污公共资金的洗钱行为,被请求缔约国应当在依照第五十五条实行没收后,基于请求缔约国的生效判决,将没收的财产返还请求缔约国,被请求缔约国也可以放弃对生效判决的要求;

(二)对于本公约所涵盖的其他任何犯罪的所得,被请求缔约国应当在依照本公约第五十五条实行没收后,基于请求缔约国的生效判决,在请求缔约国向被请求缔约国合理证明其原对没收的财产拥有所有权时,或者当被请求缔约国承认请求缔约国受到的损害是返还所没收财产的依据时,将没收的财产返还请求缔约国,被请求缔约国也可以放弃对生效判决的要求;

(三)在其他所有情况下,优先考虑将没收的财产返还请求缔约国、返还其原合法所有人或者赔偿犯罪被害人。

四、在适当的情况下,除非缔约国另有决定,被请求缔约国可以在依照本条规定返还或者处分没收的财产之前,扣除为此进行侦查、起诉或者审判程序而发生的合理费用。

五、在适当的情况下,缔约国还可以特别考虑就所没收财产的最后处分逐案订立协定或者可以共同接受的安排。

第五十八条 金融情报机构

缔约国应当相互合作,以预防和打击根据本公约确立的犯罪而产生的所得的转移,并推广追回这类所得的方式方法。为此,缔约国应当考虑设立金融情报机构,由其负责接收、分析和向主管机关转递可疑金融交易的报告。

第五十九条 双边和多边协定和安排

缔约国应当考虑缔结双边或多边协定或者安排,以便增强根据公约本章规定开展的国际合作的有效性。

第六章 技术援助和信息交流

第六十条 培训和技术援助

一、各缔约国均应当在必要的情况下为本国负责预防和打击腐败的人员启动、制定或者改进具体培训方案。这些培训方案可以涉及以下方面:

(一)预防、监测、侦查、惩治和控制腐败的有效措施,包括使用取证和侦查手段;

（二）反腐败战略性政策制定和规划方面的能力建设；

（三）对主管机关进行按本公约的要求提出司法协助请求方面的培训；

（四）评估和加强体制、公职部门管理、包括公共采购在内的公共财政管理，以及私营部门；

（五）防止和打击根据本公约确立的犯罪的所得转移和追回这类所得；

（六）监测和冻结根据本公约确立的犯罪的所得的转移；

（七）监控根据本公约确立的犯罪的所得的流动情况以及这类所得的转移、窝藏或者掩饰方法；

（八）便利返还根据本公约确立的犯罪所得的适当而有效的法律和行政机制及方法；

（九）用以保护与司法机关合作的被害人和证人的方法；

（十）本国和国际条例以及语言方面的培训。

二、缔约国应当根据各自的能力考虑为彼此的反腐败计划和方案提供最广泛的技术援助，特别是向发展中国家提供援助，包括本条第一款中提及领域内的物质支持和培训，以及为便利缔约国之间在引渡和司法协助领域的国际合作而提供培训和援助以及相互交流有关的经验和专门知识。

三、缔约国应当在必要时加强努力，在国际组织和区域组织内并在有关的双边和多边协定或者安排的框架内最大限度地开展业务和培训活动。

四、缔约国应当考虑相互协助，根据请求对本国腐败行为的类型、根源、影响和代价进行评价、分析和研究，以便在主管机关和社会的参与下制定反腐败战略和行动计划。

五、为便利追回根据本公约确立的犯罪的所得，缔约国可以开展合作，互相提供可以协助实现这一目标的专家的名单。

六、缔约国应当考虑利用分区域、区域和国际性的会议和研讨会促进合作和技术援助，并推动关于共同关切的问题的讨论，包括关于发展中国家和经济转型期国家的特殊问题和需要的讨论。

七、缔约国应当考虑建立自愿机制，以便通过技术援助方案和项目对发展中国家和经济转型期国家适用本公约的努力提供财政捐助。

八、各缔约国均应当考虑向联合国毒品和犯罪问题办事处提供自愿捐助，以便通过该办事处促进发展中国家为实施本公约而开展的方案和项目。

第六十一条　有关腐败的资料的收集、交流和分析

一、各缔约国均应当考虑在同专家协商的情况下，分析其领域内腐败方面的趋势以及腐败犯罪实施的环境。

二、缔约国应当考虑为尽可能拟订共同的定义、标准和方法而相互并通过国际和区域组织发展和共享统计数字、有关腐败的分析性专门知识和资料，以及有关预防和打击腐败的最佳做法的资料。

三、各缔约国均应当考虑对其反腐败政策和措施进行监测，并评估其效力和效率。

第六十二条　其他措施：通过经济发展和技术援助实施公约

一、缔约国应当通过国际合作采取有助于最大限度优化本公约实施的措施，同时应当考虑到腐败对社会，尤其是对可持续发展的消极影响。

二、缔约国应当相互协调并同国际和区域组织协调,尽可能作出具体努力:

(一)加强同发展中国家在各级的合作,以提高发展中国家预防和打击腐败的能力;

(二)加强财政和物质援助,以支持发展中国家为有效预防和打击腐败而作出的努力,并帮助它们顺利实施本公约;

(三)向发展中国家和经济转型期国家提供技术援助,以协助它们满足在实施本公约方面的需要。为此,缔约国应当努力向联合国筹资机制中为此目的专门指定的账户提供充分的经常性自愿捐款。缔约国也可以根据其本国法律和本公约的规定,特别考虑向该账户捐出根据本公约规定没收的犯罪所得或者财产中一定比例的金钱或者相应价值;

(四)酌情鼓励和争取其他国家和金融机构参与根据本条规定所作的努力,特别是通过向发展中国家提供更多的培训方案和现代化设备,以协助它们实现本公约的各项目标。

三、这些措施应当尽量不影响现有对外援助承诺或者其他双边、区域或者国际一级的金融合作安排。

四、缔约国可以缔结关于物资和后勤援助的双边或多边协定或者安排,同时考虑到为使本公约所规定的国际合作方式行之有效和预防、侦查与控制腐败所必需的各种金融安排。

第七章　实施机制

第六十三条　公约缔约国会议

一、特此设立公约缔约国会议,以增进缔约国的能力和加强缔约国之间的合作,从而实现本公约所列目标并促进和审查本公约的实施。

二、联合国秘书长应当在不晚于本公约生效之后一年的时间内召开缔约国会议。其后,缔约国会议例会按缔约国会议通过的议事规则召开。

三、缔约国会议应当通过议事规则和关于本条所列活动的运作的规则,包括关于对观察员的接纳及其参与的规则以及关于支付这些活动费用的规则。

四、缔约国会议应当议定实现本条第一款所述各项目标的活动、程序和工作方法,其中包括:

(一)促进缔约国依照本公约第六十条和第六十二条以及第二章至第五章规定所开展的活动,办法包括鼓励调动自愿捐助;

(二)通过公布本条所述相关信息等办法,促进缔约国之间关于腐败方式和趋势以及关于预防和打击腐败和返还犯罪所得等成功做法方面的信息交流;

(三)同有关国际和区域组织和机制及非政府组织开展合作;

(四)适当地利用从事打击和预防腐败工作的其他国际和区域机制提供的相关信息,以避免工作的不必要的重复;

(五)定期审查缔约国对本公约的实施情况;

(六)为改进本公约及其实施情况而提出建议;

(七)注意到缔约国在实施本公约方面的技术援助要求,并就其可能认为有必要在这方面采取的行动提出建议。

五、为了本条第四款的目的,缔约国会议应当通过缔约国提供的信息和缔约国会议可能建立的补充审查机制,对缔约国为实施公约所采取的措施以及实施过程中所遇到的困难取得必要的了解。

六、各缔约国均应当按照缔约国会议的要求,向缔约国会议提供有关其本国为实施本公约而采取的方案、计划和做法以及立法和行政措施的信息。缔约国会议应当审查接收信息和就信息采取行动的最有效方法,这种信息包括从缔约国和从有关国际组织收到的信息。缔约国会议也可以审议根据缔约国会议决定的程序而正式认可的非政府组织所提供的投入。

七、依照本条第四款至第六款,缔约国会议应当在其认为必要时建立任何适当的机制或者机构,以协助本公约的有效实施。

第六十四条　秘书处

一、联合国秘书长应当为公约缔约国会议提供必要的秘书处服务。

二、秘书处应当:

(一)协助缔约国会议开展本公约第六十三条中所列各项活动,并为缔约国会议的各届会议作出安排和提供必要的服务;

(二)根据请求,协助缔约国向缔约国会议提供本公约第六十三条第五款和第六款所规定的信息;

(三)确保与有关国际和区域组织秘书处的必要协调。

第八章　最后条款

第六十五条　公约的实施

一、各缔约国均应当根据本国法律的基本原则采取必要的措施,包括立法和行政措施,以切实履行其根据本公约所承担的义务。

二、为预防和打击腐败,各缔约国均可以采取比本公约的规定更为严格或严厉的措施。

第六十六条　争端的解决

一、缔约国应当努力通过谈判解决与本公约的解释或者适用有关的争端。

二、两个或者两个以上缔约国对于本公约的解释或者适用发生任何争端,在合理时间内不能通过谈判解决的,应当按其中一方请求交付仲裁。如果自请求交付仲裁之日起6个月内这些缔约国不能就仲裁安排达成协议,则其中任何一方均可以依照《国际法院规约》请求将争端提交国际法院。

三、各缔约国在签署、批准、接受、核准或者加入本公约时,均可以声明不受本条第二款的约束。对于作出此种保留的任何缔约国,其他缔约国也不受本条第二款的约束。

四、凡根据本条第三款作出保留的缔约国,均可以随时通知联合国秘书长撤销该项保留。

第六十七条　签署、批准、接受、核准和加入

一、本公约自 2003 年 12 月 9 至 11 日在墨西哥梅里达开放供各国签署,随后直至2005 年 12 月 9 日在纽约联合国总部开放供各国签署。

二、本公约还应当开放供区域经济一体化组织签署,条件是该组织至少有一个成员国已经按照本条第一款规定签署本公约。

三、本公约须经批准、接受或者核准。批准书、接受书或者核准书应当交存联合国秘书长。如果某一区域经济一体化组织至少有一个成员国已经交存批准书、接受书或者核准书,该组织可以照样办理。该组织应当在该项批准书、接受书或者核准书中宣布其在本公约管辖事项方面的权限范围。该组织还应当将其权限范围的任何有关变动情况通知保存人。

四、任何国家或者任何至少已经有一个成员国加入本公约的区域经济一体化组织均可以加入本公约。加入书应当交存联合国秘书长。区域经济一体化组织加入本公约时应当宣布其在本公约管辖事项方面的权限范围。该组织还应当将其权限范围的任何有关变动情况通知保存人。

第六十八条 生效

一、本公约应当自第三十份批准书、接受书、核准书或者加入书交存之日后第九十天起生效。为本款的目的,区域经济一体化组织交存的任何文书均不得在该组织成员国所交存文书以外另行计算。

二、对于在第三十份批准书、接受书、核准书或者加入书交存后批准、接受、核准或者加入公约的国家或者区域经济一体化组织,本公约应当自该国或者该组织交存有关文书之日后第三十天起或者自本公约根据本条第一款规定生效之日起生效,以较晚者为准。

第六十九条 修正

一、缔约国可以在本公约生效已经满五年后提出修正案并将其送交联合国秘书长。秘书长应当立即将所提修正案转发缔约国和缔约国会议,以进行审议并作出决定。缔约国会议应当尽力就每项修正案达成协商一致。如果已经为达成协商一致作出一切努力而仍未达成一致意见,作为最后手段,该修正案须有出席缔约国会议并参加表决的缔约国的三分之二多数票方可通过。

二、区域经济一体化组织对属于其权限的事项根据本条行使表决权时,其票数相当于已经成为本公约缔约国的其成员国数目。如果这些组织的成员国行使表决权,则这些组织便不得行使表决权,反之亦然。

三、根据本条第一款通过的修正案,须经缔约国批准、接受或者核准。

四、根据本条第一款通过的修正案,应当自缔约国向联合国秘书长交存一份批准、接受或者核准该修正案的文书之日起九十天之后对该缔约国生效。

五、修正案一经生效,即对已经表示同意受其约束的缔约国具有约束力。其他缔约国则仍受本公约原条款和其以前批准、接受或者核准的任何修正案的约束。

第七十条 退约

一、缔约国可以书面通知联合国秘书长退出本公约。此项退约应当自秘书长收到上述通知之日起一年后生效。

二、区域经济一体化组织在其所有成员国均已经退出本公约时即不再为本公约缔约方。

第七十一条 保存人和语文

一、联合国秘书长应当为本公约指定保存人。

二、本公约原件应当交存联合国秘书长,公约的阿拉伯文、中文、英文、法文、俄文和西班牙文文本同为作准文本。

兹由经各自政府正式授权的下列署名全权代表签署本公约,以昭信守。

五、反洗钱国际组织与相关网址

1. http://www.un.org/zh/ 联合国

2. http://www.fatf-gafi.org/ 金融行动特别工作组

3. http://www.wolfsberg-principles.com/ 沃尔夫斯堡集团

4. http://www.egmontgroup.org/ 艾格蒙特组织

5. http://www.eurasiangroup.org/ 欧亚反洗钱与反恐融资工作组

6. http://www.apgml.org/ 亚太反洗钱组织

7. http://www.coe.int/t/dghl/monitoring/moneyval/ 欧洲理事会评估反洗钱措施特设专家委员会

8. http://www.fincen.gov/ 美国金融犯罪执法网

9. http://www.occ.gov 美国货币监理署

10. https:// www. treasury. gov/about/organizational-structure/offices/Pages/Office-of-Foreign-Assets-Control.aspx 美国财政部海外资产控制办公室

11. http://www. pbc. gov. cn/fanxiqianju/135153/index. html 中国人民银行反洗钱局

12. http://www.hm-treasury.gov.uk/fin_money_index.htm 英国财政部

13. http://www.soca.gov.uk/ 英国严重有组织犯罪调查局

14. http://www.fsa.gov.uk/ 英国金融服务局

15. http://www.austrac.gov.au/index.html 澳大利亚交易报告分析中心

16. http://www. bafin. de/EN/Homepage/homepage_node.html 德国联邦金融监管局

17. http://archive.fedsfm.ru/eng/ 俄罗斯联邦金融监管局

18. http://www.fsa.go.jp/en/index.html 日本金融厅

19. http://www.npa.go.jp/ 日本警察厅

20. http://www.hkma.gov.hk/chi/ 中国香港金融管理局

21. http://www.jfiu.gov.hk/sc/index.html 香港联合财富情报组

22. http://www.bis.org/bcbs/ 巴塞尔银行监管委员会

23. http://www.iosco.org/ 国际保险监管协会

24. http://www.iaisweb.org/ 国际证券监管委员会

25. http://www.worldbank.org.cn/ 世界银行

26. http://www.imf.org/external/chinese/index.htm 国际货币基金组织

27. http://www.ccamls.org/ 复旦大学中国反洗钱研究中心

参 考 文 献

1. 严立新、张震编著：《反洗钱基础教程》，复旦大学出版社，2008 年版。

2. 李若谷主编：《反洗钱知识读本》，中国金融出版社，2005 年版。

3. 安建、冯淑萍主编：《〈中华人民共和国反洗钱法〉释义》，人民出版社，2006 年版。

4. 欧阳卫民主编：《大额和可疑资金交易监测分析实务》，法律出版社，2006 年版。

5. ［加］克里斯·马泽尔著，赵苏苏译：《洗钱》，群众出版社，2006 年版。

6. 徐汉明、贾济东、赵慧：《中国反洗钱立法研究》，法律出版社，2005 年版。

7. 章彰、傅巧灵：《洗钱反洗钱》，经济日报出版社，2003 年版。

8. 《反洗钱》编写组：《反洗钱》，中国金融出版社，2003 年版。

9. 梁英武：《支付交易与反洗钱》，中国金融出版社，2003 年版。

10. 李德、张红地：《金融运行中的洗钱与反洗钱》，中国人民公安大学出版社，2003 年版。

11. 汪澄清：《反洗钱在行动》，民主与建设出版社，2007 年版。

12. 本书编委会：《国际视角：洗钱渠道研究》，中国金融出版社，2011 年版。

13. 冯芸、杨冬梅、吴冲锋：《洗钱行为的识别与监管》，上海交通大学出版社，2008 年版。

14. 李竞雄主编：《反洗钱典型案例评析》，中国金融出版社，2008 年版。

15. 马志毅：《洗钱与反洗钱——跨国界跨世纪的交锋》，红旗出版社，2009 年版。

16. 杜金富主编：《银行业反洗钱与反恐融资培训手册》，中国金融出版社，2011 年版。

17. 陈捷、张煜、张蓓蓓、杨杰：《全球视野下中国洗钱犯罪对策研究》，中国书籍出版社，2013 年版。

18. 反洗钱岗位培训系列教材编委会编著：《金融机构洗钱风险管理》，中国金融出版社，2012 年版。

19. 反洗钱岗位培训系列教材编委会编著：《反洗钱国际标准与监管实践》，中国金融出版社，2012 年版。

20. 反洗钱岗位培训系列教材编委会编著：《反洗钱操作实务》，中国金融出版社，2012 年版。

21. 詹昭、柳军、柳杰编著：《反洗钱解读与操作实务》，中国人民公安大学出版社，2008 年版。

22. 唐旭、刘争鸣编译：《金融行动特别工作组年度报告及洗钱/恐怖融资类型研究报告 2007—2008》，中国金融出版社，2010 年版。

23. 冯菊平、刘争鸣编译：《金融行动特别工作组年度报告及洗钱/恐怖融资类型研究报告2010—2011》，中国金融出版社，2012年版。

24. 严立新、童文俊："自由贸易区洗钱与反洗钱：国际经验与中国对策"，袁志刚主编《中国(上海)自由贸易实验区新战略研究》，格致出版社、上海人民出版社，2013年版，第226—246页。

25. Peter Reuter and Edwin M. Truman. Chasing Dirty Money. Washington，DC：Institute for International Economics，2004.

26. Peter Lilley. Dirty Dealing. London and Sterling：Kogan Page Limited，2005.

图书在版编目（CIP）数据

反洗钱理论与实务/严立新编著. —上海：复旦大学出版社, 2019. 10（2024. 8 重印）
经管类专业学位研究生主干课程系列教材
ISBN 978-7-309-14101-6

Ⅰ.①反…　Ⅱ.①严…　Ⅲ.①反洗钱法-研究生-教材　Ⅳ.①D912.281

中国版本图书馆 CIP 数据核字（2018）第 289017 号

反洗钱理论与实务
严立新　编著
责任编辑/岑品杰

复旦大学出版社有限公司出版发行
上海市国权路 579 号　邮编：200433
网址：fupnet@ fudanpress.com　http://www.fudanpress.com
门市零售：86-21-65102580　　　团体订购：86-21-65104505
出版部电话：86-21-65642845
上海盛通时代印刷有限公司

开本 787 毫米×1092 毫米　1/16　印张 18.75　字数 411 千字
2024 年 8 月第 1 版第 3 次印刷

ISBN 978-7-309-14101-6/D · 974
定价：56. 00 元